毛泽东

批注圈画

二十四史解读

徐中远 著

当代中国出版社

Contemporary China Publishing House

图书在版编目(CIP)数据

毛泽东批注圈画二十四史解读 / 徐中远著 . -- 北京：
当代中国出版社 , 2020.11（2025.3 重印）
ISBN 978-7-5154-1071-5

Ⅰ.①毛…　Ⅱ.①徐…　Ⅲ.①二十四史—研究　Ⅳ.
① K204.1

中国版本图书馆 CIP 数据核字（2020）第 194132 号

出 版 人　蔡继辉
责任编辑　袁又文
责任校对　康　莹
印刷监制　刘艳平
封面设计　八月之光
出版发行　当代中国出版社
地　　址　北京市地安门西大街旌勇里 8 号
网　　址　http://www.ddzg.net　邮箱：ddzgcbs@sina.com
邮政编码　100009
编 辑 部　（010）66572264
市 场 部　（010）66572281　66572157
印　　刷　北京润田金辉印刷有限公司
开　　本　720 毫米 ×1020 毫米　1/16
印　　张　30 印张　2 插页　插图 63 幅　413 千字
版　　次　2020 年 11 月第 1 版
印　　次　2025 年 3 月第 8 次印刷
定　　价　99.00 元

序　言

　　徐中远同志编撰出版《毛泽东批注圈画二十四史解读》一书很有意义，为广大读者读书学史提供了有益读物，对学习研究毛泽东的读书生活很有助益。

　　徐中远同志是为毛主席晚年做图书服务管理工作的人员之一。他在努力做好本职工作的同时，抄录毛主席读二十四史所作的批注和圈画符号，经过学习研究写下了心得体会。他退休之后，前后 11 年时间，加工整理了大量所录所写的文字材料，按原书、原批注顺序编撰成书。我们可以从书中看出，他刻苦学习、肯于钻研的精神是值得学习和提倡的。

　　在这本书就要付梓之际，受中远同志之邀写几句话，以此祝贺出版。

宋　平

2019 年 2 月

　　（宋平，曾任中共中央政治局委员、中共中央政治局常委、
　　　　　　　中共中央组织部部长）

目　录

11

第二部分　毛泽东圈画二十四史解读

前　言

　　《毛泽东批注圈画二十四史解读》是我研究毛泽东晚年读二十四史的进一步深化，是国内专门解读毛泽东晚年读二十四史批注圈画情况的第一本专著。

　　随着时间的推移，随着关于毛泽东读书生活出版物不断增多，人们对毛泽东读二十四史的情况了解得越来越多。毛泽东一生爱读历史书籍，一生读了很多历史书籍。毛泽东自己常说，他也是读古书的人。周恩来说：毛泽东"读古书使他的知识更广更博，更增加了他的伟大"。彭德怀说："在党内真正懂得中国历史的还只有毛主席一人。"胡耀邦也说过："毛主席啊，毛主席，谁也没有你老人家读中国历史读得多啊！"

　　毛泽东晚年读中国历史读的时间最长，下功夫最多，批注文字、圈画符号最多的是清代乾隆武英殿版的线装大字本二十四史。这部木刻线装大字本二十四史，是1952年毛泽东身边的工作人员根据他读中国古籍的实际需要，从北京琉璃厂中国书店购买添置的。这部大字木刻线装本二十四史，毛泽东生前特别喜爱，每次去外地视察工作、参加会议和调查研究时，他老人家都嘱咐工作人员带上这部史籍。他人走到哪里，把书带到哪里，有空就阅读。从20世纪50年代到60年代、70年代，无论在外出的火车上、飞机上，还是在住地的会客厅里、书房里、办公室里、卧室里，不分白天、黑夜，我们工作人员随时都可以看到他老人家凝神静气地读二十四史的身影。如果要问毛泽东晚年最爱读什么书？可以负责地告诉大家，这部乾隆武英殿版的二十四史就是他老人家晚年最爱读的古籍线装书之一。

"不动笔墨不看书"，是毛泽东生前的一种读书习惯，也是他坚持一生的一种读书方法。青少年时代在湖南师范读书时，一本《伦理学原理》（德国泡尔生著），原著共十来万字，他在阅读中批注的文字就写了一万二千多字。毛泽东青少年时代养成的这种读书习惯一直保持到他老人家生命的最后时刻。在图书服务工作中我们看到，毛泽东在生命的最后两三年，在多种疾病缠身的岁月里，每天还不分昼夜、专心致志地一册一册、一卷一卷、一字一字阅读批注圈画二十四史。可以看到，毛泽东生前阅读过的这部史籍，许多地方都是朱墨纷呈，批注文字、圈画符号写得密密麻麻。

这些批注的文字和圈画的各种符号，是毛泽东读书时思维活动的外界表现，是其认识、理解、感受、感想的真实记录，也是他和史著作者就历史人物、历史事件、历史言论等进行的互动与交流。

二十四史是毛泽东生前最爱读的史籍之一。这部史书的人物传记部分，他在阅读过程中几乎逐卷逐篇都作了批注、圈画，圈、直线、曲线、点、三角、叉等符号画得比比皆是。

在毛泽东身边工作、服务过的同志都知道，无论是丰泽园故居，还是游泳池住地，卧室床头的桌上、办公桌上、卧室外间会客室的茶几上等处总是习惯放着些由服务人员削好的铅笔，一般的有红铅笔、黑铅笔。毛泽东读书时手中或者身旁是不能没有笔的。他在书上画的种种符号的具体含义他自己是心中有数的。这些特殊的符号如同批注的文字一样都是很重要的，它是毛泽东读书过程中最真实的思维活动轨迹、思想情感流露和理性思考的真实记录，有极其重要的研究价值和保存价值。与批注一样是毛泽东为我们留下的一份非常珍贵的历史、思想、文化遗产。

我前几年撰写出版的《毛泽东晚年读书纪实》《毛泽东是怎样读二十四史的》《毛泽东读书十法》三本书中，曾先后从不同的角度介绍过毛泽东晚年读二十四史和批注圈画的有关基本情况。

　　之前撰写出版的这三本书是以介绍为主，研究解读为辅。重点介绍毛泽东晚年读书的实际情况。说得形象些，就如同是把毛泽东晚年读书生活"实况"向广大读者作了一次"转播"。撰写这三本书主要目的就是力求把毛泽东晚年读书生活真实地、全面地呈现在读者面前，用事实表明：毛泽东爱读书，毛泽东终身酷爱读书，毛泽东一生博览群书。毛泽东身负党和国家最重要的领导工作，日理万机，他用什么时间读书？在繁忙的工作中，他是怎样挤出时间读书的？中南海游泳池住地就如同是书的海洋，他老人家在书的海洋里是怎样废寝忘食、夜以继日、生命不息、采撷不止的？他老人家在重病缠身、生命垂危的最后岁月，每天是怎么手不释卷、不知疲倦读书的？每天读的是什么书？爱读什么书？怎么样读书？用什么方法读书？他老人家知识已经是非常渊博了，为什么在辞世的前五个小时躺在病危监护室里、全身布满抢救医疗器械的情况下还要读书？……前三本书都从不同的角度、不同的时间、不同的场合对上述问题向读者一一翔实作了介绍。其中也有点议论，也有点评说，也有点研究的文字，只是所占分量是很少很少的。这三本书是相互联系、相互补充、互为一体的。阅读这三本书，对毛泽东晚年读书生活的全貌就了解得差不多了。

　　为什么这里还要撰写《毛泽东批注圈画二十四史解读》这本书呢？

　　第一，毛泽东是古今罕见的伟人，是永远值得研究、永远研究不尽的极其伟大的历史人物。读史、读二十四史是他一生读书生活的一个重要部分。就从读书这个视角、读历史书籍这个视角来研究毛泽东也是很有意义的。本书就是从毛泽东批注、圈画二十四史这两个方面作点剖析和研究，谈点本人的想法并作点解读。本书的重点是"解读"或叫"研究"，着重围绕"为什么"三个字来思考、来分析、来说明、来阐述我的观点、看法及相关的情况，力求给广大读者提供全新的、真实的欲知、欲问的答案。进一步为推动毛泽东读书研究营造氛围、增添素材、充实内容。

　　第二，撰写本书有重要的现实意义和深远的历史意义。二十四史这部历史巨著本身的重要性和毛泽东批注、圈画的重要性二者都是独一无二的，其研究成果既有重要的学术价值，又有重要的历史价值。既有重要的现实意义，又有久远的历史意义。二十四史是记载中国几千年历史最全面、最重要、最有史学研究价值的历史典籍。对这样的一部极其重要的史籍经典，毛泽东用了二十四年的时间手不释卷、不知疲倦、夜以继日地进行阅读和研究，作了许多的评论和评说，并写下了许多独到的批注文字和含义深刻的种种圈画符号。毛泽东对二十四史的评说、评论、批注、圈画，内容极为广泛，包括哲学、政治、经济、军事、思想、文化、教育，以至做人之道、养生之道、生产生活之道等。他读二十四史所作的批注、圈画，是一代伟人读书生活的真实记录，是毛泽东留给后人的极为宝贵的财富。从这些批注、圈画中可以看出毛泽东学识的渊博和深厚的史学功底，对中国历史特别是近代、现代历史的谙熟；可以看出毛泽东对中国历史知识、史学研究之独特、理解之深刻、运用之巧妙等，都是无与伦比的。史籍本身的重要性和毛泽东批注、圈画的重要性，二者融为一体，就显得更为重要、更为珍贵了。二十四史本身和毛泽东阅读过程的批注和圈画都具有极大的学术、艺术、历史、文献研究价值。二十四史是一部评说不尽、研究不完的历史大作，毛泽东对二十四史批注、圈画也是研究不尽、评说不完的。能对毛泽东批注、圈画二十四史作点研究探索，作点浅说解读，写点点滴看法，毫无疑义是很有重要现实意义和历史意义的。这是本人撰写本书的一个重要的内在动力。

第三，为了更深入推进毛泽东、毛泽东思想研究，深入推进毛泽东读书研究、读二十四史研究。早在 1995 年，中共中央文献研究室、国家新闻出版署和中央档案馆就研究决定，由中央文献研究室和中央档案馆两家组织有关的专家学者，对毛泽东晚年阅读批注圈画过的清乾隆武英殿本二十四史进行整理校勘，由中国线装书局襄印出版，在国内外正式公开发行。完全按照毛泽东生前阅读、批注、圈画的清乾隆武英殿大字线装本二十四史原书影印的《毛泽东评点二十四史》（线装本），真实完整地再现了毛泽东批注、圈画的全貌，是非常权威、极为珍贵的。1997 年 11 月 1 日，当时的国家主席江泽民访问美国时，特将该书作为国礼赠送给哈佛大学。江泽民在哈佛大学演讲中说："为了有助于研究中国的历史和现实，我愿向贵校赠送一套新出版的《毛泽东评点二十四史》。二十四史是记载中国几千年历史的重要典籍。毛泽东先生一生对二十四史做过许多评点和批注，为认识中国的历史和吸取历史经验，留下了丰富的思想遗产。"

1999 年 9 月，中国档案出版社根据《毛泽东评点二十四史》影印大字本，又编辑修订一套四卷精装"精华解析"版《毛泽东评点二十四史》，在国内外正式公开出版发行。这部"精华解析"版《毛泽东评点二十四史》将毛泽东批注、圈画二十四史几乎全部照原批注、原圈画复制影印在四卷本的开头。

《毛泽东评点二十四史》影印线装大字本、四卷精装"精华解析"版在国内外公开出版发行，一方面为各国包括美国、英国、日本、俄罗斯等国家研究中国历史的学者，研究毛泽东和毛泽东读史、毛泽东读书生活等的学者提供了丰厚翔实的史料。另一方面，国内外重视研究毛泽东的机构、组织、学者很多，研究成果也颇多，《毛泽东评点二十四史》两种版本的公开出版，必将有效推动毛泽东研究、毛泽东读书研究、毛泽东读二十四史研究等工作的蓬勃开展，开创毛泽东研究的新局面。

为了顺应这一研究工作发展趋势，为了填补国内研究毛泽东读二十四史批注、圈画研究的空白，我着手写了《毛泽东批注圈画二十四史解读》一书，把本人对批注文字的理解、感悟和获得的启示，对种种圈画符号的粗浅理解、思考等先表达出来。无论研究解读深入还是浅显，无论看法、评论、观点正确与否，它都是曾为毛泽东晚年做过图书服务工作的一个中国人写出来的第一本有关毛泽东批注圈画二十四史的解读书籍。其对毛泽东的感情是真挚的，取材是真实的，研究的态度是极为认真的。不能说我的研究成果及观点、想法、看法都正确，也不能说我的研究、解读最有深度、最有价值、最有特色，但这是中国人自己撰写的一本新著。这是一本真正的中国"生产制造"的新著。随着毛泽东读二十四史全书影印本的正式出版，其新的研究成果将会陆续涌现。对毛泽东批注文字、圈画符号的研究、解读，因为研究者、解读者的政治立场、政治背景、研究视角、研究目的等的不同，其研究成果一定会是百家畅言，异彩纷呈。对毛泽东读二十四史过程中圈画的各种符号的理解更会是众说纷纭、莫衷一是。本书的撰写和正式出版，对推进毛泽东研究、对推进毛泽东读书研究、对推进毛泽东读二十四史研究等工作的深入开展等将是很有益处的。这是撰写本书又一个来自内心深处的动力。因为有这样的动力，几年来我才笔耕不辍、矢志不渝、始终不懈地在撰写上下了很大功夫。

第四，是为了深入、广泛宣传毛泽东独特的读书生活和勤奋刻苦、生命不息、读书不止的精神。

毛泽东是中国共产党人和各级领导干部读书、读史的光辉典范。读书、读史应学毛泽东。过去是这样，现在仍然是这样。毛泽东青少年时代就很爱读书。到了耄耋之年，在疾病缠身的岁月里毛泽东读书仍然是非常勤奋刻苦的，是非常感人的，是令人难忘的。

晚年的毛泽东，特别是从 1971 年 9 月 13 日林彪事件发生之后，他的体质就愈来愈差，多种疾病缠身。在生命的最后几年，他一直喜爱的散步、游泳等健身运动已很少从事了。他老人家真的是年老了、体弱了、病多了。两腿肿得不能站立，两脚肿得不能走路了，眼睛患老年性白内障看不清东西了，听力也下降了，说话也越来越让人难以听清了。可是他老人家还日日夜夜一册一册地看，一页一页地读，一字一字地写批注。手拿不动书了，就让身边工作人员举着。眼睛看不见了，就让身边工作人员读。白天读，夜里读，常常是通宵达旦地读。吃饭时他也常常要看书，他爱说吃饭用嘴巴，看书用眼睛。他老人家看起书来常常忘记吃饭。他常说：饭可以少吃，觉可以少睡，书可不能少读啊！他老人家晚年睡觉不好，有时失眠，靠安眠药助睡。他吃完药，入睡前，总是习惯看书。常常是看着看着就睡着了，睡着睡着又醒了，醒来接着读，接着批，接着画。

从 1972 年底到 1976 年初，他老人家除了每天读二十四史外，还先后看了《鲁迅全集》《古代社会》（美国摩尔根著）、《中国近代史》上册、《藏书》《续藏书》《焚书》《续焚书》等一百多种新印的大字线装书。在他老人家生命的最后几年，他每天手不释卷，不分昼夜，无休止地读书。医生建议他少读书或不读书，可是他还天天带病坚持读书。腿有病不能站立、不能走路了，坐在沙发上、躺在床上也要读书。直到他心脏停止跳动的前几个小时，已经无力说话了，还示意工作人员给他读书。真是感人至深，让人心疼，令人钦佩。

正如他四十六岁时在延安说的那样："年老的也要学习，我如果再过十年死了，那么就要学九年零三百五十九天。"（是按阴历一年为三百六十天计算的）毛泽东是这样说的，一生也是这样做的。我们知道，几乎是在他的心脏快要停止跳动的那一刻，才结束了他的一生从未间断过的读书生活。毛泽东这种活到老，学到老，生命不息，读书不止的精神是非常值得我们永远学习的！

清乾隆武英殿木刻线装大字本二十四史与毛泽东朝夕相伴二十四年。此外，毛泽东经常阅读的还有《资治通鉴》、历朝历史演义、古典小说、名人传记、诗词曲赋、丛书、类书及其他古代经典读物。这些书，毛泽东阅读之刻苦，阅读遍数之多，批注文字之长，思考之深，理解之透，古今中外很少有人能够与他相比。翻开毛泽东阅读、批注圈画过的二十四史等书籍，感想很多，感慨很多。无论从读书的勤奋和刻苦，从读书的深度和广度，从读书的批注和圈画，从读书的习惯和具体的方法，还是从读书的精神和毅力，毛泽东都是独树一帜的，都有他的独到之处，都有他的独特之点，都有他的独自之风。他有很多常人难以做到的、常人难以想到的、常人比不了的地方。他有很多值得我们去学习，值得我们去思考，值得我们去研究，值得我们去弘扬的地方。

撰写本书的重点在批注解读和圈画解读两个方面。这两个方面的解读也是本书的主体内容。批注的解读，是本书的重中之重，所占篇幅较长。重要的有思想、有观点、有内容、有意义的批注，皆列入研究解读之中。圈画解读次之。圈画就是阅读过程中用笔在书上所画的种种符号。圈画的种种符号与批注有很大的不同，批注皆有背景、皆有渊源，有明确的思想、观点或看法，有独特的意义或独特的思考。圈画就不完全是这样，有的圈画很值得研究，有的圈画仅仅类似断句标点而已，是阅读过程中的自然点画，是读书人的一种自然习惯，其研究的价值是有限的。有的圈画有独特的含意，有读书人种种的本意，圈画解读主要的就是研究这一类的圈画。研究这一类的圈画，力求符合、贴近毛泽东当年读书圈画时的思想认识、思维活动、心理活动。

撰写本书，始终遵循以下三条基本原则。

一是尊重历史。毛泽东当年是怎么批的、怎么画的，一切照当时的实际情况，照原批注、原圈画进行研究解读。不割舍，不节选，不断章取义，不搞实用主义。毛泽东阅读批注圈画的二十四史已经成为一种历史。对历史的研究也将成为历史，理当经受历史的检验。尊重历史，遵循历史的本来面貌进行研究。这是撰写本书的第一个原则。

二是实事求是，一切从实际出发。不添油加醋、原汁原味。是就是是，非就是非。思想认识、观点看法皆从实从真。评论有理有据，引文、引言皆有可靠、可信出处。说真话，说实话，说有真凭实据的话。研究是在历史事实基础上的研究，解读、评说、评论也是以基本的历史事实为依据。论点务实，论据求实，分析翔实，说理扎实。实话实说，长话短说，没有根据的话不说。

三是有利于维护毛泽东的历史地位，有利于维护毛泽东的伟大形象。毛泽东的历史功绩、历史地位已经载入中国人民革命斗争和新中国社会主义建设的史册。毛泽东受到全党、全国各族人民的衷心爱戴和无比景仰。没有共产党，没有毛泽东和许多前辈带领全国各族人民的英勇斗争，就没有社会主义新中国。中国人民革命斗争的艰难曲折的历史和波澜壮阔、多姿多彩的实践锤炼铸就了毛泽东。毛泽东为中国各族人民的解放事业和幸福生活奋斗了一生，奉献了一生。毛泽东的一生就是中国的一段重要的历史。毛泽东在中国各族人民的心中永远是最伟大的。毛泽东不是完人，毛泽东也犯过错误，毛泽东也有缺点。但是，错误和缺点与他的贡献和功绩相比，永远是第二位的。没有毛泽东就没有中国新民主主义革命、抗日战争、解放战争的胜利。没有毛泽东和中国共产党，就没有新中国，就没有社会主义新中国的一系列的伟大成就。维护毛泽东的历史地位，维护毛泽东的伟大形象，维护毛泽东思想在建设中国特色社会主义中的指导作用，是中国共产党人永远的历史责任，也是撰写本书毫不动摇坚持的一个最重要、最基本的原则。

　　毛泽东一生酷爱读书、酷爱历史，二十四年孜孜不倦地苦读二十四史，钻研二十四史，批注圈画二十四史，熟悉二十四史，运用二十四史，评说二十四史。从阅读批注圈画二十四史、熟悉二十四史这个角度来说，毛泽东当是中国共产党内的第一人。读书，毛泽东是我们学习的榜样。读史，读二十四史，批注、圈画二十四史，毛泽东也是我们学习的榜样。毛泽东是值得我们永远学习的光辉榜样！

　　谨以本书纪念毛泽东 127 周年诞辰！

毛泽东批注二十四史解读

一、二十四史批注情况

二十四史是乾隆皇帝钦定的二十四种史书的总称。这二十四种史书是:《史记》《汉书》《后汉书》《三国志》《晋书》《宋书》《南齐书》《梁书》《陈书》《魏书》《北齐书》《周书》《隋书》《南史》《北史》《旧唐书》《新唐书》《旧五代史》《新五代史》《宋史》《辽史》《金史》《元史》《明史》。二十四史系统记述了从中华始祖黄帝（公元前26世纪）起到清兵入关、明朝灭亡（1644年），长达4000多年的历史。全书计约3250余卷，800多册，4720万字。《史记》是由司马迁于公元前104年撰写成书，到清朝张廷玉等于1784年撰著完成《明史》，历经1888年。

如果说毛泽东从青年时代开始阅读二十四史还只是单本篇章，那么从1952年之后，毛泽东读乾隆武英殿版的二十四史，就是全面、系统地研读了。从1952年再读这部卷帙浩繁的史书起，到1976年9月他老人家辞世止，这部二十四史，毛泽东整整读了二十四年。有一张社会上流传很广的毛泽东夜晚坐在沙发上读书的照片，手里拿着的就是这部二十四史，时间是1961年。

毛泽东读二十四史写的批注和所作的圈画，先后用笔是不一样的。20世纪50年代、60年代初，批注、圈画有时还用毛笔，后来大部分批注、圈画用的是特制的中华牌笔芯比较粗的铅笔。铅笔也有好几种，有黑铅笔，有红铅笔，还有蓝铅笔。毛泽东晚年读书批注、圈画，大部分用的黑铅笔，有时也用红铅笔和蓝铅笔。

毛泽东晚年读二十四史和其他书籍时，身边总放着笔，有什么笔，他就用什么笔。因为他读书的地方是不固定的。工作人员摆放的笔有时也是不一样的。所以，二十四史一书中留下的批注、圈画笔迹的颜色也是不一样的。总的来说，黑色的笔迹占批注、圈画的大部分。

（一）批注的主要内容

毛泽东读二十四史一共写下了 3583 个字的批注，这个数字还不包括写在一些分册封面上、目录页上的批注文字。如果把写在分册封面等地方的批注文字统算起来，差不多有 4000 个字了。统观毛泽东读二十四史时写的批注，总起来说，着重在两个方面。

一是关于历史人物的批注。包括历朝历代皇帝、宰相、大臣等历史人物，如汉高祖刘邦、楚霸王项羽、汉武帝刘彻、汉元帝刘奭、梁武帝萧衍、唐太宗李世民、宋太宗赵光义、明太祖朱元璋等。

二是关于历史上有关的战役、战争、战略、战术等历史事件的批注。例如：宋襄公的宋楚之战、晋楚的城濮之战、楚汉成皋之战、曹操袁绍官渡之战、孙刘曹赤壁之战、孙刘彝陵之战、秦晋的淝水之战，等等。在《旧五代史》一书上写的 19 条批注，其中 14 条都是与战争、战术有关的。

具体地说，毛泽东读二十四史的批注主要有以下几个方面的内容。

1. 关于历史人物的批注

毛泽东对二十四史中历史人物的批注，是他读二十四史过程中所写批注的重点之一。对历史人物批注的地方多，条目多，文字也多。

读《史记》过程中，毛泽东一共写了三条批注文字，这三条批注全是与历史人物有关的。

毛泽东读《旧唐书》时，写的批注一共是23条，其中关于人物的批注就有15条之多。这15条批注分别是：在卷六十四《李元昌传》第13面有关文字旁批注："李元昌与李承乾谋反。"在卷六十九《盛彦师传》第12—13面有关文字旁批注："盛彦师名将，冤死。"在卷六十九《刘世让传》第14—15面有关文字旁批注："刘世让冤死。"在卷六十九《李君羡传》第16—17面有关文字旁批注："李君羡冤死。"在卷七十二《李百药传》第12—13面有关文字旁批注："李（世）民的工作方法有四。"在卷八十二《李义府传》第7面有关文字旁批注："笑里藏刀李义府。"在卷八十三《苏定方传》第4—8面有关文字旁批注："苏定方，名将亦大将，年七十六。"在卷八十七《魏玄同传》第6—11面有关文字旁批注："魏玄同，裴炎党也。"在卷七十四《崔仁师传》第15面有关文字旁批注："可惜。"在卷八十二《许敬宗传》第1—4面有关文字旁批注："老而不死，年八十一。"在卷九十《朱敬则传》第4—9面有关文字旁批注："贾谊云：'仁义不施，而攻守之势异也。'""朱敬则政治家，历史家，年七十五。"在卷九十《杨再思传》第10面有关文字旁批注："杨再思佞人。"在卷九十七《刘幽求传》第1—3面有关文字旁批注："刘幽求能伸而不能屈，年六十一，以恚死。"在卷九十七《钟绍京传》第3—4面有关文字旁批注："钟绍京，书法家，年八十余。"读《新唐书》时，写的批注一共是24条，几乎全是关于人物的批注。例如：在卷八十《李恪传》第3面有关文字旁批注："李恪英物，李治朽物，知子莫若父。然卒听长孙无忌之言，可谓聪明一世，懵懂一时。"在卷九十八《马周传》第15面有关文字旁批注："傅说、吕望，何足道哉。马周才德，迥乎远矣。"在读《北史》卷二十《王建传》第24—25面有关文字旁批注："王建庸人，不知政治。"其他的，这里不再一一列举。所有关于历史人物的批注，大多是表达批注者对各位历史人物的看法和评价，看法有好有坏，评价有褒有贬。从这些批注文字的字里行间，一方面，我们可以约略看出毛泽东对众多历史人物的看法、评价是实事求是的，是历史唯物的；另一方面，我们也可以看出，毛泽东读史是非常认真的，联想是非常丰富的。他不仅写了大量的批注文字，而且还在许多人物传记的文字旁边画有竖线、浪线、圈圈、点点。

2. 关于历史人物治国、治军言论的批注

对于这方面的批注，毛泽东在读二十四史过程中写下了很多，圈画的也很多。例如：毛泽东在读《新唐书》卷一百二十四《姚崇传》第1—6面时，先后对姚崇写了两条批注。一条是在读《姚崇传》的开头时写的"大政治家、唯物论者姚崇"；一条是在姚崇向唐玄宗陈述"十事闻"的文字旁写下的批注："如此简单明了的十条政治纲领，古今少见。"毛泽东在读《新唐书》卷九十八《马周传》第8—13面的时候还写有一段批注文字，盛赞马周上唐太宗书是："贾生《治安策》以后第一奇文。"

3. 关于战争、战役及其战略、战术的批注

毛泽东在读二十四史过程中，关于对战争、战役及其战略、战术内容的批注、批画也是很多的。

以《南史》为例。毛泽东在读《南史》过程中，先后写下了50条513个字的批注，条条、字字都与战争、战役或者战略、战术有关。就其具体的批注文字来看，大致有这样几种情况：

一是称赞性的批语。例如，《南史》卷十八《臧质传》，是毛泽东晚年读过多遍的，很多地方都有批画。在读该传时，毛泽东写的批语是："臧质豪杰之士，一解汝南之围，二胜盱眙之敌，三克刘劭之逆。梁山之战，刘义宣不听臧言，因以致败，惜哉。"

臧质是南朝宋文帝时候人，能文会写，有魄力，通军机，做过徐州、兖州刺史。宋文帝即位后，社会经济和文化都有了发展，他希望统一中国，想首先收复黄河以南土地，经常出兵进击北朝的魏国。这时的北魏，正是勇武善战的太武帝执政，他在统一黄河流域之后，亦想南下灭宋，完成南北统一大业。故公元 450 年以后，南北两朝战事迭起，兵祸连年。臧质在与魏军鏖战中，战功卓著，打得最漂亮的仗有三次。毛泽东在批语中把他概括为："臧质豪杰之士，一解汝南之围；二胜盱眙之敌；三克刘劭之逆。"

毛泽东十分赞赏臧质的军事才干，在《臧质传》中多处圈画、批注。对臧质向刘义宣献策，逐一加了旁圈。对劝阻刘义宣反对臧质的话以及他逃回家乡后的情形，都有红铅笔画了着重线。他以军事家的眼光审视了梁山之战中臧质和刘义宣两人的作战部署，肯定臧质的计划是正确的，因而写下了"梁山之战，刘义宣不听臧言，因以致败，惜哉"的感叹。

毛泽东在读《南史》卷五十五《曹景宗传》时，还写有一条批语："景宗亦豪杰哉。"在读卷五十八《韦睿传》时，关于曹景宗，毛泽东还写了两条批语。一条是："良将也。仅次于韦睿、裴邃。"另一条是："曹景宗不如韦睿远矣。"据《南史·曹景宗传》记载：少年时期曹景宗就喜欢骑马、射箭、打猎。他因此以胆量过人闻名乡里。毛泽东在此段文字的天头上写道："景宗亦豪杰哉。"据说曹景宗还爱读史书，每当他读司马穰苴、乐毅传时，对他们的文才武略称羡不已，叹息道：做人应当做他们这样的大丈夫。毛泽东对这些记载颇有兴趣，逐字画了旁圈。

公元 506 年，曹景宗奉命率兵与韦睿合力攻魏，以解除徐州刺史昌义之之围。他招募勇士 7000 余人，击溃魏国大将杨大眼，有力配合韦睿攻打中山王元英。在这次战斗中，他的部队俘敌 5 万多人，缴获军粮、器械堆积如山，牛马驴骡不可称计。毛泽东欣然提笔在此段文字的天头上批写："良将也，仅次于韦睿、斐邃。"毛泽东在这里将曹景宗列为梁武帝三大开国名将的第三名。

最令毛泽东由衷赞赏的是曹景宗粗犷豪放的气度和对繁文缛节的蔑视。曹景宗做了名将以后，出入有车代步，保镖随员左右不离，他感到极不自在。有次外出，他想将车窗帘子拉开，遭到左右谏阻。他对自己家里人说："我昔在乡晨，骑马快如龙，与年少辈数十骑，拓弓弦作霹雳声，箭如饿鸱叫，平泽中逐鹿，数肋射之，渴饮其血，饥食其脯，甜如甘露浆。觉耳后生风，鼻头出火，此乐使人忘死，不知老之将至。今来扬州作贵人，动转不得。路行开车幔，小人辄言不可。闭置车中，如三日新妇，此邑邑使人气尽。"这娓娓道来的述说，活脱脱地展现了曹景宗粗犷、豪放的气质。毛泽东对此除作一般圈画外，还在"不知老之将至""作贵人，动转不得""闭置车中，如三日新妇"等处，逐字密密地画了旁圈。

毛泽东在读《南史》卷五十八《韦睿传》时，对韦睿"敢以数万抵百万"英勇善战的记载，也是很为称赞的。

公元506年，敌中山王元英领兵号称百万，连城40余座，来势汹汹，攻打北徐州，围困徐州刺史昌义之于钟离。毛泽东在这段文字旁加了圈，用蔑视的笔调写了批语："虽众，何所用之。"

梁武帝先派曹景宗前去解围，此公到达邵阳洲后，筑垒防守，却不敢进攻。梁武帝无奈，继派韦睿增援。韦接令后率部日夜兼程，但韦部属见众寡悬殊，有些胆怯，劝他缓行。韦睿当即进行了批评和劝导，并率领将士坚持急行军，仅10天就赶到了邵阳洲。在距曹景宗营前20里处，他令将士连夜赶修工事，挖长壕，树鹿角，截洲为城。第二天拂晓，军营、工事都立起来了。魏中山王元英大惊失色，用手杖敲着地说："什么神仙到了！"毛泽东就是在这一段文字的天头上写下批语："敢以数万抵百万，有刘秀、周瑜之风。"毛泽东把韦睿与英勇善战、谋略过人的东汉开国皇帝刘秀、三国孙吴名将周瑜相提并论，足见对其的称赞。

战斗打响之后，魏中山王元英、大将杨大眼都披挂出征，大有踏平邵阳洲之势。韦睿在邵阳洲上，采用火攻，魏军大败，中山王脱身逃

4. 关于史书本身内容的批注

从毛泽东读了二十四年的二十四史全部的批注文字中可以看到，对史书本身文字和内容的批注也有不少。在这里着重介绍对《汉书》《后汉书》《旧唐书》《新唐书》等几种史书的批注。

《后汉书》卷一《光武帝纪》第一上第17—18面文字：

> （建武元年）冬十月癸丑，车驾入洛阳，幸南宫却非殿，遂定都焉。蔡质《汉典职仪》曰："南宫至北宫，中央作大屋，复道，三道行。天子从中道，从官架左右，十步一卫，两宫相去七里。"又洛阳宫阁名有却非殿。臣贤按："俗本或作御北殿者误。"……十二月丙戌，至自怀。赤眉杀更始，而隗嚣据陇右。○刘攽曰："按《史记》事事有相连，则用'而'字。今赤眉自杀更始，隗嚣自据陇右，明此'而'字衍文。"

毛泽东在这段文字的天头上用粗黑铅笔写了一段较长的批注："李贤好。刘攽好。李贤贤于颜师古远甚，确然无疑。裴松之注三国，有极大的好处，有些近于李贤，而长篇大论收集大量历史资料，使读者感到爱看。青出于蓝而胜于蓝，其此之谓欤？譬如积薪后来居上。章太炎说：读三国要读裴松之注，英雄巨眼，不其然乎？"

毛泽东在《后汉书》卷九十一至卷九十四第二十一册封面上还写了一条批注："《后汉书》写得不坏，许多篇章，胜于《前汉》。"《后汉书》卷九十一《左（雄）周（举）黄（琼）列传》："赞曰：雄作纳言，古之八元。举升以汇，越自下蕃。登朝理政，并纾灾昏。琼名夙知，累章国疵。"这三人都是后汉朝廷中的良臣，能够纠正朝廷的缺失，注意民生的疾苦。卷九十二《荀（淑）韩（韶）钟（皓）陈（寔）列传》："赞曰：二李师淑，陈君友皓。韩韶就吏，赢寇怀道。太丘奥广，模我彝伦。曾是渊轨，薄夫以淳。"指荀淑品德高，为当世名贤李固、李膺所师事。钟皓德行高，推荐年轻的陈寔。韩韶做了赢县长，使寇盗受感化，流民得安抚。陈寔做太丘长官，安抚百姓。党锢狱起，陈寔因太监张让父死，曾往吊丧，故靠了他多所保全，称为太丘道广。这传赞美有品德的人。卷九十三《李（固）杜（乔）列传》："赞曰：李杜司职，朋心合力。致主文宣，抗情伊稷。道亡时晦，终离罔极。"李固、杜乔是后汉正直大臣，在政治上多所贡献，为外戚权臣梁冀害死。从这三篇传里，可以看出后汉所以衰亡的原因。卷九十四，如《赵岐传》，已经到了汉末三国时了。

毛泽东不仅在总体上赞扬《后汉书》比《汉书》写得好些，他还对两部《汉书》中的某些篇章作过这样的评论："西汉高、文、景、武、昭等读起来较有兴味，东汉两头均无意思，只有光武可以读。"

对二十四史的其他诸史，毛泽东也简略谈过看法。他认为《旧唐书》比《新唐书》写得好，对《新唐书》卷一百四十五《窦参传》和《吴通玄传》，则分别批注"此篇写得不错""这一篇写得好"。他认为《南史》《北史》比《旧唐书》更好些。他称赞《南史》《北史》的作者李延寿有倾向统一的思想，比《旧唐书》更好些。

从上述的批注和评论中可以看出，毛泽东对二十四史评价是褒中有贬，贬中有褒。从此，足以说明，毛泽东读史是很专注的，评价是独树一帜的，也是实事求是的。

5. 关于史实、史迹的批注

毛泽东读二十四史，不仅是在读史，而且对史书中写到的一些不确切、不妥当、不真实的甚至是错误的史实、史迹等，能鲜明地表示意见和看法。对于这方面的批注也是不少的。下面就介绍几条有关这方面的批注。

《旧唐书》卷七十四《马周传》第10面，书上记载（贞观）十一年的时候，马周上疏说："今百姓承丧乱之后，比于隋时才十分之一。"毛泽东认为书上说的"十分之一"不确切，所以，他在这句话的天头上写了批注："不确，比于隋时，大约五分之一。"显然，毛泽东不同意马周疏中的"十分之一"的说法。

《三国志集解》卷六《魏书·刘表传》第 78—79 面，书中记载："少知名，号八俊。长八尺余，姿貌甚伟，以大将军掾为北军中侯。"《刘表传》还记载在公元 200 年时，此人占地几千里，领兵十余万，祭天祀地前呼后拥，粉墨登场，自立为帝。毛泽东对这段史实不以为然，有他自己的看法。他对刘表的所为很为蔑视，因此，在读了前面那段话后在书的天头上写了批注："虚有其表。""虚有其表"四个字既表明毛泽东对刘表其人的看法，也表明了他对那段史实的个人意见。

毛泽东在读《三国志集解》卷五十四《吴书·吕蒙传》第 27—28 面文字时，在"（孙）权深纳其策，又聊复与论取徐州意，蒙对曰：'今操远在河北，新破诸袁，抚集幽、冀，未暇东顾。徐土守兵，闻不足言，往自可克。……'"这段文字的天头上写的批注是："《魏志》此时操在汉中，因夏侯渊之败正不得志，闻襄阳围急，东归到洛阳即死，非在居巢也。"此时曹操在哪里？《通鉴》一书记载："建安二十四年正月，刘备将黄忠击斩夏侯渊。三月，曹操至汉中，与备相守积月。五月，操还长安。七月，孙权攻合肥，操仍在长安，未去居巢。关羽攻曹仁于樊。八月，关羽破降于禁七军。十月，操至洛阳。次年黄初元年一月，操死于洛阳。"

《通鉴》一书关于曹操的记载与毛泽东上述批注是一致的。从这一条批注中，我们可以看到毛泽东对中国历史、中国历史著名人物的史书读得多，记得住。许多史书如同二十四史一样，他老人家都是反复读过多遍的。对史书说得不确切、不妥当、不真实的文字和内容，他读到这些文字时，总要写下批注，表明自己的看法或者独到的见解。类似这样的批注，在他读过的二十四史写下的批注中还有许多，这里就不再多说了。

6. 关于思想方法和工作方法的批注

毛泽东读二十四史，读历史人物本纪、传记全神贯注，字字用心，句句过脑。作圈画，写批注，如同在与古人交流、对话、谈想法、说看法。怎么想，怎么说，有称赞、有肯定，有批评、有否定。圈画的种种标志，写下的字字批注，就是他读史过程的真实记录。他写下的读史批注，纵贯古今，浮想联翩。其中有不少的批注是关于思想方法和工作方法的。这里，仅介绍以下几条有关的批注。

第一条，毛泽东在读《旧唐书》卷七十二《李百药传》第 12—13 面时写的批注："李（世）民的工作方法有四。"李世民就是唐太宗。李世民的工作方法是什么呢？据《旧唐书·李百药传》记载，李百药在贞观二年任礼部侍郎时，曾在写给唐太宗的《封建论》中概括了唐太宗临朝执政的四个方面的做法，即："平定四方，用怀柔政策，不急功近利，劳民损兵；不贪图游乐，每早视朝，用心听取各种建议，出言周密；罢朝之后，和大臣们推心置腹讨论是非；闲暇时孜孜不倦地学习经典。"毛泽东读到这段文字时，对唐太宗临朝执政时的工作方法很注意，在这段文字旁——加以圈点，并写下上面的批注。从此段介绍中，我们可以知道，唐太宗临朝执政的四个方面的做法，毛泽东称之为"工作方法"。

第二条，毛泽东在读《前汉书》卷六十九《赵充国传》第 16 面时写的批注："说服力强之效。"赵充国为了国家和民族利益，一次又一次地向汉宣帝申述在边境屯田的意见，直到汉宣帝心服口服采纳他的意见。这里边既要有勇气、有信心，又要讲究方法。毛泽东既认同赵充国的想法，又欣赏他的做法，所以他非常高兴地写了"说服力强之效"的批注。这是对赵充国思想方法和工作方法的双重认可。

第三条，毛泽东在读《后汉书》卷九十二《陈寔传》第 13—14 面时写的批注是："人在一定条件下是可以改造的。"《后汉书·陈寔传》记载，陈寔是东汉灵帝时人，家贫，但"有志好学，坐立诵读"，为人豁达公正，群众中发生了争执，都愿求他判定是非曲直，其结果常使双方都很心服。群众非常敬佩他，都说："宁为刑罚所加，不为陈君所短。"有一年闹灾荒，一天晚上，有个小偷去他家行窃，趴在屋梁上等待时机下手，被陈寔发现了。他并没有大呼捉贼，而是起床穿戴整齐，把儿孙们唤醒。召集在一起，很严肃地训导说："夫人不可不自勉。不善之人未必本恶，习以性成，遂至于此，梁上君子者是矣。"小偷听到后，又惊怕，又感动，于是自己下来向陈寔叩头请罪。毛泽东读过这段文字后，在天头上写了上面的批注。

传记中，还描述陈寔鼓励这个小偷说："视君状貌，不似恶人，宜深克己反善。然此当由贫困。"并赠给他两匹绢。从此这个县没有再发生过盗窃。

陈寔认为人可以在一定条件下变坏，也可以在一定条件下变好的思想，和他对待小偷的做法，毛泽东是深表赞同的。所以他写此批注充分地予以肯定。

毛泽东读二十四史过程中关于思想方法和工作方法的批注还有许多，这里不再一一列举了。

7. 注释性、说明性的批注

注释性、说明性的批注，就是在读史过程中，对史书中说到的人物、事件、地点、时间、年龄等文字内容加以解释加以说明的批注。毛泽东读二十四史过程中，写下的注释性、说明性的批注文字也是不少的。

例一，《后汉书》卷一百○一《皇甫嵩传》第2面，该传记中写道："嵩兵少，军中皆恐。乃召军吏谓曰：'兵有奇变，不在众寡。'《孙子兵法》曰：'凡战者以正合，以奇胜者也。故善出奇，无穷如天地，无竭如江海。战势不过奇正，奇正之变，不可胜也。'"对这一段文字中的"正"和"奇"，毛泽东在批注中写道："正，原则性。奇，灵活性。"这是毛泽东对"正"和"奇"文字的解释。

例二，《南史》卷五十八《韦睿传》第1—7面，该传中写有："诏睿督众军援焉。睿至安陆，增筑城二丈余，更开大堑，起高楼，众颇讥其示弱。"针对这段文字中的"安陆"两字，毛泽东的批注是："今湖北安陆县。"很显然，毛泽东的批注是对"安陆"两个字的注释。

例三,《明史》卷二百○九《沈炼传》第 18—19 面,该传中的文字是:"帝大怒,榜之数十,谪佃保安。"针对这段文字中的"保安"两字,毛泽东写的批注是:"今有新保安,此是旧保安,在张家口、怀来县之间。"很清楚,这里的批注是对"保安"两字的解释。

例四,《旧唐书》卷八十八《韦嗣立传》第 5—6 面,该传中写道:"嗣立上疏谏曰:'……八岁入小学,十五入大学。'"针对这段文字,毛泽东写的批注是:"小学七年,大学包括中学在内。"八岁入小学,小学七年,小学毕业十五岁入大学,显然,这大学包括中学在内。毛泽东的批注,就是对当时小学、大学的注解。这样"十五入大学"就好理解了。

类似这些注释性、说明性的批注,毛泽东还写了许多。

从这些批注文字中,我们约略看出,毛泽东读二十四史是字字用心,句句入脑,注释性、说明性的批注在全部的批注文字中,也许不是十分重要,但是,它能充分说明毛泽东读史、治史是很认真的,是一丝不苟的,是十分严谨的。

(二)批注的主要特点

毛泽东在读二十四史过程中先后写下很多的批注。通读、研究这些批注,发现有以下几个主要特点:

1. 批注文字多

毛泽东晚年读二十四史耗费了很多的时间和精力,在读二十四史过程中写下的批注文字也是他晚年读书中写得最多的。我曾做过一次粗略的统计,毛泽东晚年读二十四史,写有批注文字的一共有 15 种史 198 条,3583 个字。其中《史记》批注文字是 3 条,20 个字;《汉书》批注文字是 3 条,15 个字;《后汉书》批注文字是 6 条,77 个字;《三国志集解》

批注文字是 25 条，1739 个字；《晋书》批注文字是 6 条，60 个字；《宋书》批注文字是 2 条，10 个字；《隋书》批注文字是 1 条，4 个字；《南史》批注文字是 50 条，513 个字；《北史》批注文字是 5 条，25 个字；《旧唐书》批注文字是 23 条，233 个字；《新唐书》批注文字是 24 条，375 个字；《旧五代史》批注文字是 19 条，202 个字；《新五代史》批注文字是 16 条，138 个字；《宋史》批注文字是 8 条，112 个字；《明史》批注文字是 7 条，60 个字。批注文字，一条最少的就写了 2 个字，最多的一条写有 914 个字，大部分一条批注文字都是十来个字到三四十个字。

2. 批注文字大部分都与历史上的要人名人有关

通读毛泽东读二十四史写下的批注文字，有一个显著特点，就是大部分批注文字都是与历史上的要人名人等人物有关，都是与皇帝、大臣、将帅等职位较高的人和事有关。历史是由一个一个具体的人书写的。历史与一个一个具体的人的一件一件具体的事件是密切相关的。人与人的思想、言论、行动、事件、效果等总汇在一起就是社会前进发展的历史。社会历史离不开具体的人，离不具体的事件。人有好人和坏人，事件有好事和坏事，实践有成功和失败。二十四史人物传记都是记载的中国历史上的皇帝、大臣、将帅等历史人物经历的历史事件及其相关的治国理政的言论、实践与经验教训。研究历史，重要的是研究历史人物和历史事件。从人物和历史事件中寻求历史的启示，来汲取治国理政的方略、经验。

毛泽东读二十四史，着重读的就是人物传记，人物有言行，言行就有正确与错误，事件就有成功的事件和不成功的事件，就有成功和失败，等等。对诸多的历史人物、历史事件，毛泽东读得多、思考得多、分析得多、共鸣得多、联想得多，有赞成、有不赞成，有肯定、有批评。所以写下的批注文字就多。这是很自然的。

因为二十四史记载的时间跨度从传说中的黄帝起，到明崇祯十七年

（1644年），前后一共4000多年，重点还是宣传、颂扬历朝历代统治者维护本朝本代统治、治理的实践，这其中自然要涉及皇帝、大臣及他们身边种种名人、要人等历史人物。这是二十四史的主体部分。毛泽东在阅读中围绕这些诸多的历史人物写下批注，这也是很自然的。

3. 批注文字精练，言简意赅

毛泽东读二十四史所写的批注，很多批注文字非常精练，言简意赅。这里只举以下两例：

例一，读《旧五代史·外国列传》批注："太少。"

"太少"两个字，是毛泽东读二十四史时写的批注文字中最简练的。"太少"是什么意思呢？是毛泽东读了唐庄宗李存勖在922年与契丹国王耶律阿保机决战的一段文字之后写下的。

据史籍记载，李存勖亲率大军迎战契丹兵，使契丹兵不战而退。接着，李存勖又派骑兵二百人乘胜追击。追至契丹境内，全被契丹兵俘虏。李存勖仗恃骑兵骁勇善战，仅派二百人深入敌境，派兵实在太少，结果大败。毛泽东因此写下了"太少"二字的批注。"太少"是指李存勖派兵实在"太少"，"太少"言简意赅，清楚地表达了毛泽东精辟的见解。"太少"，同时也表达了毛泽东对李存勖轻敌思想的不悦。

例二，读《明史·陈新甲传》批注："不负责任。"

《明史·陈新甲传》这段记载主要的意思是：明朝万历年间，四川长寿人陈新甲才能超人，远近闻名。后得皇帝重用，官至兵部尚书。崇祯十五年（1642年）初，奉崇祯帝之命与东北清朝势力秘密议和，在此过程中，因陈新甲不慎，议和消息被泄露，舆论哗然。陈新甲不仅不主动认罪，反而自诩有功。崇祯皇帝在恼怒之下，把陈新甲斩首弃市。毛泽东读了《陈新甲传》之后，在此传末尾的书眉上批写"不负责任"四个字。这四个字主要是对崇祯皇帝的指责。"议和"之意是崇祯皇帝旨意，出事之后既不保护，又不出面为之辩护，反而听任有关官员对陈新甲等人进行围攻，直到把陈新甲处死。从这些方面的实际情况来看，这显然是"不负责任"的。"不负责任"也有对陈新甲本人的批评之意。既然是皇帝旨意，就应当十分重视，周密安排，谨慎行事，小心从事。然而，陈新甲在办理过程中，不谨慎，把重要密件看完之后"置几上"（放在桌子上），其家童误认为是塘报，就把它交出去传抄。从而使"议和"消息泄露。从这方面的实际情况来看，陈新甲本人也有点"不负责任"。

仅从以上两例可以清楚看出，毛泽东批注仅写了两个字、四个字，批注文字很精练，但其含意很清楚，用简明的文字表明他本人对复杂的历史事件、历史人物的看法和想法，表明他自己鲜明的观点。这是毛泽东读二十四史所写批注一个显著特点。

4. 批注文字密切联系实际多

密切联系实际是毛泽东读书的一大特点，也是他坚持终身的一条读书方法。毛泽东读史书，读二十四史也是这样，总是密切联系革命斗争的实际、社会实际、工作实际、思想实际。他读二十四史，常常把历史上的人和事、把书中记载的典章、制度等，与当今的实际联系在一起，把他读书时的所思所想写下来。从他的许多批注中，我们可以看到，他读二十四史，很多时候仿佛是在与古人面对面交流、交谈。对古人的话、过去的事、史书的记载，字字句句，他都入心入脑，用心思考，有感即发，有想即批，有话即写。对古人的话，有赞同、称颂的，也有不赞成的；有表扬的，也有批评的。

毛泽东读《新唐书》卷一百十三《徐有功传》第7面在书的天头上用黑铅笔写的批语是："命系庖厨，何足惜哉，此言不当。岳飞、文天祥、曾静、戴名世、瞿秋白、方志敏、邓演达、杨虎城、闻一多诸辈，以身殉志，不亦伟乎！"

毛泽东的这条批注中提到的历史人物时空跨越两千多年，从唐朝的徐有功谈死，联想到封建社会里的民族英雄、杰出的政治家、著名学者，民主革命时期的爱国将领、诗人、教授，新民主主义革命时期的无产阶级革命家等，在毛泽东看来，他们都是为正义、为真理、为信仰而死，为人民的利益而死，他们死得其所，永垂不朽！

毛泽东在读《南史》卷五十八《韦睿传》第1—7面时，还写有一条批注："我党干部应学韦睿作风。"此类批注在读《韦睿传》中还有不少，如"将在前线""不贪财""干部需和""仁者必有勇"。

从读史中想到我党干部的作风，并强调"我党干部应学韦睿作风"，这就是毛泽东联系实际读二十四史的一个明证。

说到毛泽东读二十四史联系实际的批注，毛泽东1958年12月8日和10日在湖北武昌读《三国志集解》卷八《魏书·张鲁传》第42—45面写下的两条长长的批注，也是很好的例证。

毛泽东读二十四史写的主要批注有近200条，其中大部分都是密切联系实际的批注。读《史记》一共写了3条批注，这3条批注全是密切联系实际的。读《南史》先后写了50条513个字的批注，条条、字字都是与具体的战争、战役或者具体的战略、战术密切相关。

5. 批注文字大部分都是写在本书的天头上

毛泽东读二十四史写的批注文字近4000字。有的批注文字写得长一些，有的稍短些。全部批注文字除极少数写在正文内有关的文字旁边或者写在有关分册的封面上（写在相关分册封面上的批注文字大多是提示性的、说明性、指示性的）之外，其余大部分批注文字都是写在本书的天头上。

这部二十四史是竖排木刻版，正文文字占版面的四分之三，天头空白处占版面的四分之一。因为每一面天头空的地方比较大一些，毛泽东在读书过程中就很习惯把批注写在天头上。批注文字从上往下、从右往左、竖行书写。每行最多写五个字，最少写三个字，成段批注每行一般是写三至五个字。

写在天头上的批注文字大部分是 1975 年 8 月或 9 月以前 50 年代、60 年代或 70 年代初写的，因为这部分批注，一般书写得比较流畅有力，自然洒脱。例如读《明史·沈炼传》批写的"今有新保安，此是旧保安，在张家口怀来县之间"。读《南史·王僧虔传》批写的"盈缩之期，不尽在天。养怡之福，可以永年"。这些批注文字字字都书写有力。从批写的笔迹来看，这类批注都写得很有力，字、行都排列有序。

还有一条批注，即是在读《晋书·江统传》时写的。批注文字是："迁亦乱，不迁亦乱。在封建时代非乱不可。千数百年后，得化为不乱始辑耳。"这一条批注从写的笔迹来看就大不如前面写的批注那么工整、那么流畅了。字迹笔画有点虚、有点歪斜无力了。显然这是在 1975 年 8 月或者 9 月往后的日子写的。

写在天头上的批注文字，对研究毛泽东具体读书批注时间是有重要参考价值的。

（三）为什么二十四年相伴相随、手不释卷地阅读和批注二十四史？

一部二十四史，毛泽东先后二十四年手不释卷、不知疲倦地反反复复读。到底是为什么呢？至少有以下三个方面的重要原因。

1. 为了了解中国历史，了解中国几千年的文明史，了解中国"古今学说制度的大要"

从毛泽东在青年时代没有出国留学的思想渊源来看。当年他的同代人中有不少人出国求学了，他的同学中也有劝毛泽东出国磨砺，如新民学会会友罗学瓒在给毛泽东的信中说："惟弟甚愿兄求大成就，即此刻宜出洋求学。若少迟延，时光既过，人事日多，恐难有多时日求学矣。……润之兄啊！你是一个有志的人，是我们同伴中所钦佩的人，你如何带一个头，学他十年八载。异日回国，……各抒所学以问世，发为言论作社会之唤醒提倡者。"① 其言辞之恳切，期望之宏大，真是感人。

但毛泽东最终还是留了下来，留在了国内。他为什么要留下来呢？当时，他认为留在国内探索有以下三条好处②：

（1）"看译本较原本快迅得多"，利于在"较短的时间求到较多的知识"。

（2）"世界文明分东西两流，东方文明在世界文明内，要占个半壁的地位。然东方文明可以说就是中国文明。吾人似应先研究过吾国古今学说制度的大要，再到西洋留学才有可资比较的东西。"

（3）"吾人如果要在现今的世界稍为尽一点力，当然脱不开'中国'这个地盘。关于这地盘内的情形，似不可不加以实地的调查，及研究。这层工夫，如果留在出洋回来的时候做，因人事及生活的关系，恐怕有些困难。不如在现在做了。"

在另一处，毛泽东还说过："我觉得关于自己的国家，我所知道的还太少，假使我把时间花费在本国，则对本国更为有利。"③

毛泽东虽然没有走出国门，壮游世界。相反，当许多人都在国外住洋房、吃面包时，他却走向了中国的穷乡僻壤，走向了社会的最底层，住茅屋，吃南瓜。通过调查了解中国社会问题和劳动人民的生活状况，从读"无字之书"中获得了丰富的中华民族的社会历史知识。

毛泽东青年时期的这些想法、做法，特别是他的"似应先研究过吾国古今学说制度的大要"的主张，这与他后来下功夫读二十四史是密切联系的。前者是因，后者是果。毛泽东晚年还那样不分昼夜地读二十四

---

① 转引自逄先知、金冲及主编：《毛泽东传》（一），中央文献出版社2011年版，第47页。

② 《毛泽东早期文稿》，湖南出版社1990年版，第474页。

③ 《新民学会资料》，人民出版社1980年版，第402页。

史，最主要的还是为了更好地、更深入地了解中国"古今学说制度的大要"，就是为了对自己的国家知道得更多一些。二十四史就是了解我国"古今学说制度的大要"的最好的、最完整的知识宝典。

要全面地了解中国几千年的历史，不可不读二十四史。正如1975年毛泽东与芦荻老师关于读二十四史的谈话时所说的："一部二十四史大半是假的，所谓实录之类也大半是假的。但是，如果因为大半是假的就不读了，那就是形而上学。不读，靠什么来了解历史呢？反过来，一切信以为真，书上的每句话，都被当作证实的信条，那就是历史唯心论了。正确的态度是用马克思主义的立场、观点和方法，分析它、批判它。把颠倒的历史颠倒过来。"[1]

这就清楚地说明，毛泽东下苦功读二十四史，就是为了了解中国历史，了解中国几千年的文明史，了解中国"古今学说制度的大要"。

2. 为了从历史中寻求、汲取治理国家的智慧，让其更好地为现实工作和社会主义建设事业服务

学习研究中国历史，包括学习研究二十四史，了解把握"古今学说制度的大要"，最重要的目的是要为今天的实际工作和社会主义建设事业服务。鉴往知来，是为了治国安邦。学习了解中国几千年的文化遗产，有批判地继承和发展我们民族的文化遗产的精华，汲取对今天和明天的政治、经济、科学、文化等建设和发展有益的东西，让其更好地为现实斗争和社会主义建设事业服务，这是毛泽东酷爱历史，孜孜不倦地学习研究二十四史一贯的主张。

1939年5月20日，毛泽东在延安在职干部教育动员大会上的讲话中就强调指出："学习我们的历史遗产，用马克思主义的方法给以批判的总结，是我们学习的另一任务。我们这个民族有数千年的历史，有它

---

[1]　芦荻：《毛泽东读二十四史》，《光明日报》1993年12月20日。

的特点，有它的许多珍贵品。对于这些，我们还是小学生。今天的中国是历史的中国的一个发展；我们是马克思主义的历史主义者，我们不应当割断历史。从孔夫子到孙中山，我们应当给以总结，承继这一份珍贵的遗产。"①

1960年12月24日，毛泽东在会见古巴妇女代表团和厄瓜多尔文化代表团时的谈话中对中国文化遗产的科学态度又一次作了很好的阐明。他说：

> 对中国的文化遗产，应当充分地利用，批判地利用。中国几千年的文化，主要是封建时代的文化，但并不全是封建主义的东西，有人民的东西，有反封建的东西。要把封建主义的东西和非封建主义的东西区分开来。封建主义的东西也不全是坏的。我们要注意区别封建主义发生、发展和灭亡不同时期的东西。当封建主义还处在发生和发展的时候，它有很多东西还是不错的。反封建主义的文化也不是全部可以无批判地利用的。封建时代的民间作品，也多少都还带有封建统治阶级的影响。
>
> 我们应当善于进行分析，应当批判地利用封建主义的文化，而不能不批判地加以利用。反封建主义的文化当然要比封建主义的好，但也要有批判、有区别地加以利用。我所了解的是这样，我们现在的方针是这样。至于充分利用文化遗产，我们现在还没有做到。中国古典著作多得很，现在是分门别类地在整理，用现代科学观点逐步整理出来，重新出版。②

"对中国的文化遗产，应当充分地利用，批判地利用。"这样的主旨是毛泽东晚年读二十四史的内在主要的动因。他老人家晚年不仅下了很

---

① 《毛泽东选集》第2卷，人民出版社1991年版，第533—534页。
② 《毛泽东文集》第8卷，人民出版社1999年版，第225页。

大功夫读二十四史，而且还下了很多功夫读《资治通鉴》《续资治通鉴》《纲鉴易知录》《通鉴纪事本末》《续通鉴纪事本末》等及多种的稗官野史。彭德怀说："在党内真正懂得中国历史的还只有毛主席一人。"[1] 张闻天说："毛主席从中国历史中学了很多东西。"[2] 周恩来说：毛泽东"读古书使他的知识更广更博，更增加了他的伟大"。[3]

3. 为二十四史自身特有的史学价值和蕴涵的丰富思想文化价值深深地吸引

二十四史这部巨著是人类社会罕有的智慧宝藏，是取之不尽，用之不竭的中国文明、中国文化之百科全书。既有史学价值，又有文学价值，是历代政治家、军事家、思想家鉴往知来、治国安邦、修身齐家、为人处世、福祉民众的镜鉴宝典。

二十四史记载几千年中华文明史，是人类社会罕有的智慧宝藏，蕴涵着十分丰富的治国理政的历史经验和中华民族宝贵的思想文化遗产，是迄今为止系统反映中国历史全貌、记载历史人物最多、社会生活最全的最为珍贵、无可替代的中国历史典籍。毛泽东爱读二十四史，这也是其中的一个非常重要的原因。

从全书全部的文字内容来看，二十四史以帝王纪传为主线，贯穿历史事件，辅以表、志等内容，比较系统地全面地反映了中国历史的全貌。全书记载的人物，包括帝王、贵族、官吏、政治家、军事家、文学家、说客、谋士、游侠、商贾、医卜等，非常众多；记载人们的社会生活最丰富、最全面，有历朝历代政治、军事、经济、法律、典章、财税、外交等大事、要事，还有文学、科技、天文、地理、风水及宗教、民族、民俗等中华民族文明史的非常具体、非常全面的记载。

---

① 《彭德怀自述》，人民出版社 1981 年版，第 268 页。
② 转引自《彭德怀自述》，人民出版社 1981 年版，第 268 页。
③ 《周恩来选集》上卷，人民出版社 1980 年版，第 333 页。

　　记载 4000 多年中华文明的二十四史，毛泽东连续二十四年废寝忘食地读，孜孜不倦地读，反反复复地读。他之所以能做到这样，除了上述三个方面的原因之外，从主观和客观的原因来看，还有两个方面的原因：一方面是他老人家主观上有渴求知识的欲望、有崇高的理想、有伟大的抱负，思想上高度重视对历史的学习和对历史经验的总结与运用；另一方面就是二十四史这部史籍蕴涵着十分丰富的治国理政的历史经验和宝贵的思想文化遗产，包含着许多涉及对国家、社会、民族及个人的成与败、兴与衰、安与危、正与邪、荣与辱、义与利、廉与贪等客观方面的经验与教训。二十四史这部巨著本身记载的我国长达 4000 多年的社会历史无所不包，无所不有，既有史学价值，又有文学价值，是历代政治家、军事家、思想家鉴往知来、治国安邦、修身齐家、为人处世的镜鉴宝库。毛泽东下苦功读二十四史，还因为二十四史是学习中国历史，研究中国历史；学习中国文明，研究中国文明；学习中国文化，研究中国文化必读之书。它不仅具有极其重要的史学价值，而且具有极其重要的文学价值。它是我国传统文化遗产中的瑰宝。

　　归根结底就是一句话：二十四史是人类社会罕有的智慧宝藏。是取之不尽，用之不竭的中国文明、中国文化之百科全书。所以，毛泽东二十四年与之相伴相随，孜孜不倦，夜以继日，废寝忘食地阅读和批注。

二、二十四史批注解读

（一）前四史

1. 汉王为一位高明的政治家
——读《史记·高祖本纪》

"项王非政治家。汉王则为一位高明的政治家。"这条批注是毛泽东读《史记》①卷八《高祖本纪》第356—357面版心相关文字时，在天头上写下的。把这两位历史人物的政治才能做了定论。版心相关文字画满了圆圈、直线、曲线等多种符号。

《史记》卷八《高祖本纪》第356—357面的版心文字："赵数请救，怀王乃以宋义为上将军，项羽为次将，范增为末将，北救赵。令沛公西略地入关。与诸将约，先入定关中者王之。当是时，秦兵强，常乘胜逐北，诸将莫利先入关。独项羽怨秦破项梁军，奋愿与沛公西入关。怀王诸老将皆曰：'项羽为人僄悍猾贼。项羽尝攻襄城，襄城无遗类，皆坑

① 中华书局1959年版。此书中毛泽东所批注《史记》有两个版本，一为中华书局1959年版，一为乾隆十二年武英殿版。只对出于中华书局1959年版的加注说明。——编者注

之，诸所过无不残灭。且楚数进取，前陈王、项梁皆败。不如更遣长者扶义而西，告谕秦父兄。秦父兄苦其主久矣，今诚得长者往，毋侵暴，宜可下。今项羽僄悍，今不可遣。独沛公素宽大长者，可遣。'卒不许项羽，而遣沛公西略地，收陈王、项梁散卒。"

毛泽东曾在不同的场合多次说到项羽和刘邦，且一贯高度评价汉高祖刘邦。毛泽东为什么一贯高度评价汉高祖刘邦，认为刘邦"则为一位高明的政治家"呢？主要有以下三个方面的原因。

一是刘邦是从布衣平民做了皇帝，奠定了汉朝数百年的基业，名垂史册。史书记载，刘邦出身布衣平民，于秦末风起云涌之际，手执三尺剑，与天下英雄俊杰逐鹿中原，八年间，弄浪尖，一扫六合，澄清宇内，脱颖而出，以布衣做了皇帝，成为在中国有文字记载以来的历史上的第一人。从一个布衣平民到成为一代王朝的最高统领的实践和历史，引起毛泽东的高度关注，这是很自然的。因为毛泽东本身也是农民出身。一个从布衣平民到一代封建王朝的皇帝，一个从韶山冲农民儿子到中华人民共和国开国领袖，不同的时代、岁月、沧桑，有点相同的身世、经历和战争的生涯。这方面多多少少有点相似的因素与毛泽东对刘邦的高度关注有一定的关系。毛泽东青少年时代读书时，对史书上只写帝王将相、地主官僚等上层统治阶级各种人物，不写和很少写种田的农民、做工的工人，就感到很不满意，很有自己的想法。他在读了很多书之后，随着革命斗争实践的启示，他逐步明白：工人、农民才是书写历史的主人，广大人民群众才是历史的创造者，广大人民群众才是历史发展的真正动力。毛泽东读史时很关注政治，很重视人物的出身和生平际遇。从政治的视角去阅读历史，去分析、理解历史事件和历史人物，这是毛泽东读史的一个显著特点。刘邦原为一个普通草民，是个大老粗，又是位高明的政治家，所以毛泽东对刘邦这个历史人物很感兴趣是很自然的。1959 年 12 月至 1960 年 2 月，在读苏联《政治经济学教科书》社会主义部分的谈话中，毛泽东说："刘邦能够打败项羽，是因为刘邦和出身贵族的项羽不同，比较熟悉社会生活，了解人民心理。"毛泽东的这一评论显然与他上述的主张、观点是一致的。

二是毛泽东一贯认为"老粗出人物"，每当说到这个话题的时候，他总是津津乐道。从 20 世纪 50 年代后期到 70 年代，毛泽东在多种场合多次谈到"老粗出人物"这个话题。1964 年 1 月 7 日，在一次谈话中，毛泽东直率地说：老粗出人物。接着，他借题发挥：自古以来，能干的皇帝大多是老粗出身。汉朝的刘邦是封建皇帝里边最厉害的一个。刘敬劝他不要建都洛阳，要建都长安，他立刻就去长安。鸿沟划界，项羽引兵东退，他也想到长安休息，张良说，什么条约不条约，要进攻，他立刻听了张良的话，向东进。韩信要求封假齐王，刘邦说不行，张良踢了他一脚，他立刻改口说，要封就封真齐王，何必要假的。1964 年 3 月，毛泽东曾说过："历史上当皇帝，有许多是知识分子，是没有出息的。隋炀帝就是一个会做文章、诗词的人。陈后主、李后主，都是能诗能赋的人。宋徽宗既能写诗，又能绘画。一些老粗能办大事情，如成吉思汗、刘邦、朱元璋。"据有关史料记载，毛泽东还说过："《明史》我看了最生气。明朝除了明太祖、明成祖不识字的两个皇帝搞得比较好，明武宗、明英宗稍好些以外，其余的都不好。"毛泽东还说过："南北朝宋、齐、梁、陈，五代梁、唐、晋、汉、周，很有几个老粗。"

"老粗出人物"，"老粗能办大事情"，"能干的皇帝大多是老粗出身"，这个话题，毛泽东一直很感兴趣。

三是刘邦能知人善任，从谏如流。刘邦和项羽，一个是汉朝创业之主，一个是叱咤风云的西楚霸王，俱为一世英杰，但用人行事、治国用兵的方式却截然不同。据《史记》记载，刘邦好像没有什么突出过人的本领，但他却有过人的组织才能，而且还知人善任，从谏如流。刘邦做了皇帝，在总结自己成功的经验时曾说过："夫运筹策帷幄之中，决胜于千里之外，吾不如子房；镇国家，抚百姓，给馈饷，不绝粮道，吾不如萧何；连百万之军，战必胜，攻必取，吾不如韩信。此三者，皆人杰也，吾能用之，此吾所以取天下也。项羽有一范增而不能用，此其所以为我擒也。"刘邦说的"子房",是指张良。刘邦善于纳谏的事,二十四史中多有记载。例如《郦生陆贾列传》中记载的刘邦采纳郦食其攻取陈留之计;《留侯世家》记载的刘邦听从张良劝说,封韩信为齐王之事;又如《项羽本纪》中记载的刘邦在楚汉划界后听张良、陈平之劝,乘胜追击引兵东向的项羽之事;《刘敬列传》中记载的刘邦称帝后欲建都洛阳,后听从刘敬建议入都关中长安之事等。一个人身边能云集这么多的能人高参,都很自愿地为他出智献谋,而且刘邦又是个善于纳谏的人,能够把别人的智谋良策变为自己的实际行动。所以,刘邦能成为一代皇帝。

1957年4月,毛泽东会见胡乔木、吴冷西时,曾说过,汉高祖刘邦比西楚霸王项羽强,他得天下一因决策对头,二因用人得当。

1962年1月30日,毛泽东在七千人的中央扩大会议上讲民主集中制,针对一些党的干部缺乏民主作风,饶有深意地提起刘邦和项羽来。他说:"刘邦,就是汉高祖,他比较能采纳各种不同的意见。有个知识分子名叫郦食其,去见刘邦。初一报,说是读书人,孔夫子这一派的。回答说,现在军事时期,不见儒生。这个郦食其就发了火,他向管门房的人说,你给我滚进去报告,老子是高阳酒徒,不是儒生。管门房的人进去照样报告了一遍。好,请。请了进去,刘邦正在洗脚,连忙起来欢迎。郦食其因为刘邦不见儒生的事,心里还有火,批评了刘邦一顿。他说,你究竟要不要取天下,你为什么轻视长者!这时候,郦食其已经六十多岁了,刘邦比他年轻,所以他自称长者。刘邦一听,向他道歉,立即采纳了郦食其夺取陈留县的意见。此事见《史记·郦生陆贾列传》。刘邦在封建时代被历史学家称为'豁达大度,从谏如流'的英雄人物。刘邦同项羽打了好几年仗,结果刘邦胜了,项羽败了,不是偶然的。"[1]

---

① 姜维恭、战英主编:《毛泽东评说中国帝王》,吉林人民出版社1998年版,第26页。

2. 一误、二误
——读《史记·陈涉世家》

"一误""二误"，这两条批注是毛泽东读《史记》卷四十八《陈涉世家》第8—9面的文字时，先在第8面版心相关文字的天头上写了"一误"，后在第9面版心相关文字的天头上写了"二误"。

毛泽东为什么在此批注了"一误"，后面又批注"二误"呢？据《史记·陈涉世家》记载：说陈胜起义前还是一个雇农时，有一次对伙伴们说："苟富贵，毋相忘。"及至陈胜起义为王，旧时伙伴找来。开始时，陈胜未食前言，接待了他，这人因而得以经常出入宫廷，也常常无顾忌地谈及陈胜为雇农时的贫困往事。有人对陈胜说："你的客人愚昧无知，所谈的事影响你的威望。"陈胜听信了这些话，把旧时的伙伴杀了。从此老朋友们都躲得远远的，没有人敢再亲近他。在这一段文字记载的天头上，毛泽东用黑铅笔批注了两个大字"一误"。版心相关的文字用粗重的红铅笔画着着重线。

《史记》又记载说，陈胜任用朱房为掌管人事的官员，任用胡武为纠察过失的官员。这两人作威作福，对在外作战的将领，凡不顺从他们命令的，随意治罪；对他们不喜欢的人，不送司法部门审理，擅自处罚。由于陈胜信任这种人，众将领因此都不愿再追随他、为他效力。《史记》中说："此其所以败也。"在这一段文字记载的天头上，毛泽东又用黑铅笔批注了两个大字"二误"。文中也用粗重的红铅笔画着重线。毛泽东在《史记·陈涉世家》中，用红、黑两种颜色的铅笔做过不少圈画。"吴广素爱人，士卒多为用者"，"王侯将相宁有种乎？"以及"陈涉虽死，其所置遣侯王将相竟亡秦，由涉首事也"等处，毛泽东都在句旁画有着重线。

毛泽东在他的著作中，多次列举自秦至清历代农民起义的壮举，盛赞："中国历史上的农民起义和农民战争的规模之大，是世界历史上所仅见的。在中国封建社会里，只有这种农民的阶级斗争、农民的起义和农民的战争，才是历史发展的真正动力。"[1] 1975年，他对身边的工作人员说：陈胜、吴广揭竿而起，反抗秦的暴政，完全是正义的。这次战争掀开了我国封建社会中波澜壮阔的农民战争的序幕，在历史上有很大意义。[2]

毛泽东在批注中指出的陈胜、吴广起义失败的一误，是功成忘本，脱离了本阶级的群众；二误是任用坏人，偏听偏信，脱离了与之同甘共苦的将士、兄弟、战友。两误的结果是众叛亲离，本来在军事上占有很大优势，所向披靡，锐不可当，天下归心，但其政权却仅仅维持了六个月便短命地夭折了。毛泽东指出这两误的经验教训，于古于今，都有极其重要的意义。

3. 说服力强之效
——读《前汉书·赵充国传》

据《前汉书》卷六十九《赵充国传》记载，汉武帝时，赵充国因率兵攻打匈奴有战绩，授予他中郎之职，后又提升为车骑将军长史。汉昭帝时，先后平定氐族人和匈奴人的叛乱，被提升为后将军，并任水衡都尉。汉宣帝即位后，赵充国因拥立宣帝有功被封为营平侯。宣帝本始年中，因征讨匈奴入侵、招降西羌方面功勋卓越，被提升为将军、少府。后来，宣帝派遣他率四万骑兵驻守沿边境五原、朔方、云中等九个郡，敌人闻讯而逃。

赵充国用恩威并施的方法解决了西北地区少数民族的叛乱后，上书宣帝，要求在西北边境屯田。赵充国认为在西北边境屯田既可以保卫边疆，又可以解决军需。赵充国的这一主张，开始遭到汉宣帝及众多大臣的反对。但是赵充国坚持自己的主张，据理力争。赵充国在上书宣帝的折子《不出兵留田便宜十二事》中列举了屯田的十二条好处：

---

① 《毛泽东选集》第2卷，人民出版社1991年版，第625页。
② 杨建业：《在毛主席身边读书——访北京大学中文系讲师芦荻》，《光明日报》1978年12月29日。

第一条，步兵九校，有将吏士兵一万人，留下驻守作为武装防卫，利用田地收获粮食，恩威并行。

第二条，以此排挤逐斥羌敌，使其不能返回肥沃富饶之地，让其部众破产，以造成羌敌逐渐离心相叛的态势。

第三条，当地居民能共同垦田耕作，不失务农本业。

第四条，军马一个月的食料，估计可开支屯田士兵一年的口粮，撤回骑兵可节省巨大消费。

第五条，到了春天检阅武装士兵，沿着黄河、湟水运送粮食到临羌，向羌敌显示我军兵精粮足，宣扬威武的力量，这是世代相传的抵御侵略的办法。

第六条，用空闲时间运下先前采伐的木材，修缮驿站亭隧，充实金城。

第七条，军队出击，只有乘敌之危才能侥幸取胜；不出击，让反叛的敌军奔波往还于凄风寒冷之地，遭受霜雪、雨露、疾病、瘟疫、冻疮断指的灾祸，稳操胜券。

第八条，没有因历经险阻、长途跋涉而造成的伤亡之害。

第九条，从内部看不损减我军威力，从外部看不给敌人可乘之机。

第十条，没有惊动黄河以南大开、小开羌人，使其产生其他的变乱之患。

第十一条，修建道路桥梁，使之通往鲜水，来控制西域，扬威千里之外，这样就像从枕席上经过军队那样轻松安全。

第十二条，大宗的费用已经节省，百姓徭役得以免除，可以防备意外的变故。

从毛泽东阅读过的《前汉书·赵充国传》中可以看到，毛泽东对上述十二条中十条旁边逐字加画了小圆圈。《赵充国传》中对赵充国说服皇帝及大臣的过程作了详细的记载，毛泽东在这些说理力争的文字旁几乎也都画上了小圆圈，并在《赵充国传》第16面版心相关文字的天头上连画三个较大的圆圈，还批注"说服力强之效"六个字，在这六个字旁边又画三个更大些的圆圈。

毛泽东在这里为什么又画圆圈，又批注文字？《赵充国传》中有这样一段记载：赵充国罢兵屯田的奏折刚要送出，接到汉宣帝要他继续进军的诏令，儿子劝他按皇帝的旨意办，不要再送这个奏折去冒风险了。他不但不听，反而责备儿子说的话是对皇帝"不忠"。结果，奏折送上后，汉宣帝果然不予采纳。赵充国并不灰心，坚持申述说：边界线一万多里，只有罢兵屯田，寓兵于农，才于国有利。他又分析了屯田后西羌不敢贸然进犯的各种原因，以及对防御匈奴、乌桓等其他少数民族的有利作用。汉宣帝对赵充国的这些奏折，每来一份，就交给大臣们议论一次。赞成"充国计者什三，中什五，最后什八"。这句话的每个字旁边，毛泽东都画了圈。以前曾经不赞成赵充国意见的大臣们，后来都口服心服了。丞相魏相说："臣愚不习兵事利害，后将军数划军册，其言常是，臣任其计可必用也。"毛泽东在"其言常是，臣任其计可必用也"十二个字旁边都画了圈。一个下级为了国家和民族利益，能够一次又一次地向汉宣帝申述个人的意见，直到口服心服采纳他的意见。宣帝、魏丞相及诸位大臣由开始的不同意到口服心服、完全采纳他的意见。所以，毛泽东认为，这是"说服力强之效"。要做到这点既要有勇气、有信心，又要讲究方法。

毛泽东在这里又批注文字，又圈画满书，都表明对赵充国在边疆屯田的主张及其说服皇帝、大臣接受他的做法都很赞成和赞赏。赵充国的这段故事，毛泽东一直牢记在心，生前多次说到、谈到这段故事。意在告诉人们：真理并不是一开始就会被人认识到的。凡是真理，就应该坚持。真理要人接受，总要有个过程，无论是过去或现在都是如此。赵充国这种坚持真理的精神，说服人接受真理的做法，都深深地刻印在毛泽东的脑海里。

4. 李贤贤于颜师古远甚
——读《后汉书·光武帝纪》

"李贤好。刘攽好。李贤贤于颜师古远甚，确然无疑。裴松之注三国，有极大的好处，有些近于李贤，而长篇大论搜集大量历史资料，使读者感到爱看。青出于蓝而胜于蓝，其此之谓欤？譬如积薪，后来居上。章太炎说，读三国要读裴松之注，英豪巨眼，不其然乎？"这条批注写在《后汉书》卷一《光武帝纪》第一上第17—18面的天头上。

毛泽东在批注中称赞的李贤、刘攽、裴松之是什么人呢？他们好在什么地方呢？

李贤是唐高宗的第六个儿子，被立为皇太子，时人称为章怀太子，曾召集当时学者张大安等儒生，共注《后汉书》。刘攽是北宋时的史学家。他协助司马光同修《资治通鉴》，专任编修汉代史部分。裴松之是南北朝时宋朝的史学家，为《三国志》作注释。

这三人是三个不同历史时期的历史人物，共同之点是都是参与编撰、注释史籍的重要人物。

李贤、刘攽在注释、编修书中在尊重原著的同时又补充增添了很多的史料，丰富了原史书的内容，增强了原著的可读性。颜师古是唐朝的训诂学家，曾作《汉书》注，他注释史书偏重于考订文字。对这两种不同的治史态度，毛泽东更同意前者、赞颂前者，所以他在批注中肯定、称赞李贤、刘攽的做法好，比颜师古偏重于"考订文字"好得多，可读得多。李贤贤于颜师古"确然无疑"。

《三国志》是西晋陈寿撰著的。后人推重陈寿的史学和文笔，把《三国志》和《史记》《汉书》《后汉书》合称"四史"。后130余年，南朝宋文帝嫌《三国志》记载过于简略，让裴松之作注。裴松之出身于宦官世家，自幼博览典籍，是当时著名的史学家。他概括自己为《三国志》作注的原则为："寿其所不载，事宜存录者，则罔不毕取，以补其阙；或同说一事而辞有乖离，或出事本异，疑不能判，皆并抄纳，以备异闻；若乃纰缪显然，言不附理，则随违纠正，以惩其妄；其时事当否，及寿之小失，颇以愚意有所论辩。"简单地说裴松之的注释可分为补阙、备异、矫妄、论辩四类。裴松之广泛收集陆续发现的大量史料，把作注的重点放在史实的增补和考订上。据统计，陈寿撰著的《三国志》约

20万字，而裴松之的注却有55万字之多。裴松之以两倍于原著的篇幅所作的注，弥补了陈寿原著简略的不足。宋文帝读后称赞说："裴世期为不朽矣！"后人有人统计，裴松之注内，引证的书目约210种，除去诠释文字及评论方面的则有150余种，可见裴松之博览旁通，为《三国志》作注所花费的心血了。裴松之引用的材料大多首尾完整，而取材的书籍，多有失传，极有史料价值。

毛泽东爱读裴松之注的《三国志》，在这部书中有他很多的圈画和批注。他在批注中盛赞裴松之"长篇大论搜集大量历史资料，使读者感到爱看"。称赞李贤、刘攽"贤于颜师古远甚"，说他们"青出于蓝而胜于蓝"，是"譬如积薪，后来居上"。这条批注中提到的章太炎，是中国近代的民主革命家、著名学者。他也爱读裴松之注的《三国志》。毛泽东称他有"英豪巨眼"。毛泽东与章太炎有英雄所见略同的共鸣。从这里我们也可以看到，毛泽东爱读二十四史的重要原因之一，是这部史书的史料十分丰富。

5. 可以争论
——读《后汉书·袁安传》

"可以争论"，这条批注是毛泽东读《后汉书·袁安传》卷七十五第2面版心文字记述的东汉章帝时一次朝廷争论的一段话之后，用黑铅笔在天头上写下的。在天头批注的"可以争论"四字的左边，还画了三个圆圈，在相应的版心文字旁还画有不少的圆圈、直线、点等多种符号。

据《后汉书·袁安传》记载，汉章帝时一次朝廷就北匈奴问题展开了激烈争辩。早在公元48年，东汉光武帝时，匈奴就分裂为北匈奴、南匈奴两部，北匈奴留居漠北，南匈奴南下依附汉朝。章帝元和二年（85年），武威太守孟云上书说："朝廷既已跟北匈奴和亲，而南匈奴仍前往北匈奴抄掠，北匈奴单于说汉朝欺负他们，以此为借口意欲侵犯汉朝边境。臣以为应当归还南匈奴掠得的北匈奴人口，以安抚北匈奴。"章帝下令召集大臣们在朝堂议论此事。

公卿们众口一词说："北匈奴奸诈，欲壑难填。如果归还南匈奴夺得的北匈奴人口，北匈奴就会更加狂妄，故不能同意孟云的上书。"身居太仆高位、掌管宫廷车马和全国马政的袁安，力排众议，坚决主张采纳孟云的意见，将南匈奴掠夺来的北匈奴人口悉数归还北匈奴，以示汉朝守信。他说："还之足示中国优贷，而使边人得安，诚便。"

司徒桓虞觉得袁安说得有理，遂转而附和袁安的意见。这让太尉郑弘和担任司空的第五伦非常不快，他们都认为桓虞不坚定，背叛了他们。郑弘甚至给桓虞扣上政治大帽子，说"凡是主张归还北匈奴人口的人，都对朝廷不忠"。桓虞对郑弘这种毫无道理的说法给予了驳斥。有关官员将朝堂争执的情况及时报告了章帝。袁安等人摸不清皇上是什么态度，深恐皇上怪罪他们，立即上交印绶，以示谢罪。

章帝下令说："事以议从，策由众定，闾阎衎衎，得礼之容，寝嘿抑心，更非朝廷之福。"就是说，朝廷的事情通过讨论决定，朝廷的方策由百官决定。中正和悦，这才符合礼制的法则。而鸦雀无声，大家都把真实的想法藏在心里，对朝廷来说并非好事。章帝采纳了袁安等人的意见，还说他们没有过错，不用谢罪。

毛泽东的这条批注，就是在阅读了上述《袁安传》中的这段争论之后写下的。

毛泽东这条批注言简意赅，态度鲜明。毛泽东这条批注，一方面表明他对汉章帝能够让大臣们在朝堂就国家大事发表各自意见并展开相互争论的做法的肯定和赞同。朝堂争论有益于朝政。汉章帝通过朝堂争论，正确处理了归还被掠的北匈奴人口问题，就是一个例证。另一方面也表明毛泽东对袁安、孟云这类官员勇于进言，力排众议言行的支持和肯定。

"可以争论"，也是毛泽东本人对此场争论的态度，对此场争论的支持。也是毛泽东在实际领导工作过程中的一贯的主张和一贯的做法。

不宜負信於戎狄還之足示中國優貸而使邊人得安
誠便司徒桓虞改議從安太尉鄭弘司空第五倫皆恨
之弘因大言激厲虞曰諸言當還生口者皆為不忠虞
廷叱之倫及大鴻臚韋彪各作色變容司隸校尉舉奏
安等皆上印綬謝蕭宗詔報曰久議沈滯各有所志蓋
事以議從策由眾定閭閻術衖得禮之容閭閻忠正貌和樂貌
寢嘿抑心更非朝廷之福君何尤而深謝其各冠履帝
竟從安議明年代第五倫為司空章和元年代桓虞為
司徒和帝卽位寶太后臨朝后兄車騎將軍憲北擊匈
奴安與太尉朱由司空任隗及九卿詣朝堂上書諫以

毛泽东读《后汉书》卷七十五《袁安传》批注：可以争论。

6. 送陈毅同志阅
——写在《后汉书》第 21 分册封面上

批注"送陈毅同志阅""《陈寔传》《黄琼传》《李固传》"。从毛泽东在《后汉书》卷九十一至卷九十四第 21 分册封面上批写的字迹来看，"送陈毅同志阅""《陈寔传》"应是在同一时间写的，时间应当是在 1965 年 8 月 30 日之后。"《黄琼传》《李固传》""送刘、周、邓、彭一阅""《后汉书》写得不坏，许多篇章，胜于《前汉》"，这三组文字应当是在同一时间写的，根据本面下方所盖的"中央传阅文件"印章上标写的时间，此三组文字批写时间应当是 1965 年 8 月 30 日之前。后三组文字应是先写的，写完之后又读《陈寔传》，在读《陈寔传》时，毛泽东心中想到陈毅同志。读完《陈寔传》之后即在该分册封面上方加写了"送陈毅同志阅""《陈寔传》"这两组文字。按照书写的一般惯例，这两组文字应当写在前三组文字之后，可是本封面后面空的地方很小，要写前两组文字写不下了，毛泽东就将这两组文字写到本封面上面了。对本册封面毛泽东批写的整体情况作了以上的分析，也仅是个人之见，到底是不是这个意思，还可以深入研究解读。

毛泽东为什么要陈毅同志读《陈寔传》《黄琼传》《李固传》呢?

这里，我们先来说说《陈寔传》。据《后汉书》记载，陈寔是东汉颍川许县人，汉末名士。陈寔在乡间之间，以豁达公正著名。乡里民众间发生争执，都愿让他判个是非曲直，无不心服口服。《陈寔传》中写道：有一年发生饥荒，民生甚苦。有天晚上，有个小偷夜里潜入到陈寔家里，伏藏在屋梁上，待寻机会下手，此时，陈寔在暗中发现了小偷，他轻轻起来穿好衣服，把家里子孙等人都叫到一起，严肃地说："人不能不自我勉励。不善的人不一定本性就坏，习惯成性，于是到了这一步。梁上君子就是这样的啊！"小偷听了，大为震惊，很惭愧地从梁上跳到地下，重重地向陈寔叩首请罪。陈寔没有训斥他，反而循循善诱鼓励他说："看你的相貌神态，不像恶人，应该努力地克制自己，改造为

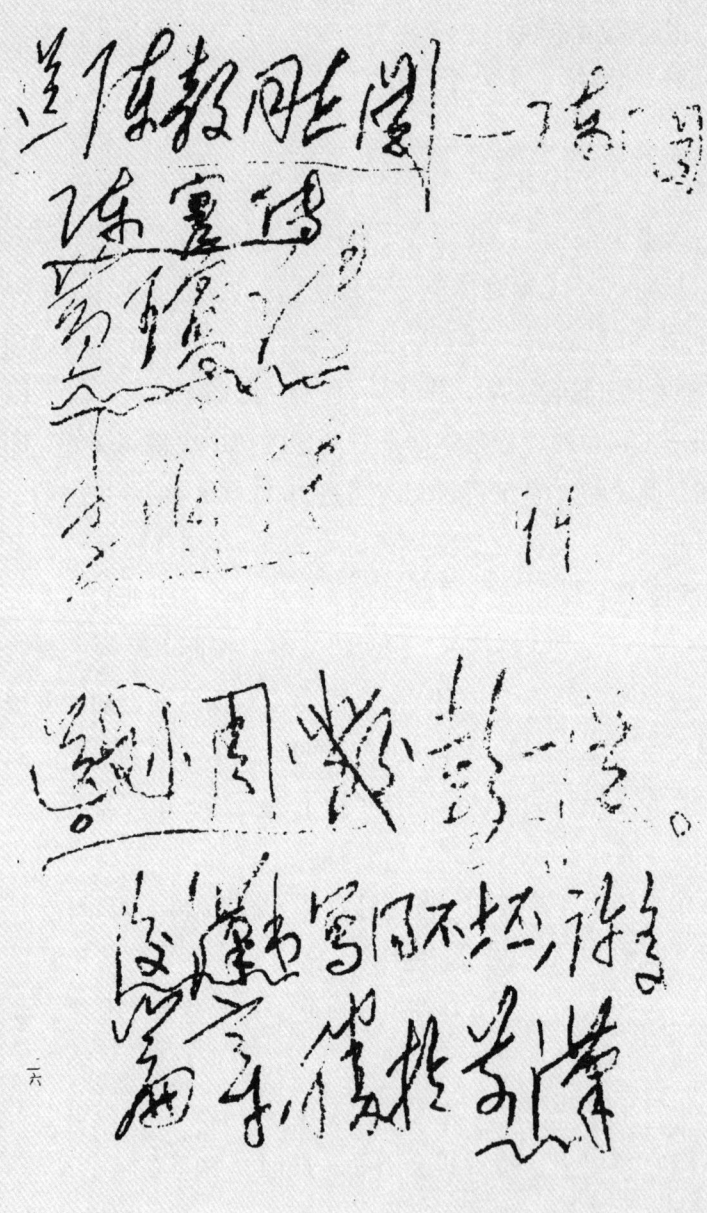

毛泽东读《后汉书》第 21 分册写在封面上的批注。

好人。而且你此次行为是由家庭贫困引起的。"说完之后，陈寔传令家人送给小偷绢两匹。从此以后，陈寔所在的县里再也没有发生盗窃之事。这是历史上传说的"梁上君子"的典故。

毛泽东阅读上述相关文字时，在原书版心文字旁逐字画上小圆圈。在相关文字的天头上写下批注："人在一定条件下是可以改造的。"毛泽东在这里又批注、又圈画，足以说明毛泽东对《陈寔传》是很感兴趣的，对陈寔的做法和对陈寔的为人也是很为欣赏的。

毛泽东要陈毅同志读《陈寔传》，最主要的是要陈毅同志认识、理解"人在一定条件下是可以改造的"这一辩证唯物的重要思想。陈寔面对小偷，没有鄙视，没有训斥，没有指责，而是心平气和、耐心诱导、劝化，还送小偷"绢两匹"的这些行动，做得对，做得好，是值得肯定、值得称赞的。陈寔这种思想方法、对待做错事的人的工作方法也是很值得我们效仿的。毛泽东一贯认为，犯错误的人，做错事的人，除了极少数坚持错误、屡教不改的以外，大多数是可以改正的。他还形象地比方说，"正如得过伤寒病的可以免疫一样，犯过错误的人，只要善于从错误中取得教训，也可以少犯错误"。毛泽东不仅在理论上这样认为，而且在实践上一直坚持这样做，十分重视对犯错误的人进行认真改造。

毛泽东要陈毅同志读《陈寔传》，除了上述的一个主要原因外，还表明毛泽东是真心真意关爱陈毅同志，是真情感、真朋友。陈毅同志长期担任党、国家、军队的高级领导职务，毛泽东对陈毅同志很了解、很信任、很重用、很关心。陈毅同志对毛泽东很尊敬、很拥护、很忠心、很服从。从担任领导职务来说，毛泽东与陈毅是上级领导与下级领导关系，是领导与被领导的关系。从个人交往和情感方面来说，二人又是革命的战友、诗友，相互往来、联系很多。1954年6月22日，毛泽东邀请陈毅到玉泉山住地共进晚餐，谈论工作。据有关材料记载，这一次谈话气氛亲切，话题广泛。在谈话将要结束时，陈毅说他近日要回华东了，行前，毛泽东说了两句具有总结意义的谚语："路遥知马力，日久见人心。"①事隔十一年之后，毛泽东又要陈毅同志读《陈寔传》，读《黄琼传》《李固传》。读书思友人。读到好书，读到自己有兴趣的、爱读的书，能想到友人，送给友人一读，这就是对朋友的真心、真情。这就是对朋友的一种关爱、一种情感、一种帮助，这就是"日久见人心"的具体体现。

至于读《黄琼传》《李固传》，下文中还要详述，这里就不再多说了。

7. 送刘、周、邓、彭一阅
——写在《后汉书》第 21 分册封面上

批注："《黄琼传》《李固传》""送刘、周、邓、彭一阅"。毛泽东在本册封面上的这两组批注是在同一个时间段写下的，时间是 1965年 8 月 30 日之前。这两组批注的意思，是要工作人员将本册中的《黄琼传》《李固传》送刘少奇、周恩来、邓小平、彭真四位中央领导同志一阅。这四位领导同志阅读本册中的黄、李二人的传记，是按照中央传阅文件的程序送阅的。周恩来是 1965 年 8 月 30 日阅读的，其他三位领导同志处未在本册封面上注明阅读的时间，但都留下了阅读过的不同标志。刘少奇是在"刘"字上画了个圈表示已读过，邓小平是在"邓"字上画了一条斜线表示已读过，彭真是在"彭"字下方写了"已阅"两个字。

毛泽东为什么要刘少奇、周恩来、邓小平、彭真四位领导同志读《后汉书》里的《黄琼传》《李固传》呢？至少有以下两个方面的思想缘由。

第一，《黄琼传》《李固传》中说到的《李固与黄琼书》"是一篇好

---

① 据《红墙知情录一：新中国的风雨历程》，当代中国出版社 2010 年版；《高饶事件后毛泽东为什么召陈毅进京》，《书报文摘》2016 年第 44 期。

文章"。同时《黄琼传》《李固传》中还有不少充满唯物论、辩证法思想的言论和文字很值得一读。

黄琼，东汉江夏安陆（今属湖北）人。他对东汉后期黑暗的社会极为不满，拒不做官。顺帝永建二年（127年），再次被朝廷征辟。他走到途中，却犹豫起来，称病不肯前往。这时，一向仰慕黄琼的李固给黄琼修书一封，毛泽东后来称之为《李固与黄琼书》。毛泽东认为，这封书信"就思想文章而论，都是一篇好文章"。这封信从两个方面开导黄琼，一方面批判了当时名士们的孤傲；另一方面针对当时名士务于声名而其实不副，以致容易被人攻击其缺点。信中对黄琼诚言规劝和告诫道："……若当辅政济民，今其时也。自生民以来，善政少而乱俗多。必待尧舜之君，此为志士终无时矣。常闻语曰：'峣峣者易缺，皦皦者易污'。《阳春》之曲，和者必寡，盛名之下，其实难副……是故俗论皆言处士纯盗虚声。愿先生弘此远谟，令众人叹服，一雪此言耳。"此封书信与《黄琼传》《李固传》中还有不少充满唯物论、辩证法思想的言论和文字。例如："穷高则危，大满则溢，月盈则缺，日中则移"；"表曲者景必邪，源清者流必絜"；"以天下与人易，为天下得人难"等。这些充满唯物论、辩证法思想的名言警句，毛泽东很有兴趣。据有关的记载，毛泽东曾在一次政治局会议上念过这几句话。他认为：《李固与黄琼书》，"就思想文章而论，都是一篇好文章"。好书、好文章，充满唯物论、辩证法思想，他不仅自己爱读，读了又读。还习惯批送给其他中央领导同志读。《黄琼传》《李固传》及上述的《陈寔传》，都是他很感兴趣的，都是他很爱读的，所以，他批写了："送刘、周、邓、彭一阅"，"送陈毅同志阅"。

第二，是意在提倡黄琼、李固能以国家大事、社稷安危为重，不计个人名利官职，正直敢言，谏诤君主的为官之道，以在领导干部中树立善于听取各种不同意见的正风正气。

东汉时，外戚、宦官相互倾轧，争相专政擅权。大将军梁冀的两个妹妹分别是顺帝、桓帝的皇后，梁冀垄断朝政近20年，骄奢横暴，不可一世。顺帝时，黄琼两次被举荐到朝廷做官，黄琼出来做官后，经常上疏直言规劝顺帝，所提批评和建议多被采纳。顺帝死，梁冀和梁太后先后立冲帝、质帝，两帝在位的时间都很短。其后桓帝立，拟褒崇梁冀，说梁冀功劳，可与周公相比，黄琼不畏惧梁冀的权势，在众人随声附和中，只有他坚决反对。他举出萧何、霍光等例，认为"赏必当功，爵不越德"，桓帝接受了这个意见。永兴七年（159 年），黄琼重病在身。临死前，仍上书直谏："我听说天道一定要让气刚强，国君一定要加强自己的政治。因此王者居高处而自持……自持不安定便会被颠覆。……所以圣人位居人生，以德义为首；到危及国家政权时，则把贤人作为主要力量。唐尧把德化当作冠冕，把稷和契当作筋力。地位提高了就更加推崇，行动上则更加依靠，这就是先圣们长守万国、保住自己江山社稷的原因。……对上天不以仁义的名分，办事情不以贤人为主要力量，终将导致颠覆，使汉室国统灭绝。陛下听信谗言，终于导致太尉李固、杜乔，忠心直言，以德辅政而亡其身。……今天我即将就木……故在这垂统之日，仍上不讳之言，万望三思。"黄琼在病重临死之前，为了汉室江山社稷，还这样诤言进谏，可见其对国对君的一片忠心。

李固也是汉顺帝时的人，"少好学，常步行寻师，不远千里。遂究览坟籍，结交英贤。四方有志之士，多慕其风而来学"。李固多次上书汉顺帝，规劝他慎重选用官员，协助他整顿朝纲，为天下树立榜样。他说："夫表曲者景必邪，源清者流必絜，犹叩树本，百枝皆动也。"顺帝死，质帝立，李固被委任为宰相。他任职后，"其黄门宦者一皆斥遣，天下咸望遂平，而梁冀猜专，每相忌疾"。质帝死后，李固建议"清河王蒜明德着闻，又属最尊亲，宜立为嗣"。他给梁冀写信说："传曰：'以天下与人易，为天下得人难。'"梁冀听不进李固的忠言，反而立了他的妹夫蠡吾侯，是为桓帝。李固后被梁冀诬陷杀害，死时五十四岁。李固两个儿子后来也被杀害，小儿子改名换姓做酒店的伙计，后被朝廷任命为议郎，在职两年去世。

毛泽东把《黄琼传》《李固传》推荐给刘、周、邓、彭读，以古人启示今人，从中央高级干部做起，并带动影响各级领导干部树立正风正气。可是，当时正值孕育发动"文化大革命"的前夕，毛泽东不但没有如愿树立正风正气，而且客观情势的发展使得毛泽东自己感到"盛名之下，其实难副"了。后来，毛泽东本人还多次提及李固给黄琼的信，可见毛泽东对《黄琼传》《李固传》是多么爱读、多么熟悉了。

除了上述两个方面主要的思想缘由之外，与以书交友、以书会友、以书联友，以书传递、交流老朋友心里想说而一时还没有说、还没来得及说的想法、看法、认识、观点、思考、思虑等心理因素有没有关系呢？应当是有关系的。用读书来进行心理的交流，启发思考，相互激励。这是毛泽东在特定的历史条件下采用的一种独特的老战友之间的一种交流方法。

8.《后汉书》写得不坏
——写在《后汉书》第 21 分册封面上

"《后汉书》写得不坏，许多篇章，胜于《前汉》。"这是 1965 年 8 月 30 日之前，毛泽东在读《后汉书》卷九十一至卷九十四第 21 分册封面上写的一段批语。毛泽东为什么这么说呢？

这是毛泽东读了《前汉书》《后汉书》之后，将两书进行比较得出的看法。毛泽东的这一看法是有根据的，是符合实际的。

《后汉书》是南朝宋范晔所著的纪传体东汉史。据史籍记载，范晔有深厚的家学渊源，"少好学，博涉经史，善好文章，能隶书，晓音律"。他十七岁开始做官，自参军、秘书丞、下邳太守一直到左卫将军、太子詹事。宋文帝时，范晔为尚书吏部郎，时年三十五岁。

东汉时，按照续补《史记》办法，分别有专人、史学家负责修撰东汉各朝各方面的史事。据说，在范晔以前，当时关于后汉时代的史籍约有 18 家。其中以班固、卢植等人所撰的《东汉观记》为最佳、最受欢迎。范晔就以《东汉观记》为基础，将当时社会各家撰修的《后汉书》

材料逐一挑选，把有史学价值的、有重大社会影响的人物、史事等材料尽量吸收补充进去。范晔撰修的《后汉书》写成后，史家评论："由于其断限完整，组织严密，又有较高的文学成就，为人们所重视，隋宋以后，逐渐取代了《东汉观记》的地位，而与《史记》、《汉书》并称为三史。"

对范晔撰修的《后汉书》，史籍还有这样一段说明性的记载："范晔做完纪、传之后，欲作广人十篇志时，被杀。他死后，那些未完稿又遭损失。到了梁朝，刘昭为《后汉书》作注，把晋司马彪的《续汉书》里的八志，补注到范晔书中，使《后汉书》成为完本。所以《后汉书》的原九十篇加上刘昭注补八志，合并为一百二十卷，包括帝后纪十卷，列卷八十卷，志三十卷。"

毛泽东所以批注认为《后汉书》写得不坏，许多篇章，胜于《前汉》。主要根据有以下几点：

第一，由于撰写者范晔具有一定的唯物论、辩证法思想，所以，在《黄琼传》《李固传》中就有一定的体现。这是毛泽东说"《后汉书》写得不坏，许多篇章，胜于《前汉》"的重要依据。

第二，《后汉书》史料更丰富、更全面。例如：东汉时，迷信之风盛行。《后汉书》就特编写了《方术列传》，对其客观记述。对于当时敢于违抗封建统治之人，《后汉书》增补了《党锢》《独行》《逸民》等列传，进行歌颂。而对于专权和腐败的宦官、外戚和大官僚地主，《后汉书》中也有篇章记述。

第三，史料更真实、更有价值。《后汉书》对当时的重要奏疏和文章都直接选用，一是保全其完整性，二是保存了一些真实的史料。例如，《李固与黄琼书》就很真实，很有价值，毛泽东很喜爱读，并认为"就思想文章而论，都是一篇好文章"。

第四，在撰写体例方面，《后汉书》也有其独特之点。《后汉书》编排人物传记偏重以类相从，与时间先后关系不大。例如：王充、王符、仲长统都是东汉时代较为有名的思想家和著述家，对这一类相似相近人物立传就放在一卷；又如卓茂、鲁恭、魏霸、刘宽等都有"宽人恭爱"之称，这一类人也合为一卷。

第五，列皇后于本纪是《后汉书》的又一独特之点。东汉后期，外戚与宦官专权是政治上的一个特点。梁氏专政历经顺、冲、质、桓四帝，是外戚专政的鼎盛时期。列皇后于本纪，是后汉历史的真实记录，是其他史书所少见的。

总之，范晔撰著的《后汉书》有自己的特色，其断限完整，组织严密，架构少见，既有较高的史学价值，又有较高的文学成就。所以，毛泽东认为："《后汉书》写得不坏，许多篇章，胜于《前汉》。"

9. 人在一定条件下是可以改造的
　　——读《后汉书·陈寔传》

"人在一定条件下是可以改造的。"毛泽东这条批注是读《后汉书》卷九十二《陈寔传》第14面版心相应文字时在天头上写的。同时在版心"'不善之人，未必本恶，习以性成，遂至于此，梁上君子者是矣。'盗大惊，自投于地，稽颡归罪"等文字旁逐一画圈。毛泽东在这里为什么批注"人在一定条件下是可以改造的"呢？

这里，陈寔对小偷注重教育感化的做法，与毛泽东一贯的思想和主张是一致的。毛泽东认为：人在一定条件下是可以改造的，一切有过错误的人包括小偷在内。一有过错就把他杀掉，凡是偷过人家一点东西就说是不可救药的坏人，这种做法和看法都是不足取的。

毛泽东读《智囊》时写过类似的批注。毛泽东在阅读《智囊》第一部上等的智慧通简卷有关朱博的一则故事时，写了这样一条批语：这个老从事也可以不杀，教以改过，或者调改他职。显然，毛泽东对朱博的这一做法不很赞成，并且很明白地提出了自己的看法。这里毛泽东为什么提出对老从事这个官吏也可以不杀呢？情况是这样的。朱博本来是个武官，没有做过文官，后来他做了北州刺史。上任时巡视部属来到一个

後復誅黨人讓感寔故多所全宥寔在鄉閭平心率物
其有爭訟輒求判正曉譬曲直退無怨者至乃歎曰寧
爲刑罰所加不爲陳君所短時歲荒民儉有盜夜入其
室止於梁上寔陰見乃起自整拂呼命子孫正色訓之
曰夫人不可不自勉不善之人未必本惡習以性成遂
至於此梁上君子者是矣盜大驚自投於地稽顙歸罪
寔徐譬之曰視君狀貌不似惡人宜深剋己反善然此
當由貧困令遺絹二匹自是一縣無復盜竊太尉楊賜
司徒陳耽每拜公卿羣僚畢賀賜等常歎寔大位未登
愧於先之及黨禁始解大將軍何進司徒袁隗遣人敦

毛泽东读《后汉书》卷九十二《陈寔传》批注：人在一定条件下是可以改造的。

县。这个老从事为了观察和试探一下朱博的本事，就故意让这个县的数百个官吏和老百姓聚众拦道，并且吵吵嚷嚷，说是要告状。官署、寺庙里也都挤满了人。朱博后来了解到，这幕闹剧是这个从事故意制造的，所以把他杀了。这个老从事并无其他恶意，只是为了看看朱博的应变能力，也没有因此造成特别重大的损失。所以毛泽东批语说这个老从事也可以不杀。如果你朱博对他不信任，毛泽东认为，"调改他职可也"，为什么一定非要把他杀掉呢！

还是朱博的这一则故事，书中有一段是这样写的：朱博当左冯翊时，长陵大姓中有个叫尚方禁的，年轻的时候侵害别人妻子，被人用刀砍伤了面颊。官府的功曹受了贿赂，没有革除尚方禁，反调他作守尉。朱博听到此事，找了一个借口召见尚方禁，一看他的脸，果然有瘢痕。朱博避开左右的人，问尚方禁："这是什么伤啊？"尚方禁自知朱博已了解实情，连忙叩头，禀报了事情经过。朱博笑着说："大丈夫本难免不时有这种事，我想为你洗刷耻辱，你能自己效力吗？"尚方禁又喜又怕，回答道："万死不辞。"朱博于是命令尚方禁不得向任何人泄露谈话的情况，有机会就记录别人的言论。于是将他视为亲信、耳目。尚方禁经常破获盗贼、通奸等犯罪活动，很见成效，朱博提升他为连守县县令。很久之后，朱博召见功曹。关上门，一一列举尚方禁等人的事情，对他痛加斥责，给了他纸笔，要他将自己受贿一个钱以上的事情全部写下来，不能有丝毫隐瞒，若有半句欺骗的话，就杀他的头。功曹惶恐万状，就写了所有为奸为贼的事，一点也不敢隐瞒。朱博知道他说的是实话，于是命令他就地听候裁决，要他改过自新。然后拔出刀来将他所写的罪状裁成纸屑，打发他仍然出去就任原职。这功曹后来时常战战兢兢，如履薄冰，尽心尽责，不敢有丝毫差错。朱博就重用了他。朱博在这里对尚方禁、功曹的做法，毛泽东没有提出疑义，他读后用黑铅笔在这一段文字旁写的批语是："使人改过自效。"

《智囊》第九部妇女的智慧贤哲卷有一则展现赵威后卓见的故事。这则故事说：齐王派使者去问候赵威后。使者还没有拿出书信，威后就问道："齐国的年成好吗？老百姓平安无事吧？齐王身体健康吗？"使者一听，很不高兴地说："我是奉齐王之命来看望威后的，现在您不先问候齐王，而先问起年成和百姓了，怎么先问贱而后问尊贵呢？"威后说："不对，假如国家没有收成，怎么能养活百姓？假如没有了老百姓，哪里还有君王呢？所以，哪有舍了根本，而先问枝节的啊？"进而她又问使者说："齐国的於陵子终，他还活着吗？他这个人做人，是上不以臣礼事奉君王，下不治理自己的家庭，中不求跟诸侯交往。这是个引导百姓无所事事的人，为什么至今还不杀了他呢？"毛泽东读完这则故事，对赵威后主张杀齐国的於陵子终持否定态度。毛泽东认为，像於陵子终这样的人，是不应该把他杀掉的。於陵子终的问题仅是一般的问题，通过教育和改造是可以转化的。

《智囊》第一部上等的智慧通简卷中，还有一则韩裒以毒攻毒的故事。故事说：西魏文帝时，韩裒任北雍州刺史。此州盗贼很多。韩裒到任后，秘密地查访了盗贼的情况，原来都是州里豪富人家的子弟。韩裒表面上装着什么也不知道，对那些人仍然以礼相待。他对他们说："本刺史是一介书生，哪里知道治理盗贼的事，只有依赖诸位共同分担我的忧虑了。"于是将那些性情凶恶狡猾的少年全部找来，将他们都任命为捕盗首领，每人分片包干，有盗贼行窃而未抓获，就以故意放纵偷盗论处。那些被委以重任的纨绔子弟都惶惶不安，连忙检举说：前次的盗案实际上是某某所干的。将作案人的姓名一一登记在本子上。韩裒将这个本子拿过来藏好，然后在州府门上贴了一张布告："凡是盗贼，可以马上来自首，过了本月不来自首的将公开处死，并没收他的妻子儿女赏给先来自首的人。"十天左右，所有的盗贼全部都来投案自首。韩裒将登记簿取来一对，一点不差。因此全部赦免了他们的罪过，允许他们改过自新。从此后，再也没有发生偷盗案。毛泽东读了这则故事，又用黑铅笔在本页天头上写了"使人改过"四个字的批注。显然，毛泽东对韩裒允许盗贼改过自新的做法持赞许的态度。

对于有一般过错的人允许其改过自新，并给他们提供机会，帮助他们创造改过自新、重新做人的条件，这是毛泽东一贯的思想和主张。无论在新民主主义革命斗争的岁月，还是在新中国社会主义建设的日子里，毛泽东一直都是这样做的。

10. 明末事不能与汉末比
——读《三国志集解·魏书·武帝纪》

毛泽东读《三国志集解》① 卷一《魏书·武帝纪》第 26 面时，在版心相应文字的天头上批注"明末事不能与汉末比"。

实事求是，具体问题具体分析，这是马列主义、毛泽东思想"活的灵魂"。这一条批注就是毛泽东在读二十四史过程中对这一"活的灵魂"具体运用的体现。

东汉末年，在镇压黄巾起义的过程中，汉朝将领刘岱"欲击之"，"鲍信谏曰：'今贼众百万，百姓皆震恐，士卒无斗志，不可敌也'"。刘岱没听鲍信的劝告，在山东东平仍与百万青州黄巾军决战。结果大败而且丢了自己的生命。西汉末年光武帝刘秀在镇压铜马起义军时，"贼数挑战，光武坚持自守。有出卤掠者，辄击取之，绝其粮道。积月余日，贼食尽，夜遁去。追至馆陶，大破之"。史学家何焯由此史事联想到明朝末年统治阶级镇压李自成起义军的失败，说明镇压李自成起义军的将领们都不知道光武帝刘秀的战法，急于与起义军交战，"遂皆为刘岱之续"。何焯的言下之意是说，假如明朝官军也用刘秀的战法，就可将起义军镇压下去，明朝也就不会灭亡了。毛泽东的这条批注，就是在读完何焯这番话之后写下的。毛泽东为什么批注认为"明末事不能与汉末比"？主要是因为：这是两个相隔一千多年的历史年代。汉末与明末，时代大大不同了，政治、经济、社会、军事、科学、文学等方面都有很大的变化。就单从军事上讲，人们的思想认识，对战略战术的谋划与设

---

① 卢弼撰：《三国志集解》，古籍出版社 1957 年版。

计，对武器装备与后勤物资的供给和保障，对交战双方主客观条件的分析与估计，等等，都是此一时，彼一时，"此时"非"彼时"，"此时"不等于"彼时"。

何焯用静止的眼光、用形而上学的观点看待不同时期的历史问题。这与毛泽东一贯的主张和一贯的做法是相悖的，这是不符合唯物辩证法思想的，这是违背"实事求是，具体问题具体分析的"马克思主义的"活的灵魂"的。所以，毛泽东不同意何焯的看法。毛泽东在这里的批注，实际上，也是毛泽东对何焯的一种批评，一种关心和爱护。

11. 赤壁之败，将抵何人之罪？
——读《三国志集解·魏书·武帝纪》

毛泽东读《三国志集解》卷一《魏书·武帝纪》第54面版心文字"自命将征行，但赏功而不罚罪，非国典也。其令诸将出征，败军者抵罪，失利者免官爵"之后，在这段文字相对应的天头上写下批注："赤壁之败，将抵何人之罪？"在"败军者抵罪，失利者免官爵"十一个字旁还画了曲线。毛泽东在这里又批注、又画曲线的主要意思是：既然你追究败军之将责任，那赤壁之战的惨败应当追究谁的责任呢？

赤壁大战，是208年曹操率大军与孙（权）刘（备）联军在赤壁（今湖北嘉鱼县）的一次战争。本次大战，孙刘联军用火攻打败曹操。战败之后，曹操率残军逃到北方，建立了魏国。孙权建立以建业（今南京）为中心的吴国。刘备则得到武陵、长沙等四郡，获得了立足之地，继续向益州发展，很快也建立了以成都为中心的蜀汉政权。至此，形成三国鼎立格局。

赤壁之战也是曹操军事生涯中最大的败仗。所以失败，有客观的原因，也有主观方面的原因。客观原因主要有新投降的荆州之兵军心不稳，北方兵缺少水战经验以及后方不很巩固等。从主观上分析，曹操本人应负主要责任。主要表现在两个方面：一是思想上骄傲轻敌。在此战之前，曹操打了多次胜仗。如破黄巾、擒吕布、灭袁术、除袁绍、降刘琮等，数战数胜，几乎没有遇到过大的军事挫折，可算是一帆风顺。部队人数由原北方士兵十五六万，加上荆州投降的官兵七八万，达二十多万，号称八十万大军。而孙刘联军只有五万人。双方兵力相比，显然曹操占有绝对优势。正因为有这些因素，使得曹操滋长了骄傲情绪，把本来复杂的战争看得很简单，过分轻视对方，以为对方必败，胜券在握，统一大业指日可待。而对不利的因素、困难的方面、不足的地方不分析、不研究，更谈不上去做准备了。所以，最终招致大败。二是自以为是，独断专行，听不进别人的意见。曹操根据他主观想象强行下令把战船首尾相连接在一起，这样做，虽然有利于北方士兵演练、有利于缓解北方士兵容易晕船的实际情况，却最怕火攻。当时谋士程昱和荀攸提醒过，他只当耳旁风，毫不在意，认为冬天不可能有东南风，完全没有想到冬至过后风向会有所改变，更不会想到诸葛亮呼风唤雨既上演"草船借箭"又"巧借东风"诸多因素。他还讥笑程昱、荀攸二人"只知其一，不知其二"，结果曹操恰恰败在孙刘联军的扬水战之长，借火攻之势，终至一战定乾坤。

实践证明，赤壁之战的大败，主要是曹操本人主观因素造成的一次重大失误，主要责任在曹操。曹操颁布奖惩法令在前，赤壁之败在后，而曹操未曾有过自贬自罪的表示和举动，所以，毛泽东在这里批注指出："赤壁之败，将抵何人之罪？"

毛泽东的这条批注，很显然是对曹操的批评。尽管毛泽东对曹操这个历史人物在历史上的地位曾作过很高的评价，多次对历史上贬抑曹操的做法表示不满，多次提出要替曹操"翻案"。但他始终坚持功是功、过是过、错是错的实事求是的评价。不一味颂扬曹操，也不讳言曹操的失误和错误。除了上面的毛泽东批评曹操未能说到做到外，还曾对曹操贻误伐蜀战机提出了批评。1966年3月，在杭州的一次谈话中，毛泽东说：曹操打过张鲁之后，应该打四川。刘晔、司马懿建议他打。刘晔是个大军师，很能看出问题。说刘备刚到四川，立足未稳。曹操不肯去，隔了几个星期，后悔了。曹操也有缺点，有时也优柔寡断。对自己喜爱的历史人物，说好不能说一切都好。在看到他好的方面的同时，也要关注、了解他做得不够好甚至是错误的方面。既要肯定成绩和功劳，也要勇于揭短，指出缺点和不足，进行实事求是的客观评价，全面评价。这是毛泽东的一贯做法，一贯的立场和观点。

12. 欲加之罪，何患无词
——读《三国志集解·魏书·武帝纪》

"此篇注文，贴了魏武不少大字报，欲加之罪，何患无词。李太白云：'魏帝营八极，蚁观一祢衡。'此为近之。"毛泽东这段批注是读《三国志集解》卷一第78—81面时，在《魏书·武帝纪》第1面版心相关文字的天头上写下的。毛泽东为什么这样批注？下面逐一进行分析解说。

毛泽东批注中的"此篇注文"，是指民国学者卢弼针对《武帝纪》建安十五年十二月曹操所颁布的《让县自明本志令》所作的注。主要内容是叙述他自己辗转征战的经历及许多内心活动，表明自己守义为国，并无取代汉帝以自立的意思，他决定让出受封的阳夏、柘、苦三县，以解除别人的误会。这些记载，卢弼从贬抑曹操的立场出发，在《集解》中或自发议论，或引别家评语，对曹操提出了许多指责。就是毛泽东批注说的："贴了魏武不少大字报，欲加之罪，何患无词。"卢弼对曹操颁布的《让县自明本志令》，除作了一些考证外，基本上是全盘否定。他对这篇令的评价是："文词绝调也，惜出于操，令人不喜读耳！"

例如，曹操在令中说：他曾告诉妻妾，自己死后，无论她们嫁到哪里，都希望为他说明无叛汉之心。卢弼说这是"奸雄欺人之语"。曹操在令中解释自己之所以不放弃兵权，是因为"诚恐己离兵为人所祸也"，这是"既为子孙计，又己败则国家倾危"。卢弼引黄恩彤语说这是"欲盖弥彰"，并指责"皆欺人语也"，说陈寿撰写的《三国志》对这些话

"削而不录，亦恶其言不由衷耳"。令中又说：自己打仗往往"推弱以克强，处小而擒大；意之所图，动无违事；心之所虑，何向不济"。卢弼则认为曹操在吹牛，还专门列举了曹操军事生涯中的一系列败仗，说曹操是"志骄气盛，言大而夸"。卢弼对曹操的看法和评论有失公允。毛泽东不同意卢弼注文中的观点。对卢弼的注文，毛泽东阅读中又圈又点，同时在版心相关文字的天头上写了批注："此篇注文，贴了魏武不少大字报，欲加之罪，何患无词。李太白云：'魏帝营八极，蚁观一祢衡。'此为近之。"

毛泽东没有拘泥于封建正统史观，认为卢弼对曹操是"欲加之罪，何患无词"，不是从历史实际出发。《让县自明本志令》是了解曹操的第一手史料。卢弼用旧史学家的正统思想，先入为主地视曹操为奸雄，对曹操的功过是非不能公正、客观地评论，这是毛泽东不赞成的。

毛泽东批注中的"魏帝营八极，蚁观一祢衡"，引自李白的《望鹦鹉洲悲祢衡》一诗。祢衡是东汉末年名士，恃才傲物，狂放不羁。史料记载：孔融曾向曹操推荐他，未被重用，于是他大骂曹操。曹操怜其有才，不忍杀他，将其遣送刘表处，后又辗转至黄祖处，终因"言不逊顺"，为黄祖所杀。相传鹦鹉洲就是黄祖杀祢衡之处。李白的这两句诗，肯定曹操统一北方的功绩，又指出他轻视祢衡的失误，毛泽东认为对曹操的这种评价才比较合乎实际。毛泽东在批注中引用李白的这两句诗，其意是说卢弼注文对曹操的无端指责，与祢衡骂曹操的举动是相近的，意思是差不多的。

新中国成立之后，毛泽东先后多次用历史唯物主义的观点评说过曹操。1954年夏在北戴河，毛泽东针对这一历史上对曹操不公正的评价，作过如下的论述："曹操统一中国北方，创立魏国。他改革了东汉的许多恶政，抑制豪强，发展生产，实行屯田制，还督促开荒，推行法治，提倡节俭，使遭受大破坏的社会开始稳定、恢复、发展。这些难道不该肯定？难道不是了不起？说曹操是白脸奸臣，书上这么写，戏里这么演，老百姓这么说，那是封建正统观念制造的冤案。还有那些反动士族，他们是封建文化的垄断者，他们写东西就是维护封建正统。这个案要翻。"

1975 年 5 月 29 日，毛泽东对身边的工作人员说："汉末开始大分裂，黄巾起义摧毁了汉代的封建统治，后来形成三国，这是向统一发展。三国的几个政治家、军事家，对统一都有所贡献，而以曹为最大。司马氏一度完成统一，主要就是他那时打下的基础。"

以上的毛泽东的批注和对曹操的评说，足以证明，《三国志》及卢弼注等史书中对曹操的评价，在毛泽东看来是不符合历史实际的，很不赞成。正如 1927 年鲁迅写《魏晋风度及文章与药及酒之关系》一文中说："其实，曹操是一个很有本事的人，至少是一个英雄，我虽不是曹操一党，但无论如何，总是非常佩服他。"毛泽东在 20 世纪 50 年代读到鲁迅此文中上述论述时，用粗重的红铅笔画着着重线，表示他非常赞同鲁迅对曹操的看法。鲁迅"非常佩服"曹操，毛泽东与鲁迅的"心是相通"的，很喜欢曹操，曾多次提出要替曹操"翻案"。

13. 尧幽囚，舜野死
——读《三国志集解·魏书·武帝纪》

毛泽东在《三国志集解》卷二《魏书·武帝纪》第 13 面版心文字"夫大道之行，天下为公，选贤与能"相对应的天头上为什么批注"此等语竟被利用"？在读《三国志集解》卷二《魏书·武帝纪》第 21 面版心文字"而犹谦让者，舜、禹所不为也"时，在相应文字天头上为什么批注"尧幽囚，舜野死"？

毛泽东在此处的两条批语是对曹丕代汉、汉献帝被逼让位这一历史事件的评说。

曹丕（187—226 年）即魏文帝，为曹操次子。曹操死后，他袭位为魏王，行九品中正制，确立和巩固士族门阀制度，同时加紧进行代汉行动，逼汉献帝让位。汉献帝在曹操时就是一个傀儡，没有实际的权力。

如今，曹丕等势力一再逼其让位，他就只好一再下诏书让位。据记载，曹丕虽然急于代汉，却又怕后人骂他篡位，因此，他一再假意推辞。于是，一批吹捧逢迎曹丕的人逼着汉献帝在繁阳造了一座"受禅台"，选个日子，隆重地举行了汉献帝退位让国的仪式。这样一来就造成了一个假象，汉朝的皇位是汉献帝自愿让给曹丕，而不是曹丕本人争夺过来的。

《三国志》原书中关于此段历史的两段文字，一段是汉献帝让位的诏书，一段是曹丕手下劝其登基代汉的上书。诏书、上书都把汉献帝退位、曹丕代汉比附于上古时期的禅让制度。什么叫禅让？它是我国古代传说中"选贤与举能"，即民主选举氏族、部落以及部落联盟首领的制度。传说尧为部落联盟领袖时，四岳推举舜为继承人，尧对舜进行三年考核后，让舜帮助办事。尧死后，舜接位。舜用此推举方式，经过治水考验，以禹为继承人。禹继位后，又举皋陶为继承人，皋陶早死，又以伯益为继承人。汉献帝和曹丕门下的文臣武将们在这里大谈禅让制度，其主要目的是为曹丕代汉制造理论根据和历史根据。

毛泽东在这里写的第一条批语"此等语竟被利用"中的"此等语"是指汉献帝诏书中的"夫大道之行，天下为公，选贤与能"。这句话出自秦汉时的儒家著作《礼记·礼运》，大致的意思是说符合天道的美好社会，应该是财产公有，权力公有，在选举上任人唯贤。这些本是中国古代大同思想的核心内容，也是中华民族追求理想社会的集中体现。汉献帝在诏书中所以引用这句话，意在利用这句话来为自己被赶下台作点美化，留点好的名声。他似乎在暗想：尽管我被逼交权下台了，也是符合天道，也是为了社稷国家，也是让贤用能。

毛泽东在这里写的批注"此等语竟被利用"，一方面表明他对东汉末年统治者之间这种权力交接与权力之争的认识与了解；另一方面也表明毛泽东对用这种方式进行权力交接的嘲笑和蔑视。对汉献帝来说，本来自己无能，下台是必然的，还在大谈"大道""为公""选贤与能"，不是太虚伪嘛！对曹丕来说，本来迫不及待想篡位夺权，又怕被后人骂，还搞什么禅让的假象，本来就是小人，还要装成君子，真是太虚伪了！所以毛泽东内心里对这两种人都是持耻笑、蔑视的态度。

毛泽东在这里写的第二条批注"尧幽囚，舜野死"，出自李白的《远别离》："或云尧幽囚，舜野死。"对传说中尧、舜时代的禅让制度，历来都有人表示怀疑，认为根本不存在这种美好制度。有一种传说是：尧在晚年，欲传位给儿子丹朱，但众人不同意，只有让位于舜。舜将尧囚禁起来，将丹朱放逐，夺了尧的部落联盟首领职位。舜死前，也想传位给儿子商均，同样遭到众人反对，只好让位于禹，自己被迫南下，死于九嶷山。所谓禅让，实际上就是武力夺权。这就是李白笔下的"尧幽囚，舜野死"的禅让。毛泽东在这里引用李白这句话，间接地表明了他的看法。他似把李白的这句话作为传说中的禅让制度的一种注释，什么"禅让"，在李白看来，无非就是"幽囚"或者"野死"。李白这种看法，毛泽东内心里应当说是有同感的，或者说是赞成的。

14. 虚有其表
——读《三国志集解·魏书·刘表传》

"虚有其表。"毛泽东这条批注是读《三国志集解》卷六《魏书·刘表传》时在原著版心"长八尺余，姿貌甚伟"相应文字的天头上写下的。从批注的文字来看，好像是针对"长八尺余，姿貌甚伟"写的。"虚有其表"主要是针对刘表的为人、做事写的贬语，是对刘表的一种批评和蔑视。在三国诸多的人物中，毛泽东最看不上、最瞧不起的人就是刘表。刘表是相貌堂堂，可是他在做人、做事即人的本性上却是政治上无大志，思想上无远见，消极保守，徘徊观望，关键时刻优柔寡断，犹豫不决，毫无远见卓识、英雄气概。其内在的做人、做事的素质与其"姿貌甚伟"的外表相差很远，"内在"与"外表"不符。这是毛泽东"虚有其表"批注的主要缘由。

"虚有其表"是毛泽东对刘表的真实评价，也是刘表本人实际的真实写照。刘表"虚有其表"事例很多，下面举其一二细述如下：

其一，据史书记载，192年，董卓被王允施计所杀，其部李傕、郭汜为报董卓之仇，率军攻入长安。李、郭与曹操、袁绍相抗衡，"欲连表为援"并封表为镇南将军、成武侯。此时，曹操"挟天子以令诸侯"，将汉献帝弄到许昌，并以许昌为都城，在政治上取得了主动。刘表见曹操势大，又向皇帝称臣纳贡。同时与北方袁绍"相结"。这样，他与董卓旧部李傕、郭汜，与曹操和袁绍三大政治势力之间都有往来，都有联系。谁也不得罪，谁也不冒犯。这样表面上好像是不偏不倚，实际上是在徘徊观望，贻误战机。当时他的部下邓羲劝他不要这样做，他不但不听，还振振有词地为自己称辩说"内不失贡职，外不背盟主，此天下之大义矣"。他看不到，根本也想不到，以上三方政治势力无论哪一方强大起来，条件一成熟，都一定会回过来欺侮他，吃掉他。这是毫无疑义的。然而他却没有这种意识，这就注定他不会有大的作为。

其二，曹操和袁绍对峙的官渡之战，据书中记载，袁绍曾派人向刘表求助，刘表口头上答应帮助，却一直没有行动，没派援兵。既不助袁绍，也不帮曹操。他只想保住汉、江之间的地盘，静观天下的变化。毛泽东读到书中这段相关的文字时批写了"中立"两个字点破了此时刘表的心态。对于刘表的这一心态刘表的下属从事中郎韩嵩、别驾刘先都看了出来。韩嵩、刘先劝刘表说："现在天下豪杰争夺地盘，袁、曹两雄相持不下，天下的重心在于将军。将军如果想有所作为，正可乘他们筋疲力尽的时候采取行动；如果不这样，就应该选择站在哪一边。将军拥有十万军队，却安然地坐在这里看别人的成败。看到有才能的人也不肯去帮助，劝和是更不可能的，这样一来，两家必然都会怨恨您一个人，想要保持中立是不可能的。以曹公的聪明才智，天下的贤士俊杰都会去归附他，他将来一定消灭袁绍，然后举兵直指江汉，那时恐怕将军就无法抵抗了。所以，替将军着想，还不如率领荆州的军队归附曹公，那样曹公必然十分感激将军，将军就可以长久地享受福禄，还可以传给子孙，这可是一条万全的计策。"刘表的大将蒯越也这样劝刘表，刘表犹豫不决，便派韩嵩到曹操那里去探察虚实。韩嵩回来后，极力夸赞曹操的威武恩德，并劝刘表送儿子去做人质。刘表听后怀疑韩嵩是反转来替曹操做说客，大发脾气，要杀掉韩嵩，并将韩嵩的随行人员拷打至死。后来才知道韩嵩并没有别的意思，只好不再追究。刘表就是这样一个人。外表虽然很温和宽厚，但内心深处却多疑多忌。本来是天赐良机，人心所向，他还疑神疑鬼，犹豫不定。良机一过，大势已去，察觉过来已晚矣。

其三，刘备投奔刘表，刘表待他还好，但却迟迟不能用他。对刘备这样的人才投奔于你，你都不能充分利用他，充分发挥他的作用。你还坐什么江山？史料记载，建安十三年（208 年），曹操大军讨伐刘表。曹操军队还没到，刘表就病死了。刘表死后，曹操大军南下，刘表的儿子刘琮被迫投降了曹操。刘表苦心经营的基业最终还是被曹操夺去。

所以，毛泽东在读《魏书·刘表传》第 82—83 面版心文字时又写下批注"虽绝绍附曹，终亦为操所吞"。这就是毛泽东所说的刘表"虚有其表"，表明毛泽东对刘表的讥讽和批评。

15. 杀降不祥，孟德所不为也
——读《三国志集解·魏书·刘表传》

"杀降不祥，孟德所不为也。"毛泽东的这条批注写在《三国志集解》卷六《魏书·刘表传》第 82 面的天头上。相应的版心文字为："刘表之初为荆州也，江南宗贼盛。遂使（蒯）越遣人诱宗贼，至者五十五人，范《书》作'诱宗贼帅，至者十五人。'皆斩之。"一说是"五十五人"，一说是"十五人"，"皆斩之"。具体杀的人数，毛泽东并没关注。毛泽东关注的是"皆斩之"。毛泽东批注："杀降不祥，孟德所不为也。"

孟德是曹操的字。曹操对待俘虏房表现出的豁达大度，确实为一般人所不及，这对他取得全局的胜利起到很大作用。建安三年（198 年），曹操在兖州，任用毕谌，后张邈叛，将毕谌的母、弟、妻劫去，曹操对他说："卿老母在彼，可去。"毕谌去后就没有回来。及至讨平张邈，毕谌被捉，大家都为他的性命担心。曹操说："夫人孝于其亲者，岂不亦忠于君乎？吾所求也。"不仅没有杀毕谌，反任为鲁相。魏种本是曹操推荐的孝廉，张邈攻陷兖州时，曹操说"唯魏种且不弃孤也"，岂料魏种却投降了。及至打败了张邈，魏种被擒，曹操并没杀他，说"唯其才也"，"释其缚而用之"。这仅是曹操"不杀降"的两例。

毛泽东一向反对虐待和杀害俘虏，第二次国内革命战争时期，毛泽东亲自为我军制定的"三大纪律八项注意"的第八条，严格规定"不虐待俘虏"，实践证明，这对严肃军纪，瓦解敌人起到了很大作用。因此他蔑视刘表对待俘虏"皆斩之"的做法，认为"杀降不祥"，不是好的做法。"降"有多种不同的情况，"降"的人亦有各种不同的想法和实际情况，"降"人通过教育和改造可以"为我所有"，除极个别"降"人之外，大部分是可以教育和改造的。不问实际、不加区别、不作分析，"皆斩之"是"不祥"之举，不妥之法。像曹操这样有远大政治眼光的政治家是不会这样做的。

毛泽东在这里的批注，又一次贬刘（表）褒曹（操）。"杀降""皆斩之"是刘表所为，是"孟德所不为也"。所以，刘表最后正如毛泽东所料："虽绝绍附曹，终亦为操所吞。"这是自酿苦酒，自掘坟墓，自取灭亡，"虚有其表"啊！

16. 做土皇帝，孟德不为
——读《三国志集解·魏书·刘表传》

"做土皇帝，孟德不为。"毛泽东的这条批注，是读了《三国志集解》卷六《魏书·刘表传》第83面版心文字"表遂攻并怿。南收零桂，北据汉川，地方数千里，带甲十余万"和卢弼在该传记中注释"建安五年，表攻张怿，平之，表地方数千里。带甲十余万。遂不供职贡，郊祀天地，居处服用，僭拟乘舆焉"之后写下的。从上述原著和注释的文字中，我们可以清楚地看到，刘表平张怿后并没有乘势进取，而是心满意足地做起土皇帝来了。此时，毛泽东又想到了孟德。对刘表这种自我满足的短视行为，毛泽东写下了："做土皇帝，孟德不为。"曹操当时"挟天子以令诸侯"，可曹操并未满足，并不急于称帝，而是继续东征西讨，统一了北方之后，继续南进，不断扩大势力，其政治抱负与进取之心等都是刘表不能相比的。

毛泽东读《刘表传》，多次拿刘表与曹操相比较，既是毛泽东对刘表的讥讽、蔑视和批评，又是对曹操的褒扬、肯定和称赞。

在这里，毛泽东再次借褒扬曹操的机会来贬损刘表。说明此二人在毛泽东心中都留下了深刻的印象。不同的只是：一个是"一代枭雄"，一个是"虚有其表"罢了。

17. 《张鲁传》值得一看
—— 读《三国志集解·魏书·张鲁传》

毛泽东读卢弼《三国志集解》卷八《魏书·张鲁传》密切联系中国古代、近代、现代社会实际，先后写了两条长长的批语，时间是1958年12月7日和10日，地点是在湖北武昌。"《张鲁传》值得一看"是在第一条批注即1958年12月7日这天写的批注中强调的。

据史书记载，张鲁是东汉末年天师道首领，沛国丰人（今江苏丰县人）。祖父张陵（一名张道陵），是东汉末五斗米道创始人。凡入道的人必须出五斗米，故又称五斗米道。张道陵死后，其子张衡行其道。张衡死后，其子张鲁复行其道。初平二年（191年），张鲁任益州牧刘焉的督义司马，率众攻取汉中，以鬼道教民，自号师君。他以教中"祭酒"管理地方政治，并在各地设立"义舍"，又置"义米""义肉"，过路者能吃多少就拿多少。犯法者，原宥三次，然后用刑。有小过者则修治道路百步。所建政权继续约三十年，并被东汉政府任为镇夷中郎将、汉宁太守。建安二十年（215年），曹操攻汉中，他退避入巴中，不久投降，又被任为镇南将军，封阆中侯，邑万户。封鲁五子及阎圃等，皆为列侯。毛泽东在读《张鲁传》时先后写了两条比较长的批注。[①]

第一条批注是 1958 年 12 月 7 日在武昌写的，批注的全文是：

这里所说的群众性医疗运动，有点像我们人民公社免费医疗的味道，不过那时是神道的，也好，那时只好用神道。道路上饭铺里吃饭不要钱，最有意思，开了我们人民公社公共食堂的先河。大约有一千七百年的时间了，贫农、下中农的生产、消费和人们的心情还是大体相同的，都是一穷二白，不同的是生产力于今进步许多了。解放以后，人们掌握了自己这块天地了，在共产党的领导之下。但一穷二白古今是接近的。所以这个《张鲁传》值得一看。张鲁的祖父创教人张陵，一名张道陵，就是江西龙虎山反动透顶的那个张天师的祖宗，《水浒传》第一回描写了龙虎山的场面。三国时代的道教是遍于全国的、群众运动的。在北方有天公将军张角三兄弟最为广大的革命的群众运动，他们的口号是"苍天已死，黄天当立"。苍天，汉朝统治阶级。黄天，农民阶级。于吉在东吴也有极大的群众运动，是那时道教的一派。张道陵、张鲁是梁、益派。史称这派与北方派的路线基本相同。其后，历代都有大小规模不同的众多的农民革命斗争，其性质当然与现在马克思主义革命运动根本不相同。但有相同的一点，就是极端贫苦农民广大阶层梦想平等、自由，摆脱贫困，丰衣足食。在一方面，带有资产阶级急进民主派的性质。另一方面，则带有原始社会主义性质，表现在互助关系上。第三方面，带有封建性质，表现在小农的私有制、上层建筑的封建制——从天公将军张角到天王洪秀全。宋朝的摩尼教，杨么、钟相，元末的明教、红军，明朝的徐鸿儒、唐赛儿、李自成，清朝的白莲教、拜上帝教（太平天国）、义和团，其最著者。我对我国

---

① 第一条批注是为在中共八届六中全会上印发《张鲁传》所写。在这个批注的铅印件上，毛泽东将其整个划掉，另写了第二条批注。参见《毛泽东年谱（1949—1976）》第 3 卷，中央文献出版社 2013 年版，第 547—548 页。

历史没有研究，只有一些零星感触。对上述性质的分析，可能有错误。但带有不自觉的原始社会主义色彩这一点是就贫苦的群众来说，而不是就他们的领袖们（张角、张鲁、黄巢、方腊、刘福通、韩林儿、李自成、朱元璋、洪秀全等等）来说，则是可以确定的。现在的人民公社运动，是有我国的历史来源的。我国的民族资产阶级没有来得及将农民中的上层和中层造成资本主义化，但是帝国主义与封建主义的反动联盟，却在几十年中将大多数农民造成了一支半无产阶级的革命军，就是说，替无产阶级造成了一支最伟大最可靠最坚决的同盟军。

毛泽东

一九五八年十二月七日，在武昌

第二条批注是在第一条批注之后的第三天，即 1958 年 12 月 10 日于武昌写下的，批注的全文是：

我国从汉末到今一千多年，情况如天地悬隔。但是从某几点看起来，例如，贫农、下中农的一穷二白，还有某些相似。汉末北方的黄巾运动，规模极大，称为太平道。在南方，有于吉领导的群众运动，也是道教。在西方（以汉中为中心的陕南川北区域），有五斗米道。史称，五斗米道与太平道"大都相似"，是一条路线的运动。又称，张鲁等行五斗米道，"民夷便乐"，可见大受群众欢迎。张陵（一称张道陵，其流风余裔经千年转化为江西龙虎山为地主阶级服务的极端反人民的张天师道，《水浒传》第一回有洪太尉误走魔鬼戏极神气的描写，一看使人神旺，同志们看过了吧？）、张衡、张鲁祖孙三世行五斗米道。其法，信教者出五斗米，以神道治病；置义舍（大路上的公共宿舍）；吃饭不要钱（目的似乎是招徕关中区域的流民）；修治道路（以犯轻微错误的人修路）；"犯法者三原而后行刑"（以说服为主要方法）；"不置长吏，皆以祭酒为治"，祭酒"各领部众，多者为治头大祭酒"（近乎政社合一，劳武结合，但以小农经济为基础）。这几条，就是五斗米道的经济、政治纲领。中国从秦末陈涉大泽乡（徐州附近）群众暴动起，到清末义和拳运动止，二千年中，大规模的农民革命运动，几乎没有停止过。同全世界一样，中国的历史，就是一部阶级斗争史。

毛泽东

一九五八年十二月十日，于武昌

　　毛泽东在第一条批注中说到的摩尼教是指波斯人摩尼在公元3世纪创立的宗教，该教是以光明与黑暗为善与恶的本原。公元7世纪末传入中国。1120年的方腊起义，即信奉摩尼教。杨么是南宋初年洞庭湖地区农民起义首领。名太，龙阳（今湖南汉寿）人。他继承钟相起义，有众二十万人。后为岳飞击败，牺牲。钟相是杨么前的洞庭湖地区农民起义领袖，武陵（今湖南常德）人。他提出"等贵贱，均贫富"的主张，有众数十万人。后被孔彦舟袭败，牺牲。明教是由摩尼教发展而成的宗教，崇拜日月，认为光明必战胜黑暗。该教组织多次农民起义。红军，也称"红巾"。元末韩山童、刘福通等利用白莲教发动起义，以红巾为号，称红军。韩山童牺牲后，刘福通拥立山童子韩林儿为小明王。兵败后归朱元璋，病死。徐鸿儒是农民起义领袖，明山东钜野人。明天启二年（1622年），他利用白莲教发动起义，起义失败身亡。唐赛儿是明初农民起义女领袖，山东蒲台人。永乐十八年（1420年）发动起义，失败后不知所终。白莲教是混合佛教明教等内容的宗教，崇尚光明，起源于宋代。清代嘉庆元年至十年（1796—1805年），川、楚、陕白莲教大起义。嘉庆十八年、十九年（1813年、1814年）冀、豫、鲁有林清、李文成的起义。

　　毛泽东第一条批注一共是892个字，第二条批注是528个字。这是毛泽东晚年读二十四史过程中写的批注最长的两条。不仅批注的文字最长，而且联系实际的人和事物最多，涉及的人物有古代的、近代的，时间跨越近两千年。从毛泽东的批注中，我们约略可以看出，毛泽东读史、谈史、评史、写史，始终坚持贯穿一条主线，就是用历史唯物主义的观点看待历史、看待历史人物、看待历史事件。正如毛泽东在批注中所写的："中国从秦末陈涉大泽乡（徐州附近）群众暴动起，到清末义和拳运动止，二千年中，大规模的农民革命运动，几乎没有停止过。同全世界一样，中国的历史，就是一部阶级斗争史。"毛泽东认为，在中国封建社会里，只有农民的阶级斗争、农民的起义和农民的战争，才是历史发展的真正动力。

毛泽东在第一条批注较前面的文字中，认为"《张鲁传》值得一看"。毛泽东在这里为什么批注认为"《张鲁传》值得一看"？主要有下列一些原因：

第一，传统观念、传统思想的影响，是毛泽东认为"《张鲁传》值得一看"的重要的思想缘由。大家都知道，毛泽东是农民出身，从小生活在农村，受中国文化遗产中的某些传统观念、传统思想的影响很深。毛泽东早在青少年时代就特别理解农民，同情农民。对极端贫穷、贫苦的广大农民阶层追求平等、自由、摆脱贫困、丰衣足食的理想以及为之苦苦追求的实践都很有兴趣。从陈胜、吴广的"王侯将相，宁有种乎？"到王小波、李顺的"等贵贱，均贫富"，再到洪秀全的"有田同耕，有饭同食，有衣同穿，有钱同使"，都是一脉相承，绵绵不断的。这些传统观念、传统思想都对毛泽东产生很大影响。所以，他在第二条批注末尾写道：张陵、张衡、张鲁"祖孙三世行五斗米道。其法，信教者出五斗米，以神道治病；置义舍（大路上的公共宿舍）；吃饭不要钱（目的似乎是招徕关中区域的流民）；修治道路（以犯轻微错误的人修路）；'犯法者三原而后刑'（以说服为主要方法）；'不置长吏，皆以祭酒为治'，祭酒'各领部众，多者为治头大祭酒'（近乎政社合一，劳武结合，但以小农经济为基础）。这几条，就是五斗米道的经济、政治纲领。中国从秦末陈涉大泽乡（徐州附近）群众暴动起，到清末义和拳运动止，二千年中，大规模的农民革命运动，几乎没有停止过。同全世界一样，中国的历史，就是一部阶级斗争史"。这是毛泽东爱读《张鲁传》，欣赏《张鲁传》，向广大领导干部推荐《张鲁传》的一个重要的思想缘由。

第二，张鲁当年的做法与新中国当时"人民公社"的做法有很多相似之处。这是毛泽东认为"《张鲁传》值得一看"的又一个重要原因。毛泽东之所以批注认为"《张鲁传》值得一看"，是因为他认为《张鲁传》中的许多做法与新中国成立后的人民公社等做法非常相似。对于这一点，我们从上述毛泽东 12 月 7 日写的批注中就可以看得很清楚。毛泽东在批注中写道："这里所说的群众性医疗运动，有点像我们人民公社免费医疗的味道"，"道路上饭铺里吃饭不要钱，最有意思，开了我们人民公社公共食堂的先河"。接下来毛泽东一一点评历代农民起义之后又写道："现在的人民公社运动，是有我国的历史来源的。"这就鲜明地把《张鲁传》与当年的人民公社联系在一起了。《张鲁传》让毛泽东找到了成立人民公社的历史根据，所以，毛泽东写了两条长长的批注。他不仅自己爱读《张鲁传》，当年，他还多次在不同的场合说到《张鲁传》和五斗米道。据有关记载，1958 年 8 月 24 日，在北戴河会议上谈到人民公社的公共食堂时毛泽东说过：张道陵的五斗米道，出五斗米就有饭吃，传到江西的张天师就变坏了。吃粮食是有规律的，像薛仁贵那样一天吃一斗米，总是少数。同年 11 月 3 日在郑州同九个省市委书记谈话中，说到供给制时，毛泽东也说：三国时候，汉中有个张鲁，曹操把他灭了。他也搞过吃饭不要钱。凡是过路的人，在饭铺里吃饭、吃肉都不要钱。尽肚子吃。这不是吃饭不要钱吗？他不是在整个社会上搞，而是在饭铺里搞。他统治三十年，人们都高兴那个制度，那里有一种社会主义作风。我们这个社会主义由来已久了。

从上述毛泽东两条长长的批注和一系列的讲话、谈话中，可以看出在 20 世纪 50 年代最后几年里，毛泽东在发动"大跃进"和建立人民公社制度期间，张鲁和五斗米道已经刻印在他的脑海里了。他不失时机地在多种场合用张鲁的做法来启发人们对"大跃进"和人民公社的认识。

张鲁执政三十年，最后还是被曹操灭掉了，历史证明他那些做法并不成功，这些，毛泽东显然都很清楚。但是在夺取了全国政权建立了社会主义全新制度之后，完全应该而且能够避免重蹈历史覆辙，实现前人的想做而没有做完、没有做好的事业，这个社会责任就落在了以毛泽东同志为领导核心的中国共产党人的身上。历史已经表明，毛泽东的竭力实践和探索也以失败而告终。教训是深刻的。

第三，是为了"古为今用"，借鉴历史为当年社会现实服务。这是毛泽东当年批注"《张鲁传》值得一看"的又一个重要原因。《张鲁传》中的许多做法与新中国成立后的人民公社等做法有相承相似之处。张鲁政权最终被曹操灭亡，毛泽东也是非常清楚的。在这种情况下，毛泽东还很有兴致地批注"《张鲁传》值得一看"，看什么呢？看张鲁的做法，看当年社会形态，看张鲁五斗米道的传承和发展，看张鲁的失败和灭亡原因，等等。学习历史，研究历史，分析历史，借鉴历史，让历史为今天的建设事业服务，应当说这是毛泽东提倡读《张鲁传》的本意。毛泽东两条长长的批注，就是毛泽东密切联系实际读《张鲁传》、借鉴历史为现实服务的一个很好的注释和说明。但是当年的"大跃进"和大办人民公社实践没有获得成功，这是毛泽东一生的一大遗憾。究其原因，主要是违反了客观历史规律，脱离当时中国社会的真正实际，犯了思想上急于求成的"左"倾冒进错误。我们只看到了张鲁的五斗米道与当年大办人民公社的相同相似的一些做法，没有实事求是深刻分析研究二者不同的社会历史背景、不同的社会环境和人民生产、生活的诸多实际。就是一句话：没有真正做到实事求是，违反了毛泽东本人一再强调的实事求是、具体问题具体分析的马克思主义的辩证唯物主义思想。一阵风、一个晚上，祖国各地，大江南北都搞起了"大跃进"，人民公社"吃饭不要钱"，没有实事求是，没有从实际出发具体问题具体分析，所以，只能以失败而告终。但我们也应当清醒地看到当年的"大跃进"和大办人民公社的实践也是新中国进行社会主义建设的一种探索，错误也是前进中、探索中的错误。没有获得成功也不能完全归结于毛泽东批注"《张鲁传》值得一看"上来。毛泽东提倡读《张鲁传》本身没有错。错在没有从失败的历史中总结、汲取教训和启示，科学地、实事求是地对待当年的社会实际。毛泽东一生熟读历史，善于从历史中吸取精华，善于从传统历史文化中吸取营养以丰富自己的思想，善于从史籍中吸取科学文化知识和元素为现实斗争和建设事业服务。毛泽东的智慧和才能一是来源于读书，一是来源于社会实践。读书使毛泽东更伟大，实践使毛泽东更智慧、更英明。这是毫无疑义的。

18. 此传可一阅
——读《三国志集解·魏书·刘晔传》

"此传可一阅。放长线钓大鱼，出自刘晔。"毛泽东的这条批注，写在《三国志集解》卷十四《魏书·刘晔传》第 21 面版心开头文字的天头上。毛泽东为什么这么批注呢？

刘晔，字子扬，淮南成悳人。他是东汉光武帝刘秀的儿子阜陵王刘延的后裔。他父亲是刘普，母亲修氏生两子，长子叫刘涣，次子叫刘晔。

刘晔是三国时期曹操和曹丕的重要谋士。毛泽东所以批注认为"此传可一阅"，最主要的就是此传记述了刘晔两个方面的显著特点。一方面，刘晔是"佐世之才"，有料事如神的才能才华。另一方面，刘晔是"大军师"，高瞻远瞩，有远见卓识。毛泽东对刘晔做人、做事都很欣赏，所以，他批注认为"此传可一阅"。

为了便于认识、理解、学习刘晔，现就上述两个方面各举一例，具体加以说明。

例一，庐江太守刘勋得到刘晔新收得的一帮部曲将士，其兵众在江、淮之间更为强大。孙策对此非常厌恶，特派其使者带着厚重的财帛，说着卑恭的言辞，用书信劝说刘勋道："上缭地带的宗族民众，多次欺侮我所在的下国。我要攻击他吧，路远断隔，很不方便。我希望能借助您这个大国，去讨伐他们。上缭这个地方很殷实，得到它就可以富国，我请求出兵做您的外援。"刘勋相信了孙策，又得了孙策许多珠宝，而刘晔却独独不这样认为。刘勋问他缘故，他回答说："上缭虽小，但却城坚池深，易守难攻。如果不能在十日左右攻克，那么就会外面兵卒疲惫，国内防守空虚。孙策如果乘虚而袭击我，则我们的后方就不可能守住。这样一来，将军就会变成前进要在强敌面前失败与屈服，后退又没有地方可作归宿了。如果你必定要率军出战，灾祸现今就已经降临了。"刘勋不听从刘晔的话，兴兵讨伐上缭去了，孙策果然在他背后发动了袭击。刘勋穷迫窘急，就投奔了魏太祖曹操。这是刘晔料事如神一例。

例二，延康元年，蜀将孟达率众投降。孟达富有风度和才气，魏文帝曹丕很器重宠爱他，让孟达作新城太守，加散骑常侍。但刘晔认为："孟达有苟得侥幸的心理，而又恃才，喜好权术。他必定不能感激恩德，心怀忠义。新城与吴、蜀地界相连，将来势态若有变化，他就会为国家造成祸患。"文帝最终也没有改变态度。后来，孟达终于叛变，败坏魏国。这是刘晔远见卓识一例。

本传类似上述例子很多。几乎都是记述刘晔料事如神的才能才华，谋事站得高、看得远，即远见卓识的智慧和过人才华。毛泽东是一个爱才惜才的人。刘晔这样料事如神，有才能，有远见，受到毛泽东的推重是很自然的。毛泽东批注后面还有一句："放长线钓大鱼，出自刘晔。"因为刘晔高瞻远瞩，谋事站得高，看得远，想得远，思考得远，所以，毛泽东认为，"放长线钓大鱼"这句俗语"出自刘晔"。

与毛泽东本条批注有关的还有一点，就是刘晔特别孝敬他的母亲。刘晔七岁时，他的母亲就病情很重了。临终时，母亲告诫刘涣、刘晔兄弟说："你们父亲刘普的侍婢，有陷害别人的特性，母亲我死之后，惧怕她必然要祸乱我家。你们长大了能替母亲除掉她，那我就没有什么遗恨了。"在十三岁那年，刘晔对兄长刘涣说："亡母的遗言，现在可以执行了。"刘涣忙说："哪里可以这样呢？"刘晔当即于内室杀了那个侍婢，径直出家门参拜他母亲的坟墓去了。家里的人大惊，急忙告诉了刘普。

刘普大怒，立即派人去追捕刘晔。刘晔却自行回家拜谢说："我执行的是亡母临终前的遗言，现在我敢于接受父亲大人对我不先请示就擅行诛杀的惩罚。"刘普听了他这番慷慨陈词，感到特别惊异，就没有责罚他。汝南的许劭以能知人著名，他避难来到扬州，称赞刘晔有辅佐世主的英才。毛泽东从小就很爱他的母亲，尊敬他的母亲，听他母亲的话。刘晔这样孝敬母亲，听母亲的话。"此传可一阅"的批注，与毛泽东和刘晔的这一相同之点是不是也有关系呢？

19.《一统志》明指凤阳
——读《三国志集解·吴书·鲁肃传》

"卢注亦不确"，"《一统志》明指凤阳"。这里的第一条批注，写在《三国志集解》卷五十四《吴书·鲁肃传》第 13 面的天头上。对应的版心文字是："东城县，前汉属九江郡，后汉省，当是袁术复置也。弼按：《郡国志》下邳国有东城，即临淮之东城，下邳本临淮也。胡注误。"同时在上述版心文字旁分别画上了着重线即直线。我们可以清楚地看到，《鲁肃传》的第一句话写道："鲁肃字子敬，临淮东城人也。"后面的文字都是围绕这一句中的"东城"引经据典的考证、注释等一类文字。先是《三国志集解》的作者卢弼对"东城"这个地名进行的考证。他先引《魏志·吕布传》注引《先贤行状》，说："陈登曾做过东城太守"，引考据大家胡三省的话，胡认为东城县在西汉时期属九江郡，东汉时置县。最后卢弼又谈了自己的看法，认为《郡国志》说下邳国有东城，而这个下邳国即是临淮。因此，他最终认为：胡三省的注是错误的。既然胡三省的注是错误的，那"东城"到底在哪里呢？卢弼自己对此并没有说清楚。所以，毛泽东写下批注："卢注亦不确。"

这里的第二条批注，写在《三国志集解》卷五十四《吴书·鲁肃传》第 14 面的天头上。对应的版心注释文字为："一统志，凤阳县西三里有西鲁山，相传为鲁肃屯兵处。"同时在"一统志""凤阳县""相传为鲁肃屯兵处"这些文字旁分别画上了着重线即直线。在毛泽东看来，书上已经写得很清楚了。所以，他批写道："《一统志》明指凤阳。"

《一统志》是我国古代官修的地理总志。元、明、清三个朝代都有《一统志》。清道光年重修成为《大清一统志》，该志内容丰富可靠，记述详略得当，是研究我国清代各省建置沿革，山川形势，经济、政治、文化发展和演变过程的重要参考读物。

从这两条批注中，我们可以清楚地看到，毛泽东晚年读二十四史，真的是字字句句都读，原著的文字读得很细、很下功夫，考证、注释的文字也读得很细、很下功夫。原著的文字批注、圈画满书，考证、注释的文字也都批注、圈画很多。

20. 东归到洛阳即死，非在居巢也
——读《三国志集解·吴书·吕蒙传》

"《魏志》此时操在汉中，因夏侯渊之败正不得志，闻襄阳围急，东归到洛阳即死，非在居巢也。"毛泽东这段批注是写在《三国志集解》卷五十四《吴书·吕蒙传》第27—28面的天头上，相对应的版心文字为："今操远在河北，新破诸袁，抚集幽、冀，未暇东顾。徐州守兵，闻不足言，往自可克……"这是孙权向大将军吕蒙征求攻取徐州的意见时，吕蒙的回答。毛泽东的批注就是针对吕蒙说的这段文字写的。

毛泽东批注认为曹操此时在汉中，不在河北，不同意原著中吕蒙说的"今操远在河北"的说法。毛泽东是根据《魏志》的记载作出的这一段批注。这是毛泽东读书"不唯书"的一个显著的标志。

据《武帝纪》记载，建安二十三年（218年）七月，曹操就到了长安（即西安），督促曹仁围攻樊城。其间，又率兵攻打汉中，直到第二年十月才回到洛阳。另《资治通鉴》也有与此相吻合的记载：建安二十四年正月，刘备将黄忠击斩夏侯渊。三月，曹操至汉中，与备相守积月。五月，操还长安。七月，孙权攻合肥，操仍在长安，未去居巢。

关羽攻曹仁于樊。八月，关羽破降于禁七军。十月，操至洛阳。次年黄初元年一月，操死于洛阳。《资治通鉴》一书，毛泽东生前读过许多遍。有关的这一段记述，毛泽东当然熟记于心。所以，毛泽东批注"此时操在汉中"，"非在居巢"是有据的，是正确的。

批注中说到的"夏侯渊之败"是指219年蜀将黄忠斩夏侯渊一事。夏侯渊是曹操手下的一员得力大将，曹操攻降张鲁后令其守汉中。218年刘备听从法正的建议率军攻打汉中，与夏侯渊相持一年多。后诸葛亮派黄忠老将增援，驻军定军山与夏侯渊交战。夏侯渊骄傲轻敌，被黄忠斩杀，魏军从此陷入被动。曹操亲率大军救援汉中，又在汉水打了败仗，最后不得不放弃汉中。毛泽东批注中说曹操此时"不得志"，就是说的这件事。

上述批注中还说到"襄阳围急"是指关羽围攻襄樊一事。219年，蜀汉大将关羽率部围攻樊城，襄阳告急，曹操以于禁前往救援，又被汉水所淹，于禁投降了关羽。但关羽后方空虚，不久被吕蒙用计夺取了荆州。关羽回师救援中兵败被杀。

阅读毛泽东的这条批注，我们应当感受到毛泽东是一个读历史书多，历史知识非常渊博的人。毛泽东在读历史书籍时，常常把几种不同的史书放在一起，对照着读，相互比较，从中发现错讹，得出自己的结论或看法。这是毛泽东读史常用的一种方法。

21. 何不并其党赦之
——读《三国志集解·吴书·陈武传》

"何不并其党赦之。"这条批注写在《三国志集解》卷五十五《吴书·陈武传》第9面的天头上。对应的文字为："时有盗官物者，疑无难士施明。……（孙）权以（陈）表能得健儿之心，诏以明付表，使自以意求其情实。表便破械沐浴，易其衣服，厚设酒食，欢以诱之。明乃首服，具列支党。表以状闻。权奇之，欲全其名，特为赦明诛戮其党。迁表为无难右部督。"并且在"诛戮"二字旁分别画上叉。从上面的批注文字和圈画的两个叉，我们可以清楚地看出：孙权让陈表施计让施明"破械沐浴，易其衣服，厚设酒食，欢以诱之"。施明中计后供出了同党，结果孙权只放了施明，把同党全部诛杀。毛泽东不同意孙权将其同党全部诛杀的做法，所以批注"何不并其党赦之"。就是何不把同党与施明一起放了呢！

毛泽东为什么批注"何不并其党赦之"，不同意将其同党全部诛杀的做法？对于小偷、对于有一般过错的人，允许其改过自新，并给他们提供机会，帮助他们创造改过自新、重新做人的条件，这是毛泽东一贯的思想和主张。这方面的事例很多。前面介绍的《陈寔传》中说到的"梁上君子"的故事，就与此相似。无论在新民主主义革命斗争的岁月，还是在新中国社会主义建设的日子里，毛泽东一直都是这样做的。你既然把怀疑作案的人施明放了，他供出的与他一起作案的同党何不一起放呢！因为与施明一起盗窃，而且是施明在陈表使计后供出来的同党，结果把施明放了，把同党全"诛戮"了。这也不符合毛泽东"实事求是""调查研究"的思想和做法。对待俘虏、对待投降的人，毛泽东都主张不打不杀，尊重其人格，不动其财物，加以宽待和教育，使他们觉悟，给他们重新做人的机会。

22. 此事翻不如禁
——读《三国志集解·吴书·虞翻传》

"此事翻不如禁。"这条批注写在《三国志集解》卷五十七《吴书·虞翻传》第6面相关注释文字的天头上。为什么批注"此事翻不如禁"？

据《吴书·虞翻传》及裴松之注记载：批注中的"翻"是指虞翻，是孙权手下一员大将。"禁"是指于禁，是曹操手下一员大将。在曹操攻打吕布、张绣、袁绍等重大军事行动中屡立战功。219年，曹仁与关羽在樊城交战，情势危急，他奉命率军增援，时遇汉水泛滥，所部七军被淹，便向关羽投降。孙权打败关羽夺取荆州后，便把于禁释放出来，加以厚待，同他一道骑马外出。虞翻见了，大骂于禁："你是降俘，为什么敢和我君主齐马并首？"说着就要举鞭抽打于禁，被孙权挡住了。后来孙权与曹丕修好，准备遣送于禁回魏，虞翻又坚决反对，主张杀了于禁，以警诫那些作为人臣却有二心的人。待群臣送于禁还魏时，他再次对于禁恶语相加：你可不要以为我吴国没有人，只是我的主张未被采纳罢了。于禁虽然被虞翻三番五次地侮辱，但他还是称赞虞翻的忠烈，回去告诉了曹丕。曹丕对虞翻也十分感念，在议事时常常为虞翻设个虚座。

毛泽东认为：虞翻的肚量、胸怀太小，修养素质太差。身为一员大将，这样当着君主的面大骂君主厚待的人，又要打、又要杀，对君主一点面子也不顾，还三番五次地侮辱于禁，所以批写了"此事翻不如禁"。毛泽东的这条六个字的批注，实际上是对虞翻言行的一种批评，亦表明毛泽东对虞翻、于禁两人的基本态度。

23. 打运动战，可以各个击破
——读《三国志集解·吴书·陆逊传》

"土石为之，亦不能久，粮不足也。宜出澧水流域，直出湘水以西，因粮于敌，打运动战，使敌分散，应接不暇，可以各个击破。"毛泽东的这条批注，是在读了《三国志集解》卷五十八《吴书·陆逊传》原著评论文字"钱振锽曰：'陆逊破先主，无他奇策，只令军士各持一把茅耳，意先主连营，皆伐山木为之，故易火；若土石为之，逊其如之何？'"之后写的，很显然，毛泽东的这条批注就是针对钱振锽这段评论文字写的。从毛泽东批注的文字中，我们可以清楚地看出毛泽东是不同意钱振锽"若土石为之，逊其如之何？"的评论观点的。

毛泽东为什么不同意钱振锽"若土石为之，逊其如之何？"的评论观点呢？我们先来看看史书对这段历史的记述：219 年，荆州归吴，关羽败亡。222 年，为夺回荆州，替关羽报仇，刘备亲率大军讨伐东吴。

东吴孙权则以陆逊为大都督率军抵抗。双方对峙于夷陵（就是历史上著名的夷陵之战，夷陵在今宜昌东）。刘备连营数百里攻吴，陆逊坚守不战，最后对刘备进行火攻，连破刘备40余营，蜀军大败，刘备逃到白帝城，次年病死。

夷陵之战，刘备大败，史家认为有战略上的失误，也有战术上的失误。在毛泽东看来，刘备失败的根本战术原因不在于用什么方式连营，而是采取了阵地战这种错误的作战方式。为什么此时不宜用阵地战？因为刘备率蜀军远征，粮草供应保障是件大事，在陆逊坚守不出的情况下，不宜长时间与之对峙，而应该伺机主动脱身，在澧水流域和湘水以西地区大打运动战，一边筹粮，一边打仗，在运动中调动对手，寻机击破。这里，毛泽东主张刘备用运动战对付陆逊。而刘备用的是阵地战，失败是必然的。这是从运用战术的层面，毛泽东从思想上不同意刘备的做法，不同意钱振锽的评论，所以，他读了原著这段文字记载之后提笔写下了这条批注。

毛泽东是中国现代史上一位善用运动战的大师。在战争年代，毛泽东对运动战运用得心应手，被誉为"用兵如神"。红军反"围剿"作战中的"七百里驱十五日"，长征途中"四渡赤水""佯攻昆明""巧渡金沙江"等，都是毛泽东用他的智慧和实际行动书写成的运用运动战的战术获得成功的典型战例。

因此，毛泽东读完夷陵之战这段历史记载饱含真情写下了这段评论。这段评论实际上也是毛泽东为刘备最终的失败总结出来的一条重要历史教训。这也是毛泽东联系实际学习历史、分析历史、研究历史的一个例证。又一次说明，毛泽东伟大的军事才能一个重要的途径是从读书中来，从读史中来。

24. 此司马懿敌孔明之智也
——读《三国志集解·吴书·陆逊传》

"此司马懿敌孔明之智也。"这条批注写在《三国志集解》卷五十八

《吴书·陆逊传》第7面版心相应文字的天头上。

毛泽东读《陆逊传》时，为什么写下"此司马懿敌孔明之智也"？据《陆逊传》中记载：孙权拜陆逊为统帅的时候，给了他一把尚方宝剑，孙权对陆逊说："有不听号令的，先斩后奏！"孙权并告诉陆逊："京城里面的事由我主持，京城以外，一切由你做主。"在陆逊与刘备于夷陵交战时，陆逊坚守不战，其手下老将、贵戚等方方面面将士都对他十分不满，认为陆逊是一介书生统领大军因胆小害怕，不敢出战，都对陆逊统领大军很不服气。此时，陆逊想出了一个两全之策，借孙权的尚方宝剑来压服对他统率大军不满意、不服气的众将士。当手下"各自矜恃，不相听从"时，陆逊按剑怒斥：刘备用兵连曹操都惧怕三分，如今又大兵压境，彼强我弱，我虽然是个书生，但是主公命我为都督，我就要报效国家，你们必须各任其事，不用多说。军令有常，不可违犯。由此镇住了手下将士。毛泽东在读此故事时，头脑里又浮现了司马懿与孔明对阵时借君命压众的另一个故事，所以，他在此即写下了"此司马懿敌孔明之智也"。

司马懿敌孔明是怎么回事呢？据史籍记载：诸葛亮最后一次北伐时，屯兵五丈原，由于劳师远征，粮食不足，打算速战速决。司马懿看出了诸葛亮的用意，采取"以候待变"的战略。无论诸葛亮怎么样挑衅、激战，他都按兵不动，坚守不战。《三国演义》中甚至说诸葛亮为了激怒司马懿出战，派人给司马懿送去妇人衣物，以讽其胆小怯弱，但司马懿不但没有被激怒，反而高高兴兴地接受了。只是他手下众将忍受不了这种侮辱，纷纷要求出战。如何在部下面前保住不甘受辱的面子，又不动摇"以候待变"的战略方针呢？司马懿用了与陆逊同样的办法：借君命来压众。陆逊本就有尚方宝剑，司马懿没有啊，他就向魏明帝上书假意请伐。魏明帝知其心意，特派人杖节到司马懿军中，传达不准出战的命令。这样一来不出战就变成了皇帝的旨意，谁还敢多言。当时诸葛亮看透了司马懿的用心，他对手下说：司马懿本来就不想同我交战，之所以上表请战，不过是"以示武于其众"罢了。君命有所不受，他如果真想交战，又何必到千里之外去向天子请战呢？司马懿这一招确实高明，诸葛亮尽管能洞察其用心，却也无可奈何，结果忧劳成疾，病死五丈原。蜀军也不战自退。这就是毛泽东批注"此司马懿敌孔明之智也"的来源。毛泽东读二十四史，常常"由此想到彼"。这是毛泽东的一种读书习惯，也是毛泽东的一种读书方法。毛泽东读二十四史能"由此想到彼"，一方面说明毛泽东读书读得多，知识渊博；另一方面也说明毛泽东读书记得住，用得上。这些都是值得我们学习的。

25. 何评有理
——读《三国志集解·吴书·陆逊传》

"何评有理。"这条批注写在《三国志集解》卷五十八《吴书·陆逊传》第8面版心何焯评论文字相应的天头上。

毛泽东在这里为什么批注"何评有理"？要说清楚这个问题，首先就要弄清楚"何评"评的是什么？据《吴书·陆逊传》记载，刘备从夷陵失败逃回白帝城后，陆逊手下将领徐盛、潘璋、宋谦等人要求陆逊再发大军乘胜追击，陆逊不同意。徐、潘、宋等人便纷纷上书孙权，说乘胜追击，定能生擒刘备。孙权本人也想趁机一举攻占巴蜀，但他一时拿不定主意，就先向陆逊征求意见。陆逊会同征北将军朱然和偏将军骆统，三人上书孙权，力呈退兵的理由，认为曹丕召集将士，表面上是征讨刘备，内心里另有奸计，不得不防，应以撤兵回防为好。

针对上述陆逊等三人上书孙权"应以撤兵回防为好"的意见，《三国志集解》的作者卢弼引了何焯对此的一段评论。何焯认为陆逊的意见是正确的。他说："大胜之后，将骄卒惰，溯流仰攻，转馈又难，一有失利，前功尽弃。"何焯认为：刘备老于兵道，在四川建立蜀国已经牢固了，他退往白帝城，只是因为曹仁率军靠近蜀国的南郡，担心两面受敌而已，并不是真怕东吴一方。东吴如再向西追击，转守为攻，到那时主客异势，必然对东吴不利。

　　显然，毛泽东是赞成何焯的评论的。也可以认为，陆逊打败刘备之后，不再乘胜追击，并能客观分析、正确处理面对的魏、蜀、吴三国战事实际，及时向孙权上书"应以撤兵回防为好"的主张等，毛泽东也是赞成的。

　　毛泽东在这里赞成何焯的评论，赞成陆逊等人的分析和所采取的实际做法，是完全符合实际的。客观地说，此时在魏、蜀、吴三国中，蜀国实力显然较弱，刘备新败，势力进一步受损，但刘备能与魏、吴长期抗衡，也是一世英雄，并非无能之辈，加之他内有贤相帮助，外有猛将拱卫，希望一下子把他吃掉是不现实的。在三国三分天下的大势下，各有各的图谋，客观情势微妙复杂。刘备刚败，曹丕就派三路大军大举进攻东吴。幸好陆逊料敌在先，已将部队火速退往荆州，分兵抵抗接应，才避免了一次大的损失。实践证明，无论从理论上还是从后来事态的发展来看，陆逊的决策和所制定的战略、战术都是符合实际的、是对的，何焯的评论也是符合实际的、是对的。

　　毛泽东的这条批注，是对何焯评论的称赞，也是对陆逊的决策和对其运用战略战术正确的称赞。毛泽东在实际的战斗当中一直也是这样做的。在有利的时候、条件成熟的时候，善于抓住战机给敌人毁灭性的打击。但是，在条件尚未成熟，客观战事对己并不十分有利的情势下，能够审时度势，保持冷静的头脑，能打就打，不能打就走。在运动中把敌人消灭掉。这是毛泽东的一贯做法，也是毛泽东克敌制胜的一条重要经验。

26. 都是废话
——读《三国志集解·吴书·全琮传》

　　"都是废话。"这条批注写在《三国志集解》卷六十《吴书·全琮传》第8面的天头上。版心文字裴松之注文中引《江表传》记载的一则故事：孙权派太子孙登率军出征，全琮向孙权秘密上表表示反对。他说："自古太子从不偏征，跟着部队安抚官兵，留在皇宫是监理国家大事。现今太子东征，与古制不符。"毛泽东读了这段文字之后，对全琮秘密向孙权说的这段话不屑一顾，即批注"都是废话"四个字。

毛泽东"都是废话"的批注，表明他对全琮上表孙权的话很不满意，对几千年来封建世袭制的蔑视。在毛泽东心里，历朝历代的皇儿太子世袭皇位，大多都是养尊处优，备受溺爱，皇帝本人以及身边的大臣们不让他们到实践中去锻炼，更不愿意让他们去经风雨、历经苦难的磨炼。这就是几千年封建社会得以繁衍传承的"古制"。这就是历朝皇帝一代不如一代的主要症结。

毛泽东高度重视、多次强调高级干部要教育好自己的子女，不搞特殊化，主张让他们到复杂的实践中去、到群众中去见世面，经受各种艰难的考验。他不仅这样主张，不仅这样说，而且带头这样做。他对爱子毛岸英的教育、要求和具体的安排就是一个最好的说明、最好的示范。

（二）晋、南北朝史

27. 郭象无行
——读《晋书·郭象传》

"郭象无行。"这条批注写在《晋书》卷五十《郭象传》第8面开篇的天头上。

毛泽东为什么批注"郭象无行"？《晋书·郭象传》开头对郭象的介绍着重列出郭象两个方面"无行"的主要表现：一是"喜好老庄之说，擅长清谈"，"常闲居家中，以作文辩论自娱"；二是"象为人行薄"，将向秀的《庄子注》"遂窃以为己注"。因为郭象有此两方面无"德行"的记载，所以，毛泽东批注认为"郭象无行"。

毛泽东批注"郭象无行"，这是毛泽东本人对郭象的评论和看法。

这个结论是不是很准确？很妥当？当然还可以讨论。史家对郭象这两个方面的史事亦有不同的评论和观点。一是说郭象尚清谈、好老庄是有其社会背景的。清谈和玄学是魏晋时期地主阶级中的一种思潮，是当时社会很突出的一种意识形态。郭象受其影响是很自然的，据说郭象这种"无行"是当时一种普遍的社会现象。二是说剽窃向秀《庄子注》一事是西晋社会提倡玄学时的一段公案，观点各异，说法亦有不同。

总之，郭象到底是不是一个无德行之人还是要尊重历史，由历史去评说。毛泽东批注"郭象无行"，也仅是从《郭象传》的资料中认定的，应当说也是他的一家之言。目前尚未发现有关的新的资料。

28. 迁亦乱，不迁亦乱
——读《晋书·江统传》

"迁亦乱，不迁亦乱。在封建时代非乱不可。千数百年后，得化为不乱始辑耳。"这条批注写在《晋书·江统传》卷五十六第6—7面相应文字的天头上。版心相关文字为："夫为邦者，患不在贫，而在不均，忧不在寡，而在不安。以四海之广，士庶之富，岂须夷虏在内，然后取足哉！此等皆可申谕发遣，还其本域，慰彼羁旅怀土之思，释我华夏纤介之忧。惠此中国，以绥四方。德施永世，于计为长。"

阅读《江统传》，我们可以知道，这段相关文字是源于江统撰写的《徙戎论》。江统字应元，是陈留郡圉县（今开封县东南）人。他祖父江蕤是当地以正义之行著称的人，被任命为谯郡太守。其父江祚，为安南太守。江统性情沉静而志向远大，时人称他为"嶷然稀言江应元"，与同乡名人蔡克齐名。后承袭父亲的爵位，被授予山阴县县令。当时，关中、甘肃地区多次被氐族、羌族骚扰，孟观率兵向西讨伐，擒获了氐族大将齐万年。因此，江统认为四方少数民族扰乱我华夏，应在其萌芽状态时想办法不让这种行为再发生。针对这种情况，他就写了一篇《徙戎论》。

《徙戎论》是江统为解除四方少数民族扰乱我华夏社会生活向皇帝提出"令其回归本域"的建议。上述版心记述的一段文字，就是江统《徙戎论》中的一段文字。江统写道："治理国家的人，不担心国家贫穷却担心粮财不能均匀分配，不担忧国家人口少却担忧国家不安定。凭着四海的广阔，百姓的富庶，难道必须夷虏居在国内，人口才能充足吗？这些夷狄都可以向他们说明情况，令其归回本域，安慰他们羁居在外，怀念故土之情，同时也解除了我华夏小小的忧虑。这样对中原地区有利，也借此来安抚四方少数民族，恩德永施后代，是一良策。"可是，当时皇帝没有采纳他的建议。后来不到十年，夷狄兴兵扰乱华夏，当时人们才叹服他见识高远。

毛泽东读了江统的《徙戎论》和上述给当朝皇帝的建议，很不以为然，即在上述相应文字的天头上批注了："迁亦乱，不迁亦乱。在封建时代非乱不可。千数百年后，得化为不乱始辑耳。"在封建社会里，"乱"与"不乱"，根本的原因不在于将少数民族的人"还其本域"或者不"还其本域"，"还其本域"或者不"还其本域"，与"乱"与"不乱"，没有必然的关系。"乱"与"不乱"的根本原因在于封建统治者为了维护其统治地位和根本利益，而推行的民族压迫和民族剥削的不平等政策。封建统治者为维护自己的统治地位，就必然要对少数民族地区和少数民族人民进行压榨和制造种种事端，挑拨离间，不断加深各民族之间的戒备、猜疑、仇视。这是封建社会汉族与各少数民族长期不团结、少数民族长期受欺凌的根本原因。哪里有压迫，哪里有剥削，哪里不平等，哪里就有反抗和抗争，哪里就有"乱"。面对民族压迫和民族剥削的种种实际，一味主张"迁"即少数民族"还其本域"，是无济于事的。"迁"不是解决"乱"的根本办法。所以，毛泽东不同意江统的意见。毛泽东认为：迁回"本域"与不迁回"本域"并不重要，"迁亦乱，不迁亦乱"，"迁"与"不迁"结果都是一样的。

毛泽东上述批注中说到的"千数百年后，得化为不乱始辑耳"，意思是说：在封建社会里，汉族与少数民族之间存在的矛盾及纠纷是长期存在的。只有中国共产党的民族平等政策才能从根上解决民族之间的矛盾和纠纷，确保少数民族与汉族和睦相处，共同繁荣，共同发展。

　　社会前进发展的实际也确实如此。民族问题及少数民族受压迫、受剥削、受欺辱的问题始终是一个非常重要的问题。历朝历代统治者为了维护自身利益或者镇压，或者安抚，或者"头疼医头，脚疼医脚"，只治标不治本，都不能从根本解决问题。只有社会主义新中国成立以后，党中央和各级人民政府，才越来越重视民族问题，从实际出发，先后制定了一系列符合民族地区广大人民群众根本利益的制度和政策，在中央政府的统一领导下，在全国各民族地区建立自治机关。一切重大、重要民族问题都要广泛听取各民族广大群众的意见。具体的民族事务由本民族大多数人民拥护的、与人民有密切联系的、有社会影响的人来管理或办理。近些年来，党中央和中央人民政府为推动和促进各民族政治、经济、社会事业的发展和繁荣，为少数民族地区培养输送了大批干部，内陆各省份也从多方面支持帮助少数民族地区发展经济、发展教育、发展文化事业，民族地区广大人民群众的生产、生活等都有显著的提高和改善。中华民族是一个团结、和谐、幸福、美好的大家庭。中华民族大家庭的前进、变化和发展，就是毛泽东"千数百年后，得化为不乱始辑耳"批注的最好的注解。

29. 虽圣人亦如此，况无圣人耶！
——读《晋书·王羲之传》

　　"虽圣人亦如此，况无圣人耶！"这条批注写在《晋书》卷八十《王羲之传》第4面的天头上。对应的版心文字为："'自非圣人，外宁必有内忧。'今外不宁，内忧以深。"在"自非圣人，外宁必有内忧"这句旁还用粗黑铅笔画了两条着重线，在"今外不宁，内忧以深"这句话旁用粗黑铅笔画了一条着重线。

　　毛泽东在此为什么批注"虽圣人亦如此，况无圣人耶"？为了便于说清楚毛泽东批注这句话的真正的含义，我们还是先介绍《王羲之传》中相关的记载。永和九年（353 年），东晋中军将军殷浩不听王羲之劝告，又率兵七万，自寿春北伐，欲进驻洛阳，修复园陵。羌族将领姚襄叛变，袭击殷浩于山桑（今安徽蒙城北），杀伤万余人，浩败逃至谯城。殷浩北伐失败后，仍不甘心，希望重整旗鼓，再次举兵。这时候，王羲之一面修书对殷浩继续进行劝阻，一面又向会稽王昱上表章陈述不可北伐的理由："'自非圣人，外宁必有内忧。'今外不宁，内忧以深。"

　　毛泽东批注的意思是说：即使是圣人，也照样免不了内忧外患之事，况且根本就不存在圣人。毛泽东认为：矛盾无处不在，无时不有。旧的矛盾解决了，新的矛盾又会产生。领导一个国家、一个民族，再有才华、再有智慧、再有能力的领导人，也难于避免面临或将要面临内忧外患之事。古今中外，世界各国都是这样。都会有不同程度的内忧外患之事。毛泽东认为："况无圣人耶！"国家是人民的，民族是人民的，历史是人民创造的。毛泽东说："人民，只有人民，才是创造历史的动力。"在毛泽东心中人民是最伟大的。如果有圣人的话，那圣人就应当是人民。毛泽东在天安门城楼上高呼的第一句口号就是：人民万岁！这就是毛泽东唯物主义的历史观。

　　毛泽东青年时代受中国传统文化影响，在讲话、谈话、书信、文章、文稿中曾对"圣人""圣贤""圣人境界"等有过崇拜，多次谈及。1937 年 10 月 19 日，在延安陕北公学纪念鲁迅逝世周年大会上的讲话中还说："鲁迅在中国的价值，据我看要算是中国的第一等圣人。孔夫子是封建社会的圣人，鲁迅则是现代中国的圣人。"直到 1971 年 11 月 20日在湖北与有关领导同志谈话中还说到"鲁迅是中国的第一圣人"。毛泽东还多次说到，他自己不是圣人，是贤人，是圣人的学生。可是在上述的批注中写了："况无圣人耶！"从写批注的笔迹来看，此批注似写于 1975 年八九月。他前面几十年一直说孔子是圣人，鲁迅是圣人，到了逝世的前一年即 1975 年读《晋书·王羲之传》写的批注又说"况无圣人耶！"这是不是前后说得不一致呢？到底有没有圣人？如何理解毛泽东前后说的圣人？

　　毛泽东前面说孔子是圣人，鲁迅是圣人，后面批注中又说根本不存在圣人。到底是有，还是没有？其实有和没有，毛泽东已经说得很明白了。前面说的孔子是圣人，鲁迅是圣人，就是有圣人。这圣人是指相对意义上的圣人。什么是相对意义上的圣人？词典的解释是：旧时指思想品德和智慧最高的典范人物，也指学术、技术最高超的人，封建社会一般把皇帝也尊称为圣人、皇帝的话称为圣旨。照词典的这些解释，孔子在中国历史上被称为万世师表，弟子三千，贤人七十二，是中国春秋末期的思想家和教育家，所以，毛泽东说孔夫子是"封建社会的圣人"。说到鲁迅，毛泽东说，鲁迅是"文化新军的最伟大和最英勇的旗手"，"是中国文化革命的主将"，"是伟大的文学家，而且是伟大的思想家和伟大的革命家"。"鲁迅是在文化战线上，代表全民族的大多数，向着敌人冲锋陷阵的最正确、最勇敢、最坚决、最忠实、最热忱的空前的民族英雄。鲁迅的方向，就是中华民族新文化的方向。"所以，毛泽东说"鲁迅是中国的第一个圣人"。说他们是圣人，是说他们有最高的智慧，最高的思想品德境界，最高的造诣、才能和学术成就，其功劳、贡献、业绩和在当时所起的社会作用和社会影响等都是无人能比、无人替代的。独此一人，找不出第二个人。孔子就是这样的人，鲁迅就是这样的人。这是不同社会历史年代出现的两个圣人。这圣人是后人对他的评价与肯定，也是后人对他们的崇敬、崇拜、赞誉的一种最高的尊称。

　　"况无圣人耶！"毛泽东在这里说的圣人不同于前面说的圣人，是更高层次的圣人，是绝对意义上的圣人。这种绝对意义上的圣人应当是完人。列宁说过，斯大林说过，鲁迅说过，毛泽东也说过"人无完人"。人的一生，不可能没有缺点，不可能不说错话，不可能不做错事，不可能不犯错误。真正的完人是没有的。毛泽东说他不是"圣人"，说他是"贤人"，是"圣人"的学生。因为毛泽东犯过错误，不是完人，所以他说他不是"圣人"。毛泽东是当代国外国内公认的最伟大的领袖人物，举世无双，无人能比。这样的人自己都不说是圣人，那还有谁能是圣人呢！

所以，毛泽东说孔子是圣人、鲁迅是圣人，这都是从相对意义上来说的，是从他们好的方面，功劳、功绩、成就等方面来说的。说他们是圣人，不是说他们一切都好，不是说他们当时所处的社会、国家没有"内忧"，没有矛盾。因此，相对意义上的圣人是有的，绝对意义上的圣人即完人是没有的。

30. 此时檀道济尚未死
——读《宋书·宗室刘道怜传》

"此时檀道济尚未死。"毛泽东这条批注写在《宋书》卷五十一《宗室刘道怜传》第 4 面的天头上。相应的版心文字为："太祖元嘉九年，诏曰：'……都督江州豫州西阳新蔡晋熙四郡军事征南大将军开府仪同三司江州刺史永修县开国公道济……'"据有关史籍记载：《宋书·宗室传》中的诏书发于太祖元嘉九年（432 年），檀道济在元嘉十三年被杀，也就是在诏书颁发四年之后才被杀害。又据《南史》卷二《宋太祖本纪》记载：元嘉十三年三月初八，杀了司空江州刺史檀道济。所以，毛泽东在此批注："此时檀道济尚未死。"从此批注，我们可以看出：一是毛泽东读史非常认真细致，对历史人物是活着还是死了心里都很清楚；二是对历史书读得多，记得住。对历史人物生卒年月都牢记在心。

31. 叛徒
——读《宋书·王僧达传》

"叛徒。"这条批注是毛泽东在读《宋书》卷七十五《王僧达传》第 1 面时，在本传开始天头上写下的。此处写的批注是说王僧达是"叛徒"。为什么认为王僧达是"叛徒"呢？我们看看《宋书》对王僧达的记述就明白了。

《宋书·王僧达传》对王僧达的记载摘要如下：……王僧达三次上疏，孝武帝不高兴了。让他当了征虏将军、吴郡太守，一年之内，五次贬官，僧达更加不得意。

不久，王僧达被任命为江夏王刘义恭太傅长史、临淮太守，又转官太宰长史，太守官职如旧。大明元年（457年），升官左卫将军，兼任太子中庶子，又因归顺的功劳，封宁陵县五等侯，大明二年（458年）升官中书令。开始时，南彭城蕃县人高阇、和尚释昙摽、道方等相互欺骗蛊惑，吹嘘自己有招致神仙鬼神获得龙凤的吉祥征兆的能力，说他们常听到箫声和锣鼓的声音，他们和秣陵百姓蓝宏期等打算造反，又结交殿中将军苗允、员外散骑侍郎严颂之、司空参军阚千纂、太宰府将领程农和王恬等。打算在大明二年八月一日夜晚起兵攻打宫门，早晨突袭太宰江夏王义恭，再兴兵杀掉各个大臣，让高阇做天子。事情不久便败露了，所有参与的几十个人都被处死。王僧达多次猖狂犯上，孝武帝认为他终究不会改变，便利用高阇的事报复他，下了一道诏书说："王僧达凭借祖宗余荫，很早便当了大官，轻狂阴险，品行不端，被世人广泛地谈论。恰遇国家动乱，他们全家效忠皇室，朝廷记住他的一点忠诚，原谅他的大错误，给他的全家大小亲戚封官晋爵，他本人蒙受巨大的恩宠。他竟不以职务为意，拿公家的俸禄而有怨言，想得到荆州刺史官职，打算搞乱扬州地界，公开地派人抢夺，比凶贼还坏，结交反贼，败坏社会风气。我每每宽容他这些罪行，希望他洗去旧恶，谁知他根本没有犬马那样报答主人恩德的胸怀。以致小火成燎原之势，小溪变成江河的规模，于是和高阇等结好苏宝，寻找造反的征兆，观察天变的迹象。等到反贼们被处死，胁从们被审讯，都对所犯罪行供认不讳时，而王僧达不说实话，想隐瞒他的罪行，希望法官为他开脱。小人不安分守己，经人煽动便是不老实，在人群制造矛盾，他心中怀有巨大野心，一向为朝中大臣们所熟悉，被市民们知晓，我怎么能不以祖宗大业为重，不对他绳之以法？舜帝杀斩邪恶的人，被古书所称道，处死那些图谋不轨的人，被汉代法律所遵循。现在可以把他交给法庭，验明正身绑赴刑场。"在狱中赐王僧达自杀，当时三十六岁。

从以上的记述中，我们可以看到，王僧达多次猖狂犯上，多次被罢官、贬官，多次触犯纪律、法律，轻狂阴险，品行不端，结交反贼，图谋不轨。特别是在"反贼们被处死，胁从们被审讯，都对所犯罪行供认不讳时，而王僧达不说实话，想隐瞒他的罪行，希望法官为他开脱"。所以，毛泽东在读《王僧达传》时在本传天头上写了"叛徒"二字的批注。

王僧达结交反贼，寻机造反，事实清楚，胁从者供认不讳。尽管他本人"想隐瞒他的罪行，希望法官为他开脱"，也是不能改变被"杀害"的命运的。

32. 蕴藏大乱
——读《隋书·高祖本纪》

"蕴藏大乱。"这条批注写在《隋书》卷二《高祖本纪》下第22面版心"朝夕孜孜，人庶殷繁，帑藏充实"这行文字的天头上。在"人庶殷繁，帑藏充实"八字旁用粗黑铅笔分别画了粗粗的着重线。毛泽东在这里为什么批注"蕴藏大乱"？

据《隋书·高祖本纪》记载，杨坚废静帝，建立隋朝。开国之初，还能勤于政事，励精图治，使国家人丁兴旺，国库殷实，虽然还没有呈现出治世的景象，但也可以称为比较好的君主。这是好的方面。但也同时还存在一些不够好即存在一些问题。毛泽东在读《隋书·高祖本纪》时，在看到上述说到的好的方面的同时，还看到一些存在的问题。毛泽东称之为"蕴藏大乱"。这"蕴藏大乱"就是同时还存在一些容易发生大乱的诸多实际问题。对于当时所存在的主要问题，有以下几点：

第一，高祖杨坚皇帝"天性沉猜，素无学术，好为小数，不达大体"。一个治国皇帝，天生就好猜疑，整天疑神疑鬼，对谁也不完全信

雖嗇於財至於賞賜有功亦無所愛恡乘輿四出路逢
上表者則駐馬親自臨問或潛遣行人採聽風俗吏治
得失人間疾苦無不留意嘗遇關中饑遣左右視百姓
所食有得豆屑雜糠而奏之者上流涕以示羣臣深自
咎責為之撤膳不御酒肉者殆將一朞及東拜太山關
中戶口就食洛陽者道路相屬上勅斥堠不得輒有驅
逼男女參厠於仗衛之間逢扶老攜幼者輒引馬避之
慰勉而去至艱險之處見負擔者遽令左右扶助之其
有將士戰沒必加優賞仍令使者就加勞問自強不息
朝夕孜孜人庶殷繁帑藏充實雖未能臻於至治亦足

隋書卷二　本紀二

三一

七七

毛泽东读《隋书》卷二《高祖本纪》批注：蕴藏大乱。

任，一会儿怀疑这个，一会儿怀疑那个，好像身边没有一个好人。平常又不学无术，爱计较小事，不抓大事，不识大局，好玩些小心计。

第二，不信任、不团结、不重用"其草创元勋及有功诸将"。忠诚义士都不能直言。他也不与之交心、说心里的话。一些开国元勋以及一些有功之士，一个个被杀或被废除，能存留下来的或者作为他心腹的人很少很少。

第三，不喜欢读书，不兴办学校，不培育人才。正如《高祖本纪》所记述"不悦诗书，废除学校"，好听妇人之言，将皇子一一废黜。

第四，到了晚年"持法尤峻，喜怒无常，过于杀戮"。他滥杀无辜，常常暗地里使人去贿赂令史、府史，一旦有人接受了贿赂，就必死无疑。于是，人人自危，不敢随便议论。从此史官就很少了。他还经常命令左右侍臣送西域来朝贡的使臣出玉门关，使臣所经过之处，如果接受如鹦鹉、麂皮等小礼物，他听说后便会勃然大怒。还曾到武库察看，看见武库署中混乱不堪，于是抓了武库的官吏，亲自督斩，死的人多达几十个。

在隋文帝统治时期至少存在这四个方面的问题。在毛泽东看来，这些问题都是当时社会"蕴藏大乱"的深层表现。隋朝从建立到灭亡，只存在了37年。在中国历史的王朝中，隋朝是较短的。隋朝的灭亡，固然是隋炀帝昏庸、残暴、苛刻，频繁发动战争，滥用民力，奴役人民所致。但与开国之君隋文帝当政期间存在的上述四个方面的问题也有很大的关系。隋朝的灭亡，实际上从隋文帝时期就已经"蕴藏大乱"。所以，隋炀帝被叛军缢杀，遭到历史的唾弃是必然的。毛泽东认为，隋文帝虽出身贵族又是开国之君，但并不值得称颂，是一个不称职的皇帝。

33. 守大岘亦无用
——读《南史·宋高祖本纪》

"守大岘亦无用。"这条批注写在《南史》卷一《宋高祖本纪》第9

面的天头上。对应的版心文字为："（义熙）五年二月，伪燕主慕容超大掠淮北。三月，帝抗表北讨……超大将公孙五楼请断大岘，坚壁清野以待，超不从。初谋是役，议者以为贼若严守大岘，军无所资，何能自反？帝曰：'不然。鲜卑性贪，略不及远，既幸其胜，且爱其谷，必将引我，且亦轻战，师一入岘，吾何患焉？'及入岘，帝举首指天曰：'吾事济矣。'众问其故，帝曰：'师既过险，士有必死之志，余粮栖亩，军无匮乏之忧，胜可必矣。'"

　　毛泽东为什么批注"守大岘亦无用"？要说清楚毛泽东批注的真正意思，我们还是从《南史·宋高祖本纪》中有关的记载说起：409 年，南燕主慕容超两次派兵南下，在淮北地区大肆掠夺，抓走了两名东晋地方官，抢了大批财物，驱赶数千居民到北方，给当地人民生活造成极大破坏。刘裕（掌握当时北府兵兵权）因而上表朝廷要求北伐南燕。这年夏天，刘裕率军北上，逼近军事重地大岘（今山东省沂县北部）。这时，南燕大将公孙五楼向慕容超建议说："东晋军队轻装前进，其目的在于速战速决，其锋正锐，我们不应与他们硬打硬拼，而应守住大岘，以逸待劳，用时间来耗尽他们的锐气。"然后公孙五楼又提出与刘裕作战的三条计策：上策就是派游击部队绕道南下，斩断东晋军粮道，再南北夹击，晋刘必败。中策是坚壁清野，烧掉庄稼，使刘裕军找不到资助，又"求战不得"，自然也难以支持长久。下策就是放对手入岘，正面与之交锋。但慕容超拒不接受这个建议，认为江山稳固，兵多粮足，"铁骑万群"，即使放刘裕过岘，刘裕也绝非他骑兵的对手。刘裕也断定慕容超肯定不守大岘，认为慕容超绝无什么深谋远虑。事情发展果如刘裕所料，慕容超十分轻敌，大岘根本没有设防，使得刘裕大军长驱过岘，过岘之后刘裕用手指着天说："我们的大事成功了。"在后来的战事中，慕容超一败涂地，逃回都城广固（今山东省益都县西北），向刘裕投降，刘裕不许。最后广固城破，慕容超及王公以下三千余人被斩杀，落得国亡身死的可悲下场。从上面的记载中，我们可以看出交战双方围绕大岘的战略地位形成了不同看法，各自采取了不同行动。

在毛泽东看来，"守大岘"不过是一时的战术，如果慕容超能听取公孙五楼的建议，此战或许还能抵挡一阵子，但一定不会改变战争最后失败的命运。战争的胜负不在一时一地的较量，而是取决于"天时地利人和"。这是毛泽东领导中国共产党和全国各族人民几十年浴血奋战、不断取得胜利的根本战争规律。人民的支持，人民的相助，人民的拥护，想着人民，为着人民，发动人民，依靠人民，与人民同呼吸共患难，这是战争胜利的决定因素。而从上述刘裕及慕容超双方各方面的比较来看，刘裕最终获得胜利是必然的。慕容氏统治集团是鲜卑族南下中原建立的政权，其统治十分残暴，政治上十分腐败，鱼肉人民，草菅人命，随意残害人民，处处与人民为敌，其统治政权全凭武力维持，再加上慕容超狂妄自大，目光短浅，听不进不同意见，在战略上轻敌，战术部署错误，其败亡是不可避免的。刘裕正与之相反，在治军方面纪律严明，他还是刘牢之部下时，刘牢之手下有的军官，掠夺百姓财物，道德、军纪败坏，唯刘裕约束部属，严明纪律，善待百姓，得到老百姓的支持，军队也有战斗力。当刘裕率军北伐时，得到了当地和沿途人民的大力支持，史称"河北居民，荷戈负粮至者，日以千数"。广大百姓自愿支持帮助刘裕攻打广固。同时，刘裕善于听取部下正确意见，刘穆之是刘裕的谋主，刘裕有事经常与他商议谋划。刘裕率领的部队官兵之间、将帅之间都很团结，每次出战，都身先士卒，奋力拼杀，刘裕生活俭朴，平易近人，一直保持平常百姓生活习俗礼仪。刘裕打败慕容超这是必定的结局。

毛泽东批注"守大岘亦无用"，其主要思想、主要根据都是基于战争的胜负，取决于"天时地利人和"这个基本原理。得人心者得天下，失民心者失天下。人心向背，百姓向背，这是战争胜负最重要的因素。

34. 赵宋祖此弊法
——读《南史·宋太祖本纪》

"赵宋祖此弊法。"这条批注写在《南史》卷二《宋太祖本纪》第

27 面的天头上。相应的版心文字为："文帝幼年特秀，自禀君德。及正位南面，历年长久，纲维备举，条禁明密；罚有恒科，爵无滥品；故能内清外晏，四海谧如。而授将遣师，事乖分阃，才谢光武，而遥制兵略，至于攻战日时，咸听成旨，虽覆师丧旅，将非韩白，而廷寇蹙境，抑此之由。及至言泄衮衽，难结凶竖，虽祸生非虑，盖亦有以而然。夫尽人命以自养，盖惟桀纣之行；观夫大明之世，其将尽人命乎？虽周公之才之美，亦当终之以乱。由是言之，得殁亦为幸矣。"在"遥制兵略""攻战日时，咸听成旨"这十二个字旁画了 ×。

毛泽东在这里批注的"赵宋祖此弊法"是什么意思呢？"赵宋"即赵匡胤建立的宋王朝。赵匡胤，五代时后唐天成二年（927 年）生于洛阳（今河南省洛阳市），少时善骑射，周游四方不遇器重。后至襄阳寺中，一老僧语之"北往则有遇矣"，于是赵匡胤北上投奔了正在招贤纳士的后汉枢密使郭威。不久掌握后汉军权的郭威谎称辽军侵汉，率军抗辽，途中属下将黄袍披在郭威身上，拥立郭威为帝，建立后周。后周世宗柴荣即帝位，任赵匡胤为殿前都点检，掌握后周兵权。后周显德六年（959 年）周世宗柴荣去世，其子柴宗训继位。转年赵匡胤效法郭威发动陈桥兵变，夺取后周政权，建立宋王朝。赵匡胤即帝位后，深感兵权对皇权的威胁，恐惧权臣兵变的闹剧再次重演，"杯酒释兵权"解除了禁军重臣的兵权，建立了一套军权分立、兵将分离的军政体制，管人的不管事，管事的不管人，权力统归皇帝本人，规定将帅只能按皇帝规划的成旨行事，不得临机决断。这种机制在其变革过程之中，对赵匡胤强化皇权统治、进行统一战争起到了一定的积极作用，但它一旦作为一种制度确定下来，就显现出了它的僵化和腐朽，致使大宋王朝国力军力衰微，自毁长城。宋太宗赵匡义继位以后，两次兴兵，两次惨败而归，至此大宋王朝无力再战，丧权辱国，直至灭亡。

君主制御将帅是用兵弊法，兵家大忌。将帅是国家安危的主宰，君主必须授予将帅驾驭战争的全权，推之以诚，待之以礼，充分发挥将帅作用。将帅拥有独断决策、临机定夺、因敌制宜的权力；君主不能制御将帅行使职权，君主制御将帅行使职权是乱军取败之道。《孙子兵法》指出，"将能而君不御者胜"；《孙膑兵法》指出，"得主专制胜""御将不胜"；《三略》也指出，"出军行师，将在自专。进退内御，则功难成"。都把君主授予将帅指挥调度全权，不制御将帅行使职权当作战争胜败的重要因素。这是古人从无数的战例实践中总结出的"万世之法戒"、亘古通行的真理。中国兵法摒弃君主制御将帅，原因不外有三：一是将帅身处战争前线，直接掌握战场对比情况和战争发展态势，随机决策更有针对性，及时准确，利于捕捉战机，掌握战略主动权，立于不败之地；二是树立将帅的权威，充分发挥将帅的主观能动作用，利于将帅协调指挥，令出一门，三军一体，提高整体的作战能力；三是避免君主决策失误，造成全局的被动和整体的损失。

君主放手任将，不仅要有识人之智、容人之量，更要有爱人之心、用人之略。君主不是在将帅行使职权上羁縻制御，而是充分发挥将帅的作用，在更广阔、更深层的地方驾驭将帅、激励将帅，让将帅成为君主座下的战马，战马驰骋天下，君主得意于天下。这是君主的真正应该做的事情，这是君主真正应该有的本领。毛泽东在他数十年的戎马生涯中十分重视对战争指挥艺术的把握，赋予前方将帅战场指挥临机决断的全权，充分发挥了前方将帅在战争中的重大作用。他认为在整体战略高度统一的前提下，前方将领必须发挥能动作用，自觉根据战场实际，机动灵活地组织作战，牢牢掌握战争主动权，确保实现中央的战略意图。宋太宗赵匡义在对契丹的战争中秉承"弊法"制御将帅，被毛泽东称作"无能""此人不知兵"，极力唾弃。

赵宋王朝是这样，刘宋王朝也是这样。《南史·宋太祖本纪》记载，南北朝时期宋文帝刘义隆统御军政，遥制兵略，用兵不给将帅任何指挥调度权力，对敌作战皆按圣旨行事；将帅不能临机制宜，没有任何权力。刘义隆两次北伐皆大败而归。历史的实际，使得毛泽东认为刘义隆、赵宋的"遥制兵略"、总揽兵权于皇帝一身的做法违反了两军交战"将在外，君命有所不受"的原则，是不足取的"弊法"。

毛泽东读《宋太祖本纪》，由刘宋王朝的由盛而衰，直至失败，联想到"赵宋祖此弊法"。这既是毛泽东对刘宋、赵宋王朝以失败而告终的经验之谈，也是毛泽东对刘义隆、对赵匡胤之辈的批评。刘宋、赵宋的灭亡与他们竭力主张和推行的"弊法"有很大关系。

毛泽东从历史的教训和军事宝库中吸取了许多有益的知识和启示，巧妙地运用于他领导和指挥的战争之中。这方面的事例就很多了，这里不再赘述。

35. 还是来年二月
　　——读《南史·梁高祖本纪》

"还是来年二月。"这条批注写在《南史》卷六《梁高祖本纪》第 7 面的天头上。相应版心文字为："三年二月，南康王为相国，以帝为征国将军。戊申，帝发襄阳。"毛泽东为什么批注"还是来年二月"呢？

毛泽东这条批注讲的是梁武帝萧衍起兵反齐过程中的一件事。据史籍介绍，古人作史，往往不专门去评论某一件事，而是将他的态度及用意表达在行文之中，李延寿在这里就是用了"三年二月"四字，看上去好像是记录事实，不偏不倚，实则另有深意在里边。毛泽东用"还是来年二月"更进一步较直接地表明了自己的态度。从本纪原书记述中，我们可以看到，毛泽东的批语及李延寿的秉笔直书，都是针对萧衍反驳萧颖胄语而发的。

萧衍与其兄萧懿，二人同在齐朝为官，萧衍为雍州刺史（雍州，今湖北襄樊），其兄萧懿为豫州刺史（豫州，今河南汝南）。齐明帝萧鸾死后，子萧宝卷即位即东昏侯，他是一个荒淫残暴的封建皇帝，视百姓为草芥，经常带人上街闲逛，躲避不及之人皆被杀死。在朝堂之上也是乱杀无辜。其父临死之前交代他遇事要先发制人，这更促成了萧宝卷恣情诛戮的暴行。共同辅佐朝政的"六贵"及诸多重臣都被他杀死，逼得老将陈显达、崔景慧起兵造反，萧懿带兵进建康镇压了这次叛乱，斩杀了陈、崔二人，因功被升为尚书令。但未过几个月，萧懿又为东昏侯所杀，时为永元二年（500 年）二月。在这种情况下萧衍起兵反齐。

萧懿被杀当是萧衍起兵的一个原因，但更主要的是萧衍早有大志，他在这一时期还是很有魄力也很有政治头脑的，毛泽东在读《梁武帝本纪》的批语和圈画中也流露出对萧衍的欣赏。萧懿平乱之后，萧衍曾派人劝说其兄取齐而代之，为其兄所不从，遂遭毒手。而萧衍早已在暗中为起兵作准备，一是暗中制造了大量武器，又到山中砍伐了大量木材，沉在檀溪之中，以备举事时打造战船之用。待萧懿被杀后，萧衍立即召集心腹佐幕，商定了举兵之事。然后派人联络萧颖胄，萧颖胄提出迎东昏侯之弟南康王萧宝融为帝，另外他建议说现在起兵，"时有未利"，如仓促出兵，"恐非算"。他认为应等到"来年二月"（即三年二月）起兵。萧衍反驳说，发动大事，全靠一股锐气。事事紧密相连，还唯恐赶不上事情的发展。我今拥兵十万，若按兵不动一百天，则粮草先吃光，军队必生乱，大事也难成，箭既已上弦，岂有不发之理？且天象也变了，我起兵也是上天的旨意，符合"天意人谋，有何不利？"但实际上，萧衍还是在"来年二月"起兵。对于这种言行不一，李延寿用"三年二月"；毛泽东批注"还是来年二月"表达他自己的看法。

毛泽东的这条批注是他熟读历史的自然结果，表明他对萧衍这个历史人物很熟悉。《南史》卷六《梁高祖本纪》，是毛泽东很爱读的，他读得多、批注文字多、圈画符号多。毛泽东批注"还是来年二月"，这其中可能也包含对萧衍上述"言行不一"的不悦或不满之意。萧衍在这里的言行有点不一，也与当时客观情况较为复杂有关，对萧颖胄这个双方都拉拢的人，萧衍以那番话对答也有其特殊的用意，也是其智慧的显示。毛泽东对萧衍此时表现出的政治头脑肯定是看得很清楚的，可是又不好直接表达。所以用了"还是"两字，就是"还是来年二月"。这六个字充分表明毛泽东对萧衍起兵反齐的态度及其相关的难以表述的看法和想法。

36. 时来天地皆同力，运去英雄不自由
——读《南史·梁高祖本纪》

"时来天地皆同力，运去英雄不自由。"毛泽东这条批注写在《南史》卷七《梁高祖本纪》第19—20面的天头上，用的是红铅笔。相应版心文字为："梁武帝时逢昏虐，家遭冤祸。既地居势胜，乘机而作，以斯文德，有此武功。始用汤武之师，终济唐虞之业。岂曰人谋，亦惟天命。及据图箓，多历岁年，制造礼乐，敦崇儒雅。自江左以来，年逾二百，文物之盛，独美于兹。然先王文武递用，德刑备举，方之水火，取法阴阳，为国之道，不可独任。而帝留心俎豆，忘情干戚，溺于释教，弛于刑典。既而帝纪不立，悖逆萌生，反噬弯弧，皆自子弟。履霜弗戒，卒至乱亡。自古拨乱之君，固已多矣，其或树置失所，而以后嗣失之，未有自己而得，自己而丧。追踪徐偃之仁，以致穷门之酷，可为深痛，可为至戒者乎！"

毛泽东在这里为什么批注"时来天地皆同力，运去英雄不自由"呢？根据毛泽东读《南史·梁高祖本纪》过程中的批注、圈画的实际情况和我在服务工作过程中的所见所闻、所思所想，毛泽东所以写此批注，至少有以下三个方面的缘由：

第一，梁武帝统治时期前后不同情况与此诗句描述的人生情形相近而产生的共鸣作用。梁武帝（464—549年）萧衍，原为南北朝时期齐朝的雍州刺史，镇守襄阳。齐朝的东昏侯萧宝卷凶狂暴虐，杀死萧衍的哥哥萧懿，萧衍因而起兵攻陷齐都建康，迎立萧宝融为帝，是为和帝。萧衍被封为梁王。后灭齐，建立梁朝。南北朝是中国历史上一个动乱的时代。在南朝宋、齐、梁、陈几朝的频繁更替中，梁武帝执政48年，在位的时间最长。在位时，基本保持着和平环境，比较有作为。

毛泽东在读《南史·梁高祖本纪》时，有许多圈画和批注。前面引述的原文，是《南史》作者李延寿对梁武帝的评论中总结性的一段话。梁武帝登位后，除军事、经济上有建树外，还"制造礼乐，敦崇儒雅"。

但他"留心俎豆，忘情干戚，溺于释教，弛于刑典"，最后终因宗室子弟相互倾轧残杀，错误地接受北魏侯景的降服，引狼入室，导致梁室的覆灭。开国创业贵为天子的梁武帝，竟卑微屈辱地饿死于侯景的囚室。李延寿说："自古拨乱之君，固已多矣，其或树置失所，而以后嗣失之，未有自己而得，自己而丧。追踪徐偃之仁，以致穷门之酷，可为深痛，可为至戒者乎！"徐偃是西周徐国国君，强大时有三十六国向他朝贡，被称为东方的霸主。毛泽东在这段评论的天头上，用红铅笔写下批注："时来天地皆同力，运去英雄不自由。"在"忘情干戚""弛于刑典"两句旁画了圆圈，天头上画着三个大圆圈。在"未有自己而得，自己而丧。追踪徐偃之仁，以致穷门之酷"这几句旁，画着着重线。"时来天地皆同力，运去英雄不自由"，是唐朝诗人罗隐《筹笔驿》中的诗句。毛泽东信手拈来用以评价梁武帝，同样表达了他对梁武帝这个历史悲剧人物的感慨。

早期的梁武帝有比较清醒的政治头脑，也很有魄力，毛泽东对此多有圈画。《南史·梁武帝纪》记载：当梁武帝的哥哥萧懿为齐所害，他起兵讨齐时，有人劝他把齐和帝接走，免得别人"挟天子以令诸侯"，自己被动。他不听，说："若前途大事不捷，故自兰艾同焚；若功业克建，谁敢不从，岂是碌碌受人处分。"毛泽东在这段的天头上画了三个圆圈，每句旁边加了圈。梁武帝还清醒地觉察到齐朝的政权被某些地方官员所把持的弊端，他说：这些地方官员"皆口擅王言，权行国宪"，"而政出多门，乱其阶也"。毛泽东在前两句旁画着曲线，后两句旁画着圆圈，在两处的天头上画着三个大圆圈，圆圈、画线流露出毛泽东对梁武帝的欣赏。梁武帝很有军事才能，在《南史·梁高祖本纪》及其他史书中，关于他善用兵的事例，多有记载。毛泽东在这些地方也有不少圈画和批注，字字句句读得很认真，非常关注。

《南史·梁高祖本纪》记载：梁武帝在襄阳起兵时，齐派大军镇压。他派人离间齐军，并说："用兵之道，攻心为上，攻城次之；心战为上，兵战次之。"毛泽东在此处的天头上画了三个大圈。梁武帝在争夺郢城的战斗中，及时在加湖打击齐的援军，梁"众军乘流齐进，鼓噪攻之"，很快取胜。毛泽东在这段记载的天头上批注："打援。"齐在援救郢城的同时，派人镇守江州，为之助威。梁武帝对诸将说："夫征讨，未必实力，所听威声耳。今加湖之败，谁不詟服。我为九江，传檄可定也。"毛泽东在这段旁加了曲线。后郢城求降，镇守江州的陈伯之"犹惧"，"乃束甲请罪"，证实了梁武帝用兵的预见性和善于决策。《南史·曹景宗传》记载：梁武帝天监五年（506年），徐州刺史昌义之被魏军围困，梁武帝派曹景宗去解围，指令他在某地与另一援军会合后，共同行动。曹景宗想自己邀功，竟单独前进，却不料遇到暴雨，淹死不少人，只得退回。梁武帝得知这一消息后，说："此所以破贼也。景宗不进，盖天意乎？若孤军独往。城不时立，必见狼狈。今得待军同进，始可大捷矣。"毛泽东对此加了旁圈，在天头上批注："此时梁武，犹知军机。"

对梁武帝的失误和衰亡，毛泽东也有批注和圈画。梁武帝的晚年，听不进正直的忠告。《南史·贺琛传》记载：在他去世前五年，大臣贺琛针对时弊给他写了一个奏折，提出：官吏搜刮民脂民膏，老百姓生活极端困苦；上层统治阶层的生活穷奢极欲，浪费十分严重；权臣作威作福，专找别人的罪过；朝廷大兴土木，民众服役不得生养。建议他对官吏"宜严为禁制，导之以节俭，贬黜雕饰，纠奏浮华"。贺琛提出的这些情况本是实际存在的，建议也很中肯。但梁武帝对他秉公陈述的奏折却觉得忠言逆耳，根本听不进去，反而口授敕书，一一反驳，痛加斥责。他说，我做皇帝40多年，一直能听取好的意见，最恨昏聩，你贺琛在朝为官，不应和地位低下、品格卑鄙的人一样讲话。毛泽东在这段记载的天头上批注："此等语，与孙权诘陆逊语同。"孙权是三国时吴国的国君，陆逊是他手下继周瑜、鲁肃、吕蒙之后的得力名将，官至丞相。黄武五年（227年），陆逊上书孙权，劝他"施德缓刑，宽赋息调"，孙权不接受，一一反驳。梁武帝和孙权一样，听不进正确意见。他用自己的简朴、勤于政事批驳贺琛说："其身正，不令而行；其身不正，加令不从。"又说："我以身作则，不和女人同居已30多年，住处

華林園昆明池上帝既流遁益甚境内化之迷至喪亡

云

論曰梁武帝時逢昏虐家遭冤禍既地居勢勝乘機而

作以斯文德有此武功始用湯武之師終濟唐虞之業

豈曰人謀亦惟天命及據圖籙多歷歲年制造禮樂敦

崇儒雅自江左以來年踰二百文物之盛獨美于兹然

先王文武遞用德刑備舉方之水火取法陰陽為國之

道不可獨任而帝留心俎豆忘情于戎陣於釋教馳於

刑典既而帝紀不立悖逆萌生反噬彎弧皆自子弟履

霜弗戒卒至亂亡自古撥亂之君固巳多矣其或樹置

毛泽东读《南史》卷七《梁高祖本纪》批注：时来天地皆同
力，运去英雄不自由。

除一张床外，别无装饰摆设，不饮酒，不听音乐，不分昼夜，废寝忘食地处理国事，腰围都瘦了二尺，这还不是起带头作用吗？"毛泽东在这一段的天头上批注："萧衍善摄生，食不过量，中年以后不近女人。然予智自雄，小人日进，良佐自远，以致灭亡，不亦宜乎。"

梁武帝还斥责贺琛说：你说当今做官的都通过向皇帝奏事，谋求进取，但也不能因噎废食，不让他们这样做呀！否则岂不"专听生奸，独任成乱"吗？毛泽东在此处又批注："'专听生奸，独任成乱'，梁武有焉。"毛泽东对梁武帝的批注大意是说：一个好皇帝，艰苦朴素、自善其身固然很难得，但若听不进好人的意见，不能兼听则明，那就会被小人所包围，导致失败，梁武帝就是一个典型的例子。

梁武帝是明白人，但自护其短，英雄末路，大抵如此，时运不济，并非全是天意，也与他本人对重大决策不能听取身边官员正确意见，对种种弊端听之任之，信任奸佞，政治腐败，用人不当等缺点和问题都有很大关系。更何况他晚年迷于佛事，又引狼入室，最终失败是不可避免的。毛泽东的批注："时来天地皆同力，运去英雄不自由。"既有对梁武帝统治前期在政治、经济等方面积极措施、英雄业绩的肯定、认可、欣赏之意，又有对其统治后期种种消极行为、种种弊端、种种问题的批评、不悦、失望。

第二，对罗隐诗作的欣赏与对其"怀才不遇"和"十上不中第"人生的同情。"时来天地皆同力，运去英雄不自由"是毛泽东晚年很为喜爱的两句诗。这两句诗是晚唐诗人罗隐咏史诗《筹笔驿》中的诗句。我在服务工作过程中看到，毛泽东晚年手书古诗词时，这两句诗是很爱书写的，也是书写的次数最多的。有单句书写，也有整首诗书写的。还有在读书过程中写批注时也几次在不同的书上写过这两句诗。如上面所述的在读《南史·梁武帝纪》时，用红铅笔写的"时来天地皆同力，运去英雄不自由"两句批注。类似的批注，见过的至少还有两处，毛泽东在不同的书上用铅笔写了这两句诗。记得一处是在一本书的封三上，纸张都有些发黄了，这本书书名我记不住了。还有一处是用蓝铅笔写的。好像是他在看书时头脑里又浮现出这两句诗，他即写下了。与他当时所读的书并没有直接的联系。我记得诗句好像是写在一本书中间的空白处。

罗隐《筹笔驿》这首诗全文是：

> 抛掷南阳为主忧，北征东讨尽良筹。
> 时来天地皆同力，运去英雄不自由。
> 千里山河轻孺子，两朝冠剑恨谯周。
> 惟余岩下多情水，犹解年年傍驿流。

毛泽东在读罗隐这首诗时，在这首诗的标题前画了三个大圈，每句诗的末尾也都画上了圈，还在这首诗的第一句旁边画了曲线，从第三句开始，一直到全诗最后一个字，逐字逐句画上了圈。圈圈画画表达他对这首诗、对"时来天地皆同力，运去英雄不自由"两句诗的喜爱。

筹笔驿为古地名，在今四川省境内。传说是诸葛亮率兵出师，曾驻过这个地方，并在这里运筹决策。罗隐，字昭谏，是唐代晚期的诗人，留下的诗作不少。中南海毛主席故居存书里就存有罗隐的两本诗集。一本是《罗昭谏集》（清人辑本），一本是《甲乙集》。这两本诗集，毛泽东都读过多遍，浓圈密点过的有近百首，圈点较多的是咏史诗。

罗隐的咏史诗，毛泽东首首都读，几乎首首、句句都圈画。除上述的《筹笔驿》外，还有一首叫《王濬墓》，诗中写道："男儿未必尽英雄，但到时来即命通，若使吴都犹王气，将军何处立殊功。"据史籍记载，王濬是西晋大将，水师统帅，曾率水师破吴获胜。毛泽东读这首诗时，先在这首诗的标题前画了两个大圈，又在头两句诗旁边连续画了几个圈。罗隐还有一首咏史诗叫《西施》，诗的全文是："家国兴亡自有时，越人何苦进西施。西施若解倾吴国，越国亡来又是谁。"毛泽东在读这首诗时，先在这首诗的标题前画了两个大圈，后在每句诗、每个字旁都画了圈。《焚书坑》《秦帝》《董仲舒》等，都是罗隐咏史诗中的佳作，都是毛泽东读过多遍的。《董仲舒》这首诗："灾变书生不合闻，漫将刀笔指乾坤。偶然留得阴阳术，闭却南门又北门。"诗人对一代大儒董仲舒的评价是很为大胆的，在封建社会里能这样评价历史人物是颇为不易的。这首诗，毛泽东读了又读，圈了又圈，四句诗的文字旁画满了圈。对毛泽东读过的罗隐这些咏史诗，我们虽然没有看到批注的文字，但从密密麻麻的圈画符号中，也能看出毛泽东对诗人和诗作是很为欣赏的。

毛泽东读罗隐的诗作写的唯一的一条批注是："十上不中第。"毛泽东批注的这五个字不难理解，就是"十次上考，十次没考中"的意思，是对罗隐当年实际遭遇的一种注释，也是对罗隐怀才不遇，"运去英雄不自由"内心情感的一种同情。这五个字的批注是在读了罗隐的《嘲钟陵妓云英》这首诗之后写下的。这首诗的全文是："钟陵醉别十余春，重见云英掌上身。我未成名君未嫁，可能俱是不如人。"罗隐的这首诗在《罗昭谏集》和《甲乙集》两本诗集里都刊载了。上述的批注是写在《甲乙集》刊载的这首诗的天头上，是用黑铅笔写的。两种版本书中刊载的这首诗，毛泽东都读了又读，都有圈画。在《罗昭谏集》这首诗的后两句，每字旁边都画上圈。罗隐的这首诗，从字面上看是有嘲笑妓女云英的意思。但实际上也是诗人对自己不中第内心深感痛楚的一种写照。在诗人心里，他与妓女虽然身世不同，境遇不同，但实际上是"同病相怜"的，都是受人欺凌、任人摆弄，"俱是不如人"的。这与诗人在另一首《自遣》诗中表白的意境是一致的。罗隐的《自遣》诗："得即高歌失即休，多愁多恨亦悠悠。今朝有酒今朝醉，明日愁来明日愁。"面对无情的社会现实和种种丑恶的现象"愁"也好，"恨"也罢，有看法、有想法，最终却是无能为力，只能"今朝有酒今朝醉，明日愁来明日愁"。诗人罗隐也好，妓女云英也好，命运不都"俱是不如人"嘛！毛泽东对罗隐的《自遣》诗，《偶兴》诗，《东归别常修》等诗，也是读过多遍，许多诗句旁边都画上了圈。

罗隐的两本诗集《罗昭谏集》《甲乙集》中还有一些写景的诗，这些诗也有独到之处，有的写得很精彩。这些写景的诗，毛泽东也都读过，也都圈画过。这里也向读者介绍几首毛泽东读批的情况。

　　第一首，《七夕》："月帐星房次第开，两情唯恐曙光催。时人不用穿针待，没得心思送巧来。"古人描写神话中牛郎织女相爱的诗很多，像罗隐这样把一对久别重逢男女相爱的情感写得这么细腻，构思这么别致，意境这么新颖，是不多见的。毛泽东对这首诗和诗人过人的才华是很为欣赏的。我们看到，他在阅读中不仅在最后两句诗旁字字画圈，而且在诗后又画上了两个小圈外套两个大圈。诗句旁小圈连小圈，诗末小圈套大圈，圈圈相连。由此可看出，毛泽东对罗隐写景诗也是很喜爱的。第二首是《浮云》："溶溶泄泄自舒张，不问苍梧即帝乡。莫道无心便无事，也曾愁杀楚襄王。"第三首是《京中正月七日立春》："一二三四五六七，万木生涯是今日。远天归雁拂云飞，近水游鱼逬冰出。"这两首诗写得也很独特，诗人构思很为精致，毛泽东也喜爱。他在阅读过程中，这两首诗全诗都加了圈点，诗的标题前还分别画了两个大圈。第四首是《中秋夜不见月》，诗的第一句："阴月薄雾上空虚"，阅读中，毛泽东在句末就用黑铅笔画了两个圈。诗的第二句："此夕清光已破除"，句末，毛泽东又画了两个圈。第三四句："只恐异时开雾后，玉轮依旧养蟾蜍"，每个字旁都画了圈。这首写景诗，诗人的构思、文才、想象等都别有特色，所以，毛泽东欣赏之至，圈了又圈，画了又画。

　　罗隐虽然怀才不遇，"十上不中第"，但是，他写下的一首首诗作能流传至今，并受到了毛泽东的青睐。诗中体现的才华和倾吐的情感，得到毛泽东的赏识和同情，这是诗人不会想到的。

　　第三，"时来天地皆同力，运去英雄不自由"这两句诗与毛泽东本人一生的伟大实践与晚年的年老、体弱、多病及寂寞、孤独、痛楚等实际情况有关。

　　罗隐《筹笔驿》中的这两句诗，表达了诗人对诸葛亮出众才华、才思过人的颂扬和钦佩，同时也表达了诗人对诸葛亮未能实现初衷、用尽其才、光复汉业深感惋惜。这是诗人罗隐的情怀。

　　毛泽东晚年为什么又反复阅读、重复书写和圈画这两句诗呢？这里试作点分析。

从 1971 年 9 月 13 日，林彪及其老婆叶群等一伙粉身碎骨于蒙古的温都尔汗之后，毛泽东精神上遭受了沉重的打击。加上"四人帮"一次次地发难，国事、家事等使得他老人家日渐衰老。尽管当时全国亿万人民一遍又一遍发自内心地祝愿他老人家"万寿无疆"，但是美好的愿望是不能改变无情的自然规律的。进入 20 世纪 70 年代之后，各种老年性疾病无情地向毛泽东袭来。病魔缠住了他那曾高大魁梧、非常健康的身躯；白内障遮住了他那曾洞察一切、识妖辨怪的火眼金睛；肺心病伴严重缺氧致使他突然休克，险些夺走了他的生命；大叶性肺炎带来的昼夜咳嗽，脑神经功能的减弱、脑血管的渐进硬化导致了老人家腿脚不能行动。一位当年叱咤风云、举世无双、"欲与天公试比高"的全中国人民的统帅，面对这些肆虐的病魔也显得无能为力，最终只好"随它去了"。毛泽东爱读爱书写罗隐的"时来天地皆同力，运去英雄不自由"两句诗，一方面表明他对诗作者写作这首诗时的思想情感的理解和赞同，另一方面也是他本人当时内心世界的自我流露。如果说，从 1935 年著名的遵义会议之后，特别是万里长征大转移来到陕北延安之后及抗日战争、全国解放战争期间，直到社会主义新中国成立的初期，毛泽东领导全中国人民团结一致，万众一心，排除万难，夺取了一个又一个的伟大胜利是"时来天地皆同力"的话，那么，进入 60 年代，特别是到了 70 年代，毛泽东在领导中国人民建设社会主义的伟大探索实践中出现了失误，特别是对于持续十年的"文化大革命"这一全局性的"左"倾严重错误，给党、国家和各族人民带来了严重的灾难，使我国长时间处于内乱状态，国民经济遭受巨大损失，他本人又重病缠身，两腿肿得不能站立，两脚肿得穿不上鞋子，走不了路，人一天天变老，江青自从当上中共中央文化革命领导小组副组长之后，把毛泽东告诫她的话越来越当作耳旁风，打着毛泽东的旗号到处兴风作浪，女皇梦的野心日益膨胀，篡党夺权的步伐显然加快，对江青由不愿见到根本不见，就是"运去英雄不自由"了。毛泽东晚年心灵深处是不是也有诗人罗隐当年"运去英雄不自由"的阴影呢？

罗隐是晚唐时候很有才气的一位诗人。《吴越备史·罗隐本传》一书中称赞罗隐是"黄河信有澄清日，后代应难继此才"。尽管他有才华，但很不得志。在以科举取士的封建社会里，他因写有《谗书》讥讽时政，触犯了统治阶级，得罪了诸多的上层人物。因此，他十次投考进士，十次榜上无名。怀才不遇，才能难展。悲愤之下，隐居深山。他的许多诗作，是在他隐居深山之后写的。诗言志，诗言情。在悲愤、不满、消极、低沉的情感之下写的诗作，可以说许多的诗句都是他内心情感的真实表白，自然流露。上述他的名句"时来天地皆同力，运去英雄不自由"，除了有对诸葛亮未能用尽其才、光复汉室深感惋惜之意外，也表达了他自己当时怀才不遇、才能难展的消极和低沉的内心思绪以及很感失望、失落的思想情感。

罗隐怀才不遇、才能难展，隐居深山，消极、低沉、失落、悲愤。毛泽东晚年疾病缠身，体质越来越差，身体越来越不好，加上林彪的背叛、"四人帮"迫不及待篡党夺权，加上周恩来总理、朱德委员长等志同道合、患难挚友相继辞世等国事、家事、烦事、愁事、悲事，对一位已过古稀之年的老人来说，好像也只能"运去英雄不自由""随他去了"。

综上所述，"时来天地皆同力，运去英雄不自由"这两句诗，在这里联系到了三国时代的诸葛亮，南北朝时的梁武帝萧衍，晚唐诗人罗隐，还联系到中国共产党和中华人民共和国伟大领袖毛泽东，一共四个历史人物。这四个历史人物生活在不同的历史年代，不同的社会环境，不同的时空岁月，有不同的使命追求，他们人生的后期是不是都有"运去英雄不自由"的情境呢？他们四人尽管各自所处的社会环境、政治倾向、才能造诣、个人追求等都不相同，但"运去英雄不自由"的晚年人生"向前趋势"是不是基本相同呢？只是所产生的社会影响和所造成的实际社会效果有显著的不同罢了。

37. 使贪
——读《南史·王镇恶传》

"使贪。"这条批注写在《南史》卷十六《王镇恶传》第 3 面天头上。相应版心文字为："时关中丰全，镇恶性贪，收敛子女玉帛，不可胜计。帝以其功大，不问。时有白帝，言镇恶藏姚泓伪辇，有异志。帝使觇之，知镇恶剔取饰辇金银，弃辇于垣侧。帝乃安。"毛泽东这里批写的"使贪"二字是什么意思呢？

版心的这段文字用今天的语言来叙述意思就是：当时关中丰饶富有，王镇恶心性贪婪，收敛美女玉帛不可胜数，武帝因为他的功大而不管。当时有人告诉武帝说王镇恶收藏了姚泓的伪辇，有异志，武帝派人去窥视，知道王镇恶是剔取装饰在辇上的金银，而把辇丢弃在墙边，武帝才安心了。

读了这段文字，对毛泽东批注的"使贪"二字就不难理解了。从字面来理解，一个是"贪"，王镇恶性贪，收敛美女玉帛不可胜数。一个是"使贪"，谁"使贪"呢，是武帝刘裕"使贪"。毛泽东的批注，是对武帝刘裕放纵部下贪财贪色行为不加管束的批评。在毛泽东看来，王镇恶将军如此贪财贪色是不对的，刘裕对王镇恶的贪不闻不问也是不对的。批注是对王镇恶的批评，也是对刘裕不加以管束的批评。至此，毛泽东批注的意思似乎也算是说清楚了。但实际情况远非这样简单。刘裕对王镇恶的贪也并非真的不管不问，而是另有心计。

一是，王镇恶是北朝人喻之为诸葛亮的辅佐苻坚的王猛之孙，是将门出生的虎子。他像祖父一样，喜读诸子兵书，马上功夫非常好，善骑射，遇事果断。跟着刘裕东拼西杀，在镇压卢循起义中，王镇恶因功被封为博陆县五等子。刘裕在攻打对手刘毅时，王镇恶又为前导，勇猛冲杀，史书说他："身被五箭，手所执矛于手中破折。"在攻打长安城时，王镇恶运用"置之死地而后生"的战术，身先士卒，长安城乃一攻而下。刘裕夸奖说："成吾霸业者，真卿也。"王镇恶是刘裕成大业难得的人才。对于这一点，刘裕心里是最清楚的。二是，刘裕为巩固自己的统治，对王镇恶这样才能过人的人内心里不能不防一手。能"成吾霸业者"，亦能毁"吾霸业"。实际上，刘裕对王镇恶早有提防。在王镇恶进攻关中立首功后，深为留关诸将所忌。刘裕临走前曾对沈田子说："钟会不得遂其乱者，为有卫瓘等也。古语讲：猛兽不如群狐。卿等十余人何惧王镇恶。"沈田子本就与王镇恶争功不和，有了这个保票之后便设计杀死了王镇恶。其借口就是王镇恶谋反，奉圣旨诛杀他。沈田子接着又被杀死。刘裕仅动了动嘴，便一石二鸟，除去潜在的心腹之患。这不过是"狡兔死，走狗烹"的多种操作方法之一。

刘裕在二次北伐之前在朝野之内已将异己铲除，他取代东晋只是时间的问题。他器重王镇恶是看中他英勇善战且可为之所用。然而他并不放心王镇恶，特别是在他取东晋易如反掌的时候，王镇恶已不重要了。"使贪"深刻地表明了刘裕统治术的高明。古代统治者常常用欲擒故纵的手法来搞掉一个人，王镇恶贪财贪名贪色，那就不闻不问去放纵他，等到他招致众人不满时，就可以顺理成章地搞掉他，且名正言顺。从李延寿的角度来看，刘裕通过"使贪"来使王镇恶没有大志，这也不失为巩固统治的好办法，与宋太祖"杯酒释兵权"有类似之处，所以当他知道王镇恶秘藏姚泓伪辇，只不过是想剔下辇车上装饰的金银时，刘裕不仅是"乃安"，而且更放心了。

38. 此是欲战法，激之使战
——读《南史·臧质传》

"此是欲战法，激之使战。"这条批注写在《南史》卷十八《臧质传》第 21 面的天头上。还用红铅笔在批注文字旁边画了一个大圆圈。相应的版心文字为："二十八年正月，太武自广陵北返，悉力攻盱眙，就质求酒。质封溲便与之，太武怒甚，筑长围，一夜便合。质报太武书云：'尔不闻童谣言邪？"虏马饮江水，佛狸死卯年。"冥期使然，非复人事。寡人受命相灭，期之白登，师行未远，尔自送死，岂容复令尔缩有桑乾哉！假令寡人不能杀尔，尔由我而死。尔若有幸，得为乱兵所杀，尔若不幸，则生相锁缚，载以一驴，负送都市。尔识智及众，岂能胜苻坚邪？顷年展尔陆梁者，是尔未饮江，太岁未卯故耳。'"太武大怒，乃作铁床，于上施铁镵，云：'破城得质，当坐之此上。'质又与魏军书，写台格，购斩太武，封万户侯，赐布绢各万匹。魏以钩车钩垣楼，城内系縆，数百人叫呼引之，车不能退。质夜以木桶盛人，悬出城外，截钩获之。明日又以冲车攻城，土坚密，每颓落下不过数斗。魏军乃肉搏登城，坠而复升，莫有退者，杀伤万计，死者与城平。如此三旬，死者过半，太武乃解围而归。"毛泽东在这里为什么批注"此是欲战法，激之使战"呢？

从前面引述的原文中所说，我们可以看得很清楚。魏太武帝于元嘉二十八年（451年）率十万大军攻盱眙，臧质为辅国将军奉命与之抗击。这一仗打得有声有色，充分显示了臧质的军事才能。魏太武帝向臧质求酒喝，以表示胜券在握，臧质必败。可是臧质毫不畏惧，为了羞辱魏太武帝，把人尿装进酒坛送去，魏太武帝由此大怒，一夜间便筑起一道大包围圈，全力合围盱眙。毛泽东在"溲便与之"四字旁画了圆圈，在天头上还用红铅笔画了一个大圆圈，同时写下批注："此是欲战法，激之使战。"此批注和圈画表示毛泽东对臧质的做法和军事才能的肯定与欣赏。臧质为激魏太武帝使战，还给魏太武帝写信，辱骂他："你的死期已到，天意使然，非人力所为。我奉命剿杀你，原本期望到白登才了却心愿，谁知行军不远，你却自己来送死，怎能再让你占有桑乾呢！即便我不能够杀掉你，你也得因我而死。假若你有运气，被乱兵杀死算了；你若没有运气，那么我就将你活捉捆绑，用驴子驮送到都市示众。你的智力再高，难道还能超过那苻坚么？这几年之所以还让你猖狂恣肆，是因为你还没喝到长江水，太岁星还没转到卯年罢了！"臧质的这番话，气得魏太武帝做了一个铁床，装上铁铲，发誓一旦攻下盱眙，捉到臧质，定要将他铲死，碎尸万段。臧质仍不罢休。又给魏军写信，说谁能斩了魏太武帝，"封万户侯，赐布帛各万匹"。这次攻坚战相持30多天，

十七年遷南譙王義宣司空司馬南平內史未之職會

魏太武帝圍汝南城主陳憲固守告急文帝遣質輕往

壽陽與安蠻司馬劉康祖等救憲後太武率大眾數十

萬劫彭城以質為輔國將軍北救始至盱眙太武已過

淮二十八年正月太武自廣陵北返悉力攻盱眙就質

求酒質封溲便與之太武怒甚築長圍一夜便合質報

太武書云爾不聞童謠言邪虜馬飲江水狸死卯年

冥期使然非復人事寡人受命相滅期之白登師行未

遠爾自送死豈容復令爾饗有桑乾哉假令寡人不能

殺爾爾由我而死爾若有幸得為亂兵所殺爾若不幸

毛泽东读《南史》卷十八《臧质传》批注：此是欲战法，激之使战。

魏军屡攻不下，所施种种计谋都被臧质所破。最后魏军登城肉搏，"杀伤万计，死者与城平"。魏军损失超过一半人，太武帝只得撤围而归。臧质获得了最后胜利。正如兵法所说，怒不可以兴师，魏太武帝自取其败。以怒兴师，野战尚无胜算，况攻城乎！

毛泽东的这条批注，是对臧质与魏太武帝之战最精辟、最准确的总结。臧质的"欲战法"，不断点燃魏太武帝"使战"的怒火，把其"使战"的情致和怒气表现得淋漓尽致。这是中国历史上运用"欲战法"激起对方频频"使战"而最终"解围而归"的一个典型战例。魏太武帝兵多将广，英勇善战，臧质在兵力悬殊下仅凭一腔豪气去与魏太武帝拼个死活，本想胜算无多，所以在知己知彼的基础上，采取攻心为上的战术，几次羞辱魏太武帝，在魏太武帝大怒攻城中大量杀伤敌军，连连挫败敌军的锐气。臧质深知，"兵不在众，在乎用命，共胆同心，寡可制胜"的道理，所以他在强敌面前能沉着应战。而魏太武帝忽略了"一忍可以支百勇，一静可以制百动"的道理。故被臧质"欲战法"搞得怒气冲天，怒打怒冲，不讲战法，失败是不可避免的。

毛泽东的批注，表明他对臧质在这次战斗中所表现出的军事才能的欣赏，尤其是勇外之谋"攻心为上"战术的运用内心里是很为赞许的。此次战斗以"以少胜多，以弱克强"典型载入史册，毛泽东批注总结的"欲战法"的运用成功，也必将成为典型战例载入中国古代战争的史册。

39. 臧质豪杰之士
——读《南史·臧质传》

"臧质豪杰之士，一解汝南之围，二胜盱眙之敌，三克刘劭之逆。梁山之战，刘义宣不听臧言，因以致败，惜哉。"这段批注是毛泽东在读《南史》卷十八《臧质传》第22—23面版心文字时，在相应文字的天头上写下的。我们应当如何理解此段批注呢？

据《南史·臧质传》记载：臧质是南北朝时期南朝宋文帝时人。《南宣不听臧言，以致败，惜哉。

裤等亦自南掖門入與質同會太極殿庭生禽无凶仍

使質留守朝堂封始興郡公之鎮舫千餘乘部伍前後

百餘里六平乘並施龍子幡時孝武自擐威權而質以

少主遇之刑政慶賞不復諮稟朝廷自謂人才足爲一

世英傑始聞國祸便有異圖以義宣凡闇易制欲外相

推奉以成其志及至江陵便致拜稱名質於義宣雖爲

兄弟而年近大十歲義宣驚曰君何意拜弟質曰事中

宜然時義宣已推崇孝武故其計不行每慮事泄及至

新亭又拜江夏王義恭義恭愕然問質所以質曰天下

屯危禮異常日前在荆州亦拜司空會義宣有憾於孝

南史二〇一、列傳八　一〇一

毛泽东读《南史》卷十八《臧质传》批注：臧质豪杰之士，一解汝南之围，二胜盱眙之敌，三克刘劭之逆。梁山之战，刘义宣不听臧言，因以致败，惜哉。

死者過半太武乃解圍而歸上嘉質功以爲寧蠻校尉

雍州刺史監四州諸軍事明年文帝又北侵使質率見

力向潼關質頓兵不肯時發又顧戀變妾棄軍營單

馬還城散用臺庫見錢六七百萬爲有司所糾上不問

元凶弒立以質爲丹陽尹質家遣門生師顗報質具言

文帝崩問質使告司空義宣及孝武帝而自率衆五千

馳下討逆自陽口進江陵見義宣時質諸子在都聞質

舉義並逃亡義宣始得質報即日舉兵馳信報孝武板

進質號征北將軍孝武即位加質車騎將軍開府儀同

三司都督江州諸軍事使質自白下步上薛安都程天

臧質豪
傑之士,辭
決南之圍
元勝時貽
之致三寇
第功之逆
梁山之戰!

史·臧质传》说他"涉猎文史，尺牍便敏，有气干，好言兵"。他曾任徐、兖二州刺史。南朝到了宋文帝时，经济和文化得到发展，经常出兵击魏，想收复黄河以南的土地，统一中国。北朝的魏太武帝勇武善战，统一黄河流域之后，有吞并江南的意图。宋元嘉二十七年（450年）以后，南北两朝经常爆发大规模的战争。臧质在和魏军作战中屡立战功。毛泽东读此传认为臧质突出的战功有以下三次：

一"解汝南之围"。是指魏太武帝于元嘉二十七年（450年）围攻汝南，宋守将陈宪告急，宋文帝派臧质去援救，杀伤魏兵惨重，魏太武帝败退。

二"胜盱眙之敌"。就是前述的臧质以"欲战法"击败魏太武帝十万大军，使含羞北还。这是臧质第二次打败强敌魏太武帝，也是臧质第二次立功。

三"克刘劭之逆"。刘劭是宋文帝的长子。他昏庸残暴，杀了文帝自立为帝。臧质得到这个消息后，立即通知了文帝的第三子刘骏（即孝武帝）和江陵王刘义宣（宋武帝的第六子），并即日率五千人马去讨伐，生擒了刘劭，为孝武帝即位扫清了道路。臧质除掉无道昏君。立了一大功。

臧质多次与强大的魏军交战，敢打敢拼，英勇善战，多次取胜，屡立战功，所以，毛泽东称赞他是"豪杰之士"。

"梁山之战"。臧质傲慢自负，"自谓人才足为一世英杰"。孝武帝即位后，臧质因孝武帝年轻，许多事情都不向他请示和报告，又以为刘义宣更容易受他控制，因而阴谋推翻孝武帝，立刘义宣为帝。孝武帝得知这一情况后，派王玄谟等屯兵梁山洲两岸拒守。臧质向刘义宣献计说：如今应该派兵去打南州，王玄谟在梁山"必不敢轻动"。我乘船去攻占南京，这是取胜的最佳策略。有人劝阻刘义宣不要采纳这个意见，担心臧质取胜后野心更大。刘义宣听信庸言，没听进臧质的话，没按臧质的计谋行动。臧质因此兵败逃回家乡，朝廷追兵紧追不舍，臧质带着妻妾潜藏在长满荷花的湖水里，用荷叶盖在头上用鼻孔出气，谁知就这样还是被朝廷追兵发现，一箭正中心口，继而被众兵卒乱刀砍死。

对臧质的死，毛泽东深感惋惜。所以，在这段批注的最后又饱含情感地写了"惜哉！"两个字。毛泽东对臧质这位历史人物的评价是褒中有贬，实事求是。他以一个战略家的心态和感情，赞叹臧质是三战三胜的"豪杰之士"，又为臧质"梁山之战"的失败表示惋惜！这是毛泽东对臧质的独自评论。既有欣赏、赞许之意，又有感叹、惋惜之情。

40. 此是妄想
——读《南史·臧质传》

"此是妄想。"这条批注，是毛泽东在读《南史》卷十八《臧质传》第23面"自谓人才足为一世英杰"时在此十个字相对应天头上用黑铅笔斜着写下的，同时还在这十个字的旁边画了一条着重曲线。毛泽东在这里为什么批注"此是妄想"呢？

实事求是，客观、公正、全面评价历史人物，是毛泽东读史、评史一直坚持的一条基本原则。毛泽东对臧质这个历史人物，特别是对其独特的军事才能，虽然有所赞赏和肯定，并对《臧质传》作了不少的批注和圈画，但毛泽东对臧质的缺点并不掩饰，对臧质"自谓人才足为一世英杰"的自我表白，明确批注"此是妄想"四字，表达了对臧质居功自傲的批评与不爽。

毛泽东是辩证唯物主义者。对待历史人物或历史事件尊重历史的实际情况，功就是功，过就是过，好就是好，不好就是不好，优点就是优点，缺点就是缺点。臧质英勇，能打仗，会打仗，打胜仗，前面毛泽东已予称赞，给予肯定。这就是实事求是。这里臧质又居功自傲，自谓是"一世英杰"，毛泽东"此是妄想"的四字批评，简单明白。毛泽东批评臧质"此是妄想"，并非只是他"自谓人才足为一世英杰"这一句自我表白的话语，而是有其史实和种种表现为证明的。综合起来看臧质与"一世英杰"还相去甚远。据《臧质传》记载：盱眙之战后，臧质因功升"为宁蛮校尉、雍州刺史、监四州诸军事"。第二年，宋文帝又北上进攻北魏，令臧质出兵潼关。可"质顿兵不肯时发，又顾恋妻妾，弃军营垒，单马还城，散用台库见钱六七百万"。这就是臧质另一个不好的表现；还有在攻克刘劭篡逆之后，臧质更以开国元勋自封自诩，甚至不把年幼的皇帝放在眼里，"刑政庆赏，不复咨禀朝廷"。臧质的这些做法自然是封建皇帝所不能容忍的，所以孝武帝决心收拾臧质。再加上臧质打了几仗获得几次胜利之后志骄意满，认为自己的才能称得上是一世之英才，居功自傲，好像"老子就是天下第一"，没有丝毫谦虚之意。古人云："虚骄自大，败之媒也。"臧质如此骄傲，目中无人，致最后脑袋被"众卒兵乱刀砍下"，将"头颅漆黑，收藏到武库中"。这就是自称是"一世英杰"臧质最后的下场。

臧质虽然有与众不同的军事才华，而且在战争中智勇双全，以弱胜强，几立战功，然而在胜利、立功面前却居功自傲，不能"功被天下，守之以让；勇力振业，守之以却"，自谓是"一世之英才"，因此，也只能像毛泽东批注的那样："此是妄想。"

"此是妄想"是毛泽东对臧质一生的评价，也是对臧质在成功胜利面前不能保持谦虚谨慎作风的批评。不是毛泽东不希望、不愿意臧质成为"一世英杰"，而是臧质的思想境界、实际行为表明他不可能成为"一世英杰"，只能是毛泽东的批注"此是妄想"。这就是《南史》中记载的臧质。

41. 略似荀彧
—— 读《南史·王弘传》

"略似荀彧。"这条批注写在《南史》卷二十一《王弘传》第 1 面的天头上。相应的版心文字为："从北征，前锋已平洛阳，而未遣九锡。弘衔使还都，讽朝廷。时刘穆之掌留任，而旨乃从北来，穆之愧惧，发病遂卒。"

毛泽东在这里为什么批注"略似荀彧"？我理解，上述《南史·王弘传》记载的这一段史事，与三国时期发生的一段荀彧史事基本相似，所以，毛泽东批注"略似"。这里，先简略介绍《南史·王弘传》记载的这一段史事：南朝宋武帝时期，刘裕从一个北府兵的下级军官到中外大都督这样一位大官，只在武帝一人之下。刘裕能一步一步当上如此高官与刘穆之的相助谋划是有很大关系的。刘裕、刘穆之二人一武一文，刘裕为中外大都督，掌握军权；刘穆之是皇帝的尚书左仆射，内总朝政，外供军旅。416年，刘裕再次率兵北伐，以刘穆之留守建康。这次北伐目标是后秦，刘裕北伐进展迅速，八月出兵，十月就进占了洛阳，后秦洛阳守将姚洸战败投降。获得如此大胜利，刘裕认为朝廷应以"九锡"嘉奖他，但朝廷并没有及时送来"九锡"。"九锡"是古代皇帝赐给有功大臣或有权势的诸侯大臣的九种物品。据《公羊传》记载"九锡"有：一曰车马，二曰衣服，三曰乐则，四曰朱户，五曰纳陛，六曰虎贲，七曰弓矢，八曰铁钺，九曰秬鬯。朝廷之事是由刘穆之做主操办的。刘裕未见到这九件东西，就派王弘回建康，要求这九件东西。朝廷立刻封刘裕为宋公，加九锡，可是刘裕却偏偏又推让不受。致使刘穆之"愧惧发病，遂卒"。刘裕在官职变大和野心昭显而又无人能控制之时，对自己的心腹、谋士也不相信、不放心，甚至怀疑起来了。由此可见政治斗争是何等的残酷。

荀彧的事是发生在三国时期，荀彧是曹操的一位很重要的谋士。荀彧为曹操出谋划策，使曹操的势力越来越大，最著名的就是"挟天子以令诸侯"的计策了。从此，曹操也视荀彧为心腹之人。曹操将汉献帝迎到许昌后，曹操被封为大将军，荀彧被封为侍中兼尚书令。曹每有军国大事都要与荀彧筹划商量。官渡之战、讨伐刘表，曹操皆按荀彧谋略而行，皆获大胜。

建安十七年（212年），董昭等人认为太祖应该晋爵位为国公，得到九锡的最高礼遇，以表彰他特殊的功勋。他们就此事秘密征询荀彧的意见。荀彧出于维护曹操的品格和威望便实话实说，他认为曹操起兵本是为了匡正朝廷、安定国家，怀着忠贞的诚心，故曹公应谨守退让的

道子付廷尉臣吏莫敢瞻送、弘時尚書居襄獨道側拜籬

攀車涕泣論者稱焉宋武帝召補鎮軍諮議參軍以功

封華容縣五等侯累遷太尉左長史從北征前鋒已平

洛陽而未造九錫弘銜使還都諷朝廷。時劉穆之掌留

任而旨乃從北來穆之愧懼發病遂卒宋國建爲尚書

僕射掌選領彭城太守。奏彈世子左衞率謝靈運爲軍

人桂興淫其壁妾靈運殺興棄屍洪流。御史中丞王准

之曾不彈舉武帝答曰端右肅正風軌誠副所期自今

以爲永制於是免靈運官後還江州刺史省賦簡役百

姓安之永初元年以佐命功封華容縣公三年入朝進

二

毛澤東讀《南史》卷二十一《王弘傳》批注：略似荀彧。

笃实品格。君子应从德义上爱人，不应当像他们现在所提倡的这样。曹操因此开始对荀彧心怀不满。此时，正好赶上曹操要讨伐孙权，他上表请求派荀彧到谯县慰劳军队，乘机擅自留下荀彧，让他作侍中、光禄大夫、持节加衔、参谋丞相军事。后来曹操的部队开到濡须，荀彧因病留守在扬州寿春。曹操派人赠食品给荀彧，荀彧打开罐子发现里边是空的，便知曹操意图。《三国志》说他是"忧惧而亡"。《后汉书》中说他是"饮药而卒"。他死后第二年，曹操就晋爵为魏公了。

不同的朝代，不同的史事，不同的人物，刘穆之"愧惧发病"而亡、荀彧因病"忧惧而亡"，都因"惧"而病亡，此二人经历和命运何其相似。正因如此，毛泽东在读《南史·王弘传》中的刘裕、刘穆之这段史事文字时，即批注了"略似荀彧"四字。言简意赅，发人深省，给人启示。刘裕、曹操在要求加"九锡"的时候正是他们权欲野心膨胀起来的时候；刘穆之、荀彧虽然在智慧才能、出谋建言等方面有过人之处，但在政治斗争、通达权变方面还有些不识时务、警惕防人之心还有显著不足。面对贪心权欲的权贵之人，又没有相应的对策，最后倒霉的只能是刘穆之、荀彧之类的人了。善心、善意，有些时候并不能得到善报。刘穆之、荀彧二人之死就是如此。

42. 养怡之福，可以永年
——读《南史·王僧虔传》

"盈缩之期，不尽在天。养怡之福，可以永年。"这条批注写在《南史》卷二十二《王僧虔传》第17面的天头上。相应的版心文字为："刘镇之年三十许，病笃，已办凶具，既而疾愈，因畜棺以为寿，九十余乃亡，此器方用。因此而言，天道未易知也。"毛泽东另在"刘镇之"三字旁画一着重线，在"九十余乃亡"五字旁边画了圆圈。这段文字记载的史事意思是：宋朝光禄大夫刘镇之，在三十来岁时得了一场大病，刘镇之及其家人皆以为就是无力回天等死了。于是全家人抓紧为他办置棺

119

盈缩之期
不尽在天。
养怡之福，
可以永年。

谥简穆　僧虔颜解星文夜坐见豫章分野当有事故时
僧虔子慈为豫章内史虔有公事少时而僧虔薨弃郡
奔赴时有前将军陈天福坐讨唐㝢之于钱唐掠夺百
姓财物弃市先是天福将行令家人豫作寿冢未至东
又信催速就冢成而得罪因以葬焉又宋世光禄大夫
刘镇之年三十许病笃已办凶具既而疾愈因畜棺以
为寿九十余乃亡此器方用因此而言天道未易知也
僧虔论书云宋文帝书自言可比王子敬时议者云天
然胜羊欣功夫少于欣王平南庾右军叔过江右军之
前以为最亡曾祖领军右军云弟书遂不减吾变古制

毛泽东读《南史》卷二十二《王僧虔传》批注：盈缩之期，不尽在天。养怡之福，可以永年。

材等丧事葬礼用物。谁也没想到后来大病慢慢转好，最终竟活到九十多岁才死。最后两句"因此而言，天道未易知也"是《南史》作者李延寿对此史事的感叹语及其抒发的思想观点。

毛泽东在这里的批注和圈画至少要表达以下几层意思：

第一，是喜欢、欣赏曹操的诗和所批写的诗句。"盈缩之期，不尽在天。养怡之福，可以永年。"这是曹操《龟虽寿》这首诗中的四句。曹操的《龟虽寿》是毛泽东生前很为喜爱、极为欣赏的。全诗是："神龟虽寿，犹有竟时。腾蛇乘雾，终为土灰。老骥伏枥，志在千里；烈士暮年，壮心不已。盈缩之期，不尽在天；养怡之福，可得永年。"对曹操的这首诗，毛泽东有"三多"，即阅读多、说得多、书写多。曹操诗集中的这首诗，毛泽东多次阅读、多次圈画。他在一次与子女谈论诗词时说："曹操的文章、诗，极为本色，直抒胸臆，豁达通脱，应当学习。"毛泽东生前爱书写历史名人诗词、诗句，曹操的诗和上边批注的"盈缩之期，不尽在天。养怡之福，可以永年"这四句诗是毛泽东生前书写较多的。据知，毛泽东生前阅读批注圈画过的曹操的诗集连同其他相关的图书资料一起交由中央档案馆长期保存了。

第二，"盈缩之期，不尽在天。养怡之福，可以永年"表达了作者"己可造命"的诗意观点。诗言情，诗言志，曹操在这首诗中充满的真情实感、思想情怀是毛泽东深为赞同的。1961 年 8 月 25 日，毛泽东给病中的胡乔木回信说："你须长期休养，不计时日，以愈为度。曹操诗云：盈缩之期，不独在天。养怡之福，可以永年。此诗宜读。"[①]1963 年 12 月 14 日，毛泽东在另一封信中也说："曹操有一首题名《神龟寿》[②]的诗，讲长生之道的，很好。希你找来一读，可以增强信心。"毛泽东喜爱这首诗和批注其中的四句诗，就是因为这首诗表达了一种"己可造命"的思想观点和达观的生命意识。在毛泽东看来，人的生命并非全是

---

① 《毛泽东书信选集》，中央文献出版社 2003 年版，第 540 页。

② 即《龟虽寿》。

"天道未易知也"，它与人们自己"养怡"或"长生之道"是有很大关系的。就是曹操诗句"养怡"，可以"永年"。显然，毛泽东对此是赞同的。"养怡"，"讲长生之道"，都有利于健身强体，有利于延年益寿，这是无疑的。曹操有这样的意识，毛泽东也是这样认为的。在这一点上，毛泽东与曹操的心是相通的。

第三，诗和诗句中充满唯物论的因素。毛泽东是讲唯物论、讲辩证法的大家。唯物论、辩证法思想贯穿毛泽东的全部著作。所以，他在读史、读古诗词的时候也特别关注唯物论、辩证法元素。毛泽东曾对他的保健医生说过：曹操多年东挡西杀，军旅生涯很不安逸，可他懂得掌握自己的命运，并活了六十五岁，也该算是会养生的长寿老人了。你们搞医学的应该学学，不要使人养尊处优，主要是乐观，心情开朗，锻炼身体。又说：曹操讲"盈缩之期，不尽在天。养怡之福，可以永年"，陆游讲"死去原知万世空"，这都是唯物的。这是一个伟大的马克思主义者、彻底的唯物主义者对中国古代长期的宿命论、天命观时代所显现出来的唯物思想的赞赏之情。

综上所述，毛泽东在读《南史·王僧虔传》时写下的曹操这四句诗，主要与上述三个方面的因素有关联。因为曹操的诗毛泽东已经熟记在心，所以当他读到刘镇之这则历史故事，对作者李延寿写的"因此而言，天道未易知也"这句话所表达的观点有不同的看法和想法的时候，即批写了曹操的这四句诗。旨在借用曹操的这四句诗来说明自己不同的观点，不同的想法和看法，即上述中的第二点。这应当是毛泽东写此批注要表达的最主要的意思，也是毛泽东最主要的看法和想法。

43. 袁颛无能
——读《南史·袁颛传》

"袁颛无能。"这条批注是毛泽东在读《南史》卷二十六《袁颛传》第3面版心开头文字时，在相对应的天头上用粗黑铅笔写下的。毛泽东为什么在此批注"袁颛无能"呢？

据《南史·袁颛传》记载，袁颛确是一个无能之辈，毛泽东在这里批注"袁颛无能"，主要史实依据有三：

一是不善于进谏，不讲究方式方法。孝武帝登基后，立刘子业为太子，后来新安王刘子鸾因其母亲讨孝武帝喜欢备受宠信，而太子刘子业在东宫多有不尽如人意之行为，皇上（即孝武帝）就琢磨废太子而立刘子鸾为太子。在这重要时刻，孝武帝便温和地与袁颛商议。袁颛却直对着孝武旁"盛称太子好学，有日新之美"。皇上听了他的话后大为不悦，甩袖而去，袁颛也不理会，厉色而去。后来左丞相徐爱调停，皇上怒气方消。还有一次，皇帝认为沈庆之才气不大，又经常话中带刺，袁颛又反其道而说之，认为沈庆之忠实勤奋，有胆略，能当重任。就这样一而再，再而三，袁颛处处与孝武帝唱反调，孝武帝对他就越来越不满意，他还会有什么好结果呢！

二是缺少军事才能，却要起兵造反。袁颛只会舞文弄墨，雅赋诗文，常在将军面前显示文才，显得极为可笑，而带兵打仗、排兵布阵、文韬武略等军事技术却一窍不通。他本来没有将才，在军中连军装都很少穿，不懂战争，"未打一仗就失败了"，只会讲辞赋义理，诸将领对他不信服、不满意。在这种情况下还想谋反，常与邓琬饮酒作乐，不舍昼夜，使得很多人都知道他们要造反。他还诈太皇太后叫他起兵反明帝，他建立牙帐发出檄文劝晋安王子勋即位，给邓琬写信鼓励他继续与明帝抗争。子勋同意即位，并封袁颛为安北将军、尚书左仆射。他本没有军事才能，应对将领又简慢，别的将军对他一直怀恨在心，不得人心，不得军心。

三是不识时务，不分敌友。到了襄阳，皇帝派刘胡去修缮兵器，正遇上明帝夺取了皇位，给袁颛进号曰右将军。袁颛反意已定，但粮草不足。刘胡以南运的粮草未到，军械物资匮乏，要求袁颛用襄阳的物资钱财补济。袁颛说："都下两府第未完工，正需要资金，没有钱财可破费。"又听左右的人说都下米贵，每斗数百钱，认为不需要出兵攻打，明帝的军队会自行解散。于是袁颛派兵守城，做出抵抗来犯的样子。明帝派袁颛的门生徐硕带诏书去告诉袁颛："卿尚未为他人之臣，如愿效仿窦融，还不为晚。"稍后，刘胡逃走，袁颛到夜里才知道消息。他生气地骂道："今年的命运要被小人误了。"他叫人取来骏马，对着大家说："我当亲自追刘胡。"于是跃马而去。追至鹊头没追上，袁颛与军中主帅薛伯珍带兵数千，步行取道青林，打算前往寻阳。入夜他们露宿于山间，杀了马匹给将士们充饥。袁颛对薛伯珍说："我是不怕死的，不想忍辱屈膝活着，希望到了寻阳，谢罪主上后再自杀算了。"到次日天明，薛伯珍说有话要向袁颛讲，接近袁颛时便斩其首。后携首级去向钱溪马军统领襄阳的俞谌之投降了。就这样成了薛伯珍刀下之鬼。身处错综复杂的人事当中，脑袋掉了还糊里糊涂，不知道是怎么回事，更谈不上提防了。还自认为这是"天意"！

《南史·袁颛传》就是袁颛一生"无能"的历史记录。所以，毛泽东读该传时就在开篇的天头上批注了"袁颛无能"。这是历史对袁颛的评价，也是毛泽东对袁颛的评价。

44. 袁粲死节
——读《南史·袁粲传》

"袁粲死节。"这条批注是毛泽东在读《南史》卷二十六《袁粲传》第5—10面版心文字时，在本传开篇即第5面的天头上写下的。

据《南史·袁粲传》记载：袁粲，字景倩，其祖父因其"幼孤"取名为愍孙。袁粲"少好学，有清才，随伯父洵为吴郡，拥弊衣读书，足不逾户"。在孝武帝即位后，任命袁粲为尚书吏部郎，太子右卫率及侍中。孝建三年（456年），文帝的忌日，群臣聚餐吃素食，袁粲与黄门郎张淹却进食鱼肉，被孝武帝罢了官。大明元年（457年），袁粲官复侍中，封兴平县子爵。前废帝继位时，袁粲仍在郡县做官。明帝泰始元年（465年），出任司徒左长史，南东海太守。泰始七年，官升尚书令。宋明帝晏驾前，袁粲和褚彦回、刘勔一起受托为顾命大臣，拥立宋废帝刘昱。刘昱是昏君，他晨夜出游，从者并执戈矛，不管是人还是牛马，遇到即被杀死，搞得民间白天不敢开门，路上没有行人。有一天他突然闯入领军府，萧道成正袒腹午睡，刘昱遂以领军萧道成的肚脐当箭靶，侍从建议用无头之箭来射，刘昱一箭正中萧道成肚脐。萧道成遂起异心，最后将刘昱杀死，另立刘准为顺帝，并准备自立为帝。当时袁粲镇守石头城（今南京清凉山）。之后不久，萧道成废顺帝刘准而自立，建立齐朝。此时，驻镇石头城的袁粲听到这个消息后，以自己曾受托于宋明帝，决意不事二主，并密谋进攻萧道成。同年荆州刺史沈攸之起兵反齐，萧道成亲自来见袁粲，袁称病不见，并与刘彦节等人制定了攻杀萧道成的计划。萧道成对他亦早有防备，早已派了一支人马守卫石头城。袁粲他们密谋之事被萧道成心腹王敬则所知，萧道成派戴僧静进攻袁粲。袁粲见大势已去，却并不慌。好像无事一样仍稳坐在城墙上，点着灯，对儿子说："本知一木不能止住大厦的崩塌，只不过以此表现名节而已。"这时，戴僧静已冲上前来，见到袁粲举刀欲砍。袁粲儿子见状，抱住父亲乞求戴僧静先杀自己，在旁的兵士们无不掩泪长嘘。袁粲说"我不失忠臣，汝不失孝子"，仍求笔纸写道："臣义奉大宋，策名两毕，今便归魂坟垄，永就山丘。"遂被戴僧静杀死。

毛泽东"袁粲死节"四个字的批注，是对袁粲"以身受顾托，不欲事二姓"实际行为的客观评价。袁粲的"死节"，是封建社会"忠君思想"的具体体现。尽管在孝武帝、宋明帝当政时，他并不是很受宠，而且几次被罢官，但他对宋氏江山的忠诚、忠心是无疑的。"不欲事二姓"是封建社会做人的规范，其本质是忠君忠主。这对维护本朝、本代的统治是值得肯定的。但从另一方面来说，即从维护国家利益、维护人民利益方面来说，又是很不值得的，因为宋明帝、宋后废帝都是无道残暴之君，他们当政，国家遭难，人民遭殃。对于这样的昏君还顺其自然，就是助纣为虐，就是一丘之貉。

45. 此种推论，今犹有之
——读《南史·孔琇之传》

"此种推论，今犹有之。如曰一人小过勿治，众人皆将效尤。"这条批注写在《南史》卷二十七《孔琇之传》第 3 面的天头上。相应的版心文字为："琇之有吏能，仕齐为吴令。有小儿十岁，偷刈邻家稻一束。琇之付狱案罪。或谏之，琇之曰：'十岁便能为盗，长大何所不为'县中皆震肃。"毛泽东在"十岁便能为盗，长大何所不为"这十二个字旁还画了一条着重线。毛泽东为什么在此又画着重线又在这十二个字相对应的天头上批注呢？很显然，毛泽东的这条批注就是针对孔琇之"十岁便能为盗，长大何所不为"这十二个字写下的。

在毛泽东看来，孔琇之的话和对小孩的态度及做法是不妥当的，是典型的不讲辩证法的一种形而上学的观点。毛泽东认为：事物都是发展变化的，看待人和事要讲唯物辩证法，要辩证地、唯物地、发展地对待人和事。人刚生下来从本质上来说，并没有什么不同，随着具体生活条件和具体生长环境的不同，人长大之后就会出现种种的差异和不同的地方。人的一生随着生活条件、生长环境的变化在各个方面也会随之发生相应的变化。更何况一个年仅十岁的小孩对是是非非、对错误观念都还认识不清，对待这样的小孩不能持"十岁便能为盗，长大何所不为"的形而上学的观点来推理、来妄下论断，这是违背唯物辩证法的。正如毛泽东在读《后汉书·陈寔传》时所写的批注那样："人在一定条件下是可以改造的。"陈寔对待爬到他家梁上的小偷是采用说服教育的方法，使小偷很为感激，很愿意改过。如果，孔琇之能像陈寔那样采用教育的方法对待十岁的小孩，那这个小孩还是可以变好的。他就不一定"十岁便能为盗，长大何所不为"。可是，孔琇之对待这偷割邻居家一捆稻子的十岁的小孩，不帮助，不教育，而是押在衙狱治罪，显然有点小题大做了。对孔琇之的做法，毛泽东是不赞成的。

毛泽东一贯主张对于犯了错误的同志，应当批评教育从严，处理

議曰夫題里逆心而仁者不入名且惡之況乃人事故

殿傷呪詛法所不原嘗之致盡則理無可宥罰有從輕

蓋疑失善求之文旨非此之謂江陵雖遇赦恩故合梟

首婦本以義愛非天屬黃之所恨情不在吳原死補治

有允正法詔如深之議吳可棄市靈符弟靈運位著作

郎靈運子琇之有吏能仕齊為吳令有小兒年十

歲偷刈隣家稻一束琇之付獄案罪或諫之曰十

歲便能為盜長大何所不為縣中皆震蕭遷尚書左丞

又以職事忤名後兼左戶尚書廷尉出為臨海太守在

任清約罷郡還獻乾薑二十斤齊武帝嫌其少及知琇

南史箋二十七列傳十七

三二

二一

毛泽东读《南史》卷二十七《孔琇之传》批注：此种推论，今犹自之。如曰一人小过勿治，众人皆将效尤。

从宽，其根本目的是使之改正错误，使之成为有益于社会的人。毛泽东在《论十大关系》一文中说："对于犯了错误的同志，有人说要看他们改不改。我说单是看还不行，还要帮助他们改。""人大概是没有不犯错误的，多多少少要犯错误，犯了错误就要帮助。只看，是消极的，要设立各种条件帮助他改。"然而，孔琇之对待犯了点小错误的十岁的小孩，一没看，二没帮，三没教，只重视在衙狱重治这个小孩，还振振有词说"十岁便能为盗，长大何所不为"。这与毛泽东对待犯错误的同志、做错事的同志的一贯方针、思想和态度都是相悖的。

所以毛泽东读了孔琇之这则小故事在相应文字的天头上写下了："此种推论，今犹有之。如曰一人小过勿治，众人皆将效尤。"

孔琇之是南朝宋武帝时大臣孔靖之孙，他在南朝齐朝为官。这里说的这则小故事是孔琇之为吴郡县令时的一段历史往事。毛泽东的这条批注，一是表明他不赞成孔琇之的说法和做法，实际上也是对孔琇之和《南史》作者李延寿观点的一种批评；二是对现实社会存在这种弊端或现状的一种揭露和抨击；三是从哲学的高度提醒人们：在对待一般的做点错事、犯点错误、说点错话的人的问题上，要讲唯物辩证法，不要搞形而上学，不要搞极端化，应当以善意的帮助、批评、教育、"治病救人"为主。

46. 好反而不好胜，古今一轨
——读《南史·范晔传》

"好反而不好胜，古今一轨。"这一条批注是毛泽东在《南史》卷三十三至卷三十五这一分册封面上写下的。在这一分册封面上除了批注了上述的十个字之外，还在这十个字左上方批写了"范蔚宗"（蔚宗是范晔的字）、"刘湛"，还在本封面右上角画了一个大圆圈。写范蔚宗、刘湛两个人的名字，意思是说这一分册里面有这两个人的传。为什么又在右上方画了一个大圆圈呢？对于这一点，在下面圈画重点解读部分另有解读，这里不再重述。下面着重说说对毛泽东这条批注"好反而不好胜，古今一轨"的理解。

毛泽东在这里的批注，是针对范晔和刘湛这两个历史人物的"谋反"实际情况所作的评论，这两个人"谋反"有一个共同之点，就是"好反而不好胜"，都以失败和杀头而终结。李延寿的《南史·范晔传》非常传神地描绘了范晔谋反的全过程。据该传记载，元嘉二十二年（445年）九月，征北将军、衡阳王刘义季，右将军、南平王刘铄出镇藩邸，宋文帝于虎帐冈设宴送行。身为此次谋反重要联络者的范晔便与其党相约于此日为乱。但事到临头，范晔却表现出内心虚弱、怯懦的一面——许耀（范晔同党）侍卫皇上，用手敲击佩刀，目视范晔，以求发难信号，而范晔不敢正视许耀，席散之时又因配合失误而未发难，一次谋反因为范晔的胆怯而这样流产了。十一月，徐湛之反水告密，将谋反者的檄文书信及事成后人事安排与同伙人名单手迹在上表中和盘托出。朝廷立马将谢综、孔熙先等人捉拿归案，宋文帝又遣使向范晔追问内情。众人并皆款服，而范晔却百般抵赖，以存侥幸。直到宋文帝将其联络造反的墨迹呈现出来，范晔方才自认"负国罪重，分甘诛戮"。被拘捕下狱的范晔复又贪生怕死，洋相百出。有一狱吏戏弄他说："外传詹事或当长系。"意思是说范晔可能会被长期关押，因此小命尚可保住。范晔"闻之惊喜"。谢综、孔熙先见其怕死，也奚落他道："詹事当可共畴事时，无不攘袂瞋目。及在西池射堂上，跃马顾盼，自以为一世之雄。而今扰攘纷纭，畏死乃尔。设令今时赐以性命，人臣图主，何颜可以生存？"范晔顿感无地自容。不久，范晔与同党并皆伏诛。

另一起谋反是刘湛挑起的。据《南史·刘湛传》记载，刘湛初入朝，被文帝委以重任。刘湛亦"善论政道"，但到晚年时，却"驱煽义康，陵轹朝廷"。欺压群臣，使文帝"稍不能平"。文帝曾对左右说："刘（指刘湛）刚来朝的时候，我与他谈论政事常看天早晚，恐怕他早走；现在他来时我也看天早晚，只怕他多待一会儿。"后来文帝与殷景仁谋划，准备把"擅权专朝"的刘义康贬走出番。刘湛也被贬丹阳尹。450年，刘湛母亡，刘湛决定在文帝来吊葬之时起事，在屋中布甲士。但事情败露，谋反亦告失败，刘湛及子皆被斩。从谋反的时间来看，刘湛这次谋反实际上是发生在范晔谋反之前，刘义康受此牵连才被贬官，孔熙先因得到过刘义康的帮助，才决定以起事来报答他。但两次谋反都以失败斩首而告终。

范晔作为一介文人，始而利令智昏、参与谋反，继而临阵畏怯、自乱阵脚，终则贪生怕死、洋相百出。刘湛谋反是在权、运往下走的不得已的情况下而进行的，谋反的条件并不成熟，又缺少精心的策划和周密的安排。失败是自然的。

看完范晔、刘湛这两次谋反的全过程，毛泽东在这两人传记的同一分册的封面上深有感触地写下上述批注的第一句"好反而不好胜"。在毛泽东看来，在中国古代历史上，像范晔这类恃才傲物、心存不轨的文人甚多，但造反时的表现却远不及刘邦、朱元璋等草莽英雄。这些文人"好反而不好胜"，事到临头全无那种死而后已的英雄气概，反而是犹豫不决，一旦面临失败又贪生怕死，丑态百出。所谓"古今一轨"，就是"古今"都是如此，古往今来都是"好反而不好胜"。这也可以把它看成是毛泽东对历史上一些人谋反规律的总结，其中有感慨、有批评、有不满。通观历代开国皇帝，只有光武帝刘秀是太学生出身，其他则为不识字或识字不多的农民、游民或武夫。这是历史的事实。

毛泽东的这条批注，是对范晔、刘湛谋反流产败亡的总体评说。也是他对历史上诸多文人谋反失败规律的精辟总结。俗话说"秀才造反，三年不成"，古今文人造反、谋反之所以失败，其根本原因就在于毛泽东所说的"好反而不好胜"。

47. 谁生厉阶，至今为梗
——读《南史·刘湛传》

"谁生厉阶，至今为梗。"这八个字批注是毛泽东在读《南史》卷三十五《刘湛传》第 1 面开头时在本传的天头上写下的。毛泽东读此传在天头上批写这八个字是什么意思呢？

　　要理解毛泽东此批注的意思，就要先理解"谁生厉阶，至今为梗"这八个字是什么意思？"谁生厉阶，至今为梗"这八个字，出自《诗经·大雅·桑柔》。《桑柔》诗的作者是芮伯（字良夫），诗中有一段是这样写的："国步蔑资，天不我将。靡所止疑，云徂何往。君子实维，秉心无竞。谁生厉阶，至今为梗。"《桑柔》一诗，史家一般认为是作者芮伯讥刺周厉王而作。芮伯为什么讥刺周厉王呢？主要的是周厉王重用"小人"荣夷公。周厉王在位时，芮伯曾规劝周厉王说："夫荣夷公好专利而不知大难……荣公若用，周必败矣。"芮伯善意规劝周厉王的话，周厉王听不进去。因此，芮伯作《桑柔》诗以讥讽时政。芮伯认为"世刮年荒，国民危病"，追本溯源，主要是周厉王不听善言，任用非人。后果如芮伯所言，周厉王的暴政和对广大人民的残酷统治，引起了统治阶级内部人士及广大人民的强烈反对。为了压制上、下反对他的舆论，厉王以卫巫监谤，"以告，则杀至。国人莫敢言，道路以目"。邵公谏之说："防民之口，甚于防川，川壅而溃，伤人必多。"邵公的话，厉王还是听不进，因此，周王朝与广大人民的矛盾越来越尖锐，终于在公元前 841 年爆发了"国人暴动"。国人把王宫包围起来，周厉王见此情况仓皇出逃到彘（今山西霍县），并最后死在那里。据有关史料记载：周厉王死后，接替的是周幽王。周幽王宠爱褒姒，褒姒生子伯服。周幽王遂废申后及太子宜臼，引起申后之父申侯不满。再加上周幽王"以虢石父为卿，用事，国人皆怨。石父为人佞巧，善谀如利"，乃一典型小人。他们把持朝政，搞得天怒人怨。申侯在公元前 770 年引犬戎攻入西周，杀周幽王于骊山脚下。周大夫凡伯讽刺幽王宠幸褒姒以致乱，因写《瞻卬》，其中一段写道："哲夫成城，哲妇倾城。懿厥哲妇，为枭为鸱。妇有长舌，维厉之阶。乱匪降自天，生自妇人。匪教匪诲，时维妇寺。"妇即指褒姒，认为她是天下大乱的祸水，她使得幽王任用小人执政，由此造成"时政之弊，贤人之亡"而西周灭亡。"厉阶"二字由此而来，

谁生厉阶
至今为梗

南史卷三十五

　唐　　延　　壽　　撰

列傳第二十五

劉湛

顧琛

劉湛字弘仁南陽涅陽人也祖耽父柳並晉左光祿大夫開府儀同三司湛出繼伯父淡襲封安眾縣五等男少有局力不尚浮華博涉經傳諳前代舊典弱年便有宰物情常自比管葛不為文章不喜談議除宋武帝太尉行參軍賞遇甚厚父柳亡於江州府州送故甚豐一

二一八

毛泽东读《南史》卷三十五《刘湛传》批注：谁生厉阶，至今为梗。

其意为祸端、祸患的由来；厉、恶，阶、道，"所由上下也"，指进谗言的途径。梗是灾害之意。

毛泽东读《南史·刘湛传》写下的"谁生厉阶，至今为梗"的批注，主要意思是：谁制造这样的灾祸，至今还在相梗不止。在毛泽东心里，刘湛就是制造祸端、想乱朝纲的小人。毛泽东的批注是写在《刘湛传》的开头，说明毛泽东对刘湛这个历史上的小人早有所知有所闻，也说明毛泽东读书之多、史学知识渊博。本条批注是毛泽东对刘湛本质的点评，是毛泽东对刘湛本质的揭露，也是从一个侧面对刘湛的批评。

48. 殷景仁与文帝密谋
——读《南史·刘湛传》

"殷景仁与文帝密谋。"这条批注写在《南史》卷三十五《刘湛传》第4面的天头上。相应的版心文字为："伏甲于室以待上临吊，谋又泄，竟弗之幸。十月诏收付廷尉，于狱伏诛，时年四十九，黯等从诛。"毛泽东在"伏甲于室以待上临吊，谋又泄，竟弗之幸"十六个字旁画了粗粗两条着重线；在"十月诏收付廷尉，于狱伏诛，时年四十九，黯等从诛"二十个字旁画了一条着重线。版心这段相关文字大意是：十七年，刘湛生母去世。皇上和刘义康的关系已经非常紧张，一场灾难即将酿成，刘湛也知道没有恢复保全自己的余地。到为母亲办丧事时，对亲信说："今年一定会失败，平常依靠口舌去争取，所以能够拖延时间。现在既然路已走尽，要下毒手了，不能再有这个愿望了，祸事到来的时间还会久吗？"埋伏好军队在室内，等待皇上的到来。计划又泄露出去了，皇帝终究没有来。十月，皇上下诏把他们交给司法部门，投入监狱处死，当时年纪为四十九。儿子刘黯等跟着被杀。

从上面的介绍中，我们只看清了刘湛谋反被皇帝投入监狱处死的过程。字里行间看不出"殷景仁与文帝密谋"的文字记载。那毛泽东为什么又在这里批注"殷景仁与文帝密谋"呢？

事情原来是这样的：殷景仁，史书记载"少有大成之量"，宋武帝、宋文帝都信任他，重用他。刘湛这个人气量很小，特好争胜。他被殷景仁引荐入朝为官后，文帝亦委以重任。但刘湛"以景仁位本不踰己，一旦居前，意甚愤愤"，总想找机会超过压过殷景仁。但宋文帝特别信任殷景仁，所以刘湛结纳旧主刘义康，使刘义康纳垢于殷景仁，而"文帝遇之益隆"。殷景仁则密陈刘义康权势太重，对江山社稷不利。"上以为然。"面对刘湛和刘义康的恶毒攻击，殷景仁感到十分难受，他对身边亲近的人说："是我把刘湛引荐到朝廷，可他入朝以后总想咬我。"刘湛恩将仇报，殷景仁很难过。所以殷景仁申请辞官退休，文帝不同意，而让他在家养病。这时刘湛又想"劫盗者于外杀之"，这样文帝即使知道了也拿他没有办法。文帝听到风声就将殷景仁迁到晋鄱阳公主的房子中并派兵把守，刘湛之计才没有得逞。

殷景仁在家养病，虽然与文帝不见面，但联系并未断，据史载："密函往来，日中以十数，朝政大小必以问焉。"由于保密工作做得好，他们的"密函往来"历经五年而不为人知。直到刘湛谋反事件泄露后，文帝准备收拾他，殷景仁在家里也是"拂式衣冠"，家人也不知道是怎么回事。就在那天晚上，文帝在华林园延贤堂秘密召见殷景仁，秘密商讨抓刘湛之事，文帝又是"诛讨处分，一皆委之"。这段"殷景仁与文帝密谋"之事记载于《南史》卷二十七中的《殷景仁传》

《殷景仁传》，毛泽东早就读过。《殷景仁传》中记载刘湛准备谋反时文帝与殷景仁也在暗中谋划，商定对策。对刘湛谋反和殷景仁与文帝密谋反谋反的这一段历史，早已印入毛泽东的脑海里。所以，在毛泽东读到《刘湛传》中刘湛谋反被文帝击败被抓被杀的文字时，脑海里自然浮现出上述《殷景仁传》中文帝与殷景仁多次密谋对付刘湛谋反的情形。毛泽东读书由"此"想到"彼"，在"此"批注了"彼"的"殷景仁与文帝密谋"八个字。"此"与"彼"记述的是同一件历史事件，刘湛谋反和殷景仁与文帝密谋反谋反是同一个历史事件，《刘湛传》《殷景仁传》记述的两个不同的侧面，文字记述略有不同，但是基本史实是相

殷景仁

文帝密謀

庾悅字仲豫潁川鄢陵人也晉太尉亮之曾孫也祖義

勸為善正見今日如何湛生女輒殺之為時流所怪

法耳入獄見素曰乃復及汝邪相勸為惡惡不可為相

收歔曰便是亂邪又曰不言無我應亂殺我曰自是亂

誅時年四十九黯等從誅弟素黃門郎徙廣州湛初被

待上臨甲謀又泄竟弗之幸十日詔收付廷尉於獄伏

遷耳今既窮毒無復此望禍至其能久乎伏甲於室以

至丁艱謂所親曰今年必敗常日賴口舌爭之故得推

亡上與義康形迹既乖釁難將結湛亦知無復全地及

字斑歔故云斑也遷丹陽尹詹事如故十七年所生母

南史卷三十五 列傳二十五

四

二一九

毛泽东读《南史》卷三十五《刘湛传》批注：殷景仁与文帝密谋。

同的。这是毛泽东独特的联想联系的读书方法。同时也说明毛泽东读书读得多，记得住，用得上。这是很值得我们学习的。

49. 使贪使诈，梁武有焉
——读《南史·曹景宗传》

"使贪使诈，梁武有焉。"这条批注写在《南史》卷五十五《曹景宗传》第 4 面的天头上。相应的版心文字为："景宗在州鬻货聚敛，于城南起宅，江堤以东、夏口以北开街列门，东西数里。而部曲残横，部下厌之。（天监）二年十月，魏攻司州，围刺史蔡道恭。城中负板而汲。景宗望关门不出，但耀军游猎而已。及司州城陷，为御史中丞任昉所奏。帝以功臣不问，征为右卫将军。"仅从这段版心文中我们就可以清楚地看出曹景宗有"贪"的行为，也有"诈"的表现，但是，梁武帝因为他是功臣，不顾御史中丞任昉奏了一本，仍征他为右卫将军。继续使用他。所以，毛泽东在版心相应文字的天头上批注"使贪使诈，梁武有焉"。

曹景宗尽管有"贪"有"诈"的短处，但他有骁勇善战，战功赫赫，令毛泽东称之为"景宗亦豪杰哉"的长处。可见曹景宗在军事上还是有独特之处的。

从这条批注中，我们还可以看出，梁武帝"使贪使诈"，毛泽东只批注"梁武有焉"，并没有提出疑义或批评。由此，想到了以下两点：

一是景宗有"贪"有"诈"，梁武为什么还"使贪使诈"？"贪""诈"是景宗的短处，是景宗的缺点。但是，景宗还有骁勇善战的军事才能，能打仗、打胜仗的长处和优点。武帝使用景宗，不是使用他的短处和缺点，而是使用他的骁勇善战的长处和优点。武帝在位期间，南北战争频发，北魏在统一北方之后人心振奋，兵强马壮，不断向南扩张，向南朝发动战争。景宗是难得的军事人才，国家的稳定需要像他这样的军事人才。梁武使用景宗，是使用他的军事才能，是维护国家利益的需要。使用景宗的长处、不顾景宗的短处。这就是梁武帝使用景宗的实际做法。

二是梁武"使贪使诈"，毛泽东只批注"梁武有焉"，并没有提出疑义或批评。这应当怎样理解？毛泽东没有提出疑义或批评，可以理解成是一种意义的赞同。赞同什么？赞同梁武使用景宗的军事才能。景宗是有"贪""诈"的短处。但是，景宗还是一位受到毛泽东称赞的骁勇善战的豪杰。武帝从维护国家利益大局需要出发使用景宗的军事才能，对其"贪""诈"的缺点、不足一时于"不顾"，用之长，避之短。对梁武的这种做法，毛泽东是赞同的。写到这里，想到毛泽东生前非常赞同鲁迅关于"吃烂苹果"的主张和观点。1975年8月，北京广安门医院的眼科医生唐由之主刀给他的右眼做了白内障切除手术。手术后一俟视力稍有恢复，毛泽东就要读新印的大字线装本的《鲁迅全集》，并用红铅笔在第五卷第五分册封面上用颤颤巍巍的手写下"吃烂苹果，1975.8"的批注，时间是1975年8月下旬。毛泽东写"吃烂苹果"是什么意思呢？在这一册鲁迅著作《准风月谈·关于翻译（下）》这篇文章中，鲁迅用苹果虽烂，尚有可吃之处作的比喻。鲁迅在文章中说："苹果一烂，比别的水果更不好吃，但是也有人买的，不过我们另外还有一种相反的脾气：首饰要'足赤'，人物要'完人'。一有缺点，有时就全部都不要了。"鲁迅用吃烂苹果的道理来说明，对待文艺作品和文艺界的人要实事求是，不能因其有一点缺点和不足就全部地抛弃，或者全盘否定。毛泽东非常赞同鲁迅的这种见解。1975年3月，江青等一伙人给电影《创业》强安了十大罪名，欲将《创业》一棍子打死。《创业》的作者给毛泽东写信，陈述他们创作《创业》的实际情况。毛泽东收到《创业》作者的申诉信以后，对江青一伙的武断行为极为反感，就让身边工作人员给他读鲁迅关于吃烂苹果的文章，当工作人员读到"苹果一烂"这一段时，毛泽东高兴地连声称赞说："写得好！写得好！"毛泽东对当时江青一伙的横行霸道，严肃写下了："此片无大错，建议通过发行。不要求全责备，而且罪名有十条之多，太过分了。"同年10月，毛主席又一次在一份向他反映情况的材料上批示"打破'金要足赤'，'人要完人'

令然後稍息城平封湘西縣侯除郢州刺史加都督天
監元年改封竟陵縣侯景宗在州驚貨聚斂於城南起
宅長堤以東夏口以北開街列門東西數里而部曲殘
橫部下厭之二年十月魏攻司州圍刺史蔡道恭城中
貞板而汲景宗望關門不出但耀軍游獵而已及司州
城陷爲御史中丞任昉所奏帝以功臣不問徵爲右衛
將軍五年魏中山王英攻鍾離圍徐州刺史昌義之武
帝詔景宗督眾軍援之徐州刺史韋叡亦援焉而受
景宗節度詔景宗頓道人洲待眾軍齊集俱進景宗欲
專其功乃違敕而進遇暴風卒起頗有沈溺復還守先

毛泽东读《南史》卷五十五《曹景宗传》批注：使贪使诈，梁武有焉。

的形而上学的错误思想"，又一次批评江青一伙。

毛泽东赞同鲁迅"吃烂苹果"的道理和见解，主张"打破'金要足赤'、'人要完人'的形而上学的错误思想"。与这里的梁武帝使用曹景宗的情形有相同之处、相同道理。所以，理解在这里，毛泽东虽然没有明确表示赞同梁武帝使用曹景宗，但字里行间似乎也隐含着赞同之意。金无足赤，人无完人，古往今来都如此。所以，毛泽东在这里对梁武帝使用曹景宗没有提出任何疑义或批评。

50. 曹孟德、徐世勣、郭雀儿、赵玄郎亦用此等人
　　——读《南史·曹景宗传》

"曹孟德、徐世勣、郭雀儿、赵玄郎亦用此等人。"这条批注是毛泽东在读《南史》卷五十五《曹景宗传》第 4 面版心文字"景宗军士皆桀黠无赖，御道左右莫非富室，抄掠财物，略夺子女，景宗不能禁"时，在相应文字的天头上批注的。版心这段文字大意是："景宗的士卒都是些强横狡黠的无赖之徒，官道两旁又都是富裕人家，士卒们抢掠财物，抢夺女人，景宗无法禁止。"毛泽东读了《曹景宗传》的这段文字，脑海里就联想到了历史上类似曹景宗用"桀黠无赖"的历史人物，他即举例写了曹孟德、徐世勣、郭雀儿、赵玄郎这四个人，他们这四个人都与曹景宗一样，"亦用此等人"。

据查典籍，《文选》陈琳《为袁绍檄豫州》："操又特置发丘中郎将，摸金校尉，所过隳突，无骸不露。"曹操用了盗坟的无赖。曹操的大军所走之处，坟墓都被扒开，墓葬贵重之物皆被掠走。徐世勣，即唐开国功臣李勣，为避太宗李世民的讳，去"世"字，赐姓李。《新唐书·李勣传》说，年十七，从翟让为盗。翟让打劫官船和私船取财，纵兵大肆掠夺船上的财物。李勣也是用无赖抢劫的。郭雀儿，即后周太祖郭威。据《旧五代史》《新五代史》记载，郭威，起兵攻入汴京（今河南开封），他的部队在城中大肆掠劫。他也用了杀人争物的无赖。赵玄郎民间传说

139

是指宋王朝太祖皇帝赵匡胤，有些牵强，并无其他正史记载。到底是指谁？还有待于有关专家的深入探究。

毛泽东是全心全意为民造福、为民献身的人民领袖，他的一生，他的一切，都是为着人民的。因此，当他读到曹景宗的士兵们抢掠百姓财物，抢夺蹂躏妇女的文字时，头脑里就涌现了曹操、徐世勣、郭雀儿、赵玄郎等这些历史人物纵容他们军队残暴无耻的行为，毛泽东对他们的行为是深感不满与愤恨的，同时毛泽东对遭受苦难、遭受欺辱的广大百姓也在心底里表示深深的同情。

毛泽东的这条批注也说明毛泽东博览经史、谙熟历史的治学造诣。毛泽东读过的历史古籍很多很多，毛泽东对众多的历史人物是爱憎分明、观点鲜明的。

51. 此时梁武，犹知军机
——读《南史·曹景宗传》

"此时梁武，犹知军机。"这条批注写在《南史》卷五十五《曹景宗传》第5面的天头上。相应的版心文字为："五年，魏中山王英攻钟离（今安徽凤阳东北），围徐州刺史昌义之。武帝诏景宗督众军援义之，豫州刺史韦睿亦援焉，而受景宗节度。诏景宗顿道人洲，待众军齐集俱进。景宗欲专其功，乃违敕而进。遇暴风卒起，颇有沉溺，复还守先顿。帝闻之曰：'此所以破贼也。景宗不进，盖天意乎？若孤军独往，城不时立，必见狼狈。今得待众军同进，始可大捷矣。'""此所以破贼也"几个字旁边分别画了圆圈。毛泽东为什么在此批注"此时梁武，犹知军机"呢？

毛泽东的这条批注，主要是在读了梁武帝说的"此所以破贼也。景宗不进，盖天意乎？若孤军独往，城不时立，必见狼狈。今得待众军同进，始可大捷矣"这番话之后有感而发。梁武帝的话表明，此战之所以能打败魏军，是因为景宗"遇暴风卒起，颇有沉溺，复还守先顿"不进，武帝认为"若孤军独往，城不时立，必见狼狈"。因为景宗没有"孤军独往"，待与"众军同进，始可大捷矣"。从这些文字记述中，我们可以看到整个战役战略的部署和部队的调配、使用，全是武帝萧衍自己决定。在《南史·韦睿传》中对此亦有记载："帝怒，诏睿会焉，赐以龙环御刀，曰：'诸将有不用命者斩之。'"于是韦睿带兵"自合肥径阴陵大泽，过涧谷，辄飞桥以济师。人畏魏军盛，多劝睿缓行，睿曰：'钟离今凿穴而处，负户而汲，车驰卒奔，犹恐其后，而况缓乎。'旬日而至邵阳"，与曹景宗的军队相会合。

梁武帝是此次战役的总谋划者、总指挥官，他调用了曹景宗、韦睿两员骁勇有谋的大将"众军同进"，协同作战，部署妥当，成竹在胸，大捷指日可待。

所以，闻讯景宗"遇暴风卒起，颇有沉溺，复还守先顿"没有孤军独往，整体的战略战术没有外露，"众军同进"军机没有泄露，一切可以照原计划进行时，武帝兴奋地发出了"盖天意乎？"的深深感叹！正因如此，再加上毛泽东熟读《南史》，史识渊博，对梁武帝萧衍了解透彻，即写了"此时梁武，犹知军机"。梁武帝的主要军机，一是景宗、韦睿"众军同进"，二是"火攻的计谋"。

这一场南北双方的决战，《南史》在曹、韦二人的传记中都记载了他们的战况。北魏这次是其勇将杨大眼与元英亲自参战，对双方而言，都是一场硬仗和恶仗。《曹景宗传》记载："及韦睿至，与景宗进顿邵阳洲，立垒与魏城相去百余步。魏连战不能却，伤杀者十二三，自是魏军不敢逼。景宗等器甲精新，魏人望而夺气。"《韦睿传》记载："魏将杨大眼将万余骑来战，大眼以勇冠三军，所向披靡。睿结车为阵，大眼聚骑围之，睿以强弩两千一时俱发，洞甲穿中，杀伤者众。矢贯大眼右臂，亡魂而走。明旦元英自率众来战，睿乘素木舆，执白角如意以麾军，一日数合，英甚惮其强。"看来野战的重任都落在韦睿指挥的军队身上。这一次战役最后是梁武帝定下火攻的计谋。《曹景宗传》说："令景宗与睿各攻一桥。睿攻其南，景宗攻其北。"《韦睿传》说："会淮水暴涨，睿即遣之，斗舰竞发，皆临贼垒，以小船载草，灌之以膏，从而焚其桥。敢死之士拔栅砍桥，水又漂疾，倏忽之间，桥栅尽坏。"于是，"魏人大溃，元英脱身遁走。魏军趋水死者十余万，斩首亦如之，其余释甲稽颡乞为囚奴犹数十万"。史家把这一次胜利比作淝水之战，不仅是韦睿与曹景宗在前方作战的功劳，也有梁武帝运筹帷幄，调遣二将指挥得当的功劳。

52. 景宗亦豪杰哉
——读《南史·曹景宗传》

"景宗亦豪杰哉。"这一条批注写在《南史》卷五十五《曹景宗传》第7面的天头上。相应的版心文字为："景宗所谓亲曰：'我昔在乡里，骑快马如龙，与年少辈数十骑拓弓弦作霹雳声，箭如饿鸱叫。平泽中逐獐，数肋射之，渴饮其血，饥食其胃，甜如甘露浆。觉耳后生风、鼻头出火。此乐使人忘死，不知老之将至！今来扬州作贵人，动转不得。路行开车慢，小人则言不可；闲置车中如三日新妇，此邑邑使人气尽。'"毛泽东在原著"将至""作贵人""动转不得""闲置车中""三日新妇"等文字旁都画上了圆圈。

毛泽东为什么在此批注"景宗亦豪杰哉"？根据《南史·曹景宗传》所载和毛泽东读此传所作的批注和圈画，毛泽东的批注至少有以下三个方面的依据：

一、景宗一生征战四方，勇猛、豪放。曾以二千兵破北魏四万之众。萧衍起兵反齐后，曹景宗聚众率五服以内亲戚子弟三百人从军，跟随梁武帝。武帝以他为先锋，一路之上，曹景宗身先士卒，敢打敢冲，杀敌勇猛，连连获胜，为萧衍灭齐立下了赫赫战功。公元506年，北魏派兵大举南进攻梁，"围徐州刺史昌义之"。曹景宗率众将士合力解围。正遇当时北魏一员猛将杨大眼，此人在与南朝作战中多次打败对手。此次两强相遇，"景宗使众军复鼓噪乱登诸城，呼声震天地"，魏军杨大眼等烧营弃城而走，"悉弃其器甲，争投水死，淮水为之不流"。景宗大军追杀杨大眼军四十余里，"虏五万余人，收其军粮器械山积，牛马驴骡不可胜计"。

二、景宗年轻时就"因以胆勇闻"。《曹景宗传》说他："幼善骑射，好畋猎"，马上功夫非同一般。他父亲去徐州上任路上，被数百强盗围住，曹景宗身上带了百余支箭，他以箭射敌，百发百中，吓得几百名强盗四散奔逃。曹景宗因此在家乡远近闻名。史载，曹景宗还豪爽重义，他的朋友张道门因受连累而死，他的亲属及以前的官界朋友都不敢去收尸。唯景宗"收其尸，迎还葬之"。

三、景宗性格自由洒脱，豪放不羁。史载，景宗"每读穰苴、乐毅传，辄放卷叹息说：'丈夫当如是。'"说到曹景宗读书作诗，《曹景宗传》还记载了这样一则小故事：徐州大捷后，梁武帝在光华殿大摆庆功宴，叫沈约赋韵，众臣连句作诗为乐。众人以为曹景宗乃一介武夫，故没有赋韵给他，曹景宗"意色不平，启求赋诗"。梁武帝劝他说："你技能甚多，人才英拔，何必在一首诗上争胜呢？"当时曹景宗已微有醉意，后"求作不已"。梁武帝无奈只得让其作诗，这时只剩"竞""病"二韵，曹景宗提笔很快就作了一首诗，曰："去时儿女悲，归来笳鼓竞。借问行路人，何如霍去病。"满座皆惊。毛泽东读该传时，对曹景宗作的这首诗逐字圈点。在1959年的庐山会议上，毛泽东在一次讲话中特地讲到这首诗，意在说明，只要肯学习，文化水平不高也可以写出好诗。

当然，毛泽东最欣赏曹景宗的，最主要的还是他在战斗中骁勇善战，屡立战功和他那自由豪放、洒脱及无拘无束的性格。因为毛泽东本人就有豪迈奔放的性格和气吞山河的气概。这一性格上的相同之点，应当说也与写此批注有一定的关系。

53. 我党干部应学韦睿作风
——读《南史·韦睿传》

"我党干部应学韦睿作风。"这条批注是毛泽东在读《南史》卷五十八《韦睿传》第 1—7 面时，用黑铅笔在第 6 面天头上写下的。韦睿有何绩何功何德何才？毛泽东在这里为什么强调"我党干部应学韦睿作风"？学韦睿什么作风？

韦睿是南朝梁武帝当政时的名将。书中记载，他"多建策，皆见用"，作战能攻善守，有智有谋，英勇果断，打仗时能亲临战场，实地躬身调查研究，讲究战略战术，敢以数万敌百万；品德谦虚，不谋私利，豁达大度，团结干部，关爱士兵，以身作则，作风务实。行为和表现，深得梁武帝的器重。他是梁武帝征讨四方、平定天下的有力助手。毛泽东在读史过程中对这位将才、良才推崇备至，称赞连连。

下面，我们就来看看毛泽东生前读《南史·韦睿传》时所作的圈画、所写的批注。

翻开毛泽东生前读过的《南史·韦睿传》，首先映入眼帘的是毛泽东在该传开始文字的天头上画的又粗又重的四个圈，写下的"梁将韦睿传"五个大字。全传毛泽东读过多遍，批画、圈点浓密，批注达 25 处之多，有些批注中还加了旁圈、套圈、单圈。此种很少见的读书圈画、批注，足以表明毛泽东对韦睿的肯定、赞扬是多方面的。

作者李延寿在书中写道：韦睿"性慈爱，抚孤兄子过于己子，历官所得禄赐，皆散之亲故，家无余财"。毛泽东阅读时在此段文字旁逐字加了圈，写下了"仁者必有勇"的赞语。作者在此传中又写道：天监四年（505 年）韦睿攻克合肥时，"俘获万余，所获军实，无所私焉"。毛泽东逐字旁圈，提笔写下了"不贪财"三个字的批语。

李延寿在《韦睿传》中写道："雅有旷业之度，莅人以惠爱为本，所居必有政绩。将兵仁爱，士卒营幕未立，终不肯舍，并灶未成，亦不先食。"毛泽东对这段话逐字旁圈，对韦睿统兵打仗能身先士卒，以身作则，关爱士兵，关心将士生活的优良作风，很为赞赏，欣然提笔写下了"我党干部应学韦睿作风"的批注。

《韦睿传》记载：在攻打合肥的战斗中，身体素来羸弱的韦睿，每战都不曾骑马，而是坐在木板车上督励将士杀敌。毛泽东在读到这段文

說書其所發摘稄猶弗之逮武帝方銳意釋氏天下咸
從風而化叡自以信受素薄位居大臣不欲與眾俯仰
所行略如佗日普通元年遷侍中車騎將軍未拜卒於
家年七十九遺令薄葬斂以時服武帝卽日臨哭甚慟
贈車騎將軍開府儀同三司諡曰嚴叡雅有曠世之度
汭入以愛惠為本所居必有政績將兵仁愛士卒營幕
未立終不肯舍井籠未成亦不先食被服必於儒者雖
臨陣交鋒常緩服乘輿執竹如意以麾進止與裴邃俱
為梁世名將餘人莫及祝邵陽之役昌義之甚德叡請
曹景宗與叡會因設錢二十萬官賭之景宗擲得雉叡

南史卷五十八 列傳四十八

七

二三

毛泽东读《南史》卷五十八《韦睿传》批注：我党干部应学韦睿作风。

字时还写了"将在前线"四字批注。在读到"魏军凿堤，睿与争"时，毛泽东又批写了"将在前线"四个字。毛泽东对书上的这两处文字，逐字加了旁圈。

作者李延寿在《韦睿传》中还写道："睿每昼接客旅，夜算军书，三更起，张灯达曙，抚循其众，常如不及，故投募之士争归之。所至顿舍修立，馆宇藩篱塘壁皆应准绳。"毛泽东在这段文字旁逐字加圈，写下了"谦劳君子"称赞性的批注。

毛泽东在读到《韦睿传》中记载的梁武帝天监四年（505 年），韦睿都督众军攻魏。他派人攻打魏的小岘城，久攻不破，亲临城下巡视。正在这时，魏兵数百人突然出击，随行诸将都建议回去调兵，韦睿不同意，坚决迎战后，一鼓攻下小岘城。毛泽东在"睿巡行围栅"五个字旁分别画了圈，在天头上还画了三个大圈，并用铅笔在地脚上写下批注："躬自调查研究。"

似乎对此批注称赞韦睿作风还觉得不够突出，毛泽东又在其批注中的"躬自"两字旁边加了圈，以加重"躬自"在调查研究中的重要性。

在"魏城中忽出数百人陈于门外，睿欲击之"处字字画上旁圈，并写了批注："以众击少。"韦睿说："魏城中二千余人，闭门坚守，足以自保。今无故出人于外，必其骁勇，若能挫之，其城自拔。"毛泽东在"今无故出人于外"七字旁逐字加旁圈，天头上还画了三个圈。批注了四个字："机不可失。"当时，韦睿的将领们很犹豫，韦睿执军令如山，指其节曰："朝廷授此，非以为饰，韦睿之法，不可犯也。"毛泽东在韦睿的话旁逐字加圈，并批注了"决心"两个字。

一鼓攻下小岘城之后，韦睿接着派人进攻魏占领的合肥，也是久攻不能下。韦睿到后，"案行山川"。毛泽东在"案行山川"四字旁分别画了圈，在此话天头上画了三个大圈，并又一次写下批注："躬自调查研究。"

在"躬自"两字旁还加了双圈，"调查研究"四字旁加了单圈。两处两次批注，说明毛泽东对韦睿能亲临战场实地调查研究非常赞同，非常赏识。韦睿在实地调查研究之后，于肥水修筑堤堰，舟舰通行。魏军本来在合肥的东西两侧，分别修筑两座城垒加以掩护，韦睿先攻这两侧，魏兵增援五万，众将很害怕，请韦睿派兵，韦不同意。他说："贼已至城下，方复求军。且吾求济师，彼亦征众。'师克在和'，古人之义也。"在他的号令下，众将士奋力作战，因而获胜。毛泽东读了这段话后加了旁圈，写的批注是："以少击众。"当肥水堤堰修成时，韦睿派人驻守，后被魏军攻陷，逼近韦睿驻地，诸将劝他退避，他非常生气，说："'将军死绥，有前无却。'因令取伞扇麾幢，树之堤下，示无动志。"毛泽东在这句话旁又加圈，又写了"以少击众"四个字的批注。写了"以少击众"，还在这四字旁逐字画圈，表明他对韦睿临危不惧，胆识过人的又一次赞赏。

书中还写道：面对人数众多的魏军，梁武帝先派曹景宗去解围，曹景宗到邵阳洲后，"筑垒相守，未敢进"。继派韦睿增援。韦睿率部昼夜兼程，部属看到魏军人多，劝他缓行。他说："钟离今凿穴而处，负户而汲，车驰卒奔，犹恐其后，而况缓乎。""旬日而至邵阳。"毛泽东读完韦睿的这段话，写的批注是："敢以数万敌百万，有刘秀、周瑜之风。"

此类批注毛泽东在读《韦睿传》中还写有不少，这里不再一一列举。

读史中从古人联想到当今的我党干部队伍的实际，联想到干部深入实际躬身调查研究，联想到我党干部的作风，并要今人学古人，强调"我党干部应学韦睿作风"，这就是毛泽东联系实际读书、联系实际读二十四史的一个独到之处。

54. 善守
——读《南史·韦睿传》

"善守。"这条批注写在《南史》卷五十八《韦睿传》第2面的天头上，并加上了单括号，用一条长长的粗线引至版心文字"百姓赖之"末尾。相应的版心文字应为："大军发郢，谋留守将，上难其人。久之，顾睿曰：'弃骐骥而不乘焉遑遑而更索。'即日以为江夏太守，行郢州府事。初，郢城之拒守也，男女垂十万。闭垒经年，疾疫死者十七八，皆积尸于床下，而生者寝处其上，每屋盈满。睿料简隐郢，咸为营理，百姓赖之。"毛泽东为什么在这里批注"善守"二字？可以理解为这是毛泽东对韦睿守郢城工作的高度评价。据《韦睿传》记载，当时的郢城刚刚被攻下，满目疮痍，人心不稳，考虑到韦睿是一个"多建策，皆见用"的贤能之人，梁武帝就把稳定后方的重任委任给了韦睿。韦睿没讲任何条件承担了此重担。

韦睿上任后，政策简明，怜恤百姓，多为百姓着想，维护百姓利益，既不骚扰民众，又不增加百姓的负担，战争遗留下来的烂摊子及民众生活、健康等众多难事都得到妥善的处理。已经死了的人，不分大人、小孩，统统得到安葬，活着的人也返回自己的住所，从事自己原来的职业。城里的百姓大众都很信赖他，人心安定，生活稳定，生产恢复、开展，全城民众都很感激，都感满意。毛泽东看到战争之后目不忍睹的破烂郢城，韦睿能治理得如此让百姓信赖满意，即批写了"善守"二字。"善守"既表达毛泽东对韦睿守城工作的高度评价和肯定，也表达了毛泽东对韦睿懂民、爱民、想民、为民办实事、解决百姓实际困难的实际行动的满意和赞许。

55. 躬自调查研究
——读《南史·韦睿传》

两次批注"躬自调查研究"。这两次批注是毛泽东在读《南史》卷五十八《韦睿传》第2面版心"睿巡行围栅""睿案行山川"两段文字时，分别在地脚和天头处写下的。而且有一个共同点，在"睿巡行围栅""睿案行山川"两处文字旁都画上了圈，批注都是先写"调查研究"四字，后又加写"躬自"二字，"躬自"二字旁还分别画上了套圈，表明对"躬自"二字格外关注、格外重视。"躬自"就是亲自、亲身的意思。

应当如何理解毛泽东在此的批注"躬自调查研究"？我们还是先来看看"睿巡行围栅""睿案行山川"两段战事的具体情形吧。韦睿一生指挥过很多场战斗，每次他都亲临战场进行实地视察。公元 505 年，梁朝北伐，合肥之战打响。韦睿派王宗超、冯道根等人率兵攻打魏小岘城（今安徽含山北），久攻不下，"睿巡行围栅"，亲自到小岘城下视察敌情。正在这个时候，只见小岘城城门洞开，魏军数百人出城列阵，不知意欲何为。韦睿想发动进攻，但部将们都不赞成，他们认为现在是侦察敌情，准备不足，如果要进攻，得先回营穿上铠甲再说。韦睿说："魏城中二千余人，闭门坚守，足以自保，无故出人于外，必其骁勇，若能挫之，其城自拔。"部将们仍犹豫不决，韦睿拿出代表军令的符节说："朝廷授此，非以为饰，韦睿之法，不可犯也。"于是指挥部队突然发起进攻，一鼓攻下小岘城，为夺取合肥扫清了障碍。毛泽东对韦睿亲临战场进行视察的做法加以肯定，他在"睿巡行围栅"旁画上圈，"栅"字下画引线至地脚批注："躬自调查研究"。并在批注中的"躬自"旁边又加了圈，以加重"躬自"在调查研究中的重要意义。

攻下小岘城后，韦睿乘胜进攻魏军驻守之合肥城，梁军的先头部队在合肥，亦是久攻不下。于是"睿案行山川"，亲自到前线察看地形和考察了解敌情。毛泽东又一次在"川"字后画一引线至天头批注"躬自调查研究"。他还在批注"躬自"旁加了套圈，"调查研究"四字旁加了单圈。可见，毛泽东强调前线直接指挥作战的司令员一定要亲自摸清敌情，弄清山川地形，才能提出正确的作战方案。从批注文字和圈画符号可以清楚看出毛泽东对指挥员能亲临战地调查研究从而掌握实际情况非常重视，对韦睿本人能亲临战场调查研究是很为赏识的。

毛泽东一生中做了大量的调查研究，他是亲自调查研究的典范。在《反对本本主义》一文里，毛泽东再三强调亲自调查的重要性。他说："迈开你的两脚，到你的工作范围的各部分各地方去走走，学个孔夫子的'每事问'。"他要求党员干部学入太庙见到不懂的礼节就问的孔夫子，多向群众了解情况，说：这样"归来时脑子已经不是空的了，已经载来了解决问题的各种必要材料，问题就是这样子解决了"。

在战争中，毛泽东认为躬自调查是极其重要的，甚至是胜负的关键。他说，指挥员正确的判断来源于周到和必要的侦察，与对各种侦察材料的连贯起来的思索，指挥员必然使用一切可能的和必要的侦察手段。他在1961年的广州会议上讲了一段他在作战中做调查的事。他说：凡是忧愁没有办法的时候，就去调查研究；一经调查研究，问题就出来了，问题就解决了。在反对第二次"围剿"时兵力很少，很不好办。那个时候，我跟彭德怀两个人，跑到白云山上，跑了一天，在山上一看，看到了左平，看到了很多地方。我说，彭德怀，把你的三军团全部打包抄，一军团打正面，敌人一定会垮下去。如果不去看呢？就每天忧愁，就不知道如何打法。在1936年，他还谈到，做一个真正能干的高级指挥员，不是初出茅庐或仅仅善于纸上谈兵的角色所能办到的，必须在战争中学习才能办得到，必须从实际出发，进行调查研究。

毛泽东伟大的一生与他一生重视调查研究是密切联系的。在读《南史·韦睿传》时，看到韦睿每战都躬自调查研究，很难打的仗都能打胜，对韦睿这位将才欣赏称赞之情溢于言表。《南史·韦睿传》是毛泽东阅读二十四史批注、圈画最多的人物传记，几乎是从头至尾都作了批注、圈画。从批注、圈画种种墨迹来看，《南史·韦睿传》也是毛泽东最爱读的人物传记之一。

56. 以众击少、机不可失
——读《南史·韦睿传》

"以众击少""机不可失"。这两条批注分别写在《南史》卷五十八《韦睿传》第2面的天头和地脚。相应的版心文字大意为："天监四年（505年），梁军北伐，诏命韦睿都督众军。韦睿派长史王超宗、梁郡太守冯道根进攻北魏的小岘城，未能攻克。韦睿在围城的木栅周围巡视，城中忽然有数百人出城，韦睿想攻击他们，各位将领都说：'我们这次轻装而来，没有作战斗的准备，让我们回去穿上盔甲后，再向他们进攻。'韦睿说：'不对。北魏城中共二千余人，关闭城门固守，足以自保，现在无故出城于外，必然是其中骁勇的人，若能挫之，其城自拔。'众将仍犹豫不决，韦睿指着手中的符节：'朝廷授予此物，不是为了装饰，我的命令，是不能违抗的。'于是向魏军发起进攻，将士们都拼死而战，魏军果然都大败而逃。韦睿率众将士乘胜追击，到第二天晚上把小岘城攻下了。"在"若能挫之"四字旁画了圈，在"之"字下画一引线至地脚批写了"以众击少"四字；在"其城自拔"四字旁画了圈，在"拔"字下画一引线至天头写了"机不可失"四字。

毛泽东在这里批注的"以众击少""机不可失"是什么意思呢？从上面引用的版心文字和毛泽东的批注、圈画中，我们可以看到，毛泽东批注中的"以众击少"，"众"是指韦睿都督的众军，"少"是指魏兵出城的数百人。"机不可失"是指韦睿见机行事、当机立断、坚定不移率众军向魏军发起的进攻，使魏军大败而逃。

毛泽东在这里批注的"以众击少"，一是对韦睿用兵谋略的赞许。韦睿抓住战机用他的众多的优势兵力击败几百名北魏兵。这是韦睿果断决策，活用兵法的一次成功的实践。韦睿洞察敌情、抓住战机获得胜利，毛泽东对之予以赞许。二是对与毛泽东本人用兵策略、谋略相一致的欣慰。"以众击少"，这是兵法的主张，毛泽东爱说的是"集中优势兵力"或者叫"以十当一"，这是毛泽东在他的相关著作中经常提及的战胜敌人的法则之一。韦睿在梁魏之战中断然运用此法战胜敌人，显然，毛泽东读此心里是愉悦的。

这里批注的"机不可失"，是毛泽东对韦睿熟悉打仗的章法，分析敌情，不失战机，果断决策的很高评价。对韦睿认为这是"天赐良机"，从城里"现在出来的这些人，必定是魏军中的精锐部队，如果能够打败和消灭他们，魏军必然会心胆俱裂，士气低落，攻城就很容易了"。韦睿不顾众将士的反对，珍惜这一天赐良机，带领众将士英勇出击。结果"魏军败，因急攻之，中宿而城拔"，一举取得了胜利。

见机行事是兵家要诀。灵活运用，随机应变，是毛泽东领导人民军队不断战胜敌人的一条重要原则。"机不可失"的批注，是毛泽东对韦睿善于抓住战机，当机立断，智慧取胜的肯定和赞赏，也是毛泽东对"四渡赤水"和"巧渡金沙江"等历史战事战略战术运用正确的回忆。韦睿的胜利给毛泽东带来了好的心情，历史战事胜利的回忆，毛泽东心情也好像是欣慰的。

57. 以少击众
——读《南史·韦睿传》

两次批注"以少击众"。这两次批注，都是毛泽东在读《南史》卷五十八《韦睿传》时，在相应文字的天头上写下的。毛泽东为什么在这里两次写此批注呢？

据《南史·韦睿传》记载，韦睿不仅擅长抓住战机，以众击少而取得战争的胜利，而且，他还有过人的胆略，敢于以少击众，以寡敌众，取得战争的胜利。这里的两次批注，都是毛泽东在读了《韦睿传》中记载的两次以少击众的实际战争之后在天头上写下的。一次是在他攻占了合肥东西两个小城之后不久，北魏援军杨灵胤领五万大军突然来到，亲临战场的众将都认为不能抵挡，他们纷纷要求韦睿上书请求援兵。可是，韦睿不是这样想的。他对众将领说："敌军已临城下，即使请兵也来不及了。古人说：'军队取胜主要在于内部同心协力，互相配合，而不在于兵力多少。'大家不要过分害怕。"在韦睿的号召和带领下，众将士通力配合，英勇奋战，结果打败了号称五万人马的魏军。毛泽东的第一次"以少击众"的批注就是在读了上述文字之后写下的。

《南史·韦睿传》中还记载：魏军消灭了防卫肥水堰的王怀静部，乘胜进逼到韦睿驻守的堤坝之下，在气势汹汹的敌军面前，梁军军监潘灵祐劝韦睿退兵返回巢湖，手下有的将领则请求撤到三义去防守。韦睿听后大怒，他说："作为军人，后退当死！我只会前进，不会后撤一步！"他说了之后，即把自己的旗号立在堤坝上，表示决不撤退。在韦睿的坚持和带领下，堤坝上韦睿的战旗迎风飘扬，韦睿统率的将士做好迎战准备。结果，魏军没敢行动，韦睿的部队守住了堤坝，并破了合肥城，"俘获万余"。毛泽东在读这段文字时几乎字字加了旁圈，还在天头上第二次写了"以少击众"的批注。还在这次写的"以少击众"四字旁加了圈。

这"以少击众"和添加的四个旁圈，充分表明毛泽东对韦睿面对强敌临危不惊，毫不畏惧，英勇有谋，有胆有识的军事才能的赞赏和军事实践的肯定。

"以少击众"，也是毛泽东在战争年代常用的战略战术。国内战争中，抗日战争中，毛泽东常常是"以少击众"，取得一次次的胜利。"以少击众"也是毛泽东军事生涯中难忘的实践之一。

现代战争可以"以少击众"，古代战争也有"以少击众"的战例。读到古代战争"以少击众"的两次取胜的战例，心中联想到自己"以少击众"的战争岁月，这是很自然的。

战争胜负与参战兵力的多少，当然有很大的关系。但兵力多少，不是打胜仗、打败仗的决定因素。在一定的条件下，指挥员指挥得当，兵力少也可以打胜仗。上述韦睿指挥的两次战斗都是在兵力较敌方少得很多的情况下取胜的。

58. 虽众，何所用之
　　——读《南史·韦睿传》

"虽众，何所用之。"这条批注是毛泽东在读《南史》卷五十八《韦睿传》第 3 面版心文字"五年，魏中山王元英攻北徐州，围刺史昌义之于钟离，众兵百万，连城四十余"时写在地脚上的。在"众兵百万连城四十余"九个字旁画上了圈，在"余"字后画一引线至地脚在此批注了"虽众，何所用之"，六字前后还加上了单括号。

　　毛泽东在这里为什么批注"虽众，何所用之"？要理解毛泽东这条批注的意思，需要先向读者简略地介绍一下本次战事的相关情况。据《南史·韦睿传》记载，当时，魏中山王元英拜为征南将军，乘梁洛口新败，意图乘胜进取。然内部不和，昌义之据城固守，曹景宗、韦睿又奉命来援，终致大败而归。当时，北魏诏名将邢峦领军与元英合攻钟离。邢峦力言钟离不可攻克，按兵不动，且上表说："征南的将士，已有两年之久（从天监四年反击临川王萧宏北伐开始），已经很是疲惫不堪，战伤的、生病的、阵亡的也不在少数，应该自己明白士气已经低下了。何况敌人凭城坚守，不出阵与我交锋，城高水深，不是容易填满的。这样就只会空耗到春，劳而无功，到时士卒疲苦，不可收拾。若相信我的话，就派我去让他们回来；若认为我是畏惧懒惰，那我就把所带的兵交出来，给中山王，任凭他调遣。"魏帝不听。当时范绍则认为，围攻钟离，"须兵十万，往返百日"，这样，就必须有百日之粮，而且必须在春水涨前攻下，故攻钟离难以奏功。任城王元澄遣范绍到钟离前线，谈论攻取形势，认为应该班师，且朝廷圣旨上也有"师行已久，士马疲瘵，贼城险固，卒难攻屠"之语，但元英自恃人众，力言四个月后必定会攻下钟离，可以说是不顾实际，好胜贪功。从上述的介绍中，我们可以清楚地看出，北魏军队实际上士气低落，士卒疲苦，将帅之间想法不同，意见不一致，整个部队心不齐、力不合。久顿坚城之下，劳而无功，其人多的优势已在逐步丧失。再加上后来梁军两路援军先后赶到，与昌义之里应外合，兼之春天肥水暴涨，梁军乘势驶船用火攻，烧断浮桥，部队上下同心协力，奋勇杀敌。致使魏军大败，落荒而逃，百万之众，尽皆覆灭。

　　号称"众兵百万，连城四十余"，最后都大败而逃。所以毛泽东对这次战斗写下了"虽众，何所用之"的批注。此条批注，既是对魏军南征将军元英及所率将领无能的讽刺、责备，又是对梁军指挥用人得当并大获全胜的赞扬。

　　在毛泽东看来，战争的胜负不是由参加人员的多寡决定的。组织指挥失宜，即使人多，也没有什么用处。上述钟离之战魏军"众兵百万"也没能改变其失败的结局。古今中外，人多、强大之军打败仗，兵少、弱小之军打胜仗的案例是很多的。上述的钟离之战就是一个以少胜多、以弱胜强的历史战例。

59. 有刘秀、周瑜之风
——读《南史·韦睿传》

"敢以数万敌百万，有刘秀、周瑜之风。"这条批注写在《南史》卷五十八《韦睿传》第4面的天头上。相应的版心文字为："睿自合肥径阴陵大泽，过涧谷，则飞桥以济师。人畏魏军盛，多劝睿缓行。睿曰：'钟离今凿穴而处，负户而汲，车驰卒奔，犹恐其后，而况缓乎？'旬日而至邵阳。"在"人畏魏军盛""劝睿缓行""旬日而至邵阳"文字旁均画上了圆圈着重号。在"邵阳""阳"字后画一引线至天头，且写了上述批注，前后还加画了单括号。毛泽东在读《韦睿传》时为什么在这里又圈又画又批注"敢以数万敌百万，有刘秀、周瑜之风"？

在这里先简略地介绍一下刘秀、周瑜及其相关情况，了解一下"刘秀、周瑜之风"。

据史籍记载：刘秀，东汉开国皇帝。二十八岁之前，一直在南阳郡老家种地，"性勤于稼穑"，是个干农活的"好把式"。当时，王莽的新政不得人心。天凤年间，刘秀加入了绿林军。公元23年即更始元年，王莽派大司空王邑、大司徒王寻发兵四十二万（也有说四十三万），力图一举扑灭新生的更始政权。当时，驻守昆阳（今河南叶县）城内的起义军不过数千人，连同周边几座城池的驻军，一共不超过两万人。大军围城，形势岌岌可危。当夜，刘秀率十三人骑马突围，到附近城池募集援军。然而许多人害怕王寻兵多，不敢响应，只征集到三千多人。刘秀认为，军情紧急，决定立即返回昆阳。六月初一，刘秀自率步骑兵一千多人为前锋，并一马当先斩杀新莽军队数十人，他自己一人就亲手杀死敌军十几个人，使更始军士气大振。后来，刘秀使用"信息战"，故意放出"宛城汉军得胜"的消息；并使用"攻坚战"，率领三千人的敢死队，斩杀了新莽的主力部队近万人，并斩杀新莽主帅王寻。主帅被杀，新莽士兵纷纷溃逃，"走者相腾践，伏尸百余里"，滍川被尸体堵塞断流，王邑率残部踏着死尸渡河，才最终逃回洛阳。占绝对优势的新莽军队，几乎全军覆没。

四个月后，绿林军攻入长安，王莽死于乱军之中，新莽王朝覆灭。

从中可以看出：刘秀敢以数千人敌新莽军四十二万多人，敢率三千人敢死队直冲新莽军主力，并大获全胜，这就是毛泽东称赞的"刘秀之风"。

周瑜，三国时吴国名将。据《资治通鉴·汉纪》载，建安十三年（208年），曹操率军五十万，号称八十万众，称"会猎于吴"。战书送到东吴，众将心惊肉跳，莫不响震失色。张昭等人主和，鲁肃、周瑜主张抵抗。周瑜对孙权说："他们只看到曹操信上说有水步兵八十万，就各自恐惧害怕，而不去核实一下是虚是实，便提出投降的主张，真是没有道理。现在让我把我知道的实际情况给您算一下，曹操所带领的中原地区士兵不过十五六万，而且久已疲乏；所收编的刘表的水师最多也就是七八万人，尚在怀疑动摇之中。用已经疲病之卒掌管摇摆怀疑的降兵，人数虽多，也不值得害怕。周瑜我只有精兵五万，自足制之，请您不用担心！"孙权赞成周瑜的意见。遂以周瑜、程普为左右军都督，联合刘备合力抗曹。孙权、刘备联合部队驻在赤壁，黄盖甘受苦肉计，火烧连营，曹军大败，周瑜等乘胜追击。曹操从华容道逃跑时，道窄泥泞，曹操令士兵背干草填在路上，人马才得过去。由于后面追兵追得紧急，人马都争着往前跑，许多体弱有病的士兵被陷在淤泥里，马踏人踩，曹军死伤过半，大败仓皇而逃。仅此一战，奠定了魏蜀吴三国鼎立的局势。

从中我们可以看到周瑜只有兵力五万，可是他不畏不惧，敢以五万敌号称八十万的魏军，并使魏军曹操惨败而逃，这就是"周瑜之风"。

　　韦睿奉梁武帝之命率兵解救钟离之困时，面对的北魏中山王元英是"众兵百万，连城四十余"，双方兵力悬殊。然而韦睿力排众议，日夜兼程，急速行军，奋勇冲杀，打得魏军人仰马翻，百万之众，溃败而逃。韦睿似刘秀，像周瑜，"敢以数万敌百万"，所以，毛泽东非常高兴地写下了"有刘秀、周瑜之风"。这是毛泽东对韦睿骁勇、睿智、魄力、胆略、担当、责任等最高、最好的评价和赞誉。

60. 夏侯渊不听曹公此语，故致军败身歼
——读《南史·韦睿传》

　　"此曹操语。夏侯渊不听曹公此语，故致军败身歼。"这条批注写在《南史》卷五十八《韦睿传》第5面天头上。对应的版心文字为："睿至安陆，增筑城二丈余，更开大堑，起高楼，众颇讥其示弱。睿曰：'不然，为将当有怯时。'"在"众颇讥其示弱""为将当有怯时"两句话每个字旁边都画上了圆圈。在"当有怯时"后画一引线至天头并在此写下批注："此曹操语。夏侯渊不听曹公此语，故致军败身歼。"

　　"为将当有怯时"是曹操曾说过的一句话。《三国志·魏书·夏侯渊传》："初，渊虽数战胜，太祖常戒曰：'为将当有怯弱时，不可但恃勇也。'"

　　曹操，是三国时魏国实际上的开国之祖，也是我国古代有名的政治家、军事家和文学家。他在东汉末年的军阀混战之时，"挟天子以令诸侯"，重用人才，"唯才是举"。在200年官渡之战中，击败袁绍，基本上统一了北方。毛泽东对曹操这个历史人物总体上是肯定的。曾作过很多、很独特的赞许和评价。认为曹操是大政治家，功劳大于过失。曹操的诗，毛泽东也很爱读，曹操的不同版本的诗集，毛泽东都读过。曹操的历史印迹，在毛泽东的脑海里是很深刻的。所以，读《南史·韦睿传》时，看到韦睿说的"不然，为将当有怯时"的话，立刻就写下了"此曹操语"。

夏侯渊，字妙才，沛国谯县人，与曹操是同乡。魏国名将之一。太祖起兵，夏侯渊凭别部司马、骑都尉身份跟随太祖。建安十七年（212年），太祖回到邺城，用夏侯渊任护军将军，统领朱灵、路招等人驻守长安。建安十九年，马超奔逃到汉中，包围了祁山。姜叙等人万分焦急地想求取救兵，将领们商量必须有太祖的符节命令才能采取行动。夏侯渊说道："太祖在邺，来去四千里，等到回报，姜叙等人一定失败，这不是救急之道。"于是出兵救姜叙，派张郃统领步骑五千名在前面作前锋，夏侯渊亲自在后面督办粮草。枹罕人宋建在凉州叛乱，太祖派夏侯渊督率各将领讨伐宋建，夏侯渊到后，围攻枹罕，斩杀了宋建。太祖下令说：宋建作为乱党叛逆三十多年了，夏侯渊一下歼灭了他，像老虎一样威风凛凛地行走在关右（关西）地区，无论走到哪里，谁都阻挡不了。太祖见夏打仗过于莽勇，常常告诫他："为将当有怯弱时，不可但恃勇也。将当以勇为本，行之以智计；但知任勇，一匹夫敌耳。"夏侯渊也深以为是，然秉性难改。建安二十一年，太祖向西征讨张鲁，夏侯渊等率领凉州的一些将领、王侯以下的人员，与太祖在休亭相会合。太祖回到邺地，留下夏侯渊守卫汉中，又升职夏侯渊为征西将军。建安二十三年，刘备驻军在阳平关，夏侯渊率领属将们抵御刘备，连年相峙。二十四年正月，刘备在夜晚围攻火烧了夏侯渊修筑的围栏。夏侯渊派遣张郃护卫向东边突围，自己率领轻装快行的士兵保护南面的围栏。刘备向张郃挑战，张郃的军队作战不利。夏侯渊即分了一半自己属下的兵士前往救助张郃。此时，诸葛亮派老将黄忠乘隙攻击夏侯渊，夏侯渊终以勇猛而战死。谥号是"愍侯"。

熟谙军事的韦睿深知战场上要谨小慎微，所以，当他面对"众兵百万"的大军时，在安陆精心作好准备："增筑城二丈余，更开大堑，起高楼。"当时，魏军元英来势汹汹。当他见到韦睿已作好如此充分准备，就不战而退了。孙子说得好："不战而屈人之兵，上之上者也。"此战，韦睿就是"上之上者也"。

毛泽东的这条批注，既是对韦睿的褒扬，也是对夏侯渊的评价和批评。也表达了毛泽东对曹操的赞许。一条批注，表达对三个不同年代人物的不同看法和评价，这也是毛泽东的高明之处。

61. 仁者必有勇
——读《南史·韦睿传》

"仁者必有勇。"这条批注是毛泽东在读《南史》卷五十八《韦睿传》第5面版心文字"性慈爱，抚孤兄子过于己子。历官所得禄赐，皆散之亲故，家无余财"时，在天头上写的，四字上下还加上了单括号。在版心这段文字每个字旁还画上了圆圈，在"性慈爱"后画一引线至天头写下批注"仁者必有勇"。翻开原著，圈画的这几句话和批注文字都很醒目。对毛泽东圈画和批注"仁者必有勇"当如何理解呢？

版心上这段文字的大意是：韦睿性格慈祥爱人，抚养已成孤儿的侄子胜过自己的儿子，他历次任官所得的俸禄和赏物，都散发赠予亲戚故旧，家里没有多余财物。看了这段话，我们对毛泽东的圈画和批注就不难理解了。

"仁者必有勇"出自《论语·宪问》，原书原句全文是："仁者必有勇，勇者不必有仁。"这里，毛泽东用第一句"仁者必有勇"来评价韦睿，赞扬他慈爱善良，为人仁厚，心中有他人，关心他人，想着他人。孤儿胜儿子，他人胜亲人。将自己为官所得的俸禄和赏物，都散发赠予亲朋好友，这样的为官者，群众、士兵怎么能不拥护、不响应、不支持？！怎么会不一呼百应？！怎么会不打胜仗？！韦睿之所以能面对强敌不畏惧，面对艰难勇向前，是因为他有仁爱之心，他爱民为民，爱兵为兵，与民与兵同甘苦，共患难，心中始终有民有兵、爱民爱兵，待民待兵仁爱之至，仁者必有勇，仁者必有智，仁者必有谋。韦睿所以身经数战，每战都能取得胜利，这与他的仁爱之心、仁爱之行是不能分开的。因为仁爱群众，仁爱士兵，仁爱就有战斗力。

"仁者必有勇"是毛泽东一生的一个体会，毛泽东一生也是躬自实践的。毛泽东是一个"大仁"者，天安门上一句"人民万岁"响遍全球，"人民万岁"就是毛泽东一生"大仁"的精辟写照。毛泽东年轻时的笔名叫"子任"，他"以天下为己任"。他"心中有仁"，他"心怀天下"，他全心全意为中国人民和世界各族人民服务一生，服务一辈子。大仁者，还是毛泽东也！

62. 再读此传，为之神往
——读《南史·陈庆之传》

"再读此传，为之神往。一九六九年六月三日在武昌。"这条批注用黑铅笔写在《南史》卷六十一《陈庆之传》开篇的天头上。翻开毛泽东读过的《南史·陈庆之传》，在这一分册的封面上，他用黑铅笔画了两个圆圈，表明他是第二次读这个分册。在目录"陈庆之"三字旁，画了两条着重线。在传记开篇的"陈庆之"三字旁又画了两条着重线，在天头上，连画四个大圈，又醒目地标写着"陈庆之传"四个大字。在第一段介绍陈庆之生平的地方，毛泽东充满深情地又在天头另一处写了上面的这条批语。此传许多地方，毛泽东又圈又点，画满了着重线及各种符号。

毛泽东为什么如此爱读《陈庆之传》？为什么写下批注"再读此传，为之神往"？想来主要有以下三个方面原因。

第一，军事与战争方面的原因。

陈庆之有独特的军事才能，战争中骁勇善战，战功赫赫。据《南史·陈庆之传》记载：梁武帝普通元年（520年），魏徐州刺史元法僧降梁，梁武帝派陈庆之去接应，又让他率军队护送豫章王综入镇徐州。魏十万大军抗拒，都被陈庆之挫败了。后豫章王投奔了魏，陈庆之及时地"斩关夜退"，保全了军队的实力。

大通元年（527年）魏国大乱，北海王元颢来降，梁武帝派陈庆之护送他回魏国为帝。陈庆之又屡挫魏军。魏军将领丘大千以精兵七万，分筑九垒抗拒陈庆之，陈庆之从早到午仅半天的时间就攻陷了三垒，魏兵退。魏济阳王元晖业以两万人来救，被陈庆之击败，晖业被擒。魏又派出大量援军，据守荥阳。陈庆之军中很恐慌，他对众人说："我等才有七千，贼众四十余万。今日之事，意不图存，须平其城垒。"在他的鼓动下，战士们勇敢地攻下城池，入城后，又被围，陈庆之率精兵三千人大破之，魏军逃散降服。自陈庆之护送北海王元颢以来，"十四旬平三十二城，四十七战，所向无敌"。由于陈庆之的部队身披白袍，当时的洛阳附近传出一句童谣："大将名师莫自牢，千军万马避白袍。"也就是说，别管你多牛，有多少人，碰上这支部队最好绕开走！

陈庆之破关斩将所向无敌的战绩，充分体现了他的果敢机智和军事才能。《南史》作者李延寿用简洁生动的文笔刻画了陈庆之其人其事，再现了一场场威武壮观的战争场面。毛泽东是伟大的军事家，坚持武装斗争，从星星之火，发展到烈火燎原，在他和中国共产党志士能人的共同领导下，先后打败日本侵略者、蒋介石军队，取得战争的决定性胜利，这期间，打过多少胜仗，取得了多少自豪的战果，多少波澜壮阔的战争场景涌入他的脑际？！由陈庆之一场场威武壮观的战争场面联想到自己曾经历过的刻印在心中的战斗往事，怎么能不"为之神往"情不自禁呢？！

第二，政治方面的原因。

陈庆之不仅是一名骁勇善战的将军，而且还是一位刚直不阿的政治家。魏北海王元颢即帝位后，荒于酒色，不理政事，听信谗言，对陈庆之很不信任。陈庆之不计个人得失，及时敦促北海王元颢不要放松军事。有人劝他："将军威震中原，声动河塞，屠颢据洛，则千载一时。"陈庆之听后，严词拒绝，并将元颢有叛梁之意报告给梁武帝。在楚州击破侯景时，正值灾年，陈庆之开仓赈济灾民，八百多人上书为他树碑颂德。

《陈庆之传》记载："庆之性祗慎"，"俭素不衣纨绮，不好丝竹。射再讀此傳，為之神往。

一九六九年六月三日在武昌

以慶之爲武威將軍、與胡龍牙成景儁率諸軍應接還

除宣猛將軍文德主帥仍率軍送豫章王綜入鎮徐州

魏遣安豐王元延明臨淮王元彧率眾十萬來拒延明

先遣其別將丘大千觀兵近境慶之擊破之後豫章王

棄軍奔魏慶之乃斬關夜退軍士獲全會通七年安西

將軍元樹出征壽春除慶之假節總知軍事魏豫州刺

史李憲遣其子長鈞別築兩城相拒慶之攻拔之憲力

屈遂降慶之入據其城轉東宮直閤大通元年隸領軍

曹仲宗伐渦陽魏遣常山王元昭等東援前軍至駝澗

去渦陽四十里韋放曰賊鋒必是輕銳戰捷不足爲功

毛泽东读《南史》卷六十一《陈庆之传》批注：再读此传，为之神往。一九六九年六月三日在武昌。

不穿扎，马非所便，而善抚军士，能得其死力。"毛泽东在这些文字旁，也都有圈画，非常重视。

毛泽东是伟大的政治家，同时也是军事家。1969 年，毛泽东已经是七十六岁的老人了，远离战争年代也已二十年，在万籁俱静的深夜里读史，此时此刻，此情此景，浮想联翩，从井冈山到遵义，从四渡赤水到二万五千里长征，到陕北，到西柏坡，到北京城，到 1949 年 10 月 1 日在天安门城楼上宣告中华人民共和国成立。一场场党内会议的激辩，一次次受打击、受排挤、受处分，他有多少委屈、他有多少悲痛，为陈庆之的事迹所引发，从而心驰"神往"！长征途中的重要会议，延安革命圣地的难忘岁月，那一幕幕动天地、惊鬼神的拼命杀敌的革命战争的画卷，今天的胜利来得多么不容易！这些由军事到政治的一件件大事、要事从构思、研究、决策、成功等各环节、各过程的复杂、艰难的情景，怎能不令这位七十六岁的老人"为之神往"呢！

第三，与当年国际国内形势变化似也有点关系。

有的学者认为，毛泽东此时再次对南朝这段历史、对《陈庆之传》感兴趣，一读再读，与当时国际国内形势不无关系。1969 年 3 月间，发生了珍宝岛事件，6 月以后苏联的边防军又在西北的边防线上企图挑起新的事端。8 月 13 日，苏方出动了 300 多人，在两架直升机和数十辆装甲车掩护下越界包围了我方巡逻的边防军 38 名官兵，经过 4 小时的激战，我方巡逻队员全部壮烈牺牲。我方对苏方的侵占提出了强烈的抗议，毛泽东进一步提出"提高警惕，保卫祖国"和"准备打仗"的号召。8 月 27 日，中央军委令东北、华北和西北地区的军队进入紧急战备状态。9 月 3 日，柯西金通过越南外交部转告我方，柯西金希望自越南回国途中与中国领导人会晤。9 月 11 日，周恩来在机场与柯西金会谈了 3 小时，周恩来指出边界问题可以通过谈判来解决，谈判解决之前，如果你们先发制人，袭击我们的核基地，那就意味着战争。柯西金保证苏联没有对中国发起核攻击的打算，对两国有争议的边界，双方可以坐下来谈。对苏方这个态度，毛泽东的态度是半信半疑需要观察，要有所准备。双方边界谈判的时间定在 10 月 20 日。在这期间中国高层内部一直处于最紧张的战备状态。国庆节以后毛泽东提出了党和国家领导人应该分散一些，防止敌人在北京一窝端。10 月 14 日，毛泽东再次去了武汉。10 月 20 日，中苏在北京正式开始边界问题的谈判，整个中苏关系有所缓和。随着苏联政府的变化，中苏之间边界紧张关系也就缓和下来了，意识形态上的争论也已成为过去。在这期间，毛泽东读书重点是历史，是二十四史，他拟从中国历史中得到借鉴和启迪。那时苏联之所以不敢公然对我国发动大规模的进攻，是因为中国幅员辽阔，且有充分迎接战争的准备，在珍宝岛一战中，他们已经领教了中国的厉害。中苏两党从意识形态的对立到两国的公开军事对峙的过程，直接影响了中国国内政治格局及整个国际格局的变化。毛泽东此时重读《南史·陈庆之传》，与适应这时国际国内的政治格局的变化，在其指导思想上多少也是有点关系的。

综上所述，毛泽东 1969 年 6 月 3 日在武昌再读《陈庆之传》，对于一位已过七旬的饱受过战争苦难的老人来说，书中的任何一个词，如打仗、战场、包围、进攻、追击、胜利、失败、逃跑、投降、活捉、战略、战术、辎重、粮草、破釜沉舟、背水一战、弃城而逃、赈济灾民等，一个场面的描写，一次战斗的记述，都可以引起他的联想，都容易令其"为之神往"。所以，毛泽东读《陈庆之传》，令其"为之神往"的最主要还是军事与战争方面的原因。毛泽东是中国当代最伟大的军事家；陈庆之是南朝最骁勇的战将之一，身经百战，战功赫赫，书写了南朝战争史上的辉煌。相同的经历、类似的军事生涯等因素，激起毛泽东的兴趣，唤起毛泽东对往事的回忆，这是很自然的。自己参与过的那些威武雄壮的革命战争如一幅幅载入史册的画卷，从记忆的脑海里一泻而出，历历在目，如同就在昨天！此时此刻，毛泽东怎么能不想得很多很多！毛泽东是多情多感之人，读到战争的场面，想起自己经历过的一次次战争的往事，想到与自己一起奋斗、一起战斗而牺牲的同志和战友，他老人家常常是老泪纵横，有时还会泣不成声。

63. 此等语，与孙权诘陆逊语同
——读《南史·贺琛传》

"此等语，与孙权诘陆逊语同。"这条批注是毛泽东在读《南史·贺琛传》卷六十二第6面梁武帝看贺琛上书后大怒之时说的一番话之后，在相应文字的天头上写下的。毛泽东为什么这么批注呢？

当时武帝年事已高，百官"缘饰奸谄，深害时政"，奸邪小人纷纷以正人君子的面目出现，官场风气败坏。当时身为散骑常侍的贺琛针对当时的状况给梁武帝上疏谈了四件事情。大意是说：一是人民不能安居，此乃有关官员之过；二是现今天下官员，罕有清廉，乃由风俗侈靡造成；三是小人"诡竞求进"，用不正当手段向上爬；四是目前天下没有战事，而国库空虚。意见提得很为尖锐。

梁武帝看了贺琛的意见书后大怒，立即召来负责记录的官员，口授斥责贺琛的敕命，大意说：我主持帝国已有四十余年，宫门转报上来的正直言论，每天都能听到，跟你的没有什么不同。你的这个奏折只是加深我的困惑而已。你身居高位应当为朝廷着想。之后，对贺琛所提意见一条一条予以批驳。

针对贺琛的第二条意见，梁武帝把自己如何勤苦、如何操劳、如何节俭说得非常具体，甚至提到了他的私生活。他说，自己已经30年不过夫妻生活。居住的地方很狭小，陈设简朴。生来不饮酒，不喜音乐。三更就开始处理政事。如事情少，中午处理完；事情多，太阳偏西才能吃饭。一般一天只吃一顿，生病的时候，也有一天吃两顿的。他还说，他的腰围以前有"十围"（两手合拱的长度为一围），因为劳瘁，现今瘦得只有两尺多。他怕人不信，所以特别说明，以前用的腰带还在，可以证明他的话句句属实。梁武帝向人们表白：我为什么要这么干，就是为了救众生于苦难。

针对贺琛的第三条意见，梁武帝说，你指出小人用不正当手段向上爬，那也不能不让他们奏事，不能因噎废食。古人说："专听生奸，独

此等語，
与孫权诘陸逊
誣語同

願責其公平之効黜其殘愚之心則下安上謐無徵倖
之患矣其四事曰自征伐北境帑藏空虛今天下無事
而猶日不暇給艮有以也夫國弊則省其事而息其費
事省則養人費息則財聚若言小費不足害財則終年
不息矣以小役不足妨人則終年不止矣書奏武帝大
怒召主書於前口受敕責琛曰朕有天下四十餘年公
車讜言曰聞聽覽每苦悾悾更增惛惑卿珥貂紆組博
問洽聞不宜同於闒茸止取名字言我能上事恨朝廷
不能受卿云今北邊稽服政是生聚教訓之暁而人失
安居牧守之過但大澤之中有龍有蛇縱不盡善不能

南史卷六十二列傳五十二

六

一九六

毛泽东读《南史》卷六十二《贺琛传》批注：此等语，与孙
权诘陆逊语同。

任成乱。"你倒说说看，要怎样办才好呢？将你的意见写出报来……

在读了梁武帝上述逐条反驳的文字之后毛泽东挥笔写下了："此等语，与孙权诘陆逊语同。"

下面，我们再来看看孙权是怎样诘陆逊的。孙权，三国时代东吴国的国君。陆逊是孙权手下继周瑜、鲁肃、吕蒙之后的得力名将，在荆州破袭关羽，在西陵败刘备，功劳卓著，深为孙权所倚重。一次陆逊上书劝孙权"施德缓刑，宽赋息调"时，也引起了孙权的不悦，遭到了类似上述的批驳。据《三国志·吴书·吴主传第二》记载：黄武五年（227 年）十月，陆逊上表陈述应该办的事，劝孙权施行恩惠，减轻刑罚，放宽田赋，停止征收户调，上书中言道"忠谠之言，不能极陈，求容小臣，数以利闻"等。孙权看到这些话，心里很感不快，特意答复说：法令的设置，是用它来阻止邪恶的坏事发生的，可以戒备尚未产生的犯罪行为，怎么能不设置刑罚以威服小人呢？这叫先有法令，而后能依法处置，不想有犯法的人罢了。从尚未安定，统一的功业得靠大家的支持才能成功。如果只想守住江东地方，推行宽仁的政治，兵力自然够用，还用得着征发户调？等等。差不多全是责问、责备的语气。孙权的这番话与梁武帝批驳贺琛的自我表白，半点意见也没接受是如出一辙。所以，毛泽东写此批注。

孙权与梁武帝一样，听不得刺耳意见，更听不进批评意见，当时当着众臣面指责、反驳臣下。他们不能正确理解臣下的真心善言。尽管此二人对待臣下的意见有很多的相同、相似之处，但也还有一个很大的不同。就是此二人的处理方法有很大的不同。孙权为人用柔胜刚，陈寿以勾践相比，在危难之时能接受逆耳之忠言，加上陆逊忠悃可仰，实为"社稷之臣"，所以，孙权后来还是接受了他的建议，减轻了刑罚，后又接替顾雍为相，委以重任。所以，吴国在孙权在位期间处于稳定兴盛时期。而梁武帝则不仅没有接受臣下的建议或意见，而且，从此言路越来越窄，小人越来越多，没再坚持五年，就饿死在台城，丧失自己亲手打出的南朝江山。这是历史的教训，也是历史的启示。

毛泽东此条批注中的"此等语"三个字，表明他对梁武帝这种做法的不满之意，也表明他对孙权诘问陆逊做法的不满之意。"此等语"不是什么良言益语，"此等语"也不是什么箴言、警语，"此等语"都是"诘"语，都是责问、追问、指责、斥责之语，都是堵塞言论的"堵"语。

学习历史，古为今用。广开言路，营造氛围，畅所欲言，集思广益，这对于治国理政，维护稳定，保持兴盛发展的局面是很重要的一条历史启示。

64. 予智自雄，小人日进，良佐自远，以至灭亡，不亦宜乎
——读《南史·贺琛传》

"萧衍善摄生，食不过量，中年以后不近女人。然予智自雄，小人日进，良佐自远，以至灭亡，不亦宜乎。"这条批注用黑铅笔写在《南史》卷六十二《贺琛传》第6面的天头上。相应的版心文字为："卿云：'宜导之以节俭。'又云：'至道者必以淳素为先。'此言大善。夫子言：'其身正，不令而行，其身不正，虽令不从。'朕绝房室三十余年。于居处不过一床之地，雕饰之物，不入于宫，此亦人所共知。受生不饮酒，受生不好音声，所以朝中曲宴，未尝奏乐。朕三更出理事，随事多少，事或少，中前得竟，事多，至日昃方得就食。既常一食，若昼若夜，无有定时，疾苦之日，或亦再食。昔腰过于十围，今之瘦削，裁二尺余。旧带犹存，非为妄说。为谁为之，救物故也。……"萧衍的这番话是他对其爱将贺琛上书所提意见一条一条的反驳。如果把他说的反驳的话用现在的白话表述就是："你说'应该倡导节俭'，又说'最理想的政治必定要以淳厚朴素为先'，这话说得很好。孔夫子说'只要自身正，不下令别人也会听从；自身不正，即使下令别人也不会听从'。朕已三十多年不与妻妾往来，不和女人同房也有三十多年，平时居住的地方不过能放下一张床，屋里从没有什么装饰玩物，这些都是人所共知。朕生性不饮酒，生性不好听音乐，所以在宫内我私人宴会上从未奏过乐。朕三更从

皆惡卿可分明顯出其人卿云宜導之以節儉又云至
道者必以淳素爲先此言大善夫子言其身正不令而
行其身不正雖令不從朕絕房室三十餘年不與女人
同屋而寢亦三十餘年於居處不過一牀之地雕飾之
物不入於宮此亦人所共知受生不飮酒受生不好音
聲所以朝中曲宴未嘗奏樂朕三更出理事隨事多少
事或少中前得竟事多至日昃方得就食旣常一食若
畫若夜無有定時疾苦之日或亦再食昔腰過於十圍
今之瘦削裁二尺餘舊帶猶存非爲妄說爲誰爲之故
物故也書云股肱惟人良臣惟聖向使朕有股肱可得

毛泽东读《南史》卷六十二《贺琛传》批注：萧衍善摄生，食不过量，中年以后不近女人。然予智自雄，小人日进，良佐自远，以至灭亡，不亦宜乎。

卧室出来办公事，什么时候休息就看事情有多少。有时事少，中午以前可以办完；事情多了，到太阳偏西才吃饭。经常每天只吃一顿，说不上是白天的饭还是夜宵，没有个定时，有时身体不舒服，才再吃一次。过去我的腰超过十围，如今瘦得才二尺多。以前的腰带还放在那儿，这可不是我瞎说。为谁这样干呢？还不是为众生救亡超生。……"萧衍的这番话，表明他自己已经做得很好了，所以他才"理直气壮"地反驳批评贺琛。

萧衍此时只看到他做得好的或者较好的方面，这是远远不够的。作为一国之君，国家最高统治者，不能只关注这些个人吃饭、睡觉等方面的小事。《中论》（汉朝徐干著）中说："人君之大患者，莫大于详于小事而略于大道，察于近物而暗于远图。"萧衍正是如此。所以，毛泽东在此批注："然予智自雄，小人日进，良佐自远，以至灭亡。"非常准确地揭示了梁武帝萧衍败亡的根本原因。

梁武帝以为自己艰苦朴素，自善其身，已具备了做贤君的所有条件，饮食节约，摒弃男女是人生最高的美德，日夜辛劳就等于政治清明，人民安乐，再也没什么可以改进的了。哪里还有像你贺琛所说的这样处处黑暗呢？在这种完美无缺、心满意足的思想指导下，梁武帝这样听不进官员的批评意见，其他的比贺琛的分析更深入，建议更切合实际的言论，谁还敢言呢？

然而客观事实并非像萧衍本人所说或认为的那样。由于梁武帝待当官的人过于宽大，有了过失也不追究，结果，州官、郡官大多搜刮民财，朝廷的钦差大臣、使节对郡县百般压榨、刁难和勒索。贵族横暴凶残，在光天化日之下在闹市杀人，趁着黑夜公开抢劫掠夺。犯罪恶徒逃亡隐匿在亲王家里，执法者也不能逮捕。梁武帝也知道这种种弊端，但却听之任之，甚至叛国谋反的阴谋被发觉以后，也不过自己哭泣忏悔，下令赦免。梁武帝信佛，舍身同泰寺，臣下赎金即达三亿钱，施舍也是很多的，加之广造佛塔寺庙，政府和民间都遭到重大损失。他又信任奸佞，喜爱挑别人的小毛病，而对大的决策又听不进忠言。这样，江南之地，由于久享太平而生活糜烂，风俗奢侈，危机四伏。宫内奸邪的朱异、朱石珍、萧正德等人就在眼前，却还是辅弼良臣；正直忠诚的周舍、谢举、贺琛等人的建议不能采纳，而日渐疏远；接受侯景却又出卖侯景，犯了这样严重的错误却还以为是英明的决策。……针对梁武帝晚年如此现状，所以，毛泽东写下批注："以至灭亡，不亦宜乎。"在毛泽东看来，萧衍晚年之所以没有好的结局，完全是咎由自取，完全应该。萧衍作为最高的统治者，后期不注重国家大事、要事，只注意琐碎细节、鸡毛蒜皮之类小事，失败是不可避免的。

毛泽东的这条批注，既总结了梁武帝萧衍败亡的根本原因和败亡的不可避免，字里行间也流露出毛泽东内心深处对萧衍后期言行有点不满和批评之意。

65. 专听生奸，独任成乱
——读《南史·贺琛传》

"'专听生奸，独任成乱'，梁武有焉。"这条批注写在《南史》卷六十二《贺琛传》第7面天头上。相应版心文字为："卿又云：'百司莫不奏事，诡竞求进。'今不许外人呈事，于义可否？以噎废餐，此之谓也。若断呈事，谁尸其任？专委之人，云何可得？是故古人云：'专听生奸，独任成乱。'何者是宜，具以奏闻。"版心这段文字就是梁武帝萧衍专门针对贺琛的第三条意见表白的一段话。梁武帝说，你指出小人用不正当手段向上爬，那也不能不让他们奏事，不能因噎废食。古人说："专听生奸，独任成乱。"你倒说说看，要怎样办才好呢？将你的意见写出报来。

毛泽东的这条批注，就是针对上述梁武帝的这段话写的。"'专听生奸，独任成乱'，梁武有焉。""专听"即偏听，"独任"即偏信（信用）。毛泽东认为梁武帝治国，犯的大错之一即是"专听""独任"，以致"小人日进""良佐自远"，国家出现内乱。

《梁书》对梁武帝晚年错误有这样一段记载："及乎耄年，委事群

中主今乃不免居九品之下，不令而行，徒虛言耳，卿又
云百司莫不奏事，詭求進，今不許外人呈事，於義可
否，以噎廢餐，此之謂也。若斷呈事，誰尸其任，專委之人，
云何可得是故古人云，專聽生姦，獨任成亂，何者是宜
其以奏聞琛奉敕但謝過而已，不敢有所指斥，太清二
年為中軍宣城王長史，侯景陷城，琛被創未死，賊求得
之，興至闕下，求見僕射王克領軍朱异勸開城納賊，克
等讓之涕泣而止，賊復與送莊嚴寺療之，明年臺城不
守，琛逃歸鄉里，其年賊寇會稽復執琛送出都以為金
紫光祿大夫卒，琛所撰三禮講疏五經滯義及諸儀注

幸"，"挟朋树党，政以贿成"，以至"涂炭黎元，黍离宫室"。当时东魏杜弼的文告中对梁武帝可谓描绘得贴切无比："你们梁国的萧衍，从没有人听说过他有好的德行，只知道他轻浮阴险。射死麻雀，就以为立了大功；划一下船，就宣称力大无穷。年纪已老，再加上昏庸颠顸，政治腐败，人民流散，礼义瓦解，音乐消失。而他又用人不当（指驱逐周舍，斥责贺琛，信任朱异），选择皇太子又不依次序（指排除嫡长孙萧欢，而立次子萧纲为太子）。惯于装腔作势，惊世骇俗；自以为智慧超人，可以愚弄群众；天性恶毒，却称用佛法戒律来拯救；浮躁贪婪，硬对外誓言自己清心寡欲。"这段对萧衍无情揭露的文字，可深刻勾画出梁武帝后期的真面目。荀子说："明主好要，而暗主好详。主好要则百事祥，主好详则百事荒。"梁武帝就是如此。

后期梁武帝所作所为也确实如此。忠言不进，"专听""独任"，专用小人"小人日进"，"良佐自远"，所以，毛泽东批注："'专听生奸，独任成乱'，梁武有焉。"毛泽东的这一看法和评价完全符合梁衍统治后期实际，是实事求是的批注。

据史籍记载：侯景攻破建康宫城之日，梁武帝说过这样一句话："自我得之，自我失之，亦复何恨！"死到临头，可能还不知道自己败亡的原因。《南史》对梁武帝有如下一段评论：武帝留心祭祀，忘情征战，沉溺佛教，法纪松弛，悖逆萌生，祸患将临而不知警惕，最终导致败亡。"自古拨乱之君，固已多矣。其或树置失所，而以后嗣失之。未有自己而得，自己而丧……可为深痛，可为至戒者乎！"就是说，自古开国之君不少，有的举措失当，以致后继者丢失政权。从来没有天下由自己而得、由自己而失这样的事。梁武帝的一生给后人留下了惨痛的教训。

66. 王建庸人，不知政治
——读《北史·王建传》

"王建庸人，不知政治。"这条批注写在《北史》卷二十《王建传》

173

第 24 面的天头上。相应的版心文字为："（王建）从征伐诸国，破二十余部。又从征卫辰，破之。为中部大人。破慕容宝于参合，帝（魏道武帝）乘胜将席卷南夏。于是简择俘众，有才能者留之，其余欲悉给衣粮遣归，令中州之人咸知恩德。建以为宝覆败于此，国内空虚，获而归之，纵敌生患，不如杀之。帝曰：'若从建言，非伐罪吊人之义。'诸将咸以建言为然。建又固执，乃坑之。帝既而悔焉。"后面的天头上还画了一个稍大点的圆圈。毛泽东在这里为什么批注"王建庸人，不知政治"？

为了便于更好地理解毛泽东批注的意思，这里把原著上的这段话的主要意思用我们现在的语言简译一下：王建随大军出征攻打其他国家，击败二十多支部队。又随大军征伐卫辰，大胜，被任命当中部大人。后又在参合击败慕容宝，道武皇帝想乘胜攻占南夏，于是对俘虏进行区分选择，凡有才能的都留用，其余打算全部发给衣粮遣回原籍，使中州之人都感激道武的恩泽。王建认为慕容宝在这里覆败，其国内一定空虚，如今把这些人俘获又放回去，是纵容敌人而给自己增加后患，不如杀了这些人。道武帝说："如果听从王建的话，就不符合征伐有罪的人，宽恕知罪的人的道义。"但众多将领都认为王建说得对，王建又固执，坚持自己的意见，于是将俘虏全部坑杀。道武帝事后马上后悔了。

从这段文字中，我们清楚地看到王建固执己见，将俘虏全部坑杀。连道武帝事后都感后悔。

不杀俘虏，不虐待俘虏，不打骂俘虏，善待俘虏，这是毛泽东的一贯主张。在革命战争岁月，毛泽东一直也是这样做的。为什么毛泽东这样主张，为什么一直坚持这样做？因为不杀俘虏，不虐待俘虏，不打骂俘虏，善待俘虏，这是分化瓦解敌人，争取民心的一个极好的政策，它的重要意义不仅仅在军事方面，重要的在政治方面。任何军事战争都是与国家建立政权、稳定政权、巩固政权等政治目的密切相关的。毛泽东在领导中国革命夺取政权、建立政权、巩固政权的过程中，曾领导、参王建庸人不知政治。

任為帥者得其子陵從征有功聽襲爵

王建廣甯人也祖姑為平文后生昭成皇帝伯祖豐以

帝舅貴重豐子支尚昭成女甚見親待建少尚公主登

國初為外朝大人與和跋等十三人選典庶事參與計

謀道武遣使慕容垂建辭色高亢垂壯之遣為左大夫

建兄迴時為大夫諸子多不慎法建具以狀開迴父子

伏誅其評直如此從征伐諸國破二十餘部又從征衛

辰破之為中部大人破慕容寶於參合帝乘勝將席卷

南夏於是簡擇俘眾有才能者留之其餘欲悉給衣糧

遣歸令中州之人咸知恩德建以為賣覆敗於此國內

毛泽东读《北史》卷二十《王建传》批注：王建庸人，不知政治。

与、经历过无数次的战争，与国民党军队、地方军阀部队、日本帝国主义的侵略部队等，都进行过战争。在各种不同的战争中，对待俘虏的政策，对待俘虏的纪律和要求，对待俘虏的实际做法，都始终坚持不杀、不准虐待，坚持不打、不骂，坚持教育，给予优待，给饭吃，给出路，使很多的俘虏经过改造成为自己部队的成员，自愿为我们部队服务，使其成为壮大我方力量的一条重要途径。

所以，毛泽东读《北史·王建传》时，看到目光短浅的王建打了胜仗之后一意坑杀四五万俘虏的行为很为不满，称他为"庸人"。认为他根本不懂什么政治，至多是一介武夫，只会动枪舞剑罢了。

据《北史·王建传》记载，在后来的战争中，对方知道王建杀害俘虏，部队将士"宁愿战死，以求一日一月的性命"，也不愿再向他投降。道武帝知道这一情形后，回头把痰吐在王建的脸上。看得出来，王建杀害俘虏，道武帝又气又恨，后悔之至。

67. 冤哉枉

——读《北史》卷二十《王建传》《罗结传》《楼伏连传》

毛泽东在读《北史》卷二十第 30 面版心末尾一段文字"王建位遇既高，讦以求直。参合之役，不其罪欤！罗结枝附叶从，子孙荣禄。楼伏连、闾大肥，并征伐著绩，策名前代。奚牧、和跋、莫题、贺狄干、李栗、奚眷，有忠勤征伐之功，不能以功名自卑，俱至诛夷，亦各其命也"时，把这段文字最后"亦各其命"四个字圈画掉之后，添注"冤哉枉"三个字。毛泽东为什么认为这些人的死是"冤哉枉"也？

为了便于理解毛泽东的这一批注，我们先来看看上述六个人都是怎么被杀死的。

先说奚牧，奚牧本是道武帝的宠臣，道武帝曾经称他为"仲兄"。史籍记载：奚牧此人忠厚，有智谋。北魏初年，跟随道武帝征战四处，尤其在伐后燕时功绩显著，后被封为并州刺史。奚牧任职的并州与姚兴（指后秦）接界，姚兴常常侵扰并州，奚牧写了一封信，抗议姚兴的侵扰，姚兴非常仇恨奚牧，后来姚兴与北魏和好，姚兴便向道武帝说奚牧坏话，道武帝不问真相，一怒之下，就把奚牧杀了。奚牧之死是多么"冤哉枉"也！

再看和跋的死。和跋是道武帝的谋士，在北魏的诸将领中，道武帝最宠和跋。和跋此人有才干，但好大喜功，爱炫耀自己，生活奢侈，好色。道武帝早年劝过他，但他恃道武帝对他的宠信，依旧我行我素，等到道武帝后期精神失常时，在一次狩猎豹山时，忽看着和跋不怎么顺眼，便在路边将他杀了。和跋之死是多么"冤哉枉"也！

再看莫题之死。早在窟咄讨伐拓跋珪时，莫题以拓跋珪年幼，暗送箭给窟咄，并说"三岁犊岂胜重载！"这事被拓跋珪知道后，一直怀恨在心。后来，有人向拓跋珪告密说：莫题平时过于傲慢，行动常和人主相比。拓跋珪一听，便命人送箭给莫题，说："三岁犊能胜重载否？"莫题看了诏书，一下子明白了拓跋珪的用意，他与其子相对而泣，无话可说，第二天早上，莫题就被行刑了。莫题的死是多么"冤哉枉"也！

再看贺狄干之死。贺狄干出使后秦，被扣留长安，他无事可做，就习读经史，时间长了，举止行动便像儒生。等他回到北魏后，拓跋珪见他言语，衣服失去了拓跋部的气质和式样，而是与后秦人一样了，便认为贺狄干是羡慕后秦人瞧不起拓跋部人的有意仿效，拓跋珪于是非常恼怒，立即将贺狄干和他的弟弟一起杀掉了。贺狄干兄弟的死是多么"冤哉枉"也！

李栗也是道武帝手下的一员大将，多才多谋，为北魏初年的疆域拓展立下了汗马功劳。李栗此人有些恃才放旷，傲慢，不拘小节，道武帝看不惯李栗的傲慢随意，就把他杀了。李栗的死是多么"冤哉枉"也！

奚眷是怎样死的呢？奚眷是太武帝拓跋焘时的尚书，他在道武帝时便已是重臣，到太武帝时，被封为南阳公。

太武帝在第二次出征柔然时（太平真君五年，444年），奚眷作为偏将随军作监使，太武帝令分兵进击。当时尚书令刘洁，矫诏诸将会合日期，致使诸将后期，"柔然遂远循，追之不及"。刘洁被杀，"夷三族"，而奚眷连同中山王辰等大将，也因"坐击柔然后期"，贻误战机，被斩于帝都郊外。

以上六人，论罪论过，均可不杀。尤其是上述前五位，都是以"莫须有"的罪名被杀害的。什么罪也没有，有的只是道武帝偏听偏信，有的只因道武帝看不顺眼，有的是道武帝精神失常，就把人给杀了。所以，毛泽东批注"冤哉枉"也！

这条批注，表明毛泽东对道武帝杀害五位大臣的不满意，也是对道武帝的一种批评。奚眷之死还有点罪名可联系，但也仅仅是被牵连，不是"私改诏令"的主犯，亦可不杀。太武帝不作具体分析，一杀了之，奚眷之死也是有些冤枉的。毛泽东为他们的死深有同情之感，所以，毛泽东批注的文字写成："冤哉枉"！突出一个"冤"字，把毛泽东同情与不满、不平的情感体现得更为突出、更为鲜明。

对于犯了错误、做了错事的人，毛泽东一直主张采取批评、教育、改造的办法。有了错误，做了错事，改了就好，不要一棍子将人打死，要给他重新做人的机会。

（三）唐史

68. 遇事无断制
——读《旧唐书·高祖本纪》

"遇事无断制。"本条批注写在《旧唐书》卷一《高祖本纪》第1面的天头上。

这里，毛泽东为什么批注唐高祖"遇事无断制"？毛泽东的批注，是他对李渊一生主要性格与作为的一种看法，也是一种评价。毛泽东为什么有这样的看法或评价呢？根据《旧唐书》等史籍记载，主要依据有以下几点。

第一，唐高祖谨慎有余，决断迟缓。李渊身任太原留守，早有图天下、吞八荒之心，但有时谨慎有余，当断而迟迟不断。史载，隋朝末年，李世民在隋炀帝疑忌他们父子的紧要关头，善察时变，及时向父亲李渊提出了"转祸为福"的方针。李世民说："今主人无道，百姓困穷，晋阳城外皆为战场；大人若失小节，下有寇盗，上有严刑，危亡无日。不若顺民心，兴义兵，转祸为福，此天授之时也。"等到马邑人刘武周起兵，杀了太守王仁恭，又引突厥直逼太原时，李世民又一次催促父亲快快起兵，说："不早建大计，祸今至矣！"跃跃欲动之情，溢于言表。其后，李世民又多次向李渊提出起兵的具体建议。正是在李世民的催促、怂恿、鼓动之下，李渊才坚定了反隋的决心。

第二，唐高祖在一些关键问题上往往会优柔寡断。如李渊誓师于野后，留元吉守太原，亲自率领建成、世民从太原出发，拥兵三万。南下至贾胡堡，离霍邑五十余里。隋朝虎牙郎将宋老生屯霍邑，以精兵二万拒"义师"。适逢久雨粮尽，又流言突厥乘虚将掩袭太原，李渊召集诸将佐商量对策。裴寂认为各方面的形势都不利，霍邑未易猝下。"太原一方都会，且义兵家属在焉，不如还救根本，更图后举。"李渊同意此议，而李世民的看法正相反。他说："今禾菽被野，何忧乏粮，老生轻躁，一战可擒。李密顾恋仓粟，未遑远略。武周与突厥外虽相附，内实相猜。"在此种形势下，"当须先入咸阳，号令天下；遇小敌即班师，将恐从义之徒一朝解体"。李渊一时听不进，促令班师。李世民不禁号泣悲啼于外，声闻帐中。李渊问其故，世民说："今兵以义动，进战则必克，退还则必散。众散于前，敌乘于后，死亡须臾而至，是以悲耳。"同时，李建成也反对退回太原。至此李渊方大彻大悟，知道霍邑之战生死攸关，有进无退。后来，果然在李世民、李建成的相互配合之下，一举攻克霍邑。李家军从此声威大振，为此后的攻克长安，夺取最后的胜利奠定了坚实的基础。如果李渊听从裴寂等人最初的意见而轻易退兵，则历史可能将会是另外一种结局。

遇事無斷制

功參佐命當時稱為八柱國家仍賜姓大野氏周受禪

追封唐國公諡曰襄至隋文帝作相還復本姓武德初

追尊景皇帝廟號太祖陵曰永康皇考諱昞周安州總

管柱國大將軍襲唐國公諡曰仁武德初追尊元皇帝

廟號世祖陵曰興寧高祖以周天和元年生於長安七

歲襲唐國公及長倜儻豁達任性真率寬仁容眾無貴

賤咸得其歡心隋受禪補千牛備身文帝獨孤皇后即

高祖從母也由是特見親愛累轉譙隴岐三州刺史有

史世良者善相人謂高祖曰公骨法非常必為人主願

自愛勿忘鄙言高祖頗以自負大業初為滎陽樓煩二

毛泽东读《旧唐书》卷一《高祖本纪》批注：遇事无断制。

第三，唐高祖"遇事无断制"的另一种表现是"赏罚不明"。做了皇帝之后，对功臣的封赏不善于分清是非，不能论功行赏。下面以诛杀功臣刘文静为例说明。

刘文静是最早参与起兵反隋密谋的人。他出奇谋联络突厥，击败隋将屈突通，屡建军功。唐王朝建立后，其地位却排在裴寂之下，心中不平；每次上朝议事时，总是与裴寂明争暗斗，唇枪舌剑。刘文静曾对李渊说："陛下君临亿兆，率土莫非臣，而当朝抑扬，言尚称名；又宸极位尊，帝座严重，乃使太阳俯同万物，臣下震恐，无以措身。"委婉地表达了自己心中的不满，但李渊对此并没有加以重视。更令刘文静不满的是，李渊后来借故给刘文静扣上谋反的帽子。文静申辩说："起义之初，忝为司马，计与长史（指裴寂）位望略同。今寂为仆射，据甲第，臣官赏不异众人，东西征讨，家口无托，实有觖望之心。"对此，李渊根本听不进去，反而听信裴寂的一面之词，于武德二年（619年）九月将刘文静处死。李世民听到李渊要处死刘文静时，赶紧向父亲李渊替刘文静说情："昔在晋阳，文静先定非常之策，始告寂知，及克京城，任遇悬隔，令文静觖望则有之，非敢谋反。"可是，李渊宁信裴寂谗言，李世民的劝告根本听不进去。

第四，唐高祖"遇事无断制"，从他对待诸子尤其是李世民的态度上也能看出几分。本来，李渊称帝后，李建成被立为太子，但李世民一直觊觎着王位，并在多方培植自己的势力。对此，李渊虽有所察觉，但他也没有采取果断的措施，而在几个儿子中间搞平衡，拖泥带水，和和稀泥，各方讨好，最终酿成亲兄弟相残的玄武门之变。造成这一结局的主要根源，在于李渊封李世民为"天策上将"，放任李世民设立"文学馆"。

李渊封李世民为"天策上将"，不仅仅是一个"徽号"的问题，给李世民封为"天策上将"，即成为"陕东道大行台，位在王公上"。从此，"天策府可置官属，计有长史、司马各一人；从事中郎二人；军咨祭酒二人，典签四人；主簿二人；隶事二人；记室参军事二人；功、仓、兵、骑、铠、士六曹参军各二人；参军事六人"。天策府俨然成为一个小朝廷。这种殊荣李建成是无法相比的。

之后，李世民又设立了"文学馆"，内有杜如晦、房玄龄等"十八学士"。据说，"文学馆"实际上是李世民的顾问决策机构和智囊团，聚集了一大批人才。显然，李世民个人实力发展越来越强大，对秦王的命令能够贯彻，而对高祖的诏敕有时置之不理。对此，高祖很不满地说过："此儿典兵既久，在外专制，为读书汉所教，非复我昔日子也。"但是，不满归不满，李渊对李世民也没有采取任何措施。这就是唐高祖"遇事无断制"的显著表现之一。

以上四条，足以说明，毛泽东的这条对高祖的评价是很有根据的，毛泽东对李渊一生的史迹是很熟悉的。这条批注，也是毛泽东对李渊的一种批评，也是从另一个侧面对李世民的一种赞扬。毛泽东对李世民的直接赞许后面还要谈及，这里就不再多说了。

69. 李元昌与李承乾谋反
——读《旧唐书·李元昌传》

"李元昌与李承乾谋反。"这条批注写在《旧唐书》卷六十四《李元昌传》第13面的天头上。相应的版心文字为："汉王元昌，高祖第七子也。少好学，善隶书。武德三年，封为鲁王。贞观五年，授华州刺史，转梁州都督。十年，改封汉王。元昌在州，颇违宪法。太宗手敕责之。初不自咎，更怀怨望。知太子承乾嫉魏王泰之宠，乃相附托，图为不轨。十六年，元昌来朝京师，承乾频召入东宫夜宿。因谓承乾曰：'愿殿下早为天子。近见御侧有一宫人，善弹琵琶，事平之后，当望垂赐。'承乾许诺。又刻臂出血，以帛拭之，烧作灰，和酒同饮。共为信誓，潜伺间隙。"

毛泽东为什么在这里批注"李元昌与李承乾谋反"？从上述版心文字记述中约略可以看出李元昌与李承乾谋反的意思。这是毛泽东对版心文字所作的一种注释。为了帮助理解毛泽东的这一批注，在这里把李元昌和李承乾二人谋反的相关情况先介绍一下。

李承乾是唐太宗长子，被立为太子，平时在唐太宗染病或出征时由他主持政务，最初也是受到朝野拥戴。在李世民统治中后期，诸子争位，朋党纷起，太子李承乾的地位开始受到严重威胁，为了增强自己的力量，他让侯君集的女婿多次把侯君集召到东宫，两人建立了联系。侯君集是唐朝名将，战功和威望与李靖、李勣相仿，自从加入了太子集团，也不自主地卷入争储旋涡中，为此烦恼，常常深夜不眠，长吁短叹。他的妻子劝说他，让他出首，脱离太子集团，不从。李承乾的叔父汉王李元昌鼓动太子称帝，李承乾也派遣刺客去谋害与他矛盾最深的魏王李泰。齐王与他的长史权万纪结怨，杀权万纪起兵叛乱，遭到镇压，他的一个亲随在东宫连坐，告发说太子曾对他说，东宫离皇宫近，起事不会像齐王那样失败。唐太宗立即派人把李承乾召入皇宫，并且把他幽禁在别室，下令对太子集团镇压、调查，侯君集等多人被抓。在储位争夺激烈的时候，杜荷曾劝说李承乾：有人说星变，皇上应为太上皇，若称病请皇上来看，可以得志。而结果却是太子被诱入皇宫被关押。李世民当时宠信魏王等，疏远并准备废黜太子，因此太子亲信为他谋划夺权。侯君集深夜长叹表明他内心的矛盾，太子利用他有威望结交他，但太子本人也没有明确、认真准备政变夺权。太子对杜荷的计策未采纳，致自己被诱捕。可见侯君集后来临死都表示自己没有谋反应该是可信的，他深夜长叹只能表明他对自己效忠的太子被疏远，自己未来前途黯淡伤感。他这样的名将真要决意谋反就不会忧虑、哀愁，不会失眠。他多是通过女婿与太子联系，不是太子集团核心。在侯君集被捕后，唐太宗也要赦免他，但是群臣都反对，太子集团在统治阶级中是孤立的，唐太宗只能挥泪与侯君集诀别。李承乾是幼稚的纨绔，尽管对魏王等打击自己不满，联系侯君集为党，召集亲信谋划对策，却不能有所决断，最多也只是要派刺客去杀魏王。依然未能摆脱失败被废，还牵连了多人获罪。这是历史上记载的李承乾谋反失败的一段史事。

再来说说李元昌。当汉王元昌得知承乾有谋反之意时，立即与之互相勾结，"刻臂出血，以帛拭之，烧作灰，和酒同饮。共为信誓，潜伺间隙"。然而，事与愿违，李元昌与李承乾及其党羽的"信誓"并没有成真。齐王李祐在齐州谋反被平定后，供出了李元昌、李承乾的阴谋。元昌因是太宗的亲兄弟，不忍加诛，特赦免死，但大臣高士廉、李勣等认为不杀不足以平民愤，遂赐元昌自尽于家；而承乾因系太子减死为流，废为庶人，徙放黔州，两年后死去。

毛泽东的这条批注，完全符合李元昌与李承乾的史实，是实事求是的注释。正因为他们二人在历史上有谋反的史实，毛泽东历史知识渊博，对众多历史人物的史事都很熟悉。所以，在读《李元昌传》上述版心文字时，即批写了"李元昌与李承乾谋反"。

李世民对李元昌、李承乾的谋反作了果断的处理，避免了政局的动荡，使贞观之治的大好成果得以巩固并能继续发展。李世民果断的决策与其父李渊"遇事无断制"形成鲜明的对比。

这条批注是毛泽东对李元昌与李承乾谋反的蔑视与谴责，从另一方面来看，也是毛泽东对李世民的肯定和称赞。

70. 冤死
——读《旧唐书》卷六十九《盛彦师传》
《刘世让传》《李君羡传》

"盛彦师名将，冤死。"这条批注，是毛泽东在读《旧唐书》卷六十九《盛彦师传》第12—13面版心文字"盛彦师者，宋州虞城人。大业中，为澄城长。义师至汾阴，率宾客千余人济河上谒，拜银青光禄大夫、行军总管，从平京城。……会徐圆朗反，彦师为安抚大使，因战，遂没于贼。圆朗礼厚之。……贼平，彦师竟以罪赐死"时，在该传开头文字的天头上写下的。在版心文字旁还画上了直线、圆圈、点等多种符号。

毛泽东读此传为什么在天头上批注"盛彦师名将，冤死"？为了更好地理解毛泽东的批注，据史载先介绍一下盛彦师其人。盛彦师在隋末投入李世民的起义军，在征讨李密、王世充诸战役中，建有大功。李密先与李渊、李世民结盟，灭隋后互争天下。在别人不敢迎战李密时，盛彦师自告奋勇，率几千人在熊耳山南侧（位于今河南省灵宝市崤山以南）伏击李密，并斩杀之。遂以功封葛国公，拜武卫将军。所以，毛泽东在这里批注说他是"名将"。

武德四年（621年）六月，盛彦师率部随秦王李世民出征，参与击溃自称皇帝的原隋朝将领王世充的顽固势力。唐高祖任命盛彦师为宋州（治所位于今河南省商丘市南）总管（军政长官）。八月，兖州（治所位于今山东省兖州市）总管徐圆朗反叛。唐高祖任命盛彦师为安抚大使，前去招抚徐圆朗重新归附朝廷。盛彦师率部抵达任城（位于今山东省济宁市东南），反被徐圆朗叛军击败俘虏。徐圆朗想拉拢盛彦师同他一起反叛朝廷，对盛彦师以礼相待。盛彦师则坚持要徐圆朗向朝廷投降。不久，徐圆朗要盛彦师写信劝其弟弟反叛朝廷。盛彦师的弟弟当时镇守虞城（位于今河南省虞城县北）。盛彦师随即给其弟弟写去一封信，不是劝他投降徐圆朗，而是表明自己准备以身报国。他在信中写道："吾奉使无状，被贼所擒，为臣不忠，誓之以死。汝宜善待老母，勿以吾为念。"徐圆朗得知盛彦师给他弟弟写了这么一封信，非常恼火，对他加以威胁。盛彦师神态自若，义无反顾。徐圆朗为他的忠义所感动，对其部属说："盛将军可谓真正的壮士，有节操，不能杀啊！"此后，徐圆朗继续将盛彦师扣留，仍然以礼相待。

十月，盛彦师趁看守不备从徐圆朗处逃出，随即率领齐州（治所位于今山东省济南市）总管王薄部众，攻打徐圆朗叛军占据的须昌（治所位于今山东省东平县西北）。此间，他们向谭州（治所位于今山东省济南市东北平陵城）刺史李义满征调军粮。李义满与王薄有积怨，拒绝供给其军粮。不久，须昌叛军投降，盛彦师将李义满抓捕，关入齐州监狱。李义满在狱中忧愤而死。王薄被李义满之侄杀死。因此，唐高祖于武德五年（622年）下令将盛彦师处死。盛彦师从徐圆朗部队逃出后即继续投身平叛。对这样一位"誓死保国"的将军，唐高祖却怀疑其变节。待叛贼平定后，盛彦师竟然以罪被赐死。盛彦师有理难辩，只能满怀悲愤饮恨九泉。毛泽东熟读《旧唐书》等史籍，对盛彦师的前后史事很清楚，所以读此传即写下批注："盛彦师名将，冤死。"

此条批注，既表明毛泽东对盛彦师爱国气节和军事才能的肯定，也表达对唐高祖因其战败被虏就怀疑其变节并将其杀害的不满与批评。

《旧唐书》卷六十九还包括《刘世让传》《李君羡传》。刘世让曾在隋朝任征仕郎（一名中级官员），后投唐高祖李渊，拜为通议大夫。李渊向他征询备边之策，刘世让建议：可在一个叫崞城的地方置一勇将，多储些金帛，有来投降的人便重赏，然后出兵破坏马邑一带的农耕之业，不到一年，就可以拿下突厥进犯中土的要津马邑城，李渊说你去最合适。刘世让赴任后，突厥害怕他，就造谣说他与可汗通谋，将要叛乱。李渊竟然轻信谣言把他杀了，并"籍没其家"。毛泽东读此传在开篇的天头上写下批注："刘世让冤死"。这条批注表明毛泽东对刘世让被处死深感惋惜，同时也表明对李渊不调查不研究，不明白事情真相，就草率将刘世让处死的做法的不满。

李君羡初为王世充骠骑，后归降李世民，为武卫将军。贞观初年，太白星常在白天出现，有人占卦说将有一个女人出来称武王。恰巧李君羡是武安人，又任武卫将军，封号又是武连郡公。一次作酒令，李世民让武官各言自己的小名，李君羡自称小名"五娘子"。"太宗愕然，因大笑曰：'何物女子，如此勇猛！'又以君羡封邑及属县皆有'武'字，深恶之。"有人就奏劾李君羡将谋乱，李世民便把李君羡杀了。毛泽东读此传也在开篇的天头上写下批注："李君羡冤死。"

盛彦师、刘世让、李君羡等都成了李渊、李世民刀下的冤死鬼，毛泽东在这里前后写下了三个"冤死"。足见毛泽东对唐高祖李渊及李世民此时治国行为的不妥不当是何等的不满！盛彦师、刘世让、李君羡三位将军，不是战死在战场上，而是或因误解、或因轻信谣言被杀害，他们有理难辩，有话不让说，只能满怀悲愤饮恨九泉。因为他们的死都是冤枉的，都是没有事实根据的，都不是实事求是的，所以，毛泽东上述的三个"冤死"的批注，实际上也是对唐高祖李渊"遇事无断制"行为的谴责，对李世民在此事上不做调查研究的批评。

据史载，天授二年（691 年），李君羡的家属到宫殿喊冤，武则天于是追复李君羡的官爵，还其一个清白。还按照礼制重新安葬了他。

71. 李世民的工作方法
——读《旧唐书·李百药传》

"李（世）民的工作方法有四。"本条批注写在《旧唐书》卷七十二《李百药传》第 12 面的天头上。在此批注文字的右边还竖着画了三个较大圆圈。相应的版心文字为："陛下每四夷款附，万里归仁，必退思进省。凝神动虑，恐妄劳中国，以事远方，不藉万古之英声，以存一时之茂实。心切忧劳，迹绝游幸，每旦视朝，听受无倦。智周于万物，道济于天下。罢朝之后，引进名臣，讨论是非，备尽肝膈，唯及政事，更无异辞。才及日昃，命才学之士，赐以清闲，高谈典籍，杂以文咏，间以玄言，乙夜忘疲，中宵不寐。此之四道，独迈往初。斯实生民以来一人而已。"版心相关文字旁亦作了不少的圈画。

毛泽东在这里，为什么又圈又画又作此批注呢？唐朝贞观二年（628 年），礼部侍郎李百药在朝廷讨论封建诸侯的时候，写了篇《封建论》呈给唐太宗李世民。这篇文章关于封建诸侯的观点似乎已被人遗忘，但其中说的李世民执政治世之道却被毛泽东注意到了。李百药说：李世民平定四方，用怀柔政策，不急功近利，劳民损兵；不贪图游乐，每早视朝，用心听取各种建议，出言周密；罢朝后和大臣们推心置腹讨论是非；晚上同人高谈经典文事。

李百药概括的李世民这四个特点，实际是他对李世民的工作实际、工作态度和工作作风的赞许。毛泽东在这里称之为四条"工作方法"。这是政治家读史的独到之处，也是毛泽东"古为今用"的一个体现。在李世民的这四条"工作方法"中，后两条显然属于务虚之举，从圈画的笔迹和符号也可以看出，后两条似乎格外受到毛泽东的青睐。

从李世民后两条工作方法，我们可以看出：此两条都不是直接处理具体的或紧要的政务，多半属于务虚性质的讨论和闲谈，时间均在上午罢朝之后和傍晚夕阳西斜之后。讨论事情的是非曲直而"备尽肝膈"，"乙夜忘疲，中宵不寐"足见相互畅谈的坦诚气氛和用心程度。和文人们高谈典籍诗文，中间还插说些抽象的"玄言"，就更是自由自在的务虚之举了。这种方式、这种氛围，与毛泽东一贯主张、提倡、践行的深入实际、深入群众、调查研究、读书小组、专题座谈等做法有相似之处。这应当算是毛泽东对李百药概括李世民四条工作方法感兴趣的缘由之一。

为了能够经常进行这种务虚，李世民还从体制上做了设计。在任天策上将军时，他便在天策府开设文学馆，广招天下学士十八人入馆，号称"十八学士"。这些人都是些博览古今、明达政事、善于文辞的大知识分子。根据他们的特长，大致可分三类：一是以诗文写作著称于世者，如虞世南、褚亮等；一是以经史学问名重当时者，如孔颖达、陆德明等；一是知识渊博且善于治道的人，如房玄龄、杜如晦等。有个成语"房谋杜断"，即指此二人，一个多谋，一个善断。李世民让这些学士，每天"值宿于阁下，每军国务静，参谒归休，即便引见，讨论坟籍，商略前载。预入馆者，时所倾慕"。可见依持之重，为士子向往。人们都知道李世民曾让人画二十四位功臣之像悬挂于凌烟阁内供人瞻仰，殊不知他也曾让人为十八学士画像，辑成《十八学士写真图》，"藏之书府"。画像的时候，文学馆学士薛收已经去世，李世民还泣叹着说："恨不早图其像。"李世民即位当年，曾收集二十多万卷书置于弘文殿，并在弘文殿旁设置弘文馆，精选才学渊博之人充任弘文馆学士，仍然是让他们分班值夜，"引入内殿，讲论前言往行"。李百药说他们的讨论达到"乙

垂請從御高明管一小閣遂惜家人之產竟抑子來之
願不忝陰陽所感以安卑陋之居去歲荒儉普天饑饉
喪亂甫爾倉廩空虛聖情矜愍勤加惠卹竟無一人流
離道路猶且食唱藜藿樂撤簨簴言必懷動貌成癉瘵
公旦喜於重譯文命矜其卽序陛下每四夷款附萬里
歸仁必退思進省凝神動慮恐妄勞中國以事遠方不
蕭萬古之英聲以存一時之茂實心切憂勞跡絕遊幸
每旦視朝聽受無倦智周於萬物道濟於天下罷朝之
後引進名臣討論是非備盡肝膈雖及政事更無異轍
竊及日昃命才學之士賜以清閒高談典籍雜以文詠

毛泽东读《旧唐书》卷七十二《李百药传》批注：李（世）
民的工作方法有四。

夜忘疲，中宵不寐"的程度，可见李世民对各方面专家学者何其看重，兴味是何等浓厚。

20世纪五六十年代，毛泽东在中南海住地也常常邀请地质学家李四光、遗传学家谈家桢、历史学家周谷城、物理学家周培源、经济学家于光远，还有金岳霖、冯友兰、郑昕、贺麟、费孝通，还有康生、陆定一、陈伯达、胡乔木、胡绳、吴冷西、田家英等，还有邓拓、金仲华、徐铸成、赵超构、朱穆之等理论界、学术界、新闻界的朋友，还有美籍物理学家杨振宁、李政道等，一起研究、讨论自然科学、哲学、史学、逻辑学等诸多理论、学术问题。

李世民有类似的工作方法，毛泽东本人亦践行过这种工作方法。李世民自"贞观以来，手不释卷"；毛泽东直到晚年还夜以继日，手不释卷，不知疲倦地工作和读书学习。李世民、毛泽东亦有相通之点。

作为"马上打天下"的君主，李世民武略之高自不待言。有一本传世的《唐李问对》，便是他同大将军李靖讨论兵法的理论著作，被宋人列为《武经七书》之一。毛泽东对李世民的军事指挥艺术和在军事理论上的建树，也推崇有加。他在冯梦龙的《智囊》里读到李世民"每观敌阵，则知其强弱，常以吾弱当其强，强当其弱"诸语时，随即批注："所谓以弱当强，就是以少数兵力佯攻敌诸路大军。所谓以强当弱，就是集中绝对优势兵力，以五六倍于敌一路之兵力，四面包围，聚而歼之。自古能军无出李世民之右者。"这可能是在军事方面对李世民评价最高的。

从上述介绍中，我们可以看到李世民、毛泽东虽然生在不同的年代，一个是封建帝王，一个是新中国人民领袖，但是，他们有相通之点，亦有相似之处。历史的长河把他们联系在一起，还记着、歌颂着他们的丰功伟绩。

李世民的四条工作方法，包括军事、政治、经济、文化、学术、音乐、民族宗教等在内的诸多方面的治国理政的思想和实践，内涵丰富，蔚为大观。这对我们学习历史、借鉴历史、古为今用，有一定的参考价值和一定的启迪作用。

这条批注，是毛泽东从工作方法角度对李世民的评价和赞赏，也是毛泽东对李世民的肯定和称颂。李世民是中国历史上功绩卓著的一代英明雄主，毛泽东历数历代王朝留下了"唐宗宋祖"著名词句，"唐宗"就是指唐太宗李世民。这是毛泽东对李世民最高、最好的评价。即使是最高、最好，但他也无法与毛泽东相比。这就是毛泽东自己说过的"数风流人物，还看今朝"。

72. 可能是支气管炎
——读《旧唐书·姚思廉传》

"可能是支气管炎。"这条批注写在《旧唐书》卷七十三《姚思廉传》第 7 面的天头上。相应版心文字的大意是：有一年夏天，唐太宗准备往九成宫避暑，思廉劝谏说："离宫游幸，秦皇、汉武之事，固非尧、舜、禹、汤之所为也。"言辞恳切尖锐。唐太宗只好下谕解释说："朕有气疾，热便顿剧，固非情好游赏也。"毛泽东在"气疾，热便顿剧"六个字旁分别画了圆圈。

这里，毛泽东为什么批注"可能是支气管炎"呢？这是毛泽东个人的一种看法，看法的根据是太宗谕中"气疾，热便顿剧"六个字。因为气管发炎，顿时感到身体体温很高。据此，毛泽东认为唐太宗当时"可能是支气管炎"的毛病。因为毛泽东不是医生，他仅是据李世民谕中说的病情及他本人平常的感受表达个人的一种看法，这种看法不一定对，所以他在"支气管炎"四字前面又冠以"可能是"三个字。

姚思廉能对唐太宗这样直言，李世民听后又专门下谕解释，是因为这样的君臣关系非同一般。据《姚思廉传》记载隋炀帝大业十三年（617 年），李渊在太原起兵直取长安。这时镇守长安的是隋炀帝孙子代王杨侑，姚思廉为代王侍读。李渊占领长安后，代王府僚属都惊骇走散，唯姚思廉依然不离代王左右。唐兵涌入王府，思廉大声呵斥："唐公举义本匡王室，卿等不得无礼于王。"众兵将闻听此言非常惊愕，见思廉独自一人伴随代王而面无惧色，心中钦佩，于是纷纷停立在大堂台阶之下。李渊闻知，于是准许思廉扶代王下堂。直到代王被安置到顺阳阁，思廉才哭泣着拜辞而去。时人感慨地称他为"忠烈之士"。李渊、李世民父子由此赏识和重用姚思廉。李渊称帝后，即授思廉为秦王文学。秦王李世民开文学府，招揽博学之士，姚思廉就是"十八学士"之一。

武德年间，李世民曾率军赴鲁南征讨徐圆朗，战争间隙，他与人议论起隋朝事，谈到姚思廉挺身而出保护代王之举，感慨叹道："姚思廉面对利刃而显示大节，即使古人也很罕见。"当时思廉远在洛阳，于是李世民专派使者带帛三百段赏赐思廉，并附信说："想节义之风，故有斯赠。"这是很不寻常的优礼之举。李世民命著名画家阎立本画"秦府十八学士图"，并命文学褚亮各为赞语，对思廉的评价是"志苦精勤，纪言实录。临危殉义，余风励俗"。从史学才能和政治节操两方面对思廉作出褒奖。"玄武门事变"之后，李世民当上太子，思廉也随即升迁为太子洗马。

姚思廉对于政事"直言无隐"，督促太宗勤于国事。太宗因思廉是秦府旧人，许可他随时就政事的得失直接秘密上奏，思廉也利用这个有利条件，充分发表自己对政事的见解，"展尽无所讳"。为奖赏姚思廉的直谏，赐帛五十匹。姚思廉去世后，唐太宗深为哀悼，为之废朝一日，赠太常卿，谥号"康"，特准许葬于昭陵。

73. 老而不死
——读《旧唐书·许敬宗传》

"老而不死，年八十一。"这条批注是毛泽东在读《旧唐书》卷八十二《许敬宗传》第1—4面版心文字"敬宗自掌知国史，记事阿曲。……敬宗嫁女与左监门大将军钱九陇，本皇家隶人。敬宗贪财与婚，乃为九陇曲叙门阀，妄加功绩，并升与刘文静长孙顺德同传……

（咸亨）三年薨，年八十一"之后，在相应文字的天头上写下的。在有关的文字旁还作了圈画。

要理解毛泽东的这条批注，在这里还是先介绍一下许敬宗其人。

据《旧唐书·许敬宗传》记载：许敬宗，杭州新城人。唐朝宰相，隋朝礼部侍郎许善心之子。隋大业年间考中秀才，后被授以淮阳郡司法书佐。其父许善心被杀之后投奔瓦岗军，被李密委任做元帅府室，和魏征同为管记。李密兵败之后投奔唐朝，武德初年，正式出任涟州别驾。秦王李世民闻其才学，召补为秦王府学士。贞观八年（634年）升任著作郎、监修国史，不久迁中书舍人。贞观十年，因事贬官，任洪州都督府司马，之后历任给事中、检校黄门侍郎、太子右庶子、检校礼部尚书等职。其间参与了《武德实录》《太宗实录》的撰写工作，因此被封为高阳县男，太宗李世民征讨高丽期间，许敬宗因起草诏书得体而深受太宗欣赏，在岑文本死后以本官检校中书侍郎。贞观二十一年，加封为银青光禄大夫，高宗李治即位后代替于志宁为礼部尚书。

永徽五年（654年）因支持立武则天为后而官运亨通，先后历任礼部尚书、太子宾客之职，显庆元年（656年）升任侍中，仍监修国史。次年晋爵高阳郡公，同年代李义府为中书令。龙朔二年（662年），拜右相，加光禄大夫头衔。次年，册拜为太子少师、加同东西台三品，并且依旧监修国史。乾封初年，因年老不能步行，特许他和司空李勣各自骑小马从禁门到内省。

就是这样一位备受皇上恩宠的位极人臣，却隐藏着种种卑劣的、可耻的、丑恶的行为。主要有：

第一，修史妄改。许敬宗自从掌握撰修国史后，记事曲从迎合、曲直不正。当初，虞世基和敬宗的父亲许善心一起为宇文化及所害，封德彝时为内史舍人，完全知情，因此对人说："虞世基被诛杀，世南伏地而行请求替兄受死，善心被处死，敬宗手舞足蹈用来求生。"敬宗非常在意此事，到了为封德彝立传的时候，大肆强加他的罪恶。敬宗女儿嫁给左监门大将军钱九陇，其本为皇家的奴隶，敬宗贪财与他联姻，于是

舊唐書卷八十二

後晉司空同中書門下平章事劉　昫撰

列傳第三十二

許敬宗　李義府　少子湛

許敬宗

許敬宗杭州新城人隋禮部侍郎善心子也其先自高陽南渡世仕江左敬宗幼善屬文舉秀才投淮陽郡司法書佐俄直謁者臺奏通事舍人事江都之難善心爲宇文化及所害敬宗流轉投於李密以爲元帥府記室與魏徵同爲管記武德初赤牒擬澧州別駕太宗聞其名召補秦府學士貞觀八年累除著作郎兼修國史

毛泽东读《旧唐书》卷八十二《许敬宗传》批注：老而不死，年八十一。

为九陇曲意陈述他的出身，给他妄加功绩，并把他提升到与刘文静、长孙顺德同传。敬宗为儿子娶尉迟宝琳的孙女为妻，得到很多贿赂的财物，到为宝琳的父亲尉迟敬德作传时，完全为他隐去各种过失罪过。太宗作《威凤赋》赐给长孙无忌，敬宗作传时却改写成赐给尉迟敬德。白州人庞孝泰，是少数民族部落首领中的平庸之辈，率兵跟随出征高丽，高丽知道他懦弱，袭败了庞孝泰。敬宗又收纳了他的珍贵物品，作传时说他屡次打败贼众，斩杀俘获敌贼数万人，汉将中骁勇强健的只有苏定方与庞孝泰了，曹继叔、高伯英都在他们之下。虚假美化与隐匿丑恶到了这个程度。起初，高祖、太宗两朝的实录，其中由敬宗撰写的很多都是详细、真实的，敬宗又总是以自己的爱憎曲意进行删改，评论尤其是这样。然而自贞观以来，朝廷所撰修的《五代史》《晋书》《东殿新书》《西域图志》《文思博要》《文馆词林》《累璧》《瑶山玉彩》《姓氏录》《新礼》，敬宗都总揽其事，前后所得赏赐，不计其数。

第二，陷害忠良。永徽五年（654年），高宗欲废王皇后，立武昭仪为后，长孙无忌、褚遂良等大臣坚决反对。永徽六年，重新拜为礼部尚书。许敬宗为迎合高宗，多次劝长孙无忌促成此事，受到厉色斥责。而武则天则对许敬宗极为感激，引为心腹，迁礼部尚书。皇后废立之事，久拖未决。许敬宗说："田舍翁多收十斛麦，就想换老婆，何况天子欲立后，这本来就与别人没有关系，何必要妄加议论呢？"武则天就让身边的人将这话告诉高宗。高宗遂废王皇后，立武昭仪为皇后。武则天当了皇后，决心报复那些反对这件事的人。敬宗与中书侍郎李义府遂诬告长孙无忌、褚遂良、韩瑗图谋不轨，将他们几人流放岭南，使他们客死异乡。

第三，好色无度。敬宗好色无度。他的长子许昂很有文才，历任太子舍人的职务。许昂的母亲裴氏很早就去世了。裴氏的婢女有姿色，敬宗宠爱她，让她做继室，假姓虞氏。

第四，生活奢豪。许敬宗曾经造飞楼七十间，让妓女在上面骑马而走，以为戏乐。生活奢侈无比。

因为许敬宗有种种丑恶、卑劣、极不光彩的行为，所以，毛泽东读此传时写下了"老而不死，年八十一"。"老而不死"有点骂人的意思，表达出毛泽东内心里对许敬宗很不满意。

毛泽东的这条批注，表达了毛泽东的愤慨和蔑视，在毛泽东看来这种人怎么能让他撰修国史！唐高宗重用这类人撰修国史，有辱历史的尊严和清白。七十古来稀，许敬宗时年八十一，如果他能早死几年会有许多人少蒙不白之冤和不实之词。毛泽东内心里认为许敬宗这类人，真该早死！"老而不死"，害人害史！

74. 笑里藏刀李义府
——读《旧唐书·李义府传》

"笑里藏刀李义府。"这条批注写在《旧唐书》卷八十二《李义府传》第7面的天头上。相应的版心文字为："义府貌状温恭，与人语，必嬉怡微笑，而褊忌阴贼。既处权要，欲人附己，微忤意者辄加倾陷，故时人言义府笑中有刀。又以其柔而害物，亦谓之李猫。"毛泽东还在"貌状温恭""嬉怡微笑""褊忌阴贼""笑中有刀""柔而害物"这些文字旁画上圈。

毛泽东在读《旧唐书·李义府传》时，为什么批注"笑里藏刀李义府"？从《旧唐书·李义府传》上述版心文字中，我们看得很清楚，"义府笑中有刀"六个字，这是历史的记载，也是本书作者刘昫的看法和评价。毛泽东的批注，只是在原著中"义府笑中有刀"六个字中，增加一个"李"字，将"笑中有刀"的"中"字换成"里"字，"有"字换成"藏"字。"中"字换成"里"字，汉语中的实际意思应当差不多，可将"有"字换成"藏"字，意思就大不一样了。一个"藏"字，把李义府做人的"褊忌阴贼""辄加倾陷""柔而害物"的本性刻画得更加入木三分。"笑里藏刀李义府"是毛泽东的看法，也是毛泽东对李义府的评价。

毛泽东在这里批注"笑里藏刀李义府"，也是毛泽东熟读历史、熟读《李义府传》的自然结果。

永徽二年（651年），唐高宗命李义府兼修国史，加授弘文馆学士。命令尚未下达到门下省，他便已获知，并与中书舍人王德俭商量对策。王德俭道："皇帝欲立武昭仪为皇后，又害怕宰相不同意，所以尚未正式提出。你若能推助此事，定可转祸为福。"李义府遂替王德俭值夜，趁机叩门上表，请求废黜王皇后，改立武昭仪。唐高宗大喜，召回李义府，将他留居原职。

同年十月，武则天被立为后。不久，李义府被拜为中书侍郎、同中书门下三品，封广平县男。他与许敬宗、王德俭等人相互援引，狼狈为奸，贬杀忠臣，帮助武则天最终窃取权柄。

显庆元年（656年），李义府兼任太子右庶子，晋爵广平县侯。当时，洛州女子淳于氏因罪被关入大理寺监狱。李义府听说淳于氏貌美，便暗中指使大理丞毕正义将她释放，然后将其纳为妾室。大理寺卿段宝玄据实上奏，唐高宗便命给事中刘仁轨、侍御史张伦审理。李义府担心事情败露，竟逼令毕正义在狱中自缢，以断绝实证。唐高宗虽知实情，但却没有追究李义府的罪责。

后来，侍御史王义方弹劾李义府道："义府擅杀六品寺丞，理应治罪。"李义府出班辩斥，经王义方三次叱责，这才怏怏退下。唐高宗大怒，认为王义方诋毁大臣、言辞不逊，将他贬为莱州司户。退朝后，李义府得意地问道："王御史妄加弹劾，惭不惭愧？"王义方正色道："孔子担任鲁国司寇，仅七天便诛杀少正卯。我王义方就任御史已经十六日，却不能诛杀奸邪，确实有愧。"

显庆二年，唐高宗擢升李义府为中书令、检校御史大夫、太子宾客、河间郡公，并为他修建宅第。当时，李义府宠冠朝廷，家中子弟都被封为清要官职。他十分贪婪，与妻子、子婿大肆卖官鬻爵，又多引腹心、广结朋党，权势熏天。

此前，杜正伦担任中书侍郎，而李义府则为门下典仪，后二人一同担任中书令。杜正伦自恃前辈，对李义府非常轻视。显庆三年，杜正伦

武昭儀爲皇后義府嘗密申協贊尋擢拜中書侍郎同
中書門下三品監修國史賜爵廣平縣男義府貌狀溫
恭與人語必嬉怡微笑而褊忌陰賊既處權要欲人附
已微忤意者輒加傾陷故時人言義府笑中有刀又以
其柔而害物亦謂之李貓顯慶元年以本官兼太子右
庶子進爵爲侯有洛州婦人淳于氏坐姦繫於大理義
府聞其姿色囑大理丞畢正義求爲別宅婦特爲雪其
罪卿段寶立疑其故遽以狀聞詔令按其事正義惶懼
自縊而死侍御史王義方廷奏義府犯狀因言其初容
貌爲劉洎馬周所幸由此得進言詞猥褻帝怒出義方

毛泽东读《旧唐书》卷八十二《李义府传》批注：笑里藏刀
李义府。

与中书侍郎李友益谋除李义府，结果事情泄露，被李义府告知皇帝。二人在唐高宗面前争论，各执一词。唐高宗以"大臣不和"为由，贬李义府为普州刺史、杜正伦为横州刺史，并将李友益流放峰州。

显庆四年，李义府被征召回朝，兼任吏部尚书、同中书门下三品。此前，李义府自称出身赵郡李氏，被给事中李崇德列入族谱。他贬官普州时，李崇德却将他除名，因此怀恨在心。李义府回朝后，命人罗织罪名，将李崇德下狱。李崇德最终在狱中自杀。

龙朔二年（662年），唐高宗更改官制，李义府改任司列太常伯、同东西台三品。他奏请皇帝，将祖父改葬到永康陵侧，并征调七县民丁，昼夜不停地运土修坟。满朝王公争相馈赠奠仪，送葬队伍绵延七十里，极尽奢华。

龙朔三年，李义府升任右相，仍旧主持铨选。他在皇帝面前诣言自媚，出外则肆意乱法，百官尽皆畏惧，无人敢言其过。唐高宗对此略有所知，告诫他道："听说你的儿子、女婿多有不法之事，我都为你掩饰，你该对他们多加管教。"李义府勃然变色，问道："是谁告诉陛下的？"高宗道："你知道就行，不必问我是怎么知道的。"李义府也不谢罪，扭头便走。唐高宗虽未追究，但也深为不满。

不久，李义府请术士杜元纪望气。杜元纪道："您的宅第有冤狱造成的怨气，如果积蓄二千万钱，可以将怨气压制。"李义府深信不疑，更加急切地搜刮钱财，还趁哭吊亡母之时，与杜元纪微服出城。时人都认为李义府在窥测灾异，图谋不轨。这时，李义府又向长孙无忌之孙长孙延索取七百贯，授给他司津监的官职，结果被右金吾仓曹参军杨行颖告发。

……

李义府多行不义必自毙。李义府终被长流到嶲州，当时朝野欢声雷动，拍手称快。据称，自义府流放后，朝士常忧惧，恐其复来，及闻其死，于是始安。

毛泽东的这条批注，也是他对李义府此人的鄙视和嘲讽。毛泽东主张"要光明正大，不要搞阴谋诡计"。爱搞"笑里藏刀"，爱搞"阴谋诡计"的都没有好下场。李义府如此，谁也逃脱不了历史的惩罚。

75. 苏定方，名将亦大将
——读《旧唐书·苏定方传》

"苏定方，名将亦大将，年七十六。"这条批注写在《旧唐书》卷八十三《苏定方传》第4面此传开篇的天头上。相应的第4—8面版心文字为："苏定方，冀州武邑（今属河北省）人也……贞观初，为匡道府折冲，随李靖袭突厥颉利于碛口。靖使定方率二百骑为前锋，乘雾而行，去贼一里许，忽然雾歇，望见其牙帐，驰掩杀数十百人。军袭帅帐，颉利及隋公主狼狈散走，余众俯伏。……从左卫大将军程知节征贺鲁，为前军总管。……定方正歇马，隔一小岭，去知节十许里，望见尘起，率五百骑驰往击之。贼众大溃，追奔二十里，杀千五百余人，获马二千匹。……又征贺鲁……贼，先击步军，三冲不入，定方乘势击之，贼遂大溃，追奔三十里，杀人马数万。……乾封二年卒，年七十六。"毛泽东在版心相关文字旁还做了很多圈画。在开篇"苏定方"三字旁画了两条着重线，在"冀州""武邑"四字旁分别画了一条着重线。在天头上批注的"苏定方"三字旁画了较大的套圈（大圈里还画一小圈）。从这些批注、圈画中，我们可以清楚地看到，毛泽东很爱读《旧唐书·苏定方传》，而且读得很细，边读边圈圈画画。

毛泽东为什么如此爱读，如此批注、圈画《旧唐书·苏定方传》？主要是有以下几个方面原因：

第一，苏定方少年时代就以"骁悍多力，胆气绝伦"闻名乡间。其十五岁随父征战，冲锋陷阵。其父死后统率部众，屡次击败侵犯乡里的叛贼，"自是贼不舍境"，深受家乡人民信赖。在随后的战争生涯中立下赫赫功名，真正完成了平定四方的壮举，世人皆称苏定方。他是典型的在战场上长大、真刀真枪拼杀出来的一代名将。

第二，苏定方驰骋疆场数十年，屡立战功。"前后灭三国，皆生擒其主"，西域诸国尽皆震慑降服，马蹄踏处，即为大唐！奠定了盛唐广袤疆域的基础，大唐的声威也随之播及西北和东方。更难得的是，七十多岁高龄的苏定方在人生的最后时光却依然镇守在吐蕃战场的最前线，直至逝去，堪称祖国河山最坚定的守护者，大唐帝国最锐利的战争锋芒。北击颉利，西灭突厥，东平百济，南镇吐蕃，其战场跨度之大令人叹为观止。朝廷"赏赐珍宝，不可胜计"。所以，毛泽东批注"苏定方，名将亦大将"。

第三，苏定方善于用兵，善于运用运动战、阵地战等战略战术打击敌人，这是毛泽东极为欣赏之处。苏定方身经百战，屡战屡胜，这与他讲究战略、善用战术有很大关系。在征讨贺鲁敌军大胜之后不久，又统领他的部落讨伐疏勒、朱俱般、葱岭三国叛军。到了叶叶水，敌人防守马头川。定方选出精兵一万人，马三千匹，日夜兼程飞驰袭击敌人，一日一夜行军三百里，到了早晨离敌城西仅十里。敌酋都曼大为吃惊，即率领军队在城门外与定方部队展开激战，敌军大败，退回保守马保城，王师前进屯兵在城门。到了夜里，定方各军逐渐来到，四面包围了马保城，砍树作为攻城的工具，陈列部队于城下。都曼自知难敌定方部队，即绑住自己打开城门投降。

又如，显庆五年（660 年），苏定方奉命带领军队讨伐百济。定方从城山渡海，到了熊津江口，敌军集重兵占据熊津江。定方部上了东岸，依山而排开军阵，与敌军大战，定方部船只满海，扬帆相继而至。敌军大败，死几千人，其余的自己跑散。又遇上潮水大涨，军船相继入江，定方在岸上带领军队，水陆齐进，船快如飞鼓声如雷，直逼真都。离城大约二十里，敌人全部出来迎战，敌军大败，定方部杀敌一万多人，追敌至城里。城里敌军全部投降。苏定方多战获胜，是其善于运用运动战、阵地战等战术的自然结果。也是毛泽东爱读爱批注此传的一个极为重要的原因。

第四，苏定方不仅英勇盖世，而且为人正直。王文度杀降谋财时，

"唯定方一无所取";在灭亡西突厥后,定方让"诸部各归所居,通道路,置邮驿,掩骸骨,问疾苦,画疆场,复生业,凡为沙钵罗所掠者,悉括还之,十姓安堵如故";都曼投降时曾答应饶他性命,于是定方又信守诺言,顿首乞求唐高宗免其死罪,以保全信义;而当苏定方遇到才德兼备、资质绝佳的青年裴行俭时,"甚奇之",直感慨"吾用兵,世无可教者,今子也贤",于是倾囊相授,"尽以用兵奇术授行俭"。定方去世后,作为著名书法大家的裴行俭也成了唐高宗中后期的一代将星、"儒将之雄",官拜礼部尚书兼检校右卫大将军,并成功为大唐收复安西四镇,同其恩师苏定方前后辉映。唐朝建中三年(782 年),师徒二人双双配享武庙,在代表古代武将至高荣耀的圣殿享受祭祀,在中华历史上前后辉映。苏定方的不贪财、关心百姓疾苦、体恤民众、信守诺言、关爱年轻人等个人品质和风貌,亦令毛泽东欣赏和称颂。

第五,为保护国家利益,促进民族交流,加速民族融合奋斗一生。唐朝初年国力逐渐从多年战乱中恢复,为了国土安定,朝廷对外采取征讨与安抚并重的政策,既保护了边境百姓的利益,又促进了各民族的经济文化交流,为中原的稳定繁荣奠定了基础。同时,又向落后地区传播了先进的大唐文明,加速了民族融合的步伐,为今天中国版图形成作出了重要贡献。苏定方,也作为唐朝强盛时期的优秀将领代表,成为民族反击侵略,开拓进取精神的象征!唐朝立国 289 年,其域至高宗朝达到了巅峰。

综上所述,毛泽东在这里写的这条批注,是毛泽东对苏定方骁勇善战、敢打敢拼、敢冲敢杀、戎马一生的极高的评价和充分肯定,也是毛泽东对苏定方善于运用战略战术迎战敌人、战胜敌人的军事才能的称赞。

毛泽东本人就是一个伟大的军事家,具有非凡的军事才能。苏定方为国家、为民族征战南北东西,戎马一生,军事才能非同寻常。今人与古人的相同之点、相似之处,引起今人对古人的评价和称赞,亦是自然的。

76．杨再思佞人
——读《旧唐书·杨再思传》

"杨再思佞人。"这条批注写在《旧唐书》卷九十《杨再思传》第10面此传开篇的天头上。相应的版心文字为："再思自历事三主，知政十余年，未尝有所荐达。为人巧佞邪媚，能得人主微旨。主意所不欲，必因而毁之；主意所欲，必因而誉之。然恭慎畏忌，未尝忤物。或谓再思曰：'公名高位重，何为屈折如此？'再思曰：'世路艰难，直者受祸。苟不如此，何以全其身哉！'"在这条批注后边，还画了三个圈。在版心相关的文字旁边还画了圈、点、竖线等种种符号。

毛泽东在这里为什么又圈又画又批注"杨再思佞人"？"佞人"，词典解释是：用花言巧语谄媚别人的人。据《旧唐书·杨再思传》所载，毛泽东在这里批注"杨再思佞人"主要有以下三条依据：

第一，巧佞邪媚，迎合皇帝。杨再思在朝廷任职侍奉过三个皇帝，管理政事十余年。他为人巧佞邪媚，能默察皇帝的细微心意，皇上心里不喜欢的人，他一定抨击毁誉；皇上想做什么事，他一定心领神会，大加赞誉，迎合皇上。长安末年，张易之的弟弟张昌宗已被法司拘留受审，司刑少卿判决解除昌宗的职务。昌宗不久又上表申冤，武则天本意想审理宗昌的案件，在朝廷之上问众臣说："昌宗对国家有功没有？"杨再思知道武则天本意，便回答道："昌宗过去因合炼神丹，陛下服用很有效，实在是没比这更大的功劳了。"武则天听了甚为喜悦，即恢复了昌宗的官职。还有一次，张昌宗以姿貌讨得武则天的宠爱，杨再思又奉承说："别人说六郎（张昌宗）面似莲花，我看是莲花似六郎，哪里是六郎似莲花！"杨再思倾巧取媚达到如此的地步。

第二，"恭慎畏忌，未尝忤物"。杨再思待人恭谨小心，惧怕忌妒，从不抵触别人。有人问杨再思："您名高位重，为什么卑躬屈膝如此呢？"再思答道："世路艰难，直者受祸。如果我不这样，何以全其身？"从此可以看出，杨再思待人之所以卑躬屈膝，完全是为了"全其身"。

第三，伙同他人，陷害忠良。长安四年（704 年），杨再思以他原有官职检校京兆府长史，又迁检校扬州大都督府长史。中宗即位，拜户部尚书，兼中书令，后转任侍中，以太子属官封郑国公，赐实封三百户。又为册顺天皇后使，赐五色绸缎五百段。当时武三思准备诬杀王同皎，杨再思与吏部尚书李峤、刑部尚书韦巨源一同受旨审理此案。竟然不能分辨王同皎的冤屈，致使王同皎处死。众人都认为此案有冤。杨再思不久又任中书令、吏部尚书。景龙三年（709 年），迁任尚书右仆射，加光禄大夫。

世人看重桓彦范，看贱杨再思。当时左补阙戴令言作《两脚野狐赋》来讥讽他。杨再思知道了很是恼火，贬戴令言到长社去做县令，朝中官员更是嗤笑他。

毛泽东的这条批注是对杨再思做事为人的评价，也是对杨再思做事为人的批评。光明正大、不要搞阴谋诡计、要实事求是、要全心全意为人民服务、要大兴调查研究之风、要讲真话、要做老实人、做老实事等，是毛泽东一贯的主张，是其坚持一生的实践。杨再思巧佞邪媚，为了"全其身"而卑躬屈膝，是非不分，陷害忠良，都是毛泽东一贯反对的。毛泽东一贯讨厌杨再思这类人，也一贯反对杨再思这类的"佞人"。

77. 仁义不施，而攻守之势异也
——读《旧唐书·朱敬则传》

"贾谊云：'仁义不施，而攻守之势异也。'"这条批注写在《旧唐书》卷九十《朱敬则传》第 5 面的天头上。相应的版心文字为："故曰：刻薄可施于进趋，变诈可陈于攻战。兵犹火也，不戢将自焚。况锋镝已销，石城又毁，谅可易之以宽泰，润之以淳和。八风之乐以柔之，三代之礼以导之。秦既不然，淫虐滋甚，往而不返，卒至土崩，此不知变之祸也。陆贾、叔孙通之事汉王也，当荥阳、成皋之间，粮馈已穷，智勇俱困，不敢开一说，效一奇，唯进豪猾之材，荐贪暴之客。及区宇适平，千戈向戢，金鼓之声未歇，伤痍之痛尚闻。……"毛泽东在版心很多文字旁边还画了圈。

毛泽东在读上述版心文字时，为什么批写"贾谊云：'仁义不施，而攻守之势异也'"？我们知道，上述这段文字，是朱敬则在武则天执掌朝政时，他联系秦朝灭亡的历史教训向武则天提出的"宜绝告密罗织之徒"建议中的一段话。朱敬则在上书武则天的建议中，举秦朝灭亡为例，即前面引述的那段原文。由朱敬则这段关于秦朝灭亡的历史分析，毛泽东联想到汉朝贾谊的名作《过秦论》。贾谊在《过秦论》中写道：秦王朝"以六合为家，崤函为宫，一夫作难而七庙隳，身死人手，为天下笑者，何也？仁义不施而攻守之势异也"。贾谊认为，秦短促而亡的原因，是统一天下之后没有及时完成政策及策略风格的转变，没有注意到"攻守之势"的不同："秦王怀贪鄙之心，行自奋之智，不信功臣，不亲士民，废王道，立私权，禁文书而酷刑法，先诈力而后仁义，以暴虐为天下始。夫并兼者高诈力，安定者贵顺权，此言取与守不同术也。秦离战国而王天下，其道不易，其政不改，是其所以取之守之者无异也。孤独而有之，故其王可立而待。"

由"取"转变为"守"，由"并兼"转变为"安定"，政策与策略必须与时推移，然而秦始皇没有能够努力克服长年战争后形成的强大的历史惯性，"其道不易，其政不改"，因而没有"取之"和"守之"的区别，于是终于演出了短促而亡的历史悲剧。

贾谊和朱敬则都认为，秦朝的灭亡，其值得后世汲取的深刻教训是对人民施行暴政，丧失了民心。贾谊和朱敬则都熟悉历史，善于从历史中总结经验教训，都有视人民力量为国家兴衰、帝王成败的重要因素这一进步政治思想。

毛泽东在读朱敬则向武则天提出的"宜绝告密罗织之徒"的建议时，联想到汉朝贾谊的《过秦论》，说明毛泽东也是熟悉历史，赞赏贾谊、朱敬则直言爱国治国的行为和主张的。这是毛泽东对朱敬则、贾谊两位历史人物观点和做法的肯定，也是毛泽东"联想读书方法"的具体体现。

賈誼云：仁義不施，而攻守之勢異也。

戰人繁國富乃屠諸侯此救弊之術也故曰刻薄可施
於進趨變詐可陳於攻戰兵猶火也不戢將自焚況鋒
鏑已銷石城又毀諒可弛之以寬泰潤之以淳和八風
之樂以柔之三代之禮以導之秦既不然淫虐滋甚往
而不返卒至士崩此不知變之禍也陸賈叔孫通之事
漢王也當滎陽成皐之間糧餽已窮智勇俱困不敢開
一說劝一奇唯進豪猾之材薦貪暴之客及區宇適平
千戈向戢金鼓之聲未歇傷痍之痛尚聞二子顧眄綿
有餘態乃陳詩書說禮樂開王道謀帝圖高皇帝忿然
曰吾以馬上得之安事詩書平對曰馬上得之可馬上

毛泽东读《旧唐书》卷九十《朱敬则传》批注：贾谊云："仁义不施，而攻守之势异也。"

贾谊的《过秦论》与朱敬则向武则天提出的"宜绝告密罗织之徒"的建议，年代不同，动机相似，看法相似，做法相似，都是为当朝皇帝治国理政提供借鉴，都是其爱国为国的真情体现，也都是毛泽东爱读的名篇佳作。

78. 朱敬则政治家、历史家
——读《旧唐书·朱敬则传》

"朱敬则政治家、历史家，年七十五。"这条批注是毛泽东在读《旧唐书》卷九十《朱敬则传》第4—9面的版心文字时，在此传开篇的天头上写下的。在天头批写的"朱敬则"三字旁还画了两条粗粗的直线，这两条粗粗的直线，一是强调朱敬则是政治家、历史家，二是强调《朱敬则传》很值得一读。在版心许多的文字旁都画满了圆圈、直线、点等符号。这些都表明毛泽东很爱读此传。

毛泽东在这里为什么批注"朱敬则政治家、历史家，年七十五"？"政治家、历史家"是毛泽东对朱敬则的看法和评价。"年七十五"，是指朱敬则享年七十五岁。据《旧唐书·朱敬则传》及相关的史籍记载，毛泽东认为朱敬则是政治家、历史家，主要依据有：

第一，能从政治的角度思考国家社稷安危，积极地向皇帝提出治国强国的意见和建议。当初，武则天代行皇帝的职权，天下有很多议论，武则天就大开告密罗织罪名的渠道，制造大案，诛杀将相大臣。到朱敬则做右补阙时，武则天已经称帝，社会很安定了。朱敬则上书武则天说："我听说李斯做秦国丞相的时候，实行申不害、商鞅的法令，重视法家学说，限制私人势力，扩张公家权势，杜绝没有实效的花费，减少并不急需的官职，珍惜时间讲究功效，积极备战致力农耕。人多财富之后，就开始消灭诸侯割据势力，这才是拯救弊病的办法。所以说，严刑峻法可以用于努力向上时期，机变诡诈可以用在攻城野战方面。天下已经太平，所以可以用宽松代替严酷，用仁厚平和的政策来润泽百姓。秦朝却不是这样，荒淫暴虐更加厉害，实行下去就不再改变，最后到了土崩瓦解的结局。这是不懂得变通的祸患。陆贾、叔孙通侍奉汉高祖，在荥阳、成皋一带打仗的时候，粮饷匮乏，智穷力竭，他们不曾敢提出一种主张，进献一个奇谋，只是推荐一些狡猾残暴的人。等到社会刚安定下来，就摆出《诗》《书》，宣扬礼制，开辟仁政之道。高帝生气地说：'我是从马上得到天下的，哪里用得上《诗》《书》呢？'他们回答说：'马上得到天下，可以马上治理天下吗？'高帝默然不语。于是陆贾编著《新语》，叔孙通制定礼仪，这是懂得变通的好处。如果高帝斥退这两个人，抛弃《诗》《书》，一味重视攻城野战，看重杀敌数量，那么满路都是争功的人，为论功劳闹得剑拔弩张，国家连片刻时间都不能保有，哪来十二个皇帝二百年江山呢？所以说，仁义是圣人暂住的旅馆；礼乐，是先王遗留的旧迹。祭祀祷告结束了，随之祭品就应该抛弃；醇酒已经流出来了，糟粕就要丢掉。仁义尚且这样，何况那些没有它重要的东西呢？"朱敬则认为，秦朝的灭亡，其值得后世汲取的深刻教训是对人民施行暴政，丧失了民心。他主张从历史中总结经验教训，有视人民力量为国家兴衰、帝王成败的重要因素这一进步政治思想。

朱敬则建议武则天"览秦、汉之得失"，实行"改法制，立章程，窒罗织之源，扫朋党之迹，使天下苍生坦然大悦"这些从国家稳定、发展大局提出的意见和建议，武则天认为，"甚善之"。以上引文毛泽东逐字加了旁圈，在天头上也多处画着三个大圈作标记。朱敬则从国家兴衰、帝王成败等政治视角，密切联系诸多历史大事、要事建言献策，所以毛泽东称赞他是"政治家、历史家"。

第二，为国家、社稷稳定、发展保人才、荐人才，高洁守正，爱憎分明。据《朱敬则传》载，朱敬则生性耿直。御史大夫魏元忠、凤阁舍人张说被诬陷，将处死刑，"诸宰相无敢言者"。独有朱敬则上书武则天，申述这两人无罪，并说，这两人"素称忠正，而所坐无名。若令得罪，岂不失天下之望也"。这两人在他的帮助下，因而免死。奸臣张易之为武三思等十八人画《高士图》，多次拉朱敬则"予其事，固辞不就，其高洁守正如此"。朱敬则任职时，所推荐的人才，都很能干，"则天以为知人"。

第三，撰史、治史，以史为据，事未折中。《朱敬则传》记载：朱敬则"倜傥重节义，早以辞学知名"，他"尝采魏、晋以来君臣成败之事，著《十代兴亡论》。又以前代文士论废五等者，以秦为失，事未折衷，乃著《五等论》"。这也是毛泽东称他为"历史家"的根据。

第四，清正廉洁，生活节俭，拯人急难，不求其报。朱敬则从政很清廉。神龙二年（706 年），他被诬陷，遭贬回到家乡，行囊中"无淮南一物，唯有所乘马一匹，诸子徒步从而归"。"敬则重然诺，善与人交，每拯人急难，不求其报。又尝与三从兄同居四十余年，财产无异。"对这两段引文，毛泽东逐字加了旁圈，并在天头上画着三个圈。

这条批注，是毛泽东对朱敬则一生的肯定和高度评价，也是毛泽东对朱敬则讲政治、爱国家，高洁守正，清正廉洁，善与人交，拯人急难，不求其报等思想、品德的欣赏和称赞。

朱敬则是唐代的政治家、历史家，毛泽东是当代伟大的政治家、历史家。政治家都有高瞻远瞩的视野和宽广的胸怀，历史家都有渊博的历史知识和久远的历史考察。是政治家，又是历史家，古往今来是不多见的。朱敬则是毛泽东读二十四史批注称赞的第一个身兼两"家"的人。

79. 能伸而不能屈，以恚死
——读《旧唐书·刘幽求传》

"刘幽求能伸而不能屈，年六十一，以恚死。"这条批注写在《旧唐书》卷九十七《刘幽求传》第 1 面的天头上。相应的版心文字为："刘幽求，冀州武强人也。圣历年应制举，拜阆中尉。刺史不礼焉，乃弃官而归。久之，授朝邑尉。初，桓彦范、敬晖等虽诛张易之兄弟，竟不杀武三思。幽求谓桓敬曰：'三思尚存，公辈终无葬地。若不早图，恐噬脐无及。'桓敬等不从其言，后果为三思诬构，死于岭外。……姚崇素

毛澤東

此伸而不
能屈
年六十一
以恚死

後晉司空同中書門下平章事劉　昫撰

列傳第四十七

劉幽求　鍾紹京　郭元振　張說子均垍　陳

希

劉幽求

附烈

劉幽求冀州武強人也聖曆年應制舉拜閬中尉刺史

不禮焉乃弃官而歸久之授朝邑尉初桓彥範敬暉等

雖誅張易之兄弟竟不殺武三思幽求謂桓敬曰三思

尚存公輩終無葬地若不早圖恐噬臍無及桓敬等不

從其言後果為三思誣構死於嶺外及章庶人將行篡

毛澤東讀《舊唐書》卷九十七《劉幽求傳》批注：劉幽求能
伸而不能屈，年六十一，以恚死。

嫉忌之，乃奏言幽求郁怏于散职，兼有怨言。贬授睦州刺史，削其实封六百户。岁余，稍迁杭州刺史。三年，转桂阳郡刺史，在道愤恚而卒，年六十一。"

"在道愤恚而卒"，"愤"，因为不满意而感情激动，生气；"恚"，就是怨恨。这句话的意思就是在去桂阳的路上因为不满意而感情激动，生气，怨恨而死。死时是六十一岁。

这里，毛泽东为什么批注"刘幽求能伸而不能屈"？据《旧唐书·刘幽求传》的记载：刘幽求是唐睿宗、唐玄宗时的大臣。历任中书舍人、银青光禄大夫、行尚书右丞。先天元年（712 年），又拜尚书右仆射，同中书门下三品，监修国史。开元初，改尚书左右仆射为左右丞相，兼黄门监。死后赠礼部尚书，谥号曰"文献"，配享睿宗庙庭。建中三年（782 年），重赠司徒。从这些记载来看，刘幽求的士途已经很不错了。他为什么还要"愤恚而卒"呢？毛泽东认为，最主要的原因就是"刘幽求能伸而不能屈"。据本传记载：刘幽求早年初拜阆中尉时，仅以刺史没有礼貌待他，便"弃官而归"，也足见其能伸不能屈的作风。这个特点，在他后来的宦海生涯中，突出表现为不甘人后的争权。只能上，不能下，在自己的欲望不能满足的情况下，反生害人之心，不择手段去消除政敌。

先天元年，唐玄宗初即位时，迁之为尚书右仆射、同中书门下三品，而"幽求初自谓功在朝臣之右，而志求左仆射、兼领中书令。俄而窦怀贞为左仆射，崔湜为中书令，幽求心甚不平，形于言色"。恰逢崔湜依附阴谋政变的太平公主（唐玄宗的姑姑），刘幽求向唐玄宗进言以羽林军诛之。事泄，被做了太上皇的唐睿宗流贬到封州，后来太平公主等被诛杀后才被重新起用。开元初年，刘幽求任尚书左丞相，不久改任闲职太子少保，又因"郁怏于散职，兼有怨言"，先后削贬为几个地方的刺史，竟在最后被贬去桂阳的路上"愤恚而卒"。刘幽求只求升官，不甘贬官，心胸狭窄，缺少远见，不能委曲求全。在不合自己的心意，特别是不能满足自己个人的欲望时，就不满意，就感情冲动，就生气。所以，遇到由左丞相被贬为桂阳郡刺史时，在去桂阳的路上"愤恚而卒"，就是毛泽东批注的"以恚死"，就是怨恨而死。

毛泽东的这条批注是对刘幽求的批评，也是对刘幽求的蔑视。一个几乎是一人之下，万人之上的丞相，竟然这样不能面对逆境，只能伸，不能屈，缺少气量，缺少肚量！

80. 《韩愈文集》，为李汉编辑得全，因以流传
——读《新唐书·李汉传》

"李汉，道玄六世孙。《韩愈文集》，为李汉编辑得全，欧阳修得之于随县，因以流传，厥功伟哉。"这条批注是毛泽东读《新唐书》卷七十八《李汉传》第5—6面版心文字"淮阳壮王道玄性谨厚，习技击，然进止都雅。……六世孙汉。汉字南纪。少事韩愈，通古学，属辞雄蔚。为人刚，略类愈，愈爱重，以子妻之。擢进士第，迁累左拾遗"时，在第6—7面的天头上写下的。阅读中，毛泽东在版心文字旁边还作了不少的圈画。

这条批注，总起来说是一条说明性的批注。一是说李汉是淮阳壮王李道玄的六世孙；二是说《韩愈文集》"为李汉编辑得全"；三是说李汉编辑的《韩愈文集》，是"欧阳修得之于随县，因以流传，厥功伟哉"。第二、三两条的说明都源于毛泽东对《韩愈文集》的喜爱和熟读熟知。

据李汉《昌黎先生集序》："先生殁，门人陇西李汉，辱知最厚且亲，遂收拾遗文，无所失坠。"欧阳修《记旧本韩文后》："得蜀本韩文于随州李氏。"这是毛泽东作上述批注的主要依据。这也说明毛泽东对《韩愈文集》的重视和关注，说明毛泽东对韩愈著作编辑、传世情况的熟悉。

韩愈（768—824年），字退之，河南河阳（今河南孟县）人。自称祖籍昌黎，世称韩昌黎。父母早亡，由嫂抚养成人，发愤苦学。贞元八年（792年）进士，不久，三试博学鸿词科不中，出为节度使幕府。回至京师，任四门博士、监察御史，因上书《御史台上论天旱人饥状》，

贬为阳山令。宪宗时赦还，累官至太子右庶子。因不满宦官和朝臣专权，仕途不畅。元和十二年（818年），随宰相裴度平淮西，迁刑部侍郎。后又因上《论佛骨表》，触怒宪宗，贬为潮州刺史。后历任国子监祭酒、兵部吏部侍郎、京兆尹等职。死后谥"文"，故又称"韩文公"。韩愈一生直言敢谏，才识兼备，在政治上、文学上均有建树，文学成就尤为显赫。政治上，反对藩镇割据、宦官专权；思想上，推尊儒学，攘斥佛老；文学上，他集前人之大成，反对六朝以来的骈偶文风，提倡散体，务去陈言，主张文道合一，文从字顺，与柳宗元共同倡导了唐代古文运动。其散文题材广泛，各体皆精，均有建树和佳作传世。所作语言精练，感情真挚，说理畅达，笔力劲健，是我国古代杰出的散文家之一，对后世产生巨大影响。韩愈的集子，为弟子李汉所编，外集为宋人所辑。现存韩集古本，以南宋魏怀忠编刻的《五百家言辨昌黎先生文集》《外集》最全。南宋末年，廖莹中世彩堂本《昌黎先生集》《外集》《遗文》，明代徐氏翻刻后，流传最广。

　　毛泽东对韩愈文集、文体的终身兴趣，还得从他在长沙一师求学期间（1913—1918年）说起。毛泽东在求学期间，一连几年的国文教员都是袁仲谦。袁仲谦是前清举人，因蓄一把大胡子，人们称他为"袁大胡子"。他一直要求学生写桐城派古文。毛泽东在湘乡东山高等小学堂读书时（1910年下半年）爱上了梁启超的文章，并学梁的文笔作文。袁仲谦不喜欢这种文体，对学生规定又严，毛泽东就按学校要求去钻研韩愈的文章，改写古文。他从长沙玉泉街的一家旧书铺里找到了一部廉价的宝庆版《韩昌黎诗文全集》。宝庆（今邵阳）旧时文化颇为发达，是近代启蒙思想家魏源的故乡，有刻书业。毛泽东把这书买回来，发觉不但页面有破损，文字也有讹误。他于是到学校图书室借来一部善本《韩集》，逐页逐字校勘，改正讹误，修补破烂。这样花了几个月的闲余功夫，居然也成了一部"善本"了。有一个时候，他每天清早都诵读韩愈的诗文。当然不像幼时读私塾只知死背了。当时的同班同学周世钊回忆说："读韩集时，除开那些歌功颂德的墓志铭，叹老嗟卑的感伤诗一类毫无意义的作品外，他都一篇一篇地钻研阅读。从词汇、句读、章节到全文意义，首先凭借一部字典和注释的帮助，进行了解、领会，使其达到融会贯通的地步。在这个基础上，进行反复的默读和朗读，这样就懂得更深，记来更熟。通过这样持久的努力，韩集的大部分诗文都被他读得烂熟，背得流利。"

对韩文，毛泽东不单是诵读，而且还动笔批画。对于这一点，老同学周世钊回忆说："他读《韩昌黎诗文全集》时，不但注意它的文字技巧，更注意的是它的思想内容。凡是他认为道理对、文字好的地方，就圈圈点点，写上'此论颇精'、'此言甚合吾意'等眉批；认为道理不对，文字不好的地方，就画叉画杠，写上'不通'、'此说非是'等眉批。他不因为这是'文起八代之衰'的古文大师韩愈的文章，就不问青黄皂白地一概加以接受，却要在同一个人的作品中认真深入地分辨出它的是非优劣，以期达到吸取精华，吐弃糟粕的目的。"[1]

保存下来的毛泽东在湖南的读书笔记《讲堂录》的后半部分，还记录了他读韩文的笔记，涉及韩愈的作品，有《郓州溪堂诗并序》《猫相乳》《元和圣德诗并序》《改葬服议》《谏臣论》《复志赋》《感二鸟赋》《闵己赋》《答李翱书》《与于襄阳书》等十几篇，每篇后面有多条词、句的释义。由此可见毛泽东当年读韩文所下的功夫。这里仅引述以下几段予以说明：

（一）读《韩昌黎诗文全集》卷十四《谏臣论》做的笔记[2]有：

夫不以所居之时不一，而所蹈之德不同也。

人皆以为华，杨子不色喜。

城好学，贫不能自得书，乃求为积贤写书吏，窃官书读之，六年乃无所不通。

---

① 见周世钊：《毛主席青年时期刻苦学习的几个故事》。

② 《毛泽东早期文稿》，湖南出版社1990年版，第603—604、608—609页。《谏臣论》，亦作《争臣论》。

若越人视秦人之肥瘠，忽然不加喜戚于其心。

善为国者，赏不僭而刑不滥。

孜孜矻矻　矻矻，劳也。

恶得以自暇逸乎哉！

无乃伤于德而费于辞乎？

好尽言以招人过，国武子之所以见杀于齐也。

襄公曰：立于淫乱之间，而好尽言以招人过，怨之本也。

目见泰山，不见眉睫，其此之谓乎？

君子居其位，则思死其官；未得其位，则思修其辞以明其道。

《传》曰：惟善人能受尽言，谓其闻而能改之也。

志不可则，求之不如无也。

若阳子之用心如此，滋所谓惑者矣。

子告我曰：阳子可以为有道之士也。今虽不能及已，阳子将不得为善人乎？

则是循名而阻天下以无齐善也。

（二）读《韩昌黎诗文全集》卷十四《省试学生代斋郎议》的笔记[①]有：

执笾豆，骏奔走，以役于其官之长。骏，大也。

其亦微矣哉。

其亦不可移易明矣。

盖亦不得其理矣。

此一说不可者也。抑又有大不可者焉。

此无其他。

---

① 《毛泽东早期文稿》，湖南出版社1990年版，第610—611页。

此非近于不敬者欤！又有大不可者，其是之谓欤。

大凡制度之改，政令之变，于其旧不什，则不可为已。

为之于古则非训，稽之于今则非利，寻其名而求其实则失其宜，故曰议罢斋郎而以学生荐享，亦不得其理矣。

罍洗　祭器也。

宗彝　彝，尊也。宗彝者，祭宗庙之尊，宗寻，罍洗。

（三）读《韩昌黎诗文全集》卷一《感二鸟赋》的笔记[1]有：

遭时者虽小善必达，不遭时者累善无所容焉。

皓天舒白日，灵景耀神州。左太冲

众嚣嚣而杂处兮，咸叹老而嗟卑。视余心之不然兮，虑行道之犹非。怪神尧以一旅取天下兮，后世子孙不能以天下取河北以为忧。　李翱。呜乎，使当时君子皆易其叹老嗟卑之心，为翱所忧之心，唐之天下岂有乱与亡哉！

虽然，公不云乎，文章之作，常发于羁旅草野。至王公贵人，气得志满，非性能而好之，则不暇以为。

（四）读《韩昌黎诗文全集》卷一《复志赋》的笔记[2]有：

其明年七月，有负薪之疾。负薪，贱者之称。

视韩彭之豹变，谓鸷猛致人爵。见张桓之朱绂，谓明经拾青紫，岂知有力者运之而趋乎。刘孝标《辨命论》

经术苟明，取青紫如俯拾地芥也。夏侯胜谓诸生

朝驰骛乎书林兮，夕翱翔乎艺苑。

---

[1] 《毛泽东早期文稿》，湖南出版社1990年版，第611页。
[2] 《毛泽东早期文稿》，湖南出版社1990年版，第611—612页。

> 发秘府，览书林，遥集乎文雅之囿，翱翔乎礼乐之场。《剧秦美新》
>
> 真婆娑乎艺术之场，休息乎篇籍之囿。班孟坚《宾戏》
>
> 争名者于朝，争利者于市；今三川周室，天下之朝市也。《史记·张仪传》
>
> 谅却步以图前分，不浸近而愈远。
>
> 是犹却步而欲求及前人，不可得也。《家语·儒行篇》
>
> 犹却行而求及前人也。《前汉·刘向传》
>
> 嫉贪佞之污浊分，曰吾其既劳而后食。
>
> 抱关之厄陋分，有肆志之阳阳。伊尹之乐于畎亩分，焉富贵之能当。

以上所引，都是毛泽东读《韩昌黎全集》记下的文字。多是摘录原文或原诗中他感兴趣的字句，也摘了不少后代注家对韩文的解释、评论和对某些词句渊源及意义的解释，也有一些是毛泽东读韩文的感想、发挥。有关议论和评论较多的，是读《闵己赋》的笔记，其中记有苏轼《颜乐亭诗并序》中的话："古之观人也，必于其小焉观之，其大者容有伪焉。人能碎千金之璧，不能无失声于破釜；能搏猛虎，不能无变色于蜂虿。孰知箪食瓢饮之为哲人大事乎。"又记司马光《颜乐亭颂·序》中评论韩愈的话："光谓韩子以三书抵宰相求官，《与于襄阳书》，求朝夕刍水仆赁之资，又好悦人以志诏而受其金，其戚戚于贫贱如此，乌知颜子之所为乎？"然后毛泽东引用韩愈文章的句子作为辩护："司马苏氏之论当矣。虽然，退之常答李习之书（即韩愈《答李翱书》，见《韩昌黎全集》卷十六）曰：孔子称颜子一箪食一瓢饮，人不堪其忧，回也不改其乐。彼人者，有圣者为之依归，而又有箪食瓢饮足以不死，其不忧而乐也，岂不易哉。若仆，无所依归，无箪食瓢饮，无所取资。则饿而死，不亦难乎。"由此几例，可见周世钊有关毛泽东读韩文的回忆是很确切的，毛泽东对韩文确是熟悉之至。

由于对韩文反复熟读，会背大部分。并细心揣摩，加之原就有很好的古文基础，毛泽东很快改变了文风，写得一手很出色的古文。所以，

1936 年毛泽东同斯诺谈话时，还特别说道："我不得不改变我的文风，去钻研韩愈的文章，学会了古文的措辞。所以，多亏袁大胡子（即当时校长袁仲谦），今天我如果需要的话。仍然能够写出一篇过得去的古文。"

从保存下来的毛泽东青少年时期的许多文稿可以明显看出庄子、孟子、韩愈、苏轼之类擅长雄辩而重气势的散文大家的风格痕迹。这样的文风训练，对毛泽东后来写出议论、煽情和气势上都十分出色的政论文章，是有一定影响的。

新中国成立之后，在繁忙的工作之余，毛泽东仍挤出时间读韩愈的文章。1965 年 8 月 10 日，他要工作人员给他找《韩昌黎全集》。据知，他先后读过的韩昌黎《全集》《文集》《诗文集》等多种版本，都还保存在中南海毛泽东丰泽园故居里。

因为毛泽东对韩愈的文章兴趣浓、读得多，许多名句熟记于心，所以，他在读《新唐书·李汉传》时，就特意写下批注："韩愈文集，为李汉编辑得全，欧阳修得之于随县，因以流传，厥功伟哉。"

后来，毛泽东读到《新唐书·姚崇传》卷一百二十四第 6—7 面版心文字记述姚崇向唐玄宗上书论佛教一段：

今之佛经，罗什所译，姚兴与之对翻，而兴命不延，国亦随灭。梁武帝身为寺奴，齐胡太后以六宫入道，皆亡国殄家。近孝和皇帝发使赎生，太平公主、武三思等度人造寺，身婴夷戮，为天下笑。五帝之时，父不丧子，兄不哭弟，致仁寿，无凶短也。下逮三王，国祚延久，其臣则彭祖、老聃，皆得长龄，此时无佛，岂抄经铸像力邪？缘死丧造经像，以为追福。……

在第 6 面的天头上又写下批注："韩愈《佛骨表》祖此。"

元和十四年，唐宪宗派人将凤翔法门寺内藏释伽文佛指骨迎入宫内供养三日，韩愈上《论佛骨表》谏净。其中有这样一段：

惟梁武帝在位四十八年，前后三度舍身施佛，宗庙之祭，不用牺牢，昼日一食，止于菜果，其后竟为侯景所逼，饿死台城，国亦寻灭；事佛求福，乃更得祸。由此观之，佛不足事，亦可知矣。

故毛泽东说其继承了姚崇上唐玄宗书攘佛的观点。如果不是对韩愈文章读得精熟，就不会有如此即兴而妥帖的批语。

这条批注，足以表明毛泽东对《韩愈文集》及其编辑传世情况是多么的熟悉，同时也表明毛泽东对古人李汉、欧阳修为《韩愈文集》编辑得全及其得以流传于世所做工作的肯定和称赞。毛泽东认为他们能把《韩愈文集》编辑得全并得以流传于世是他们的功劳，是一件了不起的事情。

81. 李恪英物，李治朽物
——读《新唐书·李恪传》

"李恪英物，李治朽物，知子莫若父。然卒听长孙无忌之言，可谓聪明一世，懵懂一时。"这条批注写在《新唐书》卷八十《李恪传》第3—4面的天头上。相应的版心文字为："郁林王恪始王长沙，俄进封汉。……高宗即位，拜司空、梁州都督。恪善骑射，有文武才。其母隋炀帝女，地亲望高，中外所向。帝初以晋王为太子，又欲立恪。长孙无忌固争，帝曰：'公岂以非己甥邪？且儿英果类我，若保护舅氏，未可知。'无忌曰：'晋王仁厚，守文之良主。且举棋不定则败，况储位乎？'帝乃止，故无忌常恶之。永徽中，房遗爱谋反，因遂诛恪，以绝天下望。临刑呼曰：'社稷有灵，无忌且族灭！'"在这段批注文字的右边还写了"李恪"两个大字，在批注文字与"李恪"两个大字之间还画了三个圆圈。在上述版心文字"晋王仁厚，守文之良主""举棋不定"旁都画上了叉，在其他文字旁亦作了密密麻麻的圈点。从此可以看出《新唐书·李恪传》，毛泽东是逐字逐句读过的。

聰明一世，懵懂一時。

窆備禮改葬光宅中，仁遇赦還適會榮以罪斥故得襲
鬱林縣男歷岳州別駕爵郡公嘗使江左州人遺以金
拒不內武后遣使者勞曰兒吾家千里駒更名千里自
天授後宗室賢者多株翦唯千里詭躁不情數進符瑞
諸異物得免中宗反正改王成紀未幾進王成節愍太
子誅武三思千里與其子天水王禧率數十人斬右延
明門以入太子敗誅死籍其家改氏蝮睿宗立詔還氏
及官爵瑋卒中宗追封朗陵王子祂出繼蜀王懌開
元中以傍繼國改封廣漢郡王遷太僕卿同正員薨
琨武后時歷六州刺史皆有名聖歷中爲嶺南招慰使

貞觀政要 列傳五

九一

四二八

毛泽东读《新唐书》卷八十《李恪传》批注：李恪英物，李
治朽物，知子莫若父。然卒听长孙无忌之言，可谓聪明一世，懵
懂一时。

今當去膝下不遺汝珍而遺汝以言其念之哉坐與乳
媼子博篡罷都督削封戶三百高宗卽位拜司空梁州
都督恪善騎射有交武才其母隋煬帝女地親望高中
外所向帝初以晉王為太子又欲立恪長孫無忌固爭
帝曰公豈以非己甥邪且兒英果類我若保護舅氏未
可知無忌曰晉王仁厚守文之良主且舉棊不定則敗
況儲位乎帝乃止故無忌常惡之永徽中房遺愛謀反
因途誅恪以絕天下望臨刑呼曰社稷有靈無忌且族
滅四子仁瑋琨璄並流嶺表顯慶五年追王鬱林為立
廟以河間王孝恭孫榮為鬱林縣侯以嗣神龍初贈司

李恪
○○○
李恪英物
李治於物
知子莫若父
○然卒贓
長孫無忌
言而而嗎

　　毛泽东的这个批语，是对唐太宗李世民在立皇储问题上的失误的批评。李治、李恪是李世民的两个儿子，李世民生前很喜欢"有文武才""英果类我"的李恪，并有意识地加以培养、教导，封为远地藩王。还常常对左右说："吾于恪岂不欲常见之？但令早有定分，使外作藩屏，吾百岁后，庶兄弟无危亡忧。"足见倚重之深。李治则为人柔弱，思虑不精，少雄主才略。这一点，唐太宗是很清楚的，故打算废李治立李恪为太子。但因李治的舅舅长孙无忌为其外甥争位，只好放弃了这个打算。结果酿成李唐宗室的祸患。李治即位，即唐高宗，封武则天为皇后。他不理朝政，导致武则天专权，并称"二圣"。李治死后，武则天又连废两个皇帝，自称"圣神皇帝"，还改了国号，诛杀宗室大臣。皇室大事被武则天弄成这种不堪境地，其祸根，就在李世民没能坚持自己的正确主张，而听了长孙无忌的话立李治这个"朽物"为太子。所以，毛泽东写下此批注批评唐太宗李世民，是"聪明一世，懵懂一时"。

　　毛泽东的这条批注，涉及李恪、李治、李世民、长孙无忌四个历史人物。对李恪是肯定，称其为"英物"。对李治是否定，称其为"朽物"。而李世民明明知道李恪强于李治，而没下决心改立其为太子，"然卒听长孙无忌之言，可谓聪明一世，懵懂一时"。"聪明一世"是称赞与肯定，"然卒听长孙无忌之言"，"懵懂一时"是批评与指责。而长孙无忌因"朽物"李治是自己的外甥，就说"晋王仁厚，守文之良主"。正因长孙无忌这样"固争""朽物"为太子，"帝乃止"，种下唐王朝败落的祸根，因此，毛泽东在批注中写了"然卒听长孙无忌之言"，这句话当然是对李世民的批评与指责，但坏主意是长孙无忌"固争"的，这句话也应当含有对长孙无忌的批评之意。

82. 贾生《治安策》以后第一奇文
——读《新唐书·马周传》

　　"贾生《治安策》以后第一奇文。宋人万言书，如苏轼之流所为者，纸上空谈耳。"这条批注，是毛泽东在读《新唐书》卷九十八《马周传》第8—13面版心相关文字时，在第10面的天头上写下的。在这段批注文字的后面，还连画了三个圆圈。在版心文字旁还画上不少的圆圈、圆圈套圆圈、点等多种符号。这里，毛泽东为什么盛赞马周给唐太宗皇帝上疏是"贾生《治安策》以后第一奇文"？又为什么批注"宋人万言书，如苏轼之流所为者，纸上空谈耳"？

毛泽东盛赞马周给唐太宗皇帝上疏是"贾生《治安策》以后第一奇文"主要有以下两个方面的原因。

第一，贾生"《治安策》一文是西汉一代最好的政论"。鲁迅先生在《汉文学史纲要》中称之"为西汉鸿文，沾溉后人，其泽甚远"。贾生，就是贾谊。贾谊是西汉文帝时的博士，每次奉诏讨论问题，年方二十来岁的贾谊，才思敏捷，对答如流，许多资深博士远不及他。不久，他被破格提拔为太中大夫。年轻人血气方刚，开拓进取，在政治上他提出改订历法、修正律令、制定制度，积极倡导改革，因此遭到顽固守旧的权贵们的忌毁，下放长沙，当长沙王的老师。过了几年，皇帝又调他回朝廷，当皇上小儿子梁怀王的老师。遭受贬黜磨难、政治伤痕未愈的贾谊，在南放归来即向文帝递了一个资政报告，这就是后来在历史上享有盛名的《治安策》。

贾谊在《治安策》中首先猛烈地抨击了当朝权贵们掩盖矛盾、歌功颂德的错误做法，批判那种"天下已治已安"为"非愚则谀"粉饰太平的鄙俗之见。尖锐指出：如今的形势犹如睡在一堆点了火尚未燃起来的柴草上一样。在《治安策》中贾谊陈述了自己为之痛哭、流涕、长叹息的九个问题以及解决这些问题的政治主张。

贾谊的奏稿是其深刻观察社会，冷静分析现实，认真解剖时弊而提出来的治国良策。他由古及今列举种种事例论证，又能由表及里层层深入分析，文章有情有理，有据有力。毛泽东曾在《致田家英》（1958年4月27日）的信中称赞："《治安策》一文是西汉一代最好的政论。""全文切中当时事理，有一种颇好的气氛，值得一看。"它是一篇永载史册

賈生治安策以后第一奇文。今石言書看，人看文章。以后再一如蘇軾之如流所為比，紙上空談。耳○○○

毛泽东读《新唐书》卷九十八《马周传》批注：贾生《治安策》以后第一奇文。宋人万言书，如苏轼之流所为者，纸上空谈耳。

的不朽之作。

贾谊在《治安策》中还谈到了关于太子教育的问题。毛泽东对贾谊关于太子教育的主张："生而见正事，闻正言，行正道，前后左右皆正人也"，"不使太子见恶行"的教育方法是不赞成的，批评这种做法是"近于迂腐"。他在《在中国共产党全国宣传工作会议上的讲话》中指出："我们要提倡正确的东西，反对错误的东西，但是不要害怕人们接触错误的东西。单靠行政命令的办法，禁止人接触不正常的现象，禁止人接触丑恶的现象，禁止人接触错误思想，禁止人看牛鬼蛇神，这是不能解决问题的。"① 年青一代要成长为栋梁之材，必须投身社会实践，必须经风雨，见世面。这是毛泽东的一贯主张。

贾谊在《治安策》中阐述的政治良策，未为当朝统治者所采纳，致使壮志未酬。三十三岁那年，受业于他的梁怀王不幸坠马而亡，他自责"为傅无状"忧郁而死。毛泽东慨叹地写道："梁王坠马寻常事，何必哀伤付一生。"对这位古时秦汉史专家，一代政治新星的陨落，深表惋惜。贾谊虽早已死去，贾谊的《治安策》是稀有的。秦汉史籍中，奏疏、奏章等政论很多，像贾谊《治安策》这样"鸿文"的很少。贾谊生活在那种情况下，敢于直言进谏，观点鲜明，思想独到，所以，毛泽东对他推崇备至。然而，类似这样的政论奏章从西汉到唐三百多年历史，在我国仅有的史籍中很难见到。就是在四千多万字的二十四史中能与《治安策》相比的政论、奏章等也很少。正因为历史上稀少、仅有、不多见，也正因为马周上疏唐太宗奏稿能与《治安策》相比，所以，毛泽东认为马周上疏唐太宗奏稿是"贾生《治安策》以后"的"第一奇文"。毛泽东在这里将马周的奏疏与贾谊政论相提并论，足见毛泽东对马周上疏的评价之高。

第二，马周上疏中向唐太宗所提出的一系列问题和建议切中时弊，符合实际，针对性强，对治国、富国、强国有用，有实效。马周是盛

---

① 《毛泽东文集》第 7 卷，人民出版社 1999 年版，第 280 页。

唐时期太宗的得力大臣。他出生乡间，少失父母，家境贫寒，但勤奋好学，熟读经书，满腹文才。后来作了中郎将常何的家客。631年，他替常何向唐太宗写了一个奏折，提出了二十多个问题和建议，被知人善用的唐太宗委任为监察御史，以后又不断提拔，晋升为皇帝的得力助手。他的奏折的主要内容和毛泽东在读书中的批注圈画情况如下：

（1）建议皇上节俭治国，力戒奢侈，关心百姓疾苦。他总结夏、商至晋、隋历代统治天下的经验教训说："自古明王圣主，虽因人设教，而大要节俭于身，恩加于人，故其下爱之如父母，仰之如明月，畏之如雷霆，卜祚遐长，而祸乱不作也。"他列举唐尧、虞舜、夏禹、汉文帝、汉景帝节俭治国的事例，尖锐地指出："今京师及益州诸处，营造供奉器物，并诸王妃主服饰，皆过靡丽。"老百姓"颇嗟怨"所服徭役太重。"陛下少处人间，知百姓辛苦，前代成败，目所亲见，尚犹如此，而皇太子生长深宫，不更外事，即万岁后，圣虑之所当忧也。"毛泽东在《旧唐书》《新唐书》的这一部分文字旁密加圈点，在"节俭于身，恩加于人"处画了套圈，又在天头上连画三个大圈。在"陛下少处人间……目所亲见"文字旁，字字加圈，还在天头上画了三个大圈。从这繁多的圈画可以说明，毛泽东很赏识马周能从国家的前途命运百年大业着想，敢于反映时弊的无畏精神。

（2）马周在上疏中建议太宗重视人民群众的作用。马周说："自古以来，国之兴亡，不由积蓄多少，在百姓苦乐也。"例如，隋朝虽有洛口贮仓米，东都积存布帛，西京库存金银，可以说很富足，但是当李密、王世充等起来造反，这些财物都成了帮助造反者的资本。所以充实国库以备不时之需，是完全应该的，那也只有当老百姓有余钱剩米之后才可征收，岂能不顾人民死活，拿着向穷苦百姓横征暴敛、巧取豪夺得来的财富供造反者使用？毛泽东在这段文字天头上画了三个大圈，字字加旁圈。

（3）马周在上疏中还建议唐太宗封王赏功要得当。他认为西汉贾谊在《治安策》中关于分封诸侯的意见是正确的。他举出曹操生前宠爱曹植，曹丕即位后，百般猜忌打击曹植，使他忧郁而死的事例，说明"先帝加恩太多，故嗣王疑而畏之也"。所以他认为诸王和功臣，不可"树置失宜，不预为节制"。毛泽东在这一句话旁边画了圈圈。马周期望皇上不要"前车既覆，而后车不改辙也"。毛泽东又在这句话旁边画了圈圈，还在天头空白处画了三个大圈。

（4）马周在上疏中还建议皇上加强州县官员的选拔。他强调指出："臣闻天下者，以人为本。必也使百姓安乐，在刺史、县令耳。县令既众，不可皆贤，但州得良刺史可矣。"现在"独重内官，县令、刺史颇轻其选，又刺史多武夫勋人，或京官不称职始出补外"，"所以百姓未安，殆在于此"。这些切中时弊之见，都有根有据，而且都有针对性地提出了救治措施。毛泽东从"必也使百姓安乐"一句下，逐字画了旁圈。清楚地说明毛泽东十分重视马周关于加强基层政权的政治主张。

生长在贞观盛世的马周和他的先哲贾谊一样，虽身任要职，但能做到居安思危，清醒地看到盛世存在的弊端和隐患，又敢于以国家、社稷为重，不计个人荣辱祸福，尖锐地批评时政中敏感的重大问题，分析深邃，说理透辟。提出的建议，具有远见卓识，深受太宗重视。他从一介草茅一跃成为历任监察御史、谏议大夫、中书侍郎、中书令、中书舍人、给事中等各种重要职务的官员。太宗说："我暂不见周即思之。"马周患病，太宗"躬为调药，太子问疾"。马周的才能和胆识，使他受到太宗皇帝的高度信任和礼遇，这样的高官宠臣是不多见的。

在毛泽东看来，马周给唐太宗的奏疏是宋代苏轼之流洋洋大论所不能及的。他们的万言书，都是纸上谈兵。其中最大的不同，是马周的奏疏句句切中时弊，条条直陈现实中的问题及其相关的事项。

《新唐书》作者欧阳修在《马周传》后评论说：马周虽自比奴隶出身的宰相、协助商王武丁大治天下的傅说和智勇双全协助周武王灭纣的姜子牙——吕望，但才能不及他们，所以后世很少记述他的事迹。毛泽东不同意此论。他在欧阳修这段话的天头上批写道："傅说、吕望何足道哉。马周才德，迥乎远矣。"还在《旧唐书·马周传》的天头上，用粗重的笔迹写着："马周，年四十八。"

毛泽东高度评价了马周在贞观之治中所起的重大作用，认为他的才德远比傅说、吕望高，他在631年上太宗疏远非苏轼之流纸上空谈的万言书可比，称誉为西汉以后"第一奇文"。这种实事求是评价历史人物，对待历史人物，是毛泽东读史书的一贯做法。毛泽东的读书批注贯穿着一条主线，这就是历史唯物主义。他从不人云亦云，所有的批注文字都是独立思考之后写下的，都是他的独到见解。这是毛泽东读二十四史的一个重要特点。

这条批注，是毛泽东对马周、对贾谊的高度称赞。也是对宋人苏轼等人习惯"纸上空谈"风气的批评与不悦。

83. 饮酒过量，使不永年
——读《新唐书·马周传》

"饮酒过量，使不永年。"这条批注，是毛泽东在读《新唐书》卷九十八《马周传》第8—14面版心文字"武德中，补州助教，不治事。刺史达奚恕数咎让。周乃去，客密州。赵仁本高其才，厚以装，使入关。留客汴，为浚仪令崔贤所辱。遂感激而西，舍新丰逆旅，主人不之顾。周命酒一斗八升，悠然独酒，众异之。……二十二年卒，年四十八。赠幽州都督，陪葬昭陵"时，在《马周传》开篇天头上批写的。在写这段文字时先写下的是"马周"二字，并在此二字旁画了一条粗粗的曲线。在"为浚仪令崔贤所辱""感激而西""主人不之顾""酒一斗八升"等许多文字旁都画上了圈。

毛泽东在这里批注："饮酒过量，使不永年。"这是毛泽东读了《马周传》，对马周英年早逝原因的个人的一种看法。毛泽东认为，马周英年早逝的重要原因，就是"饮酒过量"。因为马周在生活中爱饮酒，而且常常过度饮酒，致使他不能长寿永年。

毛泽东的这种看法不是猜测，是有一定根据的。据《马周传》等史籍记载，马周少年时是一个孤儿，"家窭狭"，生活很为贫穷。但他极为聪明、很为灵活，性格旷达豪爽，但乡里人却认为他粗心、不谨慎而鄙薄他。马周小时候特别喜爱学习，善读《诗》《春秋》。武德年间，补任他为博州助教，但未去从事这一职务。后来，有一次客居汴京，浚义县令崔贤侮辱了他。他感到很气愤，便西行到了新丰邑。住在一家客店。客店主人一时未顾上照应他，他就自己要了一升八斗酒，一个人自斟自饮，悠然自得。他的这一行为引起了身边其他客人的注意，大家都感觉他很奇怪。这说明马周在青少年时代就有饮酒的习惯。

因为他经常饮酒过度，后来得了一种渴饮多尿为主症的疾病，长达多年，久治也没有治愈。据说，当年，唐太宗常常赐马周好的饭菜，太医和皇帝的亲使也常去看望他，并为他调治良药，皇太子也曾去探视过他。从此可以看出，当时，皇帝和朝廷上下对他都很器重和尊敬，对他生病也很关心。

毛泽东根据马周所得的这种疾病，和马周平常好饮酒等实际情况，形成了自己的看法：马周所以不得永年，是"饮酒过量"。根据马周的病情和早年好饮酒生活实际，毛泽东的这一看法是符合情理的。

这条批注，一方面说明毛泽东对马周英年早逝的惋惜与遗憾。对马周的远见才华，毛泽东另有批注称赞。对这样有远见才华的英才，还未来得及为国家作多少贡献就离世而去，惋惜与遗憾的心情是自然的。另一方面也说明毛泽东不主张过量饮酒。因为"饮酒过量"，"使不永年"。谁不想健康长寿呢！毛泽东本人平常生活中很少饮酒，偶尔饮酒，也就是小杯一两杯而已。

84. 以身殉志，不亦伟乎！
——读《新唐书·徐有功传》

"命系庖厨，何足惜哉，此言不当。岳飞、文天祥、曾静、戴名世、瞿秋白、方志敏、邓演达、杨虎城、闻一多诸辈，以身殉志，不亦伟乎！"这条批注用黑铅笔写在《新唐书》卷一百十三《徐有功传》第

7—8面的天头上。相应的第 7 面版心文字为："道州刺史李仁褒兄弟为人诬构，有功争不能得。秋官侍郎周兴劾之曰：'汉法，附下罔上者斩，面欺者亦斩；在古，析言破律者杀。有功故出反因，罪当诛，请按之。'后不许。犹坐免官。俄起为左肃政台侍御史。辞曰：'臣闻鹿走山林而命系庖厨者，势固自然。陛下以法官用臣，臣守正行法，必坐此死矣。'后固授之。天下闻有功复进，洒然相贺。"在"鹿走山林""命系庖厨""势固自然""必坐此死"文字旁都画上了三角符号，在其他文字旁有的画竖线、有的画套圈、有的画点等符号。毛泽东读此传所圈画的种种符号中三角符号是很少见到的。看得出，《徐有功传》是毛泽东十分爱读的并且非常重视的人物传记之一。

毛泽东为什么如此爱读此传又圈又画并批注"命系庖厨，何足惜哉，此言不当。岳飞、文天祥、曾静、戴名世、瞿秋白、方志敏、邓演达、杨虎城、闻一多诸辈，以身殉志，不亦伟乎！"这段话呢？

据《旧唐书》《新唐书》记载，徐有功是唐朝武则天称帝时的执法大臣。翻开毛泽东读过的《旧唐书》《新唐书》，我们可以清晰地看到，毛泽东十分爱读《徐有功传》，在《新唐书》的封面上，有毛泽东用铅笔写的目录，"徐有功传"四个字下，毛泽东还画了曲线。他对这两部史书中的《徐有功传》，几乎是逐字逐句阅读的。对书中称赞徐有功"为政宽仁，不行杖罚"，"为政仁，不忍杖罚"两处文字旁都逐字画了圈，传记中有关徐有功秉公执法，不徇私情的许多事迹，毛泽东多有圈画。

书中记载，武则天称帝后，惧怕大臣不服和谋反，信用酷吏佞臣周兴、来俊臣等人，重赏鼓励告密者。一时冤狱遍起，人人震恐，莫敢正言。徐有功无所畏惧，"数犯颜争枉直，后厉语折抑，有功争益牢"。毛泽东在《新唐书》的这一段文字旁，逐字画上圈，句末画了小圈套大圈。

润州刺史窦孝谌妻庞氏，被诬陷判死。徐有功了解到庞氏无罪，为之申辩，而自己却被判庞氏死刑的人所弹劾，说他包庇罪人，应获死罪。有人哭着把这个消息告诉他，"有功曰：'岂独吾死而诸人长不死耶？'安步去"。毛泽东在两篇传记文字旁逐字画了圈，每句末都画了小圈外套大圈，还在其中一篇传记的天头上画着三个大圈。

博州刺史琅琊王李冲谋反，颜余庆被诬陷为同党，来俊臣等先判颜流放，后又判颜死刑，并经武则天批准。徐有功据理为颜余庆辩护，说他是支党，不是魁首，罪不该死。他批评武则天："今以支为首，是以生入死。赦而复罪，不如勿赦；生而复杀，不如勿生。窃谓朝廷不当尔。"武则天大怒，问："何为魁首？"徐有功答："魁者，大帅；首者，元谋。"最后，武则天被他说服，"遂免死"。当徐有功和盛怒的武则天争辩时，"左右及卫仗在廷陛者数百人，皆缩项不敢息。而有功气定言详，嶷然不挠"。毛泽东对这一段文字，每句后都画了两个圈，有的逐字圈画，天头上画着三个圈。

徐有功执法不徇私情。皇甫文备曾诬陷徐有功"纵逆党"，并将他逮捕入狱。后来，皇甫文备又被别人诬陷入了狱。徐有功为他往来奔走，澄清事实，营救其出狱。有人问徐有功：皇甫文备曾陷你于死地，为什么还要救他。徐有功回答说："尔所言者私忿；我所守者公法。不可以私害公。"毛泽东在这段文字旁逐字画了圈，句末画了两个圈。

《新唐书》中赞扬徐有功，说他"尝谓所亲曰：'大理，人命所系，不可阿旨诡辞，以求苟免。'故有功为狱，常持平守正，以执据冤罔。凡三坐大辟，将死，泰然不忧；赦之，亦不喜。后以此重之。所全活甚众，酷吏为少衰，然疾之如仇矣"。毛泽东在"凡三坐大辟……后以此重之"这一段文字旁，逐字画了圈，天头上还画了三个大圈。

从毛泽东在此写的批注中，我们可以清楚地看到，他不同意徐有功"命系庖厨"的说法。他认为为执法护法而死，以身殉志，是很伟大的。为了证明他的看法和观点的正确，毛泽东很为动情地列举了历史上的许多志士能人。

毛泽东在批注中说到的岳飞，是南宋时抗金英雄，为主和派秦桧诬陷杀害；文天祥，是南宋时的文学家、政治家，在抗元战争中，为叛徒引兵击败，被俘，坚贞不屈，惨遭杀害；曾静，清研究程朱理学的学者，因策动反清被杀害；戴名世，清史学家，因著有《南山集》《孑

下寬殊死罪、已發者原之、是通改過之心自新之路、故

律告救前事、以其罪坐之、若無告言所犯終不自發、如

告言救前事則與律乖、今救前之罪不自言者、還以法.

論恩雖布天下、而一罪不能貸臣竊為陛下不取、后更

詔五品以上議可又上疏曰天下員有定此選者日多

選曹諛嘱公行誉謗滿路唐季人多逆簡鞫訊結斷刑

慘獄嚴革命歲久其流弗改事表列匭內牒叫閽弗聽叩鼓

弗聞使申其冤正增其枉誠令天官銓注有所不平法

司推斷、舞法深詆三司理匭受所上章擁塞不白者皆

毛泽东读《新唐书》卷一百十三《徐有功传》批注：命系庖厨，何足惜哉，此言不当。岳飞、文天祥、曾静、戴名世、瞿秋白、方志敏、邓演达、杨虎城、闻一多诸辈，以身殉志，不亦伟乎！

丐知古等賜以再生可乎俊臣張知默固請如法后不
許俊臣獨引行本更驗前罪有功奏曰俊臣違陛下再
生之賜不可以示信於是悉免死道州刺史李仁襄兄
弟爲人誣構有功爭不能得秋官侍郎周興劾之曰漢
法附下罔上者斬面欺者亦斬在古析言破律者殺有
功故出反囚罪當誅請按之后不許猶坐免官俄起爲
左肅政臺侍御史辭曰臣聞鹿走山林而命繫庖廚者
勢固自然陛下以法官用臣臣守正行法必坐此死矣
后固授之天下聞有功復進酒然相賀時有詔公坐流
私坐徒以上會赦免踰百日不首者復論有功奏曰陛

遗录》造成文字狱，被杀；瞿秋白，中国共产党早期领导人之一，被国民党杀害；方志敏，赣东北革命根据地和中国工农红军第十军创始人之一，被国民党杀害；邓演达，国民党左派领袖之一，被蒋介石秘密处死；杨虎城，西北军领导人和西安事变主要发动人之一，新中国成立前夕，被国民党秘密杀害；闻一多，著名诗人、教授，抗日战争胜利后，1946年因反对国民党发动内战，支持进步学生运动，被国民党特务杀害。

毛泽东的这条批注中提到的历史人物时空跨越两千多年，从唐朝的徐有功谈死，联想到封建社会里的英雄、杰出的政治家、著名学者，民主革命时期的爱国将领、诗人、教授，新民主主义革命时期的无产阶级革命家等，在毛泽东看来，他们都是为正义、为真理、为信仰而死，为人民的利益而死，他们死得其所，永垂不朽！

在另外一些场合，毛泽东还经常借一些"以身殉志"的古人，对干部队伍进行教育。1939年4月8日，在延安抗日军政大学工作总结大会上演讲时，毛泽东说：多少共产党员被捕杀头，这是威武不能屈。但尚有一部分叛徒起先信仰马克思主义而且做工作，但一旦威武来了，就屈服，带路捉人，什么都做。一种人被捉了，要杀就杀，这种英雄的人中国历史上很多。

这条批注，一方面表明毛泽东对徐有功"为政宽仁，不行杖罚"，不计得失，不畏权贵，守法护法，为法勇于献身的精神的称赞和敬佩。另一方面，也表明毛泽东对徐有功"命系庖厨""守正行法，必坐此死矣"说法的不同看法。在毛泽东看来，古往今来那些为正义、真理、理想和信仰，为国家、为民族、为人民利益而壮烈牺牲、血洒疆场的人们的伟大气节和崇高精神是永垂史册的，是永远值得称颂的！

85. 大政治家、唯物论者
——读《新唐书·姚崇传》

毛泽东在读《新唐书》卷一百二十四《姚崇传》第1—6面版心文

字时，先后写下两条批注。一条批注写在《姚崇传》开篇时的天头上："大政治家、唯物论者"。在这条批注后面又写了"姚崇"两个大字，在这两个大字旁还画了两条着重线。另一条批注是在姚崇向唐玄宗皇帝陈述"十条意见"（史称"十事闻"）的文字旁写下的："如此简单明了的十条政治纲领，古今少见。"毛泽东为什么批注姚崇是"大政治家、唯物论者"呢？为什么批注"如此简单明了的十条政治纲领，古今少见"呢？主要有以下几个方面的原因：

第一，姚崇能以国家、民族利益、百姓利益为重，能从当时国家面临的实际出发，实事求是地思考问题、分析情况，向当权者提出自己的看法、想法和意见。据史籍记载，姚崇历任过唐朝武则天以及中宗、睿宗、玄宗四朝宰相，是唐玄宗"开元之治"时期的一位极为重要、皇上最重视的大臣。他下笔成章，满腹文才，敢说敢当，不计个人安危。武后时，当契丹不断侵扰边关（今山西、河北北部），在兵书战报不断送达朝廷，情势万分火急，众多大臣一时都惊恐万状、无一良策的时候，唯有当时担任夏官郎中的姚崇能面对新实际、分析新情况，及时提出可行的方案，史书称之为"奏决如流"，深得武则天的赏识，委以夏官侍郎，后又擢升凤阁鸾台平章事，专司草拟制策诏令，参与重要机密。这位女皇帝唯恐皇位不固，重用酷吏奸佞，奖励告密，制造许多冤假错案，造成官怨民恨。面对武则天亲手制造的诸多冤假错案，姚崇曾以自己一门百口的生命、财产去保朝廷内外备受诬陷的官员，为他们伸张正义，据理力争，深为时人所称颂。这是毛泽东认为姚崇是"大政治家、唯物论者"的第一方面的原因。

第二，为了维护唐王朝的统治和江山社稷，向唐玄宗皇帝及时提出了一系列切实可行、很符合当时实际的治国方略。唐玄宗即位初年，励精图治，重振朝纲，拟任姚崇为相。有才有识有胆量的姚崇根据当时形势的需要，出于对朝廷利益的维护，勇敢地向玄宗皇帝提出"十事闻"即十条意见，问皇上同意不同意，能不能做得到？如果不同意，或做不到，他就不接受这项任命。姚崇提出的十条意见的具体内容是：

（1）能否革除先帝治理国家的严酷之法而施仁政？（2）青海边关已无反复被扰的战乱，你能否不再派兵出击，贪图边功？（3）你能否对自己宠爱的亲信的不法行为实施严厉制裁？（4）你能否不再让宦官参政？（5）你能否做到除租赋以外，不再收受公卿大臣们自媚于上的礼物？（6）你能否禁止外戚贵主出任公职？（7）你能否以庄严态度和应有的礼节对待王公大臣们？（8）你能否允许大臣们直言进谏，不对敢于"批逆鳞、犯忌讳"的谏臣打击压制？（9）你能否严禁营造佛寺道观？（10）你能否汲取王莽乱汉的经验教训，禁止外戚专权？姚崇的这十条意见，是姚崇针对武则天、中宗、睿宗掌朝以来的严重政治弊病的历史情形提出来的，是符合当时的历史实际的。唐玄宗采纳了这言之凿凿、见解卓越的十条意见，任命姚崇为"兵部尚书，同中书门下三品，封梁国公，迁紫薇令"。后又委以大权，提拔重用。在姚崇的大力支持下，当时的唐朝出现了政治安定，经济繁荣的可喜局面，史称"开元盛世"。

毛泽东对姚崇的十条意见，很为推崇，深为赞赏，称之为"十条政治纲领，古今少见"。这是毛泽东认为姚崇是"大政治家、唯物论者"的一个最重要的原因。

第三，姚崇手握大权，能以百姓为重、以国家兴盛为重，不信鬼神，不沉迷于佛道，不谋一己私利。据史书记载，唐开元四年（716年），山东一带发生蝗灾，老百姓不敢捕杀，却拜祭天地祈福灭灾，甚至很多官吏也参与迷信活动，放任蝗虫肆虐。姚崇命令捕杀蝗虫后用火焚烧，彻底消灭。有关的地方官员对姚崇的命令拒不执行。当时，唐玄宗对灭蝗是否会触怒鬼神也心存疑虑，姚崇对他说："庸儒泥文不知变。事固有违经而合道，反道而适权者。"他列举魏、后秦为例，指出，所谓修德免灾并非坐视不动，而应该主动救灾，只要大家一起动手，没有灭除不了的，而听任蝗虫为害，庄稼被毁，百姓无食，就会流离失所，造成国家混乱。他对认为天灾不可以人力制服，并担心多杀蝗虫违反天和、上天会降灾的黄门监卢怀慎说："从前楚王吞吃水蛭而疾病痊愈，

姚崇

唐書卷一百二十四

宋端明殿學士宋祁撰

列傳第四十九

姚宋

姚崇字元之陝州硤石人父懿字善懿貞觀中爲嶲州都督贈幽州大都督諡文獻崇少倜儻尚氣節長乃好學仕爲孝敬挽郎舉下筆成章授濮州司倉參軍五遷夏官郎中契丹擾河北兵檄叢進崇奏決若流武后賢之即拜侍郎后嘗語左右往周興來俊臣等數治詔獄朝臣相逮引一切承反朕意其枉更昇近臣臨問皆得

毛泽东读《新唐书》卷一百二十四《姚崇传》批注：大政治家、唯物论者。

如此簡單明瞭的十條政治綱領，古今少見。

荒濫臣請戚屬不任臺省可乎先朝褻狎大臣虧君臣
之嚴臣願陛下接之以禮可乎燕欽融章月將以忠被
罪自是諍臣沮折臣願羣臣皆得批逆鱗犯忌諱可乎
武后造福先寺上皇造金仙玉眞二觀費鉅百萬臣請
絕道佛營造可乎漢以祿莽閻梁亂天下國家爲甚臣
願推此鑒戒爲萬代法可乎帝曰朕能行之崇乃頓首
謝翌日拜兵部尚書同中書門下三品封梁國公遷紫
微令固辭實封乃停舊食賜新封百戶中宗時近戚奏
度僧尼溫戶彊丁因避賦役至是崇建言佛不在外悟
之于心行事利益使蒼生安穩是謂佛理烏用姦人以

毛泽东读《新唐书》卷一百二十四《姚崇传》批注：如此简
单明了的十条政治纲领，古今少见。

孙叔敖斩蛇而上天降福。如今蝗虫可以灭除，如果任其猖獗，禾谷将被吃尽，百姓怎么生活？扑杀蝗虫，解救百姓，如果上天降灾祸，全由我姚崇一人承担，决不会推诿！"结果蝗虫被扑灭，百姓免除了流离之苦，上天也没有降什么灾祸。

史书还记载，有一次，唐玄宗准备东巡祭太庙，正在这个时候，太庙的房子忽然坍塌了。宋璟、苏颋等大臣都认为这是上天示警，力劝玄宗停止东巡，而姚崇力排众议，对此种现象作了合理的解释。他说，这座太庙是苻坚所建的宫殿，隋朝占取后改作庙，唐朝仍用作太庙，过了这么长时间木头朽坏，房屋塌毁，并没有什么值得大惊小怪的。不是什么上天示警，只不过是太庙坍塌和皇上东巡碰巧赶到一块罢了。况且皇上东巡是为了抚恤百姓，一切都已准备就绪，不应该半途而废。唐玄宗十分赞成姚崇的意见，东巡照常进行。

姚崇生在那个年代、处在那样的环境，能不耽于迷信，对一些异常现象能作出合乎常理的解释，相信人定能战胜天灾，这种思想无疑是很进步的。

总之，姚崇是"大政治家"，是"唯物论者"，是由姚崇本人的言论和具体的行动书写出来的。因为他有超过常人的"进用贤能"，达到"天下大治"的诸多见识、言论和思想，而且实践和历史已经证明他的正确，所以，毛泽东称赞姚崇是历史上的"大政治家"，是"唯物论者"。称赞姚崇的十条意见"简单明了""古今少见"。

毛泽东这两条批注，是对姚崇的历史作用和历史地位的最大肯定。二十四史中诸多的历史人物，被毛泽东称为"大政治家"的为数很少。这也是毛泽东对姚崇思想政治观点和历史贡献的最高称赞和评价。

86. 韩愈《佛骨表》祖此
　　——读《新唐书·姚崇传》

"韩愈《佛骨表》祖此。"这条批注写在《新唐书》卷一百二十四《姚

崇传》第 6 面的天头上。相应的第 6—7 面版心文字为："今之佛经，罗
什所译，姚兴与之对翻，而兴命不延，国亦随灭。梁武帝身为寺奴，齐
胡太后以六宫入道，皆亡国殄家。近孝和皇帝发使赎生，太平公主、武
三思等度人造寺，身婴夷戮，为天下笑。五帝之时，父不丧子，兄不哭
弟，致仁寿，无凶短也。下逮三王，国祚延久，其臣则彭祖、老聃，皆
得长龄，此时无佛，岂抄经铸像力邪？缘死丧造经像，以为追福。夫死
者生之常，古所不免，彼经与像何所施为？"毛泽东在"命不延，国亦
随灭""身为寺奴""亡国殄家""身婴夷戮，为天下笑"等文字旁都画
上圈，在其他文字旁亦画了直线、点等符号，说明《新唐书·姚崇传》，
毛泽东是一字一字读过的。

　　据《新唐书·姚崇传》记载，姚崇身处的唐代是佛教盛行的年代，
但姚崇不信鬼神，不沉迷于佛道，具有敏锐的眼光和清醒的头脑。他对
佛教有自己的认识，他将佛教和治国安民联系在一起，坚决反对佞佛，
他给唐中宗上疏中说："佛不在外面，而在内心，关键在于体悟。富国
安民就是佛理。怎能让奸邪小人淆乱真教呢？"姚崇在他的遗嘱中嘱咐
他的儿子在他死后要薄葬，不做佛事。他说："死人没有知觉，和粪土
没有什么差别，厚葬有什么用处呢？"他列举了翻译佛经的姚光，出过
家的梁武帝，入过道的齐胡太后，赎过生的孝和皇帝，造寺庙度人的太
平公主、武三思等人为例，指出他们虽虔诚信佛却不得善终，或国破家
亡，或惨遭杀戮，而没有信佛教的三皇五帝三王，或国祚绵长，或长
寿不老。由此，他认为："夫死者生之常，古所不免，彼经与像何所施
为？"毛泽东在读《新唐书·姚崇传》时在"夫死者生之常，古所不免，
彼经与像何所施为？"文字旁也逐字画了圈。

　　姚崇关于佛教的言论和观点，毛泽东很为欣赏。在读完姚崇上疏
唐中宗的言论之后，即在版心相应文字的天头上批注了"韩愈《佛骨
表》祖此"。毛泽东的批注表明，韩愈《论佛骨表》是继承了姚崇上唐
玄宗书攘佛的观点。毛泽东之所以这样批注，是因为他对韩愈《论佛
骨表》记得很熟。元和十四年（819 年），唐宪宗派人将凤翔法门寺内

韓愈佛骨表祖此

得長齡此時無佛豈抄經鑄像力邪緣死喪造經像以

壽無凶短也下逮三王國祚延久其臣則彭祖老聃皆

嬰夷戮爲天下笑五帝之時父不喪子兄不哭弟致仁

孝和皇帝發使贖生太平公主武三思等度人造寺身

武帝身爲寺奴齊胡太后以六宮入道皆亡國殄家近

經羅什所譯姚興與之對飜而興命不延國亦隨滅梁

稱性不喜冠衣毋以入襄紫衣玉帶足便於體今之佛

不在柩何用破産徇俗乎吾亡斂以常服四時衣各一

可不痛哉死者無知自同糞土豈煩奢葬使其有知神

耳夫厚葬之家施于俗以奢靡爲孝令死者數尸暴骸

毛泽东读《新唐书》卷一百二十四《姚崇传》批注：韩愈《佛骨表》祖此。

藏释伽文佛指骨迎入宫内供养三日，韩愈即上《论佛骨表》谏诤。其中有这样一段："梁武帝在位四十八年，前后三度舍身施佛，宗庙之祭，不用牲牢，昼日一食，止于菜果，其后竟为侯景所逼，饿死台城，国亦寻灭。事佛求福，乃更得祸。由此观之，佛不足事，亦可知矣。"从这段文字中，我们可以清楚地看出，韩愈的观点与姚崇上述观点的密切关系。所以，毛泽东读完《姚崇传》之后，写下了"韩愈《佛骨表》祖此"批注。

姚崇不耽于封建迷信，不溺于佛门佛道，对社会和自然界出现的一些异常现象他能作出合乎常理的解释，他相信人可以战胜天灾。在那个时代，能有这样的看法和观点是很了不起的。所以毛泽东在读了《姚崇传》之后，还批注认为姚崇是"大政治家"，是一个"唯物论者"。这是毛泽东对姚崇很高的赞誉。在读二十四史写下的批注中，对众多的历史人物，毛泽东称其为"大政治家""唯物论者"的，姚崇当是第一人。

毛泽东的这条批注，深刻地揭示了韩愈著名的《论佛骨表》中阐述的佛教思想与姚崇上述的佛教思想、观点、看法的渊源关系，也就是说韩愈《论佛骨表》中的一些思想受姚崇上述思想的影响是肯定无疑的。韩愈攘佛的观点继承了姚崇攘佛的观点。

87. 二人道同，方法有些不同
——读《新唐书·姚崇传》

"二人道同，方法有些不同。"这条批注写在《新唐书》卷一百二十四《姚崇传》第 14 面的天头上。相应的第 14—15 面版心文字为："赞曰：姚崇以十事要说天子，而后辅政，顾不伟哉！而旧史不传。观开元初皆已施行，信不巫已。宋璟刚正，又过于崇。玄宗素所尊惮，常屈意听纳。故唐史臣称，崇善应变以成天下之务，璟善守文以持天下之正。二人道不同，同归于治，此天所以佐唐使中兴也。呜呼！崇劝天子不求边功，璟不肯赏边臣，而天宝之乱卒蹈其害，可谓先见矣。"毛

泽东在"崇以十事要说天子""后辅政""皆已施行"等文字旁皆画上圆圈，在其他的文字旁还画有竖线、点、圈等多种符号。

毛泽东在这里批注"二人道同，方法有些不同"。对毛泽东这条批注可以这样理解："二人"是指姚崇和宋璟两个人。姚崇和宋璟都曾担任唐玄宗皇帝的宰相，姚崇辞去宰相之后引荐宋璟担任宰相。这二人都是辅佐玄宗皇帝朝政的重要人物。宋璟性格刚正直率，敢于直言进谏，唐玄宗对他十分尊敬，甚至有点忌惮，即使宋璟提出的建议一时不合他的意思，他也常常采纳。姚崇与宋璟不同，他善于应变，说话比较委婉，启示、引导玄宗采纳正道。宋璟则坚守正道、刚直敢言，使玄宗不得不采纳正道。这两人的性格不同，为政风格不同，劝谏皇上的方法不同，但是目的都是相同的。正因为有这两个不同性格、不同作风、不同方法的贤相，也正因为唐玄宗能信任、能依靠、能容纳这两个贤相，才有开元盛世的大好局面。

对此，北宋的欧阳修曾评论说："崇善应变以成天下之务，璟善守文以持天下之正。二人道不同，同归于治，此天所以佐唐使中兴也。"毛泽东则批示："二人道同，方法有些不同。"欧阳修说的"道"与毛泽东这里说的"道"，字是同一个字，但两个"道"不是同一个意思。欧阳修说的"道"，指具体采取的方法。"二人道不同"，是说二人采取的具体方法不同。毛泽东说的"二人道同"的"道"，指的是目的，"二人道同"是说二人都是为了同一个目的。所以，毛泽东在这里的批注，不是对欧阳修上述评说的反驳，而是另一个角度的阐释。

这条批注，也是毛泽东从另一个角度对姚崇方法的欣赏。姚崇、宋璟二相都是唐玄宗皇帝很为信任的贤相，宋璟信任得有些"忌惮"，姚崇得到玄宗的专任，他曾三次拜相，经常兼着兵部的职务。姚崇的才能让玄宗皇帝对他尊礼有加。姚崇是玄宗皇帝心中首选宰相，其德其才都是不多见的。毛泽东称赞他是"大政治家，唯物论者"，这里批注的"二人道同，方法有些不同"字里行间亦隐含着对姚崇方法的肯定和称道。

二人道
同方
法些
不同

薦朝宗為赤尉恕以都官郎中為劍南採訪判官數食
縱不法陰養刺客天寶中渾恕尚並以贓敗渾流高要
恕流海康尚貶臨海長史華衡亦皆坐貪得罪廣德中
渾起為太子諭德物議穢薄之流死江嶺昆弟皆荒飲
俳嬉而衡最險悖廣平之風衰焉
贊曰姚崇以十事要說天子而後輔政顧不偉哉而舊
史不傳觀開元初皆已施行信不誣已宋璟剛正又過
於崇玄宗素所尊憚常屈意聽納故唐史臣稱崇善應
變以成天下之務璟善守文以持天下之正二人道不
同同歸于治此天所以佐唐使中興也嗚呼崇勸天子

毛泽东读《新唐书》卷一百二十四《姚崇传》批注：二人道
同，方法有些不同。

88. 大政治家大军事家张说
——读《新唐书·张说传》

"大政治家大军事家张说。"这条批注是毛泽东在读《新唐书》卷一百二十五《张说传》时，在《张说传》开篇天头上写下的。毛泽东读二十四史过程中评价过很多的历史人物，评价为"大政治家大军事家"连用两个"大"、两个"家"的，还只有张说一个人。同时，还在原著文字上做了很多的圈画。

张说，字道济，又有说字说之，其祖先从范阳迁徙到河南，后居洛阳。其历经武则天、中宗、睿宗、玄宗四朝，因不屈服于武则天的权威，被张易之兄弟诬陷而流放钦州。也因对稳定唐室有功而被睿宗、玄宗委以重任，三次为相。玄宗封其为燕国公。

毛泽东为什么在这里批注张说是"大政治家大军事家"呢？毛泽东批注张说是"大政治家"，主要依据有以下几点：

第一，心系国家、百姓，追求国家长远利益。张说心系国家、百姓，为了国家长远利益，多次向皇帝建言献策。久视年间（700年），武则天到三阳宫避暑，到秋末还不还京，张说上疏说："现今北边有胡寇窥边，南方有夷獠骚扰，关西小旱，百姓正忧虑庄稼没有收成，安东刚刚平定，输捐漕运之事才刚开始。臣希望陛下及时调转车驾，回到京都，平息民心，劝募农耕；修习德政以召远方之族；免除不急需的劳役，省去无用的浪费。澄心澹怀，江山才能保有万年，天下百姓，也莫不以此为幸。……臣所奏的都是劝勉陛下暂歇盘游之娱乐，闲林泚之玩要。规划远大的计划，以替代近在眼前的安适；追求长远的利益，抛弃目前的欢乐。未洽明主之意，已违权贵之心。然而之所以敢于冒死进谏，是担心日后被责不称职啊！""大政治家"的视野和使命显现尽致。

第二，秉公、公正执法。睿宗即位，张说升任中书侍郎兼雍州长史。谯王重福死，东都有其党羽几百人，罪案长期不能判决，诏命张说前去审理，一夜就审明了罪犯，于是杀了张灵均、郑愔，其余受牵连的人都当场释放。睿宗称赞他不冤枉好人，又能不漏掉坏人，因此派人慰问奖赏他。

第三，识破奸诈之徒计谋，进言任用太子监理国政。景云二年（711年），睿宗对侍臣说："术士说五日内有急兵入宫，让我做好准备。"左右都不知道是怎么回事。只有张说从容进言道："这一定是奸诈之徒设定的计谋，想要动摇太子的地位！陛下不如索性任用太子监理国政，名分一确定，奸人胆寒，飞来之祸就自然消弭了。"睿宗大悟，如张说所言下达制书。第二年，皇太子即皇帝位，太平公主举荐萧至忠、崔湜等为宰相，因张说不攀附自己，就授他尚书左丞，停止宰相政事，为东都留守。张说知太平公主等人心怀叛逆之心，就派人将自己的佩刀献给玄宗，请先决定对策，玄宗采纳。萧至忠等人伏诛，张说被召为中书令，封燕国公，实封二百户。

第四，为皇朝增威，增进民族团结，上疏玄宗禁演泼寒胡戏。当初，武后朝末年时，表演泼寒胡戏，中宗登楼观看。到这时，因四方少数民族来朝见，又作此戏。张说上疏道："韩宣子到鲁国去，见周礼而赞叹；孔子到齐国，责倡优的罪过。列国时都有这样的见地，何况我天朝呢？今四方民族请和，使者求见，当以礼相待，兵威相示，虽说是蛮夷之邦，也不应予以轻视。……况且乞寒泼胡，没有听说出自何典政，裸体跳足，投泥浑水，从何显示我天朝大威大德？恐怕这不是干羽柔远，樽俎折冲之道。"玄宗采纳了他的意见，从此就禁绝此戏。

第五，建议唐玄宗从洛阳返长安途中祭拜汉武帝祠堂，为三农祈求谷物。唐玄宗将从东都洛阳返回长安，顺路驾幸并州。张说拜见唐玄宗说："太原是唐王朝帝业兴起的基地，陛下巡视驾临，显耀武威，以表明对太原之地的永久思念。滦河向东流入京师，有汉武帝的雕上祠堂，其祭祀的礼仪荒废已久，希望为三农祈求谷物，这实在是天下的福分。"唐玄宗采纳了他的话，在祠堂祭地后才返回。张说又晋升为中书令。

第六，崇尚气节，注重大义，用人荐人，辅佐天子，修改完善典章制度，完成国家统一的法令，修订太宗的政令，各方面都有建树，都有业绩。为唐皇治国理政、社稷平安贡献多多。

毛泽东为什么又批注说张说是"大军事家"呢？毛泽东的根据至少有以下几点：

第一，骁勇善战，智谋双全。玄宗时，朔方军大使王晙杀掉河曲的降虏阿布思，九姓同罗、拔野固等都非常疑惑、害怕，有反叛之心。张说手持符节，只带着二十个骑兵，深入胡人地区，召见当地首领，慰问并安抚他们。副使李宪认为虏方不可信任，不应轻至此不测之地。张说回答说：我的肉不是黄羊肉，不怕他们吃；我的血不是野马血，不怕他们喝。士人应当在遇见危险时就准备舍弃自己的生命，现在就是我舍命报效皇恩的时候了。于是九姓部落即安定下来。

党项、羌联合攻打唐朝的银城，张说率领步兵、骑兵一万人出合河关袭击，将党项、羌人打得大败，叛胡头领康待宾逃到铁建山，部下溃散。张说招纳党项人，让他们回到原地安居，并上奏皇上请求设置麟州来安抚羌人。这些行动和策略皆显军事家的智慧和才能。

第二，开元十年（722年），张说担任朔方节度大使，并亲自巡视边防五城，督察兵马。当时，康待宾余党康愿子举兵造反，自立为可汗，并劫掠牧马，西渡黄河出塞。张说率兵追讨，在木盘山擒获康愿子，俘虏三千人，又将居住在河曲六州的降户五万余人强行迁往中原的唐、邓、仙、豫等州，空出黄河以南的朔方地区。

起初，唐朝边境有镇兵六十多万，张说以"时无强寇，不假师众"为由，奏请裁军二十万，让他们回乡种地。唐玄宗对此犹豫不决，张说道："边军虽多，但各将帅都只管拥兵自卫，役使兵丁营私。真能制敌，不在兵多。以陛下之英明威武，四夷都能臣服，不用担心裁减人员会招来寇贼。臣请以臣全家百口人做担保。"玄宗这才答应。

当时，诸卫府兵贫弱，大都在轮班休假时逃跑了。张说建议招募壮士，修改条令，减少劳役，不到十天，便选得精兵十三万，分别补给各卫，增强京师的守卫。这就是后来的彍骑卫队。这些举措显现了军事家的聪敏、气度和胆量。

第三，知人、了解人，料事如神。张说刚任宰相时，玄宗计划与吐蕃作战，张说密请讲和，以使边境得到休养生息。玄宗说："我等王君㚟来和他一起商量这件事。"张说出来告诉源乾曜说："君㚟喜好打仗以谋取战功利益，他一进去，我的话就没用了。"后来王君㚟在青海西边攻破吐蕃军，张说预测说他还是会失败。因而献巂州斗羊给玄宗，用以表示规劝，说："如果羊能说话，一定会说'相斗不休，马上就会有死的'。大国治政靠的是至仁无残，一定要量力取欢啊！"玄宗理解了他的意思，采纳了他的意见，赐给他彩绢千匹。后来瓜州失守，王君㚟战死。了解人，善用人，这是军事家必须具备的条件之一。

以上三点，应是毛泽东认为张说是"大军事家"的主要依据。《新唐书·张说传》对张说关于军事方面的才能与战绩介绍得并不很多。仅从以上三点，也约能看出张说作为"大军事家"的非同一般的军事才能。

这条批注，是毛泽东对张说政治才能、军事才能的最高评价，也是毛泽东对张说政治业绩、军事战绩的肯定和赞扬。毛泽东是大政治家、大军事家，张说也是毛泽东批注说到的"大政治家""大军事家"。不同的年代，不同的政治、军事实际，其风采和气度也是各有千秋、各有特点的，这也是很自然的。

89. 玄宗能容韩休
——读《新唐书·韩休传》

"玄宗能容韩休。"这条批注写在《新唐书》卷一百二十六《韩休传》第 21 面的天头上。相应的版心文字为："……休峭鲠，时政所得失，言之未尝不尽。帝尝猎苑中，或大张乐，稍过差，必视左右曰：'韩休知否？'已而疏辄至。尝引鉴，默不乐。左右曰：'自韩休入朝，陛下无一日欢，何自戚戚，不逐去之？'帝曰：'吾虽瘠，天下肥矣。且萧嵩每启事，必顺旨，我退而思天下，不安寝。韩休敷陈治道，多许直，我退而思天下，寝必安。吾用休，社稷计耳。'"毛泽东在批语后还画了三个圆圈，版心这段文字几乎每个字旁边都画上圈。说明毛泽东对这段文字字字入脑，字字都很重视。

毛泽东在此批注的"玄宗能容韩休"，我们应当如何理解呢？据《新唐书·韩休传》记载，韩休，京兆长安人。他工于文辞，擅长写文章，被举荐为贤良。唐玄宗当太子时，曾让他逐条回答有关国政的询问。和校书郎赵冬曦同时中乙科进士，提升为左补阙，担任主爵员外郎。后来提升到礼部侍郎，掌管诏书的起草。后离开朝廷做了虢州刺史。韩休为人正直，不畏权贵，敢于坚持正义。他在担任虢州刺史时，因为虢州是离东京、西京较近的一个州，皇帝乘车到虢州，常常收取草料税，韩休请求与其他郡均摊。中书令张说说："免除虢州的草料税而把它分给其他的州郡，这是守臣牟取私利啊。"韩休坚持争辩，属下劝说并担心他违背宰相的意思，韩休说："刺史倘若了解到百姓困苦却不救助，怎么能执政呢？即使获罪，也是心甘情愿的。"由于他的一再坚持，朝廷不得不答应他的请求，虢州百姓的负担因此得以减轻。

从这段简略介绍中，我们似乎也能看出玄宗皇帝"能容韩休"的原因：

一是韩休敢于直言进谏，甚至不怕得罪玄宗皇上，主要因为他都是出于公心，坚持正义，为朝廷着想，为百姓着想，为国家、为社稷久安着想，他的所作、所为、所要求的，或是为了维护国家、皇上的利益，或是为了维护百姓的根本利益。例如，万年尉李美玉有罪，皇帝将要把他流放到岭南。韩休说："尉是小官，犯的不是大的罪恶。如今朝廷有大奸，请允许先治理。金吾大将军程伯献倚仗您的恩宠，贪污受贿，住宅、车马超越法度，我请求先处置程伯献，然后处置李美玉。"皇帝不允许，韩休坚持争辩说："罪轻的人尚且不被宽容，罪重的人竟然放过而不问罪，如果陛下不放逐程伯献，我就不能接受诏令。"韩休说话、做事，一向如此"坚正"。皇帝不能使韩休改变。这就是心底无私天地宽。

美玉帝不許休固爭曰罪細且不容巨猾乃置不問陛
下不出伯獻臣不敢奉詔帝不能奪大率堅正類此初
嵩以休柔易故薦之休臨事或折正嵩嵩不能平宋璟
聞之曰不意休能爾仁者之勇也嵩寬博多可休峭鯁
時政所得失言之未嘗不盡帝嘗獵苑中或大張樂稍
過差必視左右曰韓休知否已而疏輒至嘗引鑑默不
樂在右曰自韓休入朝陛下無一日歡何自戚戚不逐
去之帝曰吾雖瘠天下肥矣且蕭嵩每啓事必順旨我
退而思天下不安寢韓休敷陳治道多訐直我退而思
天下寢必安吾用休社稷計耳後以工部尚書罷遷太

毛泽东读《新唐书》卷一百二十六《韩休传》批注：玄宗能
容韩休。

二是玄宗皇帝任用韩休，容韩休，想的是国家。玄宗皇帝心里明白：韩休坚决、正直也都是为了他，为国家、为社稷长治久安着想。韩休敢于直言不讳，时政得失他知无不言、言无不尽。敢于坚持自己的意见或要求，本质上或根本上都是为了维护皇朝的统治。对于这些，玄宗心里很清楚，在实际工作中他也需要韩休这样的人，生活中尽管对他有几分敬畏可又不能缺少他。例如：皇帝曾经在苑中打猎，有人大肆奏乐，稍微过分些，玄宗必定看着近臣问："韩休知道吗？"一会儿就会有韩休的奏章送到。（皇帝）曾经对着镜子闷闷不乐。身边侍候的人说："自从韩休入朝后，陛下没有一天是欢乐的，为何这样悲伤而不让他离开？"皇帝说："我虽然瘦了，但国家富裕了。况且萧嵩每每启奏事情，必定顺着我的意思，我退朝后想想天下，总是睡不安稳。韩休大量陈说治理国家的道理，大多责备我，但是我退朝后想想天下，睡觉必定安稳。我重用韩休，是为国家社稷考虑啊。"这就是忠言逆耳利于行。

玄宗能容韩休，这是玄宗的高明之举。《韩诗外传》有这样两句话："有谔谔争臣者，其国昌；有默默谀臣者，其国亡。"这是历史的启示。唐玄宗在开元时代能继承祖风，重用良臣，广纳谏言，对韩休这样的"批逆鳞"者也能相容不究，可谓具君王之大度。

韩休死时六十八岁，赠扬州大都督的称号，谥号为"文忠"。宝应元年（762年），皇帝又追赠他太子太师衔。

这条批注，是毛泽东对唐玄宗以"社稷计"重用良臣的称赞，也是毛泽东对韩休不畏权贵，敢于坚持正义，甘心为国为民精神和品德的称赞。在中国几千年封建王朝的历史上君臣能这样相容相处的是不多见的。

90. 多藏厚亡
——读《新唐书·李叔明传》

"多藏厚亡。"这条批注是毛泽东在读《新唐书》卷一百四十七《李叔明传》第 10 面版心文字"叔明素豪侈，在蜀殖财，广第舍田产。殁数年，子孙骄纵，赀产皆尽。世言多藏者以叔明为鉴云"时，在相应文字的天头上批注的。在"赀产皆尽""世言多藏""叔明为鉴"这十二个字旁都画上了圆圈。

从上述版心文字的记载和毛泽东的圈画中，我们可以大致理解毛泽东批注的意思了。为了全面理解毛泽东批注"多藏厚亡"的意思，先介绍一些李叔明的相关情况。据《新唐书·李叔明传》记载：李叔明在唐代也算是个有名的贤吏。李叔明，字晋，阆州新政人，本鲜于氏，世为右族。他出身豪族，志于学业，曾任杨国忠剑南判官、司勋员外郎、司门郎中、洛阳令、邛州刺史、遂州节度使等职。他善于治理地方，在担任东川节度使的时候，东川屡经战乱，乡邑凋破，他用心治理了二十年，使得东川经济恢复，百姓安定。李叔明有如此政绩、战功，德宗对他特别优待，他入京朝见，因有脚病，德宗赐给他锦辇，命宦官抬着觐见，封他为尚书右仆射。他请求退休，被封为太子太傅。他于贞元三年（787 年）去世，赠谥号为"襄"。

李叔明生活素来奢侈，在蜀地时做生意，广建府第田产。经过多年辛勤积聚，家产当时已达万贯，在当地属相当富有之家。可在他死后几年，他的子孙骄横放纵，享尽天乐，不事生产，毫无进取，万贯钱财家产很快都败光了。当时人多把李叔明光顾积聚财产致使子孙骄纵享乐当作鉴戒。

这就是毛泽东批注"多藏厚亡"的全部意思。"多藏"是李叔明多年的苦心经营和积聚，是李叔明心血和汗水的凝结。他留下的无数田宅家产，本以为是留给后代的很多的物质财富，可是他不懂得教育、培养子孙后代，甚至骄横放纵，让子孙不知生计之艰难，不思进取，花天酒地，无所事事，毫无作为。"多藏"忽视教育，"多藏"害了子孙。真正关心重视子孙的人，应当不是"多藏"多少财产，而是传给子孙有志向、有追求、乐于开拓进取的精神和勤俭生活、艰苦奋斗的作风。"多藏厚亡"，苦己害后人，古今有识之士都懂得这个道理。这是毛泽东批

李晟

多藏厚亡

傳曰女子十四有爲人母之道四十九絕生育之理男
子十六有爲人父之道六十四絕陽化之理臣請僧道
士一切限年六十四以上尼女冠四十九以上許終身
在道餘悉還爲編人官爲計口授地收廢寺觀以爲廬
舍議雖上罷之

子昇以少卿從德宗梁州叔明嚴敕以死報故昇有功
擢禁軍將軍貞元初遷太子詹事坐郜國公主貶羅州
別駕叔明素豪俊在蜀隨財廣第舍田產奴數年子孫
驕縱貲產皆盡世言多藏者以叔明爲鑒云

曲環陝州安邑人客隴右少喜兵法資勇敢善騎射天

唐書二百四十七 列傳七十二

八四一

十一

毛泽东读《新唐书》卷一百四十七《李叔明传》批注：多藏
厚亡。

注"多藏厚亡"的本意。"多藏厚亡"一语，出自《老子》："是故甚爱必大费，多藏必厚亡。"意思是聚财过多，并不是真正为子孙打算，只能使他们饱食终日，不知进取，甚至骄纵不法，这样将会使家族败落得更快。聚财过多而不能造福于社会大众，必引起社会大众的不平、不满和怨恨。违背民意，不得民心，最终损失会更大。

毛泽东全心全意为人民服务了一生，多年的节俭生活积余的存款全部用于人民，没给子女们留下一分钱，没给子女们留下一间房。正是因为这样，至今，人们还无尽地怀念他！

这条批注，是毛泽东对李叔明的评价，也是毛泽东对李叔明的批评。作为一方官吏，"多藏"不造福于一方，"多藏"都留给自己的后代。"多藏必厚亡"，这是历史的启示。前不久，美国的比尔·盖茨将自己的所有微软股权586亿美元全部捐给慈善事业，连同以前捐款，比尔·盖茨向慈善事业捐款近达900亿美元。他只给自己的子女们留下极为有限的基本生活费用。看来，比尔·盖茨也懂得"多藏必厚亡"的道理。

91. 内部分裂，因而败亡
——读《新唐书·康承训传》

"徐州兵七百戍桂州，六岁不得代。"第一条批注，是毛泽东在读《新唐书》卷一百四十八《康承训传》第9面版心文字"咸通中，南诏复盗边。武宁兵七百戍桂州，六岁不得代，列校许佶、赵可立因众怒杀都将，诣监军使丐粮铠北还，不许，即擅斧库，劫战械，推粮料判官庞勋为长，勒众上道"时，在相应的天头上写下的。在版心文字"兵七百""六岁不得代"八字旁分别画了圈，在天头上又画了三个大圆圈。

"内部分裂，因而败亡。"第二条批注，是毛泽东在读《新唐书·康承训传》第14面版心文字"承训攻贼，十遇皆胜。遣辩士以威动玄稔。玄稔，贼重将也，以帛书射城外，约诛勋自归，使张皋献期。俄与二将会柳溪，伏士于旁。玄稔驰骑呼曰：'庞勋首已枭，仆射寨矣！'伏兴，斩刘景、张儒。玄稔率诸将肉袒见承训，自陈陷贼，不早奋，久暴王师，愿禽贼赎死。承训许之"时，在相应的天头上写下的。毛泽东阅读时，在许多地方都作了批画。

毛泽东在这里所写的这两条批注，实际上所指向的是唐懿宗时所发生的同一件历史事变。什么历史事变呢？唐懿宗时，兴盛一段时期的唐朝已经渐渐走向末路，当时政治混乱，军备废弛，藩镇割据，朝廷非常衰弱，连几百士兵起义都无力妥善处理，以致酿成历史上的一场大乱，朝廷兴师动众，费尽心机，才勉强将其平息。

从上述介绍的文字中，我们可以看到。咸通年间，由武宁戍守桂州的七百士兵，在桂州已经戍守了六年，朝廷仍不派兵替换，士兵们纷纷怨愤不平，列校许佶、赵可立因众怒杀掉都将，带兵到监军使那儿要粮草铠甲以便北返，监军使没有答应，士兵们就劈开府库，抢走兵器，推举粮料判官庞勋为长，率众人上路北返。唐懿宗派大臣前往安抚，而监军用欺诈的手法夺去庞勋的兵权，使庞勋心生畏惧，夺船顺江而下，招兵买马，攻城略地，终于弄得不可收拾。

桂州戍兵要求替换北返，是合理的，当时的规定戍兵每年要轮换。而到了唐懿宗时军备荒废，规定如同虚设，那七百戍兵六年不得替换，不能返家，自然个个怨恨朝廷，心中很为不满，而朝廷下派官员又不善于安抚，甚至欺诈戍兵，致使士兵生疑恐惧，铤而走险，终于造成大乱。毛泽东的第一条批注就是针对造成这场大乱而写的。为什么会发生这场大乱，根本原因就是"徐州兵七百戍桂州，六岁不得代"。明文规定，戍兵每年要轮换，而他们"六岁不得代"，他们怎么能安心，怎么能不造反？

毛泽东的这条批注，既是对造反戍兵的理解和同情，也是对唐朝廷的谴责与批评。

据《新唐书·康承训传》记载：起义士兵先后攻下徐州、下邳、涟水、宿迁、临淮、蕲、虹各地，朝廷接连派出军队镇压，都被打败。然内部分裂，因而败亡。

州行實教勳官軍盡鎧甲此西鄙虛單將軍直擣宋亳
出不意宿圍自解勳喜引而西使舉直許佶守徐承訓
攻賊十遇皆勝遣辯士以威動立稹賊重將也以
帛書射城外約誅勳自歸使張皇獻期俄與二將會柳
溪伏士於旁立稹馳騎譖曰龐勳首已梟僕射寨矣伏
與斬劉景張儒立稹率諸將肉袒見承訓自陳陷賊不
早奮久暴王師願禽賊贖死承訓許之復請詐爲潰軍
劫符離符不知內之已入卽斬守將得兵萬人北攻
徐州許佶等不敢出立稹環城彥曾故吏路審中啓白
門內立稹兵許佶等啓北門走立稹身追之士大崩皆

《舊唐書》卷二○○七 列傳七三

七一

八九○

毛泽东读《新唐书》卷一百四十八《康承训传》批注：内部
分裂，因而败亡。

而，随着时局的变化和发展，起义士兵逐渐失去绝对优势，最后被朝廷兵击败，头领庞勋被杀，起义最后以失败而告终。为什么失败？究其原因是没有英明的领导，头领庞勋不善抚众，又迷信鬼神，而且好大喜功。随着队伍的渐渐扩大，他渐渐失去统驭的能力。但是更重要的原因，就是毛泽东第二条批注："内部分裂，因而败亡。"由于起义士兵内部分裂，给官兵可乘之机，被其瓦解而各个击破。例如，义兵的重要将领张玄稔守卫宿州，被康承训派的辩士说动了心，投降了官军，而且反戈攻打义兵，攻下了徐州，使义兵人心大乱，不思作战，导致最终败亡。

毛泽东生来喜爱造反。对七百士兵造反至败很感惋惜。究其原因，毛泽东认为，主要还是"内部分裂，因而败亡"。对军队来说，团结很为重要，官兵同心，上下一心，才能百战百胜，所向无敌。毛泽东是伟大的军事家，身经百战，对这一点感受尤为深刻。团结就是力量，团结就能战胜敌人。这是战争制胜的一条重要经验。

92. 好将军
——读《新唐书·田弘正传》

"田弘正，好将军。"这条批注是毛泽东在读《新唐书》卷一百四十八《田弘正传》时在第 16 面本传开篇的天头上写下的。此传从头至尾，毛泽东在阅读中都做了圈画。

毛泽东为什么批注"田弘正，好将军"呢？主要根据应该有以下几点：

第一，少年时就精通兵法，擅长骑马射箭，勇敢而守礼度。田弘正，本名田兴。年少时学习儒家经典，精通兵法，擅长骑马射箭，勇敢而守礼度。在田季安任节度使时，他为衙内兵马使。田季安一心追求奢侈，不顾及军务，多次施行杀戮刑罚，田弘正时常婉言劝谏。军中将吏很倚重他。田季安内心很是忌恨，让他出京任临清镇将，想找借口治他的罪然后杀掉他。田弘正患阳痹痼，卧家不出，才得以幸免。田季安死后，他的儿子怀谏承袭节度使之职，把田弘正召回，官复原职。

第二，守天子法令，听从皇上令旨。田季安死后，其儿子怀谏把家政都委托于家奴蒋士则，由于他处理诸多事情不当，引起众怒，都说"兵马使才是我们的统帅"。牙兵又到田弘正家去迎他出来。田弘正拒绝，众人在门口哗然。弘正出来，众人拜见他，逼迫他回府上。弘正估计不能避免，就传令军中说："你等不以我无能，让我拜统领，今天与你们定一约，能听从我的命令吗？"众人都说："唯你的命令是从。"弘正因此说："我想守天子的法令，以六州的版图向朝廷请命。假如皇上没有令旨，敢有请我主事者死，杀人和抢劫者死。"众人都一一答应。于是田弘正带领人到府上，杀了蒋士则及其余党十余人。然后献上魏、博、相、卫、贝、澶之地的图籍，等待皇室的任命。

第三，心系百姓，忠诚天子，倡导正气。早先的时候，诸将出外屯兵，乡里村民不得往来。弘正把这些规定都废除了，让老百姓自行往来应酬。凡是着装犯禁太奢侈的，即刻禁毁。宪宗很喜欢他的忠诚，诏为检校工部尚书。又出任魏博节度使。后又派裴度去慰劳他。六州百姓免役一年，赦囚犯，慰问年高、孤独、残疾而不能自给的人。弘正对朝廷更加恭谨。又请裴度到他的部属中，宣称天子的恩赐。令崔懂写表向皇上谢恩，说："臣如果能借有生之年，奉皇上的英明，希望能倡导正气，洗刷虚伪的民风，然后退隐田园，给贤者开路，就是死也不悔恨。"

第四，奉诏率部大破叛军，屡战屡胜，叛军胆寒。天子讨伐蔡，弘正派儿子田布带三千兵前去作战，屡建战功。李师道害怕田布去攻打自己，不敢明显援助蔡。因此蔡失去支援，朝廷的部队得以杀掉他。王承宗叛乱时，天子诏弘正率所有部队，兵临其境，大破叛军，王承宗害怕，只好归顺于弘正。弘正向朝廷上表，王承宗献出德、棣两州谢罪。弘正把他的两个儿子作为人质。

没过多久，李师道拒不服从朝命，天子诏弘正和宣武等五个节度使的兵力讨伐。弘正从杨刘渡河，在离郓四十里的地方筑壁，李师道的大将刘悟率精兵驻扎在黄河以东。二人战于阳谷，弘正屡战屡胜，杀敌万余人，叛军胆寒。刘悟于是兵变，斩下李师道头颅到弘正那里投降，献出十二个州。

第五，有知人之明。刚开始，刘悟归降后，平定了一些叛军，就在军中大开酒宴，一连三日，又让军士表演相扑，把魏博的使者带到庭前寻欢作乐。在座的人都害怕刘悟。有人把这些情况告诉弘正，弘正说："郓州士民都疲于战斗，所受伤害尚未痊愈，刘悟应当慰问受伤士兵，抚恤阵亡将士，怎么能贪眼前的快乐呢？我奉天子之命安抚军队，看刘悟的表现，今天终于知道他无能了。"随后天子命刘悟为义成军节度使，刘悟仓促上路。当时的人们称弘正有知人之明。

以上五条，仅是据《新唐书·田弘正传》记载的概括。这条批注，是毛泽东对田弘正为人、从军一生的高度评价，"好将军"三个字，是毛泽东对田弘正的赞赏。如此一位"好将军"，长庆元年（821年）七月竟被军中叛军杀害，毛泽东心里对此是深感痛惜的。

93. 青年将军
——读《新唐书·王承元传》

"青年将军王承元。"这条批注是毛泽东在读《新唐书》卷一百四十八《王承元传》时在第 22 面本传开篇的天头上写下的。在本传开篇"王承元"三字旁画了一条着重线，在这三个字相应的天头上又画了三个圈，此传文字上还画了许多的圆圈、点、着重线等符号，看得出，此传毛泽东也是一字一字、一句一句很认真、很有兴趣读完的。

毛泽东为什么如此爱读而且又写下批注"青年将军王承元"呢？据《新唐书·王承元传》记载，应该主要有以下三点原因：

第一，王承元青少年时期就有深谋，劝哥讨伐李师道，初显青年将军的素质。王承元，王承宗的弟弟，有深谋。十六岁时，劝承宗带兵共同讨伐李师道。承宗认为他年少，不重用他，但军营中人都看好他。承宗死时，尚未发丧，大将谋划着以其他人取代他的帅位。参谋崔燧与其他校官商议，以他祖母凉国李夫人的命令，让承元继承帅位。承元哭着拜谢，不愿接受。各位将领一定要这样，承元说："皇上让中贵人作监军，你们怎么不先请示他呢？"监军到后，仍然是这个意见，承元谢道："各位不忘我王家以及妇女儿童，如果真的有命令时，你们能服从吗？"众人说："唯命是从。"于是在帅府的偏房办公，并与身边的人相约，不得称留后，悄悄修表交于朝廷。穆宗得知后派居舍人柏耆去宣布朝廷的慰问，授予王承元检校工部尚书，义成军节度使。

第二，为平定军心，在军中遍拜各将，把自己家中所有财产赏给他们。在朝廷授予王承元检校工部尚书、义成军节度使之后，有人用两河旧事相劝诱，让承元不接受，承元没有采纳。各位将领都很后悔。柏耆到后，有士兵在军中哭泣，承元下令说："各位不想我去，本意当然好，但是违抗了诏令，我怎当得起呢？以前李师道有诏赦死，想全家西迁，诸将领阻止他，结果到后来却一同杀了他。庆幸的是今天你们还是好好待我，没有拿我与李师道相比。"于是在军中遍拜各将，诸将不好再说什么。承元又把家中所有财产赏给他们，杀了十多个不听从军令的人，军心才平定下来。于是谏议大夫郑覃慰劳军队，赐军饷百万，赦免囚徒，给孤独、伤残不能自给的送米布等物。

第三，后来朝廷调承元任鄜坊、丹延节度使，又调任凤翔节度使。凤翔右临泾、原，地平少险，吐蕃人多次入侵。承元选有利地形筑城，派兵千人守卫，诏称临汧城。帅府周围有很多商家，以前常遭到胡人的抢掠，王承元就在帅府周围修了大城，使商家得以安居。由于他的功劳封为岐国公。

大和五年（831年），承元调任平卢、淄青节度使。以前，盐禁都没有涉及两河，承元要求有关部门管起来，于是兖、郓各镇皆守法。

史称，承元仁爱，为所到之处的人厚爱。多次建功，深受朝廷的重用和称赏。如此一位年轻多才的将军，只活了三十三岁。所以，毛泽东批注称他为"青年将军王承元"。

这条批注，是毛泽东对青年王承元的谋略、胆识，以及作为青年将军的素质和才华的赞赏，也含有毛泽东对这样一位有希望、有培养前途的青年将领过早离世深感遗憾的浓浓情感。

94. 国营商业
——读《新唐书·刘晏传》

"国营商业。"这条批注写在《新唐书》卷一百四十九《刘晏传》第14面的天头上。相应的版心文字为："赞曰：生人之本，食与货而已。知所以取，人不怨；知所以予，人不乏。道御之而王，权用之而霸，古今一也。刘晏因平准法，榦山海，排商贾，制万物低昂，常操天下赢货，以佐军兴。虽擎兵数十年，敛不及民，而用度足。唐中偾而振，晏有劳焉，可谓知取予矣。其经晏辟署者，皆用材显。循其法，亦能富国云。"毛泽东在"排商贾，制万物低昂""敛不及民，而用度足"每个字旁都画了圈，表达他赞同这些看法和读这些文字的浓厚兴趣。在其他的文字旁亦有点、圈等多种圈画符号。

毛泽东在此为什么批注"国营商业"四个字？据《新唐书·刘晏传》的记载，毛泽东在上述版心文字旁的圈画，可以这样理解。

刘晏，字士安，历经唐玄宗、代宗、德宗三朝。他善理财政，天宝中，他任夏令，负责督输租赋，他以前没有从事过此项事务，而竟能使"输无逋期"，显示了理财的初步才能。玄宗朝，他先后担任度支郎中、兼侍御史、领江淮租庸事等；代宗朝，他先后担任度支、盐铁、转运、铸钱、租庸使，湖南、荆南、山南东道转运、常平、铸钱使等职，他一直从事财政工作。

刘晏在长期财政工作的实践中，联系实际，不断总结推出新的举措。代宗初继位时，在兵火之后，京师粮食匮乏，一斗米值一千钱，京师三辅百姓已无法承受沉重的租税负担。刘晏考察了水路之后，提出发展漕运，解决京师贫乏，减轻三辅百姓负担，恢复水道所经城镇的经济，他的建议被采纳，每年从淮、湖运送四十万斛粮食到京师，解救了关中的困乏。

刘晏在运转物资过程中，所使用的平衡有无的平准法发挥了非常好的作用。京师盐价暴涨，他只用四十天的时间就将盐从扬州运到京师，稳定了盐价。南方边远地区出产的农副产品运到京师，运费昂贵，刘晏就把货物储存在江、淮之间，变卖后，买铜和柴，铸造铜钱。丰年谷贱，他就命令大量收购粮，歉年粮价贵，他就命令贱价出售粮食而收购其他物产。他派人到全国各地了解物价情况，即使是偏远地方，物价变化很快就能知道，因此能够及时采取措施平衡物价，保持物价的平稳，"使天下无甚贵贱而物常平"。

在当时的社会历史条件下，刘晏能面向全国，顾及广大百姓生活，稳定物价，在理财方面做出如此非凡的业绩是难能可贵的。上述引用版心文字的一段"赞曰"的话，就是当年欧阳修对刘晏财政工作的赞许。刘晏当年施行的一些理财工作方略和办法对做好我们今天的财政工作仍有一定的借鉴价值。所以，毛泽东在读了《刘晏传》上述的版心文字之后就写下了"国营商业"四个大字。

毛泽东这里批注的"国营商业"其意，一方面是说"国营商业"不是我们社会主义社会才有的。早在封建社会的唐代，我们的先人刘晏就进行了"平准法，斡山海，排商贾，制万物低昂，常操天下赢赊，以佐军兴"的实践。在毛泽东看来，唐代刘晏的一些举措和做法就是开启了"国营商业"的先河。刘晏的"平准法，斡山海，排商贾，制万物低昂，常操天下赢赊，以佐军兴"就是"国营商业"的一种雏形。

所以，毛泽东这里批注的"国营商业"，一是对刘晏所做工作的肯定，二是对刘晏那么早就进行"国营商业"实践的称赞。刘晏的做法，对今天来说，既有借鉴作用，又有史学研究价值。对研究我们国家"国营商业"的历史有重要的意义。

六十三．贈尚書右僕射巽爲人惡刻校怨在江西有所
憎恨輒殺之始賣參爲相出巽常州促其行及參貶郴
州巽時觀察湖南宣武節度使劉士寧致絹數千匹於
參巽即劾參交通藩鎮以怒德宗遂殺參云
贊曰生人之本食與貨而已知所以取八不怨知所以
予人不乏道御之而王權用之而霸古今一也劉晏因
平準法斡山海排商賈制萬物低昂常操天下贏貨以
佐軍興雖拏兵數十年斂不及民而用度足唐中償而
振要有勞焉可謂知取予矣其經晏辟署者皆用材顯
循其法亦能富國云

毛泽东读《新唐书》卷一百四十九《刘晏传》批注：国营商业。

95. 调查研究，出以亲身
——读《新唐书·裴度传》

"调查研究，出以亲身。"这条批注写在《新唐书》卷一百七十三《裴度传》第2面的天头上。相对应的版心文字为："王承宗、李师道谋缓蔡兵，乃伏盗京师，刺用事大臣，已害宰相元衡，又击度，刃三进，断靴、刺背、裂中单，又伤首，度冒毡，得不死。哄导骇伏，独驺王义持贼大呼，贼断义手。度坠沟，贼意已死，因亡去。议者欲罢度，安二镇反侧，帝怒曰：'度得全，天也！若罢之，是贼计适行。吾倚度，足破三贼矣！'度亦以权纪未张，王室陵迟，常愤愧无死所。自行营归，知贼曲折，帝益信杖。"在批注的文字右边天头上还画了三个比较大的圆圈，在三个比较大的圆圈右边还画上了三个三角形符号。在第2面版心文字"议者欲罢度，安二镇反侧"几个字旁又分别画上三角形符号，在"知贼曲折"四字旁画上了五个圆圈。在本传其他地方还画上了圈、点、直线等多种符号。像这样批注文字、圈画种种符号，特别是在天头和版心文字旁又画了那么多三角符号，在毛泽东读二十四史圈画中是不多见的。

圈画符号多，说明毛泽东读《新唐书·裴度传》读得认真，读得细致，又用脑，又用笔，读得进，兴趣浓厚。对为什么画三个大圆圈、画那么多小圆圈、画那么多三角符号，后面还有专文介绍。这里着重说说毛泽东在读了上面的版心文字后为什么批注"调查研究，出以亲身"这八个字。

要弄清楚毛泽东在这里批注的八个字的意思，还是要从上面引用的版心文字说起。唐宪宗时，蔡州叛乱，中央政府军奉命讨伐叛乱的蔡州。裴度受派巡视行营诸军，回京后，呈上攻取蔡州的计策和行动方案。和皇帝的心意相合。皇帝又问他各将领是不是有才能，裴度回答说："李光颜为人忠义勇敢，一定能成功。"不到三天，光颜果然大破时曲敌兵，皇帝很高兴裴度这样有见识的预言，就提拔他兼任刑部侍郎。

王承宗、李师道想缓解蔡州紧急的形势，就派遣强盗潜来京师，刺

相元衡又擊度刃三進斷靷刪背裂中單又傷首度墜

薗得不死哄導駭伏獨驕王義持賊大呼賊斷義手度

墜溝賊意已死因亡去議者欲罷度安二鎮反側帝怒

且度得全天也若罷之是賊計適行吾儕度足被三賊

矣度亦以權紀未張王宝陵遲常憤愧無死所自行營

歸知賊曲折帝益信狀及病創一再旬分徼兵護第存

候踵路疾愈詔毋須宣政衛卽對延英拜中書侍郎同

中書門下平章事時方連諸道兵環挐不解內外大恐

人累息及度當國外內始安由是討賊益急始德宗時

倘苟伺中朝土相過金吾輒飛啓宰相益急始德宗客

新唐書一百七十三 列傳九十八　二一　九三

毛泽东读《新唐书》卷一百七十三《裴度传》批注：调查研究，出以亲身。

杀当政的大臣，宰相武元衡已被刺死，又刺杀裴度，裴度挨了三刀，靴子被砍掉，背上挨了一刀，头部也受了伤，裴因戴着毡帽，才没被刺死。街道上的人都害怕得伏在地上，不敢抬头，只有随从驸人王义抓住贼人的手大声叫喊，贼人就砍断随从的手，这时裴度滚到脏沟中，贼人以为他已死，就逃跑了。

有的朝官就想请皇帝罢免裴度以安王、李二人之心。皇帝愤怒地道："裴度幸而未死，这正是天意所为。如果罢免了他，就正中了贼人的奸计。朕有裴度一人，就可破三贼之兵。"裴度亲自调查本案，弄清了刺客的详情，即向宪宗皇帝报告了贼军情况及王承宗、李师道的阴谋，宪宗皇帝对他更加信任、更加倚仗。

裴度攻取蔡州的计策和行动方案，李光颜三天大破时曲敌兵，揭露并向皇上报告王承宗、李师道阴谋，等等，都是亲自调查研究的结果。正因为他能遇大事先调研，所以，他情况明，决心大，成功多，皇帝对他越来越信任，越来越重用。

毛泽东在读《裴度传》时，看到裴度注重调查研究，践行调查研究，他很感欣慰，很为高兴。在那样明争暗斗、错综复杂的社会历史环境里，裴度能坚持调查研究，弄清楚一件件事情的前因后果，为皇上的一个个决策和决断提供准确的信息和事实根据，功劳很大，威名震撼四夷。他先后侍奉四个皇帝，以完美的品德贯彻始终。

这条批注，是毛泽东对裴度亲身调查研究作风的赞许，也是对裴度为人、功业、品德的颂扬。在封建社会里，一个一人之下、万人之上的朝廷命官，能做到这样，直到死的时候，天下百姓仍怀念他的高风亮节，令人敬佩，令毛泽东快慰！

96. 大历十子
——读《新唐书·卢纶传》

"大历十子。"这条批注写在《新唐书》卷二百〇三《卢纶传》第

9面此传开篇的天头上。"十子中只钱起为进士",是在第10面的天头上写下的。在此传版心文字中,毛泽东在阅读中也作了圈、点、直线等多种符号。从留在书上的这些符号来看,此传毛泽东是从头至尾都阅读过的。

毛泽东这里的第一条批注"大历十子",是说明性的批注,是指唐代宗大历年间的十个诗人。据《新唐书·卢纶传》,大历年间十位才子诗人是:卢纶、吉中孚、韩翃、钱起、司空曙、苗发、崔峒、耿沣、夏侯审、李端。

卢纶,字见言,河中蒲人。大历年间,多次参加进士考试都落榜。元载将他的文章呈给代宗看,代宗任他为阌乡尉,官至监察御史,称病辞官。他曾在浑瑊幕中任判官,升至检校户部郎中。唐德宗爱他的诗才,曾将他召至宫中唱和。唐宪宗、唐文宗都非常喜欢卢纶的诗文,宪宗派中书舍人张仲素收集卢纶的文章,文宗派太监收集卢纶的诗歌。

吉中孚,鄱阳人。曾任户部郎。

韩翃,字君平,南阳人,曾在侯希逸幕下为佐。他的诗歌很受德宗喜爱,当时有两个韩翃,授官时要任命韩翃为刺史,宰相问德宗任哪个韩翃为刺史,德宗回答:"诗人韩翃。"

钱起,吴光人,天宝中举进士,与郎士元齐名,当时人说:"前有沈、宋,后有钱、郎。"

司空曙,字文初,广平人。曾在韦皋幕下任职。

苗发、崔峒、耿沣、夏侯审都担任过不太高的官职。李端,赵州人,才思敏捷,曾与郭暧交游,在杭州司马任上死去。

大历十才子中只有钱起一人中过进士,只有卢纶一人的情况较详,其他人生平不详,只是在《卢纶传》中顺便提到。他们都富有才华,甚至皇帝也对他们非常赞赏,但他们却考不中进士,仕途坎坷,这一点很值得深思。所以,毛泽东在此又特别写了批注"十子中只钱起为进士"。这第二条批注也是说明性的批注,应当说也没有什么其他特别的意思。

这两条批注，说明毛泽东读书不光是关注官人、名人的传记，对无官、不很出名的人的传记他也关注、他也爱读。读《卢纶传》就是很好的一例。读书是学习，学知识、学技术、学历史、学智慧、学道理、学做事、学做人，等等。关于当官人的书、关于社会名人的书要读，关于其他方面的书也要读。毛泽东就是这样做的。"黄金非宝书为宝"，开卷有益，活到老、学到老，生命不息，读书不止。这是毛泽东读书实践留给我们的一条重要启示。

97. 或心肌梗塞，终绝
——读《新唐书·许胤宗传》

"脑溢血，或心肌梗塞，或毒癌，终绝。"这条批注，是毛泽东在读《新唐书》卷二百〇四《许胤宗传》第 2 面版心文字"王太后病风，不能言，脉沉，难对。医家告术穷。胤宗曰：'饵液不可进。'即以黄耆、防风煮汤数十斛，置床下，气如雾，熏薄之。是夕语"时，在此传第 3 面的天头上写下的。说也巧，王太后中风不能说话的病，当时有关的大夫都束手无策，"医家告术穷"。可是照胤宗的办法做，当天晚上，太后就能说话了。新蔡王就提拔许胤宗为义兴太守。

武德初，许胤宗累升官至散骑侍郎。当时关中一带流行骨蒸疾，这种病互相传染，得这种病的人都死了。而经许胤宗治疗过的人后来都痊愈了。有人劝胤宗将自己的行医心得写成书流传后世。胤宗说："医道的关键在于平时多留意罢了，思虑精细就能够了解病情并找到疗治之法，没什么了不起的。就像诊脉一样，幽微难明，我心里知道是怎么一回事，但就是口里说不出来。古代的良医治病，要诀在于诊脉，病情很容易就能看出来。当需要用药时，只取一味药，药气愈纯，病好得就愈快。现在的人们不会诊脉，只知以常情推断病因，……这就是为什么难以治愈的原因。诊脉的精微之处不可传下来，只空空地写上些药方子，最后还是对世人没什么用。这就是我为什么不著书的原因。"

毛泽东读了《许胤宗传》之后，明白古代中医的这一特点，他根据此传中所记载的王太后的病状，推测王太后患的病可能是"脑溢血，或心肌梗塞，或毒癌"。因为许胤宗不知真正的病因，即使暂时治好，或者能有所缓解，但最终将不治而死。就是毛泽东批注的"终绝"那样。

这条批注仅是毛泽东本人对王太后患病的一种推测。当时的名医许胤宗都不知道真正的病因，几百年之后，不是医生的毛泽东更不可能弄清真正的病因了。古代中医学无法进行科学分析，只能根据长期的经验积累，对不同的病症采用经过反复尝试证明有效的治疗方法，特别是把脉视疾，更需要丰富的经验。像上述许胤宗为王太后治病，他也只是根据他的实践经验，采用相应的方法，至于真正的病因、病灶所在，他并不十分清楚。

这条批注说明毛泽东对王太后病状的重视和关心，也说明毛泽东对我国传统中医学的浓厚兴趣。尽管他不熟悉、不研究我国古代的中医学，但《许胤宗传》读得这么认真、这么批注和圈画、这么有兴趣，也从一个小小的侧面说明毛泽东对我国古代中医学的重视和关心。

（四）五代史

98. 才数百人
——读《旧五代史·梁书·太祖本纪》一

"才数百人。"这条批注写在《旧五代史》卷一《梁书·太祖本纪》一第2面的天头上。相应的版心文字为："（广明）三年三月，僖宗制授帝宣武军节度使，依前充河中行营副招讨使，仍令候收复京阙，即得赴镇。四月，（黄）巢军自蓝关南走，帝与诸侯之师俱收长安。乃率部下一旅之众，仗节东下。七月丁卯，入于梁苑。是时帝年三十有二。"毛泽东在第 2 面版心文字"一旅之众"四字旁还画了曲线，显然天头上的"才数百人"的批注与此"一旅之众"四字有密切关系。

《梁书·太祖本纪》一第 2 面版心文字明明说的是"一旅之众"，毛泽东在这里为什么批注"才数百人"？我理解，毛泽东的这条批注实为称赞朱温英勇之意。为什么这样说呢？我们还是来看看当时的实际情况：朱温原是黄巢的部下，中和二年（882 年）二月，黄巢令朱温带兵攻打左冯翊，唐将王重荣率兵数万，与之对垒阵前。朱温不敌，向黄巢求救未果，遂率众投降王重荣。唐僖宗听说朱温投降，大喜过望，封他为左金吾卫大将军、河中行营副招讨使，赐名"全忠"。

朱温投降唐朝后，向黄巢农民起义军疯狂反扑，中和三年四月，朱温攻占长安，黄巢农民起义军向东退去，朱温紧紧抓住这一战机，率几百人的军队乘胜冲击。毛泽东读到此，对其勇敢很是佩服。可是，朱温乘胜追击的黄巢农民起义军是与他当初一起造反的自己的部队，想到这方面，毛泽东心里对起义军败退又有些同情和无奈。黄巢起兵时，聚众也不很多，可他们攻入长安之后抓住时机充实壮大部队，当时黄巢手下的部队多达几十万。他说什么也没有想到，短短几年时间，竟被迫退出长安，现在又被仅有几百人的朱温部队追得落荒而逃，实在是可悲、可叹！

毛泽东的这条批注，有对朱温敢以数百人穷追猛打黄巢东退大军军事才能的称许之意，也有对黄巢率领的农民起义部队败退之同情、无奈之意。农民起义是推动中国漫长封建社会向前迈进的最直接的动力，毛泽东是一贯支持和称赞的。毛泽东认为，在中国封建社会里，只有农民的起义和农民的战争，才是历史发展的真正动力。可是此时，黄巢率领的农民起义部队在政府军的反击下节节败退，此时此刻，毛泽东内心世界充满的不安和矛盾也是难以掩饰的。

99. 唐宗失计平蔡州
——读《旧五代史·梁书·太祖本纪》一

"唐宗失计平蔡州。"这条批注写在《旧五代史》卷一《梁书·太祖本纪》一第9面的天头上。相应的版心文字为："龙纪元年正月，庞师古攻下宿迁县，进军于吕梁。时溥领军二万，晨压师古之军而阵，师古促战，败之，斩首二千余级，溥复入于彭门。二月，蔡将申丛遣使来告，缚秦宗权于帐下，折其足而囚之矣。帝即日承制以丛为淮西留后。未几，丛复为都将郭璠所杀。是月，璠执宗权来献，帝遣行军司马李璠、牙校朱克让槛送于长安。既至，昭宗御延喜楼受俘，即斩宗权于独柳树下。蔡州平。昭宗诏加帝食实封一百户，赐庄宅各一区。三月，又加帝检校太尉、兼中书令，进封东平王，赏平蔡之功也。"在版心文字旁亦作了不少的圈画。

毛泽东在这里批注的"唐宗失计平蔡州"，非常精准地概括了朱温打败秦宗权、夺取蔡州的"一石二鸟"阴谋的得逞，和唐昭宗的糊涂失策之举，自此朱温时来运转，唐家王朝即将成为朱家王朝。

秦宗权，许州（今河南省许昌市）人，唐末为本州牙将。农民起义爆发后，他被调至蔡州，恰值黄巢别部攻蔡州，他率部据守，保住城池。此后，他得到监军宦官杨复光信任，保荐为蔡州节度使，率蔡州劲军万人抗拒起义军。黄巢退出长安，专攻蔡州。秦宗权迎战大败，投降黄巢。黄巢东撤之后，他便倚仗兵力，独树一帜，自称皇帝。

朱温乘黄巢部败亡之际，招降纳叛，扩充实力，收得了黄巢部素称智勇双全的名将葛从周，葛从周从此成为朱温部队的名将之冠。当时地方曾这样说："山东一条葛，无事莫撩拨。"可见葛从周当时是怎样的厉害。虽然朱温实力大增，但他的大本营汴梁处于四战之地，江淮财赋既已断绝，漕道也就失去了作用，要想站稳脚跟，就必须解决财赋军粮的供应问题。而且，朱温部队与秦宗权的部队相比，兵员多寡悬殊较大。朱温要想打败秦宗权困难很大。可是，朱温诡计多端，狡诈凶狠，很会

辰宿州小將張筠逐刺史張紹光擁眾以附時溥帝率

中書令進封東平王賞平蔡之功也大順元年四月丙

實封一百戶賜莊宅各一區三月又加帝檢校太尉兼

樓受俘卽斬宗權于獨柳樹下蔡州平昭宗詔加帝食

司馬李璠牙校朱克讓檻送于長安既至昭宗御延喜

叢復爲都將郭璠所殺是月璠執宗權來獻帝遣行軍

折其足而囚之矣○帝卽日承制以叢爲淮西留後未幾

入于彭門二月蔡將申叢道使來告縛秦宗權于帳下

壓師古之軍而陣師古促戰敗之斬首二千餘級溥復

月龐師古攻下宿遷縣進軍于呂梁時溥領軍二萬晨

唐宗失計平蔡州

毛泽东读《旧五代史》卷一《梁书·太祖本纪》一批注：唐宗失计平蔡州。

〔本紀〕 三〇八

玩弄权术，善于拉拢一个，打击一个，然后各个击破，逐步吞并，不达目的，誓不罢休。

秦宗权在横行河南之际，陈州土豪、世为牙将的赵犨本因抗拒农民军有功，逐步升为陈州刺史，后又擢为忠武节度使，他在陈州纠集壮丁，广储粮秣，用兄弟子侄分掌劲军，击败秦宗权别部，形成一方新的势力。秦宗权增兵进军陈州，赵犨势力单薄，乞援于朱温，朱温抓住时机，出兵解围，和他约为婚姻，得到他的资助，财赋军粮问题缓解了。与此同时，朱温卑辞厚礼，拉拢朱瑄、朱瑾，以免后顾之忧，又派部将朱珍去山东招兵，扩实军力。朱瑄兄弟乐得朱温为之屏障，便与他联合。于是，朱温羽翼日益丰满，得以全力对付秦宗权。

887年，秦、朱之战开始。秦宗权孤注一掷，聚集悍勇，自郑州猛扑汴梁。朱温得兖、郓援兵，士气大振，大破秦宗权部，斩首二万余人。秦宗权大败，向南逃窜，朱温获大胜。

这时，秦宗权部悍将孙儒窜至淮南，与杨行密相攻。唐廷任朱温兼领淮南节度使，朱温刚刚调将发兵，而孙儒已被灭，扬州平定，朱温部队还想并取淮南，却在徐、泗时被阻，不得进军。888年，唐廷又任朱温为蔡州四面行营都统，节制诸镇，进讨秦宗权。朱温有了都统头衔，便可以利用它来吞并邻道了。这一年，秦宗权连遭败衄，众叛亲离，被部将捆送到汴梁。次年，朱温将秦宗权押送长安，献俘朝廷。唐昭宗斩秦宗权，封朱温为东平郡王。

毛泽东这条批注简明扼要，特别是其中的"失"字更显其高明、非凡。一个"失"字显现出唐昭宗对朱温的无奈、畏惧、忌恨的心理。国人皆知，蔡州原本是唐朝的属地，收归唐朝理所当然。但唐昭宗此时将要得到的只是个名，蔡州真正的支配权从此就归朱温了。对于朱温，昭宗明知他是个毒狠无比、道德败坏、流氓成性的不可信任之徒，但他目前已大权在握，特别是统领手下的几万精兵，随时都可以黄袍加身。唐昭宗贵为一国之主，却没有能真正行使的大权，只好眼睁睁地看着朱温坐大。收复蔡州，真正的受益者是朱温，自此蔡州成为朱温腾飞的根据地,在财力、兵力上都一跃成为势力最大的节度使,东平郡王爵位的加封也进一步提高了朱温在中央的地位。对唐昭宗来说,也只能是"无可奈何花落去"了。

这条批注,含有毛泽东对朱温具有远见卓识的军事指挥才能的认可,也含有毛泽东对有近三百年历史的唐王朝即将被朱氏王朝替代的无奈、同情、悲凉的心理。

100. 处四战之地与曹操略同,而狡猾过之
——读《旧五代史·梁书·太祖本纪》一

"朱温处四战之地与曹操略同,而狡猾过之。"这条批注写在《旧五代史》卷一《梁书·太祖本纪》一第10面的天头上。相应的版心文字为:"二年春正月,魏军屯于内黄。丙辰,帝与之接战,自内黄至永定桥,魏军五败,斩首万余级。罗宏信惧,遣使持厚币请和。帝命止其焚掠而归其俘,宏信由是感悦而听命焉。乃收军屯于河上。八月己丑,帝遣丁会急攻宿州,刺史张筠坚守其壁,会乃率众于州东筑堰,壅汴水以浸其城。十月壬午,筠遂降,宿州平。十一月丁未,曹州裨将郭绍宾杀刺史郭饶,举郡来降。是月,徐将刘知俊率众二千来降,自是徐军不振。十二月,兖州朱瑾领军三万寇单父,帝遣丁会领大军袭败之于金乡界,杀二万余众,瑾单马遁去。"版心相关的文字旁边亦画有不少的曲线、直线、圈、点等圈画符号。

毛泽东在此处批注的"朱温处四战之地与曹操略同,而狡猾过之"是什么意思呢?要理解毛泽东批注的意思,还是据《梁书·太祖本纪》一有关的记载,先介绍当时朱温与李克用两大军阀展开的生死争夺。毛泽东批注的这一节,就是朱、李两大军阀生死之争的重要一环。

李克用是内迁的沙陀封建贵族。二十八岁时,唐朝廷就委任他为雁门关节度使,后又升为河东节度使,为当时诸将中最年少的人。河东地区素称富饶,未经战乱。克用趁势并取了昭义镇,实力为诸

毛泽东读《旧五代史》卷一《梁书·太祖本纪》批注：朱温处四战之地与曹操略同，而狡猾过之。

使持厚幣請和帝命止其焚掠而歸其倖宏信由是感

悅而聽命焉乃收軍屯于河上八月已丑帝遣丁會急

攻宿州刺史張筠堅守其壁會乃率眾于州東築堰壅

汴水以浸其城十月壬午筠遂降宿州平十一月丁未

曹州禪將郭紹賓殺刺史郭饒舉郡來降是月徐將劉

知俊率眾二千來降自是徐軍不振十二月兖州朱瑾

領軍三萬寇單父帝遣丁會領大軍襲敗之于金鄉界

殺二萬餘眾瑾單馬遁去景福元年正月帝遣丁會于兖

州界徙其民數千戶于許州二月戊寅帝親征鄆先遣

朱友裕屯軍于斗門甲申次衞南有飛鳥止于峻堞之

镇所不及。

884 年，黄巢撤出长安攻打陈州不下，撤围向东，逼近汴州。朱温自知抵挡不住，求援于李克用。李克用早有扩张地盘的野心，遂亲率部队赴援。黄巢军溃败，退向山东。朱温忌李克用强盛，表面上卑躬屈节，甘言奉承，实则暗萌杀机，阴谋杀害李克用。

李克用此时还不满三十岁，少年气盛，屡胜之余，骄矜异常。朱温在汴州驿设宴款待，为他庆功，对他恭维备至，而李克用却傲气凌人，趁醉出言不逊。朱温气愤难忍，索性提前下手，于当晚派兵包围上源驿，四面纵火，乱箭齐发，想一举消灭李克用和他的随从卫队。李克用在大醉中被左右保护下仓皇逃出，河东监军宦官陈景思和亲兵三百余人，全被杀害。

李克用回到老巢晋阳，本想立即出兵复仇，其妻刘氏力谏，以为如此反而亏理，不如奏请朝廷，请求讨伐。李克用从其议，上表申诉朱温之罪，请求讨伐。而唐朝大臣中与朱温素有勾结的不乏其人，都替朱温缓颊，唐僖宗听信他们的主张，下诏劝谕双方和解。双方考虑各自眼前军务大事，冲突暂时缓和下来。

晋、汴双方争霸中原，魏博镇、宿州居其要冲，有举足轻重之势。魏博素号强镇，河朔皆唯其马首是瞻。自田承嗣建节之日起，就蓄养牙兵，以为亲从。此后，牙兵日益骄横。唐文德元年（888 年），节度使乐彦祯重役扰民，民怨沸腾，他又命其子乐从训养亲兵五百人，号称“子将”，以取代牙兵，牙兵疑惧不安，聚众哗变，杀乐彦祯，推军校罗弘信为节度使。乐从训被逐走，投奔朱温，请求帮助复镇。朱温出兵攻魏博，败其兵万人。罗弘信袭杀乐从训，自知难拒汴军，乃卑辞厚礼，向朱温乞和。不久，朱温攻兖、郓，李克用遣别将援救朱瑄兄弟，假道魏博。朱温施离间计，遣使游说罗弘信：“李克用是小人，他吞并河朔之日，即消灭魏博之时。”罗弘信半信半疑。正在这时，偏偏晋将李存信仗势凌人，率兵万人经魏博镇，肆行横暴，军纪荡然。罗弘信怨愤，发兵袭击，李存信猝不及防，仓皇逃走。魏博既与河东决裂，道路断绝，进援兖、郓的晋将史俨、李承嗣也因回归无路而投效淮南。朱温东向并取三镇，恐罗弘信乘虚袭其巢穴，便甘言美语，竭力恭维。李克用处处树敌，朱温竭力拉拢。因而，朱温得以全力经营东方，而李克用却给自己增加了许多阻力。

魏博既平，朱温便开始进攻宿州。宿州刺史张筠坚守城池不出，朱温又生一计，命大将丁会带领士兵在宿州城东修大坝，让汴水倒灌城中。张筠无奈，只好出降。

毛泽东读到此处，挥笔写下了上述的批语。毛泽东认为：朱温从只有几百人的军队逐渐变得强大，而且征途坎坷，与曹操相似。朱温勇于作战，又长于谋略，先后攻破秦宗权、时溥、朱瑄、朱瑾、刘仁恭、王师范等军阀，并把势力最大的军阀李克用压制在河东一带。到唐天祐二年（905年），拥有关中和关东广大地区，成为最强大的军阀，初步统一了黄河流域。907年建立了梁朝，史称后梁。在整个开国战争中，朱温采用了一些成功的谋略，并且还像曹操一样，把唐昭宗劫到自己的辖地洛阳，搞"挟天子以令诸侯"那一套，同时对不同的军阀采取不同的方针。故毛泽东说他的狡猾甚于曹操。

毛泽东在很多地方评价过曹操，称赞过曹操，但在这里评价朱温时说其狡猾甚至过于曹操。这还是第一次。"狡猾"一词当然是贬义的，但在对敌斗争中，狡猾也是一种谋略，也是一种办法，也是一种智慧，在一定的条件下，也是克敌制胜的一种重要因素，从这个意义上来说，朱温狡猾甚至过于曹操，这也是毛泽东对朱温从另一个侧面的赞许。

这条批注是毛泽东从军事才能、军事谋略上对朱温的一种客观评价。朱温在当时错综复杂的社会、历史条件下，能不断地壮大自己的地盘，不断地扩展自己的势力，逐步成长为唐朝末年最大、最有实力的军阀之一，这是很不容易的。所以，毛泽东称赞他。但毛泽东对朱温的从政才能另有看法，认为朱温当上皇帝后昏庸腐败，迟早要被灭亡。果然，没过几年，后梁政权就被李克用、李存勖父子灭掉了。昏庸腐败，不为百姓、不为国家造福，咎由自取，自取灭亡。"多行不义必自毙"，这是历史的必然，也是历史的惩罚。

101. 万骑不实
——读《旧五代史·梁书·太祖本纪》一

"万骑不实""又是万骑"。这两条批注，写在《旧五代史》卷一《梁书·太祖本纪》一第 12 面的天头上。相应的版心文字为："（乾宁）二年正月癸亥，遣朱友恭帅师复伐兖，遂堙而围之。……二月己酉，帝亲领军屯于单父，以为友恭之援。四月，濠、寿二州复为杨行密所陷。是时，太原遣将史俨（儿）、李承嗣以万骑驰入于郓。朱友恭遂归于汴。……三年正月，河东李克用既破邠州，欲谋争霸，乃遣番将张污落以万骑寨于河北之莘县，声言欲救兖、郓。魏博节度使罗宏信患之，使来求援。"在版心两个"万骑"旁都画上了曲线表示关注。在其他的版心文字旁亦画上了许多的直线、圆圈、点等符号，表明《梁书·太祖本纪》毛泽东从头至尾都认真地阅读过。

毛泽东读书是非常认真、很为广博的人。他读史书，常常将几种史书放在一起对着读，对比着读，从中比较，哪种史书最真实、最准确。读二十四史就是这样，他常把《旧五代史》与《资治通鉴》放在一起读，把《汉书》《后汉书》放在一起读，把《旧唐书》《新唐书》《资治通鉴》放在一起读。这是毛泽东晚年读史的一种习惯，也是毛泽东晚年读史的一种方法。

毛泽东晚年阅读的《旧五代史》是乾隆十二年武英殿版，其中好多事情皆以《资治通鉴》为准，而实际上《资治通鉴》中许多事情与事实不符。《资治通鉴》，毛泽东读过十多遍，对该书中记载的史事很熟悉。按照他的记忆，《资治通鉴》此节的表述存在许多问题。《资治通鉴》讲，四月李克用派遣大将史俨、李承嗣率一万骑兵救援郓州，七月又派大将史俨带三千铁骑到石门护卫王驾，十二月，李克用派大将史俨、李承嗣借道魏博镇以救援郓州。毛泽东认为，《资治通鉴》对此事的表述前后重复，难以辨别真伪。而且当时朱温与郓州的朱瑄激战正紧，道路阻隔，不可能四月进入郓州，七月又在石门，十二月又借道魏博镇，因此，毛泽东判定，《资治通鉴》有误，《旧五代史》也有误。

据《梁书·太祖本纪》记载，当时的实际情况是：郓州的朱瑄、兖州的朱瑾二兄弟，同为节度使。唐末军阀大混战以后，朱温为集中力量消灭秦宗权，极力拉拢朱氏二兄弟，以免后顾之忧。朱氏兄弟也恐自己势力单薄为强镇所灭，也想投靠势力大的藩镇，朱温的主动邀请，二兄弟甚为愿意，遂投靠朱温。

朱温消灭了秦宗权，多得朱瑄兄弟帮助。但是汴州战役刚刚结束，朱温就翻了脸，借口朱瑄兄弟用重赏诱募宣武兵卒，大兴问罪之师，派大将朱珍侵伐两镇。朱氏兄弟没想到朱温是如此小人，卸磨就杀驴，非常生气，就立刻致信朱温的死对头山西的李克用，请求李克用准其投降并火速派兵救助郓州。

毛泽东批注的这一段讲的就是这段史实。据《旧唐书》考证，当时，兖、郓两州求援于太原，李克用派大将史完府、何怀宝率千骑赶赴郓州，此处没讲史完府等人赴郓的具体时间。此书在下面又提到八月擒获番将史完府，十一月，又擒何怀宝。参考薛居正等人撰的《旧五代史》唐武帝纪和李承嗣传，皆言李承嗣等人进入郓州是在二年冬，所以毛泽东断定《梁书·太祖本纪》此处记载有误。当时不是派史俨、李承嗣率万骑救援，而是派史完府、何怀宝率千骑救援。毛泽东在这里的批注是正确的。

毛泽东这里的第二条"又是万骑"的批注，是在认定第一条"万骑不实"批注是正确的情况之下，读到下面版心文字中又出现一个"万骑"的时候，毛泽东很不愉悦地批写的。显然，这里的第二条批注是第一条批注的感情驱动。第一个"万骑"确实不实，上述已经介绍过了。第二个"万骑"系事实，目前还没有发现与之相悖的说法。第一个"万骑"实属"不实"，第二个"万骑"属实了。这是毛泽东没有想到的。原来两个"万骑"字虽一样，然而具体时间、地点、人物、目的地等都不一样，此"万骑"非彼"万骑"也。

102. 以为任子
——读《旧五代史·梁书·太祖本纪》三

"以为任子。"这条批注是毛泽东在读《旧五代史》卷三《梁书·太祖本纪》三第9面版心文字"魏博罗绍威二男廷望、廷矩，年在幼稚，皆有材器，帝以其藩屏勋臣之胄，宜受非次之用，皆擢为郎。恩命既行之后，二子亦就班列。绍威乃上章，以齿幼未任公事，乞免主印宿值。从之"时，在相应文字的天头上写下的。在版心文字旁还画了一些直线、圆圈、点等多种符号。显然《梁书·太祖本纪》三，毛泽东是全文阅读过的。

要理解毛泽东这条批注的意思，这里还是先介绍一下朱温在即将当上皇帝前后与罗绍威相互利用、狼狈为奸及相互成为儿女亲家而又互相猜忌的故事。

罗绍威是魏博镇节度使罗弘信的儿子，罗弘信死后，由他继任。唐光化二年（899年），刘仁恭攻并沧州镇，任长子刘守文为节度使，又率幽、沧两镇步骑十万，图谋吞并魏博、镇定。罗绍威震惧，向朱温求救。朱温派葛从周赴援，大破刘仁恭部，斩其骁将单可及，全歼刘守文部五万人。罗绍威感激朱温解救之恩，依附更深，朱温和他结成儿女亲家。朱罗结好，朱温既可以主动北向出击，又可借魏博为屏障，取得了进退自如、攻守随意的良好战略地位。

罗绍威解除了外来的威胁，又感到牙兵骄横，是威胁自己身家性命的心腹大患。日夜忧愁，必欲除之而后快。

唐天复二年（902年），朱温进攻凤翔之际，罗绍威就密派使者，请求借兵诛灭牙兵。唐天祐二年末（905年），魏博牙将李公灶密谋叛乱，事泄，率众焚掠，投奔沧州。罗绍威惶恐不安，急不可耐，再次向朱温求援。恰值其婕（朱温女）病死，朱温以会葬为名，选强兵悍卒假扮担夫，暗藏兵器，前往魏州，而以大军随后。在罗绍威的精心配合下，把八千牙兵杀得鸡犬不留。次日，朱温亲率大军赶到，彻底肃清了牙兵。

朱温多次帮助，罗绍威很为感激。朱温在魏州停留半年，罗绍威盛情款待。共计宰杀牛羊猪将近七千只，而粮食和其他物资的消耗，也跟这个数目相等，送礼以及所有的贿赂，同样接近百万。等到朱温离去的时候，魏州的积蓄一扫而空。罗绍威虽然解除了兵变的威胁，但天威兵团的战斗力，也从此衰退。罗绍威十分后悔，对别人说："聚集六州四十三县的铁，也铸不出来这么大的错！"

朱温屡败晋军，重创幽、沧刘氏，中原无其对手，他就无所顾忌地长驱入关，慑服岐、华，诛灭宦官，杀戮朝臣，强劫唐朝朝廷至洛阳，置于卵翼之下。朱温此时心里所想的就是能够早一天黄袍加身做上皇帝。

907年三月二十七日，唐景宗李柷亲笔下诏，把帝位传给朱温。四月初三，朱温正式称帝，接受文武百官三跪九叩。四月二十二日，朱温大赦，改年号开平，国号"梁"，封唐王朝亡国皇帝李柷为济阴王，一切都按照古代处置亡国之君的前例。把汴州改为开封府，称东都。

朱温称帝，但政权不稳固，李克用劲敌未灭，属地不时出现争斗。其中魏博镇虽属后梁，但保留有很大独立性。朱温对此很是不安，就借口罗绍威之子聪明贤德为名，召至开封为官，但罗绍威明白朱温之意，名是为官，实是扣为人质，因此请朱温准两子不去开封。朱温难以用强，只好应允。

毛泽东"以为任子"的这条批注，就是在读到这里看出朱温、罗绍威二人心中各怀鬼胎的意思。"以为""任子"，还不是"任子"，"任子"朱、罗各有自己心中的如意算盘。"以为"是罗绍威心里的愿望、祈盼，"任子"是朱温的一种计谋、一种智慧，是朱温维护自己利益的一种手段；罗绍威真的"以为"，其子借岳父朱温大人的皇位将来能飞黄腾达，自己也能荣华富贵一生。可是后来他明白"任子"不是这个意思，朱温的"任子"，"名是为官，实是扣为人质"，"以防后患"。这样，罗绍威当然不能同意"任子"，请朱温准两子不去开封。不去开封，"任子"就任子了，即任其子顺其自由发展了。

毛泽东这里的四字批注，可谓言简意赅，高人之笔。仅有四个字，就把朱、罗两大统治集团之间尔虞我诈、口是心非、唯我独尊的矛盾和斗争揭露得淋漓尽致、入木三分。

103. 不书死而书葬，盖阙文也
—— 读《旧五代史·梁书·太祖本纪》七

"不书死而书葬，盖阙文也。"这条批注是毛泽东在读《旧五代史》卷七《梁书·太祖本纪》七第5—6面版心注释和正文文字"……辛巳，丁昭溥还，闻友文已死，乃发丧，宣遗制，友珪即帝位。友珪葬太祖于伊阙县，号宣陵"时，在第6面天头上写下的。《梁书·太祖本纪》七有相当的注释文字，这些注释文字都比较小，但毛泽东也都一一阅读，注释文字旁也都画满直线、曲线、圆圈、点等多种符号。

毛泽东在这里为什么批注"不书死而书葬，盖阙文也"？从上面引用的这段版心文字中，我们可以清楚地看到：只有"友珪即帝位""友珪葬太祖"的记载，未见朱温是如何死的记载。"阙"同"缺"，显然缺少对朱温战败被杀或者到最后生病死亡这一段史实文字的记载和具体的描写。所以，毛泽东写下了这一条批注。

据《梁书·太祖本纪》记载：朱温出身流氓，赌博成性，做了皇帝后更加昏庸腐败，淫乱似兽，众叛亲离，屡遭败绩，日渐走向灭亡。这是肯定的历史史实，但《旧五代史》卷七《梁书·太祖本纪》七没有其死亡的文字记载。有关的史籍记载，朱温上台之日起就暗藏着失败、下台、死亡的危险。具体来说，最后致其失败、死亡的因素至少有以下四个方面：

第一，敌对势力联合起来对付他。朱温夺潞州，屠魏博，围沧州，气势汹汹，咄咄逼人，逼迫死敌李克用、刘仁恭联合起来共同对付他。被其任为昭义节度使的大将丁会，听到唐昭宗被杀的凶信，立即宣称效忠唐室，讨伐篡逆，举军归降河东，晋军唾手复得潞州。

在封建伦理忠君等观念影响下，朱温的胞兄朱全昱在宫宴上，使酒骂座，斥责朱温不该灭唐而代之，断言朱氏要覆宗灭祀。与朱温有生死之争的老对手李克用据守晋阳，冷眼观察朱温的动静，待机而动。李茂贞劫驾，成了朱温挟持唐室的借口；朱温篡唐，又成为李克用联合诸镇讨伐后梁的借口。

第二，朱温猜忌诸镇，采取"分镇""移镇"的手段，削减或削除异己，逼出了许多乱子。魏博节度使罗绍威死，朱温趁机移镇，剪除河朔三镇，以讨伐幽、沧为名，遣将监魏博兵三千人进驻深、冀，并改任罗绍威之子罗周翰为义武节度使，以代王处直。这一措施引起了成德节度使王镕兔死狐悲之感，部将石君立劝他起兵反梁。王处直拒不受代，也遣使乞援于晋，推为反梁盟主。梁、晋双方战略地位发生明显变化。后梁内部潜在的反抗势力也在待机而动，逐渐转化成为后梁朝廷的重大威胁。

第三，朱温不但广树仇敌于外，还对部属猜忌滥杀。骁将邓季筠、黄文靖屡立战功，邓季筠尤称名将，威震中原，朱温忌其能，阅马时，怒其马瘦，借题发挥，当场斩首；李重允、李谠以违抗军令处斩；养子朱友恭、宿将朱珍以擅杀处死，数十员梁将求情，都被朱温赶出；爱将李思安贬后再用，郁郁不满，也被处死。凡此种种，上下离心，内部离心者日益增加。

第四，朱温昏庸腐败，一面恣行虐杀，一面纵欲宣淫，逞其兽性。朱温淫乱无耻，在封建帝王中极为罕见。河南尹、魏王张全义恢复洛阳属县社会生产，使朱温得以资军，稳定河南。朱温巡幸洛阳，住在他家，肆行淫秽，遍污其媳妇、女儿，张全义诸子不能忍受其辱，愤愤欲手刃朱温，为张全义苦苦劝止。朱温对自己的儿媳们（不论是嫡子还是养子之妻）分别"召侍"，逐个通奸，淫乱公行，行同禽兽。这批亲子养子也都毫无羞耻，竟然利用妻子争宠，博得欢心，探听机密，争夺储位，凭裙带关系夺取皇位继承权，真是旷古未闻！养子朱友文之妻以"召侍"得宠，朱温遂宠爱他胜于亲儿，每欲立为皇储。乾化三年（912年），朱温败回汴梁，转至洛阳，病势垂危，准备将朱友文从汴梁召来，付以后事。亲子郢王朱友珪素嫉朱友文，是时，得其妻张氏密告这个消息，又听说要将他贬为莱州刺史，惶恐妒恨，顿起杀机，便买通禁军将校，引兵入宫，杀死朱温。称帝于洛阳，又派胞弟均王朱友贞赶赴汴梁，杀朱友文。

历史远不只这些因素。朱温的败亡是历史的必然。可是关于朱温败亡的这段史事《梁书·太祖本纪》中缺少这一段的记载。原因有两说：一说可能是传抄过程中把死的有关记载文字遗失了；一说可能是著作人或出版人为朱温掩丑。因为朱温最后的死"太无耻了"。不论怎么说，《旧五代史》卷七《梁书·太祖本纪》中缺少朱温死这一段的文字记载，是不合常理的。

毛泽东这条批注，理解至少要有以下三个方面的意思：一是说明毛泽东读书非常地认真细致。对书中缺失的部分，依据《资治通鉴》一书，知道本书缺少了朱温之死的一节。二是表明毛泽东了解熟悉朱温的历史。毛泽东十分看不起朱温的执政才能，认为朱温当上皇帝之后昏庸腐败，迟早要灭亡。果然没有几年，朱温就被其儿子朱友珪买通禁军将校，引兵入宫给杀掉了。三是对《旧五代史》卷七《梁书·太祖本纪》著作人、出版人的一种批评。批注"盖阙文也"四个字含有一定的批评之意。不该缺的，偏偏缺了，想看到的，一时又看不到。应当说此时毛泽东心里也是不悦的。

104. 此等作法项羽有之
——读《旧五代史·梁书·李罕之传》

"此等作法项羽有之。"这条批注写在《旧五代史》卷十五《梁书·李罕之传》第 4 面的天头上。相应的版心文字为"光启元年，蔡贼秦宗权遣将孙儒来攻。罕之对垒数月，以兵少备竭，委城而遁，西保于渑池。蔡贼据京城月余，焚烧宫阙，剽剥居民。贼既退去，鞠为煨烬，寂无鸡犬之音。罕之复引其众，筑垒于市西"。毛泽东在"月余，焚烧宫阙，剽剥居民"文字旁都画上了曲线，在"贼既退去，鞠为煨烬，寂无鸡犬之音"文字旁都画上了直线，在其他的文字旁亦有圈。

上面引用的版心文字大致意思是：光启元年（885 年），蔡州叛军秦宗权派遣将领孙儒来攻打李罕之。李罕之与敌军对垒几个月，因兵少军备不足，弃城而向西逃往渑池自保。蔡州叛军占据京城一个来月，焚烧宫殿，掠夺居民。叛军离开后，到处都是焚烧后的灰烬，四周寂寥全无鸡犬之声。李罕之又带兵回来，在市西建军营、筑堡垒。

毛泽东在读《梁书·李罕之传》这段文字时，脑海中立即浮现出当年项羽西屠咸阳城的类似做法。据《史记·项羽本纪》记载："项羽率兵西进，屠戮咸阳城，杀了秦降王子婴，烧了秦朝的宫室，大火三个月都不熄灭；劫掠了秦朝的财宝、妇女，往东走了。"所以，毛泽东在这里写下了"此等作法项羽有之"的批注。

毛泽东的这条批注，说明毛泽东博览历史、熟读历史、知识渊博。读到《梁书·李罕之传》相关文字时，能想到《史记·项羽本纪》相似的文字。读到此，想到彼，彼此相连相比，构成了毛泽东晚年读书生活的长卷。这是毛泽东独特的读书方法之一。

105. 此人习水是好事
—— 读《旧五代史·梁书·雷满传》

"此人习水是好事。"这条批注写在《旧五代史》卷十七《梁书·雷满传》第 8 面的天头上。相应的版心文字为："雷满，武陵人也。……又尝于府署浚一深潭，构大亭于其上。每邻道使车经由，必召谯于中，且言：'此水府也，中有蛟龙，奇怪万态，惟余能游焉。'或酒酣对客，即取筵中宝器乱掷于潭中。因自褫其衣，裸露其文身，遽跃入水底，遍取所掷宝器，戏弄于水，而久之方出，复整衣就座，其诡诞如此。"在此传版心文字旁也有不少的圈画。

毛泽东在这里为什么要批注"此人习水是好事"呢？主要有以下几个方面的原因：

一是因为雷满有过人习水本领。他懂水性，会游泳，在水里有真功夫。他总想在邻道路过的人面前显示显示自己特殊、独到的习水过人本领。毛泽东对其水上功夫很为欣赏。

二是习水是一种强身、健体运动。此人每天习水游泳，戏弄于水上水下，他的身体素质会越来越好，表演技术、技巧会越来越娴熟。这对增强他的体质，提高身体素质有益处。

三是习水是开展军事斗争的一种重要需要。毛泽东曾读王闿运《湘军志》，摘选了清末湖南籍王闿运《王湘绮全集·湘军志》卷六《水师篇》的一段，讲的是曾国藩督湘军和石达开督太平军在湖口展开水军激战的故事。毛泽东在阅读时写下了"水军应学游泳""要学游泳"的批注。在毛泽东的号召下，人民军队的将士们都要学习游泳。

四是毛泽东一生爱好游泳，习水与他有不解之缘。流传下来的关于他游泳的故事很多，甚至在当今成了某种民间传说。翻开毛泽东诗词，里面就有很多同游泳有关的名句，如"会当水击三千里""到中流击水，浪遏飞舟""一片汪洋都不见，知向谁边"等。据记载，毛泽东生前40多次游长江，他还游过武汉东湖、庐山芦林湖、湖南洞庭湖、江西鄱阳湖、江苏太湖、杭州西湖、北京中南海、北京昆明湖、北京十三陵水库、北京密云水库、江西庐山水库、湖南韶山水库等。在毛泽东游泳魅力的影响下，20世纪六七十年代全国逐渐兴起了一项全民健身运动：游泳。各地民间冬泳队、游泳社团纷纷成立，这类民间健身兴趣小组现在全国各地都非常热闹。毛泽东最后一次横渡长江是在1966年7月16日，时间长达一小时零五分。

习水，就是游泳，确实有很多的好处。

毛泽东的这条批注，是对雷满习水的肯定和鼓励，也是一种提倡。他本人喜欢在大海、大江、大河里习水，喜欢在大风大浪里习水，他的实际行动足以说明"习水是好事"。

106. 最危急之秋，亦即转守为攻之会
——读《旧五代史·唐书·武皇本纪》下

"沙陀最危急之秋，亦即转守为攻之会，世态每每如此，不可不察也。"这条批注，写在《旧五代史》卷二十六《唐书·武皇本纪》下第10面的天头上。相应的版心文字为："（天复元年）四月，汴将氏叔琮率兵五万，自太行路寇泽、潞，魏博大将张文恭领军自新口入，葛从周领兖、郓之众自土门入，张归厚以邢、洺之众自马岭入，定州王处直之众自飞狐入，侯言以晋、绛之兵自阴地入。氏叔琮、康怀英营于泽州之昂车。武皇令李嗣昭将三千骑赴泽州援李存璋，而归贺德伦。氏叔琮军至潞州，孟迁开门迎，沁州刺史蔡训亦以城降于汴，氏叔琮悉其众趋石会关。是时，偏将李审建先统兵三千在潞州，亦与孟迁降于汴；及叔琮之入寇也，审建为其向导。汴人营于洞涡，别将白奉国与镇州大将石公立自井陉入，陷承天军。及攻寿阳，辽州刺史张鄂以城降于汴，都人大恐。时霖雨积旬，汴军屯聚既众，刍粮不给，复多痢疟，师人多死。时大将李嗣昭、李嗣源每夜率骁骑突营掩杀，敌众恐惧。五月，汴军皆退。氏叔琮军出石会，周德威、李嗣昭以精骑五千蹑之，杀戮万计。"在版心文字旁还画了许多直线、圆圈、点等符号。在版心"时霖雨积旬，汴军屯聚既众，刍粮不给，复多痢疟，师人多死"这些文字旁，几乎字字旁边都画上了圆圈。从圈画的情形来看，《唐书·武皇本纪》，毛泽东是字字句句都认真阅读过的

毛泽东为什么批注"沙陀最危急之秋，亦即转守为攻之会，世态每每如此，不可不察也"呢？我们还是先联系原著《唐书·武皇本纪》有关的记载说起。

史張鄂以城降于汴都人大恐時霖雨積旬汴軍屯聚

既眾、芻糧不給復多痢瘧師人多死時大將李嗣昭李

嗣源每夜率驍騎突營掩殺敵眾恐懼五月汴軍皆退

氏叔琮軍出石會周德威李嗣昭以精騎五千躡之殺

戮萬計初汴軍之將入寇也汾州刺史李瑭據城叛以

連汴人至是武皇令李嗣昭李存審將兵討之是歲并

汾饑粟暴貴人多附瑭爲亂嗣昭悉力攻城三日而拔

擒李瑭等斬于晉陽市氏叔琮既旋軍過潞州墮孟遷

以歸汴帥以丁會爲潞州節度使六月遣李嗣昭周德

威將兵出陰地攻慈隰二郡隰州刺史唐禮慈州刺史

毛泽东读《旧五代史》卷二十六《唐书·武皇本纪》批注：沙陀最危急之秋，亦即转守为攻之会，世态每每如此，不可不察也。

叔琮率兵五萬自太行路寇澤潞魏博大將張文恭領
軍自新口入葛從周領克鄆之眾自土門入張歸厚以
邢洺之眾自馬嶺入定州王處直之眾自飛狐入候言
以晉絳之兵自陰地入氏叔琮康懷英營于澤州之昂
車武皇令李嗣昭將三千騎赴澤州援李存璋而歸賀
德倫氏叔琮軍至潞州孟遷開門迎沁州刺史蔡訓亦
以城降于汴氏叔琮悉其眾趨石會關是時偏將李審
建先統兵三千在潞州亦與孟遷降于汴及叔琮之入
寇也審建為其鄉導汴人營于洞渦別將白奉國與鎮
州大將石公立自井陘入陷承天軍及攻壽陽遼州刺

舊五代史卷三七、本紀下　十　二二八

　　毛泽东写下的这一条批注，主要是针对 901 年，朱温和李克用两大势力生死之争过程中的一些具体事情而言的。当时，总的来说，朱温势力发展日益强大呈现攻势，李克用势力与朱温相比处于守势。强、弱很为明显。经过短短两三个月的谋划和准备，朱温势力基本形成了包围晋军的形势。

　　到了四月，朱温调集六路大军进攻李克用的老巢晋阳（今山西太原市）。面对朱温强大的攻势，李克用的一些部下不战而降，使朱温的主力氏叔琮部顺利进占泽、潞两州（今山西晋城市和长治市），出石会关（今山西榆社县西），逼近了晋阳。与此同时，由马岭（今山西昔阳县东南）南下的张归厚部到达辽州（今山西左权县），并迫降辽州刺史张鄂，由井陉西进的白奉国部也攻拔承天（今山西平定县东）。几路大军，合围晋阳城下，所以，毛泽东在此批注"沙陀最危急之秋"。"沙陀"即指李克用。

　　朱温部队抵达晋阳城下，屡次挑战，城里军民大为震恐，李克用登城抵御，顾不上吃饭喝水。老天也不作美，大雨连续下了几十天，城墙很多地方颓毁崩塌，守军随时填补，保持完整。此时，对李克用部来说，情况确实是十分危急。但毛泽东认为，危急中也蕴含着"转守为攻"的机遇，就看你怎样面对现实和作出自己的选择。李克用恰恰在此时能从实际出发，果断作出选择，他派将领李嗣昭、李嗣源在城墙上挖凿"暗门"（挖凿门洞时，仍保持墙外一层薄砖，围城军队无法发现），夜晚，李克用部从"暗门"突然出击，攻击朱温营垒，每次都有斩获。李克进此时也在洞涡（今山西太原市南）击败朱温部队，造成强敌的极大恐慌。

　　就在这时，朱温部队由于集结得太多的缘故，粮草供应不足，大雨又长下不停，官兵们大量患疟疾及痢疾，不能支持，朱温只好下令班师。天时、地利，李克用见势转守为攻，派大将周德威、李嗣昭率精锐骑兵五千人尾追攻击，朱温部队死伤惨重。

　　毛泽东的上述批注，就是他本人对这一战例的重要感言："最危急之秋，亦即转守为攻之会。"毛泽东认为："世态每每如此，不可不察也。"

毛泽东这条批注，充满着唯物辩证法思想。"攻"与"守"，都会随着客观实际的变化而变化，被动也会转化为主动，不利也会转化为有利，"守势"在一定的条件下亦可能转化为"攻势"。李克用打败朱温这一战例，就是一次唯物辩证法思想的生动体现与活的运用。这也可以看作毛泽东爱读《旧五代史·唐书·武皇本纪》的一条重要原因。

毛泽东是一位伟大的哲学家，一位唯物辩证法大师。《武皇本纪》中充满着唯物辩证法思想的这一战例，为毛泽东读二十四史增添了兴趣，这也是毛泽东爱读二十四史的一条重要原因。

107. 先退后进
——读《旧五代史·唐书·庄宗本纪》一

"先退后进。"这条批注写在《旧五代史》卷二十七《唐书·庄宗本纪》一第4面的天头上。相应的版心文字为："四月，帝召德威军归晋阳。汴人既见班师，知我国祸，以为潞州必取，援军无俟再举，遂停斥候。梁祖亦自泽州归洛。帝知其无备，乃谓将曰：'汴人闻我有丧，必谓不能兴师，又以我少年嗣位，未习戎事，必有骄怠之心。若简练兵甲，倍道兼行，出其不意，以吾愤激之众，击彼骄惰之师，拉朽摧枯，未云其易，解围定霸，在此一役。'"毛泽东在版心文字"班师""援军无俟再举"等旁都画上了着重线，在"遂停斥候"四字旁还画了一条曲线，在其他文字旁还画了两个圆圈、一个圆圈及点等多种符号，看得出《唐书·庄宗本纪》，毛泽东是通篇阅读过的。

毛泽东在这里批注的"先退后进"是什么意思呢？为了说清楚毛泽东这一批注的意思，还是要从本书有关的记载说起。据《唐书·庄宗本纪》记载：李存勖继王位不久就率大军攻打朱温并大获全胜，毛泽东这条批注就是针对这一段历史斗争的片断写下的。

这一段历史斗争故事大致情形是这样的：908年正月，晋王李克用病危，把弟弟李克宁、监军宦官张承业等叫到身旁安排后事，让他们同心合力，辅佐他的儿子、晋州节度使李存勖继承王位。对全部后事安排好之后，李克用即死去。李存勖就任晋王。当时，潞州还在朱温大军的包围之中。李存勖把总部的军机大权全交给叔叔李克宁管理。

李克用在世时，曾收养过很多军队中的勇士健儿，当作义子，对他们一个个也很宠爱。此时李存勖继承王位，而且年龄都比他们小，他们一个个都手握军权，心感不平，难以释怀。因此，他们就暗地里游说手握大权的李克宁。起初，李克宁没有动心，他们又去游说李克宁妻子孟氏。孟氏被他们说动了，天天在李克宁耳边说此事，李克宁最后也有些动心。他们谋划，在李存勖到李克宁家的机会，发动政变，诛死效忠李存勖的张承业、李存璋，拥护李克宁担任晋王，投降朱温，献出河东地盘，生擒李存勖及其母曹氏。此阴谋外泄，李存勖做好了反政变的准备。

二月二十二日，李存勖借在王府大摆酒席之机逮捕了李克宁、李存颢，当天将二人斩首。李存勖即命在外驻扎的周德威率大军回师。四月一日，周德威抵达晋阳（现在的太原市），把军队留在城外，独自一人步行进府，趴在李克用灵柩上痛哭，极为哀伤，退出后，晋见李存勖，毕恭毕敬，大家心里才一块石头落了地。

周德威退兵后，朱温认为潞州援兵撤走，不可能再来，潞州一定可以攻克。四月二十二日，朱温回到开封，围攻潞州的汴军，认为胜利在即，也不再严密戒备。此时，晋王李存勖却在抓紧谋划反击进攻朱温部队之事。李存勖跟各路将领商议说："潞州，是我们河东镇的屏障，没有潞州就没有河东。朱温所畏惧的，只先王一个人，听到我新继位，准认为我不过是一个少年，不懂带兵打仗，必然自傲自大，我们如果挑选一批精锐部队，强行军前进，作闪电进攻，出其不意，一定会把他们击破。传播声威，奠定霸业，就看这次了，机会不可丧失。"张承业也劝李存勖出动。于是，李存勖联络各方，做好进攻朱温的各方面准备。

四月二十九日，李存勖率大军南下，进抵黄碾（今山西省潞城县西北），距潞州只有四十五华里。五月一日，李存勖在三垂冈（潞城县西

下，设立埋伏。第二天凌晨，大雾弥漫，李存勖继续挺进，直到夹寨
（汴军大营）。夹寨一点准备也没有，将士们正蒙头大睡，都还没起床。
突然发现晋王军队涌到，全营立刻混乱。此时，李存勖命周德威、李嗣
源分两路攻打夹寨，后梁军队霎时崩溃，向南逃命。三垂冈此次战役，
后梁损失将校士卒数以万计，缴获的物资、粮食、武器等战利品，堆积
如山。后梁败军逃回开封，仅有骑兵一百余人生还。三垂冈之战李存勖
获得全胜。

　　阅读到此，毛泽东在原著天头上批写了"先退后进"四个字。毛泽
东认为，李存勖获得全胜，是他正确运用战术的自然结果。从上面的介
绍中，我们可以看到，"先退"是周德威闻李克用死，奉命率领救援潞
州的军队回到太原；"后进"指的是李存勖出其不意地亲率大军救援潞州。
"先退后进"，"先退"是一种谋略，是为了更好地"后进"，"先退"是
一种表面现象，是麻痹敌人，是给敌人一种错觉，使其放松斗志，疏忽
大意，失去警惕性。"后进"是本意，是出其不意，是强行军前进，作
闪电进攻，使敌人毫无准备，措手不及。

　　这条批注，表明毛泽东对李存勖在丧父之后能亲率大军打胜这一
仗的行为很为欣赏，是对李存勖在战斗中成功运用"先退后进"战术的
称赞。

　　在毛泽东的军事生涯，多次运用出其不意、"先退后进"的战术打
击敌人、消灭敌人。这是毛泽东在战争岁月中的一条重要实践经验。忆
往昔峥嵘岁月，对李存勖在这次战斗中的突出表现和成功运用"先退后
进"战术，很有感触，很为佩服，把之一直留在自己的记忆里。

　　1964年12月29日，毛泽东写信①给田家英："近读五代史后唐庄宗
传三垂冈战役，记起了年轻时曾读过一首咏史诗，忘记了是何代何人所
作，请你一查，告我为盼！"

---

　　① 转引自：《毛泽东年谱（1949—1976）》第5卷，中央文献出版社2013
年版，第458页。

三垂冈

英雄立马起沙陀，奈此朱梁跋扈何。

只手难扶唐社稷，连城犹拥晋山河。

风云帐下奇儿在，鼓角灯前老泪多。

萧瑟三垂冈下路，至今人唱百年歌。

此诗歌颂李克用父子，是清代人严遂成写的《三垂冈》咏史诗。当毛泽东读至《旧五代史》三垂冈战役这一段时，记起了年轻时读过的这首诗，从而写信给田家英，让他查一下，并凭记忆写下了这首诗。

这首歌颂李克用父子的诗读过几十年后尚还记得，由此可以看出毛泽东对后唐这两位开国皇帝印象记忆之深。

108. 大迂回，乘虚而入，卒以成功
——读《旧五代史·唐书·庄宗本纪》三

"胡柳陂正面突破不成，乃从东向南打大迂回，乘虚而入，卒以成功。"这条批注写在《旧五代史》卷二十八《唐书·庄宗本纪》二第10面的天头上。相关版心文字为："天祐十五年，……十二月……癸亥，次胡柳陂。迟明，梁军亦至，帝率亲军出视，诸军从之。梁军已成阵，横亘数十里，帝亦以横阵抗之。时帝与李存审总河东、魏博之众居其中，周德威以幽、蓟之师当其西，镇、定之师当其东。梁将贺瑰、王彦章全军接战，帝以银枪军突入梁军阵中，斩击十余里，贺瑰、王彦章单骑走濮阳。帝军辎重在阵西，望见梁军旗帜，皆惊走，因自相蹂籍，不能禁止。帝一军先败，周德威战殁。是时，陂中有土山，梁军数万先据之，帝帅中军至山下。梁军严整不动，旗帜甚盛。帝呼诸军曰：'今日之战，得山者胜。贼已据山，吾与尔等各驰一骑以夺之！'帝率军先登，银枪步兵继进，遂夺其山。梁军纷纭而下，复于土山西结阵数里。……于是李嗣昭领骑军自土山北以逼梁军，王建及呼士众

曰：'今日所失辎重，并在山下。'乃大呼以奋击，诸军继之，梁军大败。"在相关的版心文字旁亦画上了圆圈、直线、点等多种符号。从批注、圈画的标志来看，《唐书·庄宗本纪》全文，毛泽东是认真通读过的。

毛泽东这条批注，是针对晋王李存勖继承王位后较大规模征讨后梁朱氏的一场战争写下的一段评论，也是毛泽东本人的有感而言。

据《唐书·庄宗本纪》记载：天祐十五年（918年）春，李存勖兵发太原，向后梁大本营开发进军。二月二十一日，晋王李存勖从魏州率轻装骑兵抵达黄河北岸。六月二十三日，李存勖率大军蹚水过河，当天，晋军一连攻陷沿河后梁四个营寨。

此时，李存勖决心乘势对后梁发动一次大规模攻击。八月初，李存勖集结所有部队在魏州举行大阅军，进行战前动员。八月二十五日，李存勖自魏州前往杨刘城，率军侵入后梁的郓、濮二州。双方对峙一百余日。十二月一日，李存勖率军向大梁推进。十二月二十三日，晋军抵胡柳陂（今山东鄄城县西）。次日凌晨，在后梁贺瑰集结的大军就要追上来的时候，李存勖不听大将周德威"用谋略""不可以轻易行动""最好按兵不动"的忠言劝告，自己率领部队迎战，周德威父子在战斗中双亡，晋军大败，丢弃辎重、粮草遍地，李存勖本人被敌军追逼到一块高地，就在此招收残兵败将，到了中午，军势重新振作。此战就是毛泽东批注中写到的"胡柳陂正面突破不成"的意思。

就在李存勖部占领的这块高地不远处，沼泽地带中有一座土山，后梁贺瑰率军占据。李存勖乘军势重新振作起来的时候，又亲率骑兵先行仰攻，李从珂跟银枪特别营大将李建及率步兵继续冲击。后梁士卒纷纷下山逃走，晋军遂又夺到那座土山。

天色傍晚，后梁贺瑰在山的西边布阵。在大将阎宝、昭义节度使李嗣昭、大将李建及等劝说和鼓动下，李存勖派李嗣昭、李建及率领骑兵，大声呐喊，杀进敌阵，其他各军随后冲击，打得后梁大败。晋国所属元城、贵乡两县县令各率没武器的民夫一万人，在山下拉着树枝木

澤潞不虞別有事生汶陽無備不可失也嗣源以爲然

壬寅命嗣源率步騎五千箝枚自河趨鄆是夜陰雨我

師至城下鄆人不覺遂乘城而入鄆州平制以李嗣源

爲天平軍節度使梁主聞鄆州陷大恐乃遣王彥章代

戴思遠總兵以來拒時朱守殷守德勝南城帝懼彥章

奔衝遂幸澶州五月辛酉夜率舟師自楊村浮河

而下斷德勝之浮橋攻南城陷之帝命中書焦彥賓馳

至楊劉固守其城命朱守殷撤德勝北城屋木攻具浮

河而下以助楊劉是時德勝軍食芻茭薪炭數十萬計

至是令人輦負入澶州事既倉猝耗失殆半朱守殷以

毛泽东读《旧五代史》卷二十九《唐书·庄宗本纪》批注：胡柳陂正面突破不成，乃从东向南打大迁回，乘虚而入，卒以成功。

条奔走，尘土飞扬，战鼓如雷，战士嘶喊呼叫，助威造势。后梁军队自相冲杀，抛弃的盔甲像山一样堆积在那里。阵亡的官兵几达三万人。当天，两国丧失士卒各有三分之二，双方都受重创，不能再战。

十二月二十五日，李存勖进攻濮阳，攻克。

毛泽东读完历史上记载的这段战事，认为李存勖与后梁军队上述的土山之战，李存勖之所以能取胜，是他运用"迂回战术"的结果。也就是毛泽东批注中写的"乃从东向南打大迂回，乘虚而入，卒以成功"的寓意。

"迂回战术"，就是毛泽东在战争年代一直主张和实践的积极防御战术，就是在条件不利的时候与敌人兜圈子，在运动中创造条件、寻求条件，打击敌人、消灭敌人。就是毛泽东在红军初创时候提出的"敌进我退，敌驻我扰，敌疲我打，敌退我追"的十六字诀战术。这是毛泽东军事思想一个方面的具体体现。

毛泽东的这段批注，是对晋王李存勖对后梁发动战争并取得胜利的基本经验总结，也表达了他对李存勖运用"迂回战术"的称赞。在我国的革命战争岁月，毛泽东从实际出发，成功地运用"迂回战术"取得一个又一个的胜利，他应感触很多而难忘。

109. 冤论李琪
——读《旧五代史·唐书·李琪传》

"此种诏书好笑，冤论李琪。"这条批注写在《旧五代史》卷五十八《唐书·李琪传》第 10 面的天头上。相应的版心文字为："天成末，明宗自汴州还洛，琪为东都留司官班首，奏请至偃师奉迎。时琪奏中有'败契丹之凶党，破真定之逆城'之言，诏曰：'契丹即为凶党，真定不是逆城，李琪罚一月俸。'"毛泽东在"败契丹之凶党，破真定之逆城""契丹即为凶党，真定不是逆城"这几句文字旁都画上了直线即着重线，在其他的文字旁亦画了圈、点等多种符号。

从上述引用的这段版心文字中，我们可以清楚地看出，毛泽东的这条批注是对唐明宗不学无术的嘲笑。据史籍记载，李嗣源入洛阳，称监国，旋即帝位。后梁降臣霍彦威、孔循倡议："唐业已衰，请改国号。"李嗣源出身行伍，不懂什么是"改正朔"，便问旧部属，他们告诉李嗣源："今朝之旧人，不欲殿下称唐，请改名号耳。"李嗣源自认为李克用待他若亲子，列籍宗室，理应继承唐室，遂不听他们建议，仍用唐号。他就是唐明宗。

明宗即位，便革除同光弊政，罢逐伶官，诛戮阉宦，剪除佞幸，废除苛敛之法，做了一些有益的改革。但他没读过书，大字不识，知识能力非常贫乏，故闹出许多笑话。毛泽东批注的这一段版心文字，就是他的一个笑料。

毛泽东批注中提到的李琪是当时有名的一名才子。《唐书·李琪传》写道："天复初，应博学宏词，居第四等，授武功县尉，辟转运巡官，迁左拾遗、殿中侍御史。自琪为谏官宪职，凡时政有所不便，必封章论列，文章秀丽，览之者忘倦。"其文章辞赋皆闻名于世。朱温惜其才，擢为宰相。唐庄宗李存勖也对他委以重任，让他担任吏部尚书。李嗣源皇袍加身后，仍令其为相。天成末年，李嗣源因到洛阳，李琪为他撰写诏书，其中的两句"败契丹之凶党，破真定之逆城"，其意思是说李嗣源的军队刚刚打败契丹耶律氏的进攻，刚刚镇压了叛乱的真定城。可是李嗣源没有文化，不辨真伪，不理解其本意，却把文理解成："契丹就是凶党，真定不是造反之城。"他不理解"之"的用法。所以，弄成了上述的笑话。

毛泽东此条批注"此种诏书好笑，冤论李琪"，既是对明宗皇帝不学无术的耻笑与蔑视，也是对李琪受不白之冤、被白"罚一月俸"的不平与同情。

毛泽东的这条批注，还说明毛泽东晚年读书的认真和细致是非同一般的。像这种因皇帝的无知弄成的笑话，一般读者最多是一读一笑罢了，可是毛泽东在阅读中不仅作了许了圈画，还专门写下这段文字表达自己当时的看法和想法。这一小小的侧面，也能说明毛泽东晚年是专心致志地读书，是"不动笔墨不看书"地读书，所以，他读得多，记得住，用得上。这是很值得我们学习的读书方法。

110. 不学游水，此人几死
——读《旧五代史·唐书·李袭吉传》

"不学游水，此人几死。"这条批注，是毛泽东在读《旧五代史》卷六十《唐书·李袭吉传》第1—2面版心文字"其年十二月，师还太原，王珂为浮梁于夏阳渡，袭吉从军。时筝断航破，武皇仅免，袭吉坠河，得大冰承足，沿流七八里，还岸而止，救之获免"时，在第2面的天头上写下的。相关文字旁亦作圈点。

上述版心这段记述文字，大意是说，这一年十二月军队回到太原，王珂在夏阳渡制造浮桥，袭吉从军。当时索断船破，武皇得以幸免，袭吉坠入河中，落在大冰块上，漂流了七八里，漂到岸边，被找着得以幸免。毛泽东的这条批注，就是对袭吉坠河之事有感而言。

"不学游水，此人几死"，这是毛泽东的真言实感。袭吉坠河落在大冰块上，水还在流动，冰随水动，袭吉随时都有落入水中的危险。"不学游水"落入水中无人及时相救，就可能淹死。所以，毛泽东写下此批注。在毛泽东看来，袭吉如"不学游水"，说不定早就被淹死了。正因为他会游水，他才能不畏惧水，才能顺水漂流到岸边，保住了自己的生命。

毛泽东的这条批注，是其本人真情感言，也是对"学游水"的一种提倡和激励。

毛泽东童年时代就喜爱在家里旁边的水塘里游水，后来更爱在大江大河大海里搏击游水。游水增进了他的体质，游水拓宽了他的胸怀，磨炼了他的意志，游水成了他终身爱好的运动。

111. 狂药谓酒
——读《旧五代史·唐书·李袭吉传》

"谓朱邪用石勒事狂药谓酒。"这条批注，写在《旧五代史》卷六十《唐书·李袭吉传》第 2 面的天头上。相应的版心文字为："天复中，武皇议欲修好于梁，命袭吉为书以贻梁祖，书曰：'一别清德，十有余年。失意杯盘，争锋剑戟。山长水阔，难追二国之欢。雁逝鱼沉，久绝八行之赐。比者，仆与公实联宗姓，原忝恩知，投分深情，将期栖托，论交马上，荐美朝端，倾向仁贤，未省疏阙。岂谓运由奇特，谤起奸邪。毒手尊拳，交相于暮夜；金戈铁马，蹂践于明时。狂药致其失欢，陈事止于堪笑。……'"毛泽东在"一别清德，十有余年。失意杯盘，争锋剑戟。山长水阔，难追二国之欢。雁逝鱼沉，久绝八行之赐"这些文字旁都用黑铅笔画上着重线。在"实联宗姓"四字旁用黑铅笔画上曲线。在"谤起奸邪。毒手尊拳，交相于暮夜；金戈铁马，蹂践于明时。狂药致其失欢，陈事止于堪笑"这些文字旁，毛泽东在阅读过程中用黑铅笔先画曲线又画直线。特别是在"陈事止于堪笑"这六字旁用黑铅笔先画了两条粗粗的曲线，又画了粗粗的直线。在眉头批注的"狂药谓酒"四字旁也画了一条直线。在毛泽东读过的这部二十四史中，在与天头批注文字相对应的版心相关文字旁画了这么多直线，曲线，一条曲线加直线，两条曲线又画直线等，这是不多见的。也说明毛泽东对版心这些文字格外重视，格外有兴趣。

上述引用的《唐书·李袭吉传》版心文字，其大意是：天复年中，武皇想和梁朝修好，命李袭吉写信给梁太祖，信上说："一别之后，十年多，失意杯盘，争锋剑戟。山高水阔，难追二国之交欢；雁去鱼沉，久断八行之书信。以往，我与您确实论姓联宗，蒙受知遇之恩，意气相合，期望依托于您，在马背上论交，在朝廷上荐举，倾慕仁贤，友情之深在绅士中闻名。哪想到后来关系突起变化，诽谤起于奸邪。毒手尊拳，黑夜厮打；金戈铁马，在白天交战。狂药引来我们失欢，往事想起来可笑。……"

从上述文字中，我们可以看出：李袭吉在信中极力讨好、吹捧梁太祖朱温，向朱温示弱，与朱温套近乎，笼络感情。这封信是李袭吉才华横溢、文采超人的生动体现。李袭吉通过他的巧言利齿，把李、朱双方争战的原因推到小人身上，信中暗示朱温，如果双方不静下心来心平气和地谈判，就会上朱邪小人的当，就会像石勒那样兵败无成。现在双方的情势都有些感情用事，如果再不悬崖勒马，那就会像人吃了狂药那样而死。毛泽东这里仅是一个比喻，他说人吃了狂药，就像喝了酒一样，容易感情用事，不辨是非，不辨真伪，到最后只能是自食苦果。

梁太祖朱温看了李袭吉写给他的信，特别是看到"毒手尊拳"这一句时，高兴地对敬翔说："李公占据着一小角地方，怎么会得到这种文士，如果用我的智谋，再得到李袭吉的文才，就像老虎添了翅膀。"又读到"马邑儿童""阴山部落"等句，梁太祖生气地对敬翔说："李克用只剩下一口气，仍然气吞宇宙，可以臭骂他。"敬翔写回信时，词句理气均超不过原信，因此李袭吉的名气更大。李袭吉的这封信读起来让人心动，引经据典，观点鲜明，说理真挚，令人深思，为缓解李克用、梁太祖朱温的矛盾，起到了很好的作用。

毛泽东这条批注，就是针对李袭吉代武皇草拟的这封信而写的。既是毛泽东读此信的感言，又是毛泽东对李袭吉通古论今、文才非凡、文笔难得的称赞和欣赏。

李袭吉，唐末一才子，乾符年间中进士，李克用占据太原后，投到其帐下做文书工作，李克用的许多诏书等，皆出自他的手笔。李袭吉博学多才，尤其熟知国家近期之事，所作文章精练平实，多用典故，不过分玄虚，所写的羽檄军书文理气势磅礴。自从武皇上源危难，便与梁祖关系不协调。乾宁末年，刘仁恭负义，于是相互间论战文章数百篇，袭吉的警策文句，在人们口中广泛传播，文士无不称赞他的文采。所以，他上述代拟的书信能得到毛泽东的赞赏并非一日功夫，是缘于他本人多年的积累、勤奋和努力。

112. 攻者败，守者胜，攻者愚，守者智
——读《旧五代史·唐书·董璋传》

"攻者败，守者胜，攻者愚，守者智。"这条批注写在《旧五代史》卷六十二《唐书·董璋传》第7面的天头上。相应的版心文字为："（长兴）三年四月，璋率所部兵万余人以袭知祥。《九国志·赵季良传》：'季良尝与知祥从容语曰："璋性狼戾，若坚守一城，攻之难克。"及闻璋起兵，知祥忧形于色。季良曰："璋不守巢穴，此天以授公也。"既而璋果败。'知祥与诸将率师拒之，战于汉州之弥牟镇。璋军大败，得数十骑，复奔于东川。"在"璋率所部兵万余人以袭知祥"这句文字旁画了曲线，在其他的文字旁还画了直线、圆圈、点等多种符号。《唐书·董璋传》，毛泽东也是全文认真阅读过的。

从上面引用的《唐书·董璋传》版心文字中，我们可以清楚地看到，毛泽东的这条批注是他本人针对当时四川有名的两个节度使董璋和孟知祥双方发生的一段战事所作的评论。

据《唐书·董璋传》记载：董璋和孟知祥都是后唐将领，分别为东川和西川节度使，对朝廷都有二心，曾互相联络。后唐明宗长兴元年（930年）秋，朝廷下诏削夺董璋官爵，杀了他在朝为官的儿子，并派兵攻讨东川，没有成功，遂用怀柔政策，让东川和西川各自保境安民。孟知祥派人向董璋建议，两人连表向朝廷称谢。董璋认为，对朝廷都有二心，可偏偏是自己的儿子被杀，是孟知祥背叛了自己取得朝廷的信任。于是在长兴三年（932年）离开东川去攻打孟知祥的西川，结果大败而归。毛泽东读至此，很注意书中引用的一个注，即孟知祥手下的赵季良对董璋离开自己所占之地，奔袭西川的分析，认为这是扬短避长，必然失败。毛泽东由此发挥，认为在这种情况下，常常是进攻的人愚蠢，坚守的人聪明，结果必然是"攻者败，守者胜"。

其实，这时董、孟二人共同的敌人是朝廷，在外敌压力面前，二人理应联手，董偏要互相残杀，其取败者一；但凭一己猜忌，出师无名，

攻此敗守，此勝攻守，此圍愚，守此智

宗方務懷柔乃放西川進奏官蘇願東川軍將劉澄各
歸本道別無詔旨秪云兩務求安時孟知祥其骨肉在
京師者俱無恙焉因遣使報璋欲連表稱謝璋怒曰西
川存得弟姪遂欲再通朝廷璋之兒孫已入黃泉何謝
之有自是璋疑知祥背已始構隙矣三年四月璋率所
部兵萬餘人以襲知祥九國志趙季良傳季良嘗與知
一城攻之難克及聞璋起兵知祥憂形于色季良知與
辰日璋不守巢穴此天以授公也既而璋果敗知祥與
諸將率師拒之戰于漢州之彌牟鎮璋軍大敗得數十
騎復奔于東川九國志趙廷隱傳董璋襲廣漢將攻成
都時東川廩藏充實部下多敢死之士
其來也眾皆畏之知祥親督諸將與璋戰雜進橋前頗
為所挫廷隱偽遁璋逐之知祥與張公鐸繼進璋軍亂

毛泽东读《旧五代史》卷六十二《唐书·董璋传》批注：攻者败，守者胜，攻者愚，守者智。

取败者二；以万骑离开巢穴攻击有备之敌，取败者三。这就是毛泽东为什么说"攻者愚，守者智"的道理。

这条批注是毛泽东对董璋不从自己实际出发，不注意扬长避短行为的批评和蔑视。也是对孟知祥维护皇室利益，从实际出发的褒奖和称赞。

战场上两军对峙，攻者、守者，都要从实际出发，灵活运用攻者、守者"实力"和"智慧"，这是克敌制胜的一条基本经验。"胜者"是"实力"的胜利，"守者"是"智慧的"运用和体现。毛泽东是"胜者"，毛泽东是"智者"，这是中国革命一步步走向胜利的实践证明了的，这是毫无疑义的。

113. 事有如此之怪
——读《旧五代史·晋书·少帝本纪》三

"事有如此之怪。"这条批注写在《旧五代史》卷八十三《晋书·少帝本纪》三第 8 面的天头上。相应的版心文字为："契丹寇洺、磁，犯邺都西北界，所在告急。壬子，王师与契丹在相拒于相州北安阳河上，皇甫遇、慕容彦超率前锋与敌骑战于榆林店，遇马中流矢，仅而获免。是夜，张从恩引军退保黎阳，惟留五百人守安阳河桥。既而知州符彦伦与军校谋曰：'此夜纷纭，人无固志，五百疲兵，安能守桥！'即抽入相州，婴城为备。至曙，贼军万余骑已阵于安阳河北。彦伦令城上扬旗鼓噪，贼不之测。至辰时，渡河而南，悉陈甲骑于城下，如攻城之状。彦伦曰：'此敌将走矣。'乃出甲士五百于城北，张弓弩以待之，契丹果引去。当皇甫遇榆林战时，至晚，敌众自相惊曰：'晋军悉至矣。'戎王在邯郸闻之，即时北遁，官军亦南保黎阳。……辛酉，相州奏，契丹抽退。"在第 8 面"即时北遁，官军亦南保黎阳"这十一个字旁分别画上小圆圈，在其他的文字旁也画有不少的直线、双直线、曲线、点等多种符号，很显然，《晋书·少帝本纪》，毛泽东也是通篇认真阅读过的。

毛泽东的这条批注是在针对后晋军队抗击契丹军入侵过程中发生战

争时的现状写下的，既不是他的解读或评论，也不是他的看法或感言。而是表示他对当时现场晋军南撤、契丹兵"北遁"的行动存有疑问，感到惊异。

"事有如此之怪"，这样的批注在毛泽东读二十史的诸多批注中是不多见的。这条批注重要的是"怪"字，毛泽东是"用兵如神"的人，他都感到"如此之怪"，感到惊异，可见，此处的双方战事谋略都是很值得研究的。

毛泽东认为"事有如此之怪"，到底"怪"在哪里？联系《晋书·少帝本纪》原著的记载理解，"怪"至少有以下几点：

一是晋军与契丹兵在相州北安阳河上战斗相持不下之时，晋军部张从恩为什么不率兵支持反而引兵南退黎阳，"惟留五百人守安阳河桥"？

二是契丹军万余骑已阵于安阳河北，晋军此时"惟留五百人守安阳河桥"，契丹兵见此不但不发起进攻，反而引军北去？

三是晋军符彦伦明知"此夜纷纭，人无固志，五百疲兵，安能守桥！"。不向朝廷求救，反而"即抽入相州，婴城为备"？

四是契丹军万余骑至辰时，已"渡河而南，悉陈甲骑于城下，如攻城之状"。符彦伦为什么能因此就断定："此敌将走矣？"

五是当皇甫遇在榆林作战的时候，到了晚上敌兵相互惊扰说："晋朝军队全部到达了。"这消息是怎么传出来的？契丹国主在邯郸听说这一消息，就引兵向北逃去了，朝廷军队保住了黎阳。

这条批注，尽管是疑问性的批注，但从毛泽东在原著契丹军"即时北遁，官军亦南保黎阳"这十一个字旁所作的圈画来看，毛泽东对交战双方的"南退"和"北遁"表现是深感惊异的。

114. 如不力言，则下第举子耳
——读《旧五代史·晋书·桑维翰传》

"如不力言，则下第举子耳。"这条批注写在《旧五代史》卷八十九《晋书·桑维翰传》第 1 面的天头上。相应的版心文字为："桑维翰，字国侨，洛阳人也。……性明惠，善词赋。唐同光中，登进士第。《洛阳缙绅旧闻记》：'桑魏公父珙为河南府客将。桑魏公将应举，父乘间告齐王张全义曰："某男粗有文性，今被同人相率欲取解，俟王旨。"齐王曰："有男应举好，可令秀才将卷轴来。"魏公之父趋下再拜，既归，令子侵早投书启，献文字数轴。王请见，魏公父教之趋阶。王曰："不可，既应举，便是贡士，可归客司。"谓魏公父曰："他道路不同，莫管他。"终以客礼见。王一见奇之，礼遇颇厚。是年，王力言于当时儒臣，由是擢上第。'"毛泽东在阅读这一段版心文字时亦作了不少的圈画。

从上述引用的这段版心文字中，我们可以清楚地看到，桑维翰之所以能金榜高中进士第，全是他父亲私下跑齐王张全义跑出来的。是在齐王张全义极力说服当时的儒臣之后，桑维翰才"擢上第"。所以，毛泽东写了这条批注。

这条批注是毛泽东对封建社会科举考试制度弊端的无情揭露。既是对桑维翰及其父桑珙卑躬屈膝行为的批评，也是对齐王张全义不讲公平原则的愤慨。

据《晋书·桑维翰传》记载，桑维翰自金榜高中之后，后晋高祖占据河阳，召桑维翰为掌书记。从此，后晋高祖不断重用、越来越赏识他。按制，桑维翰被授予翰林学士、礼部侍郎，掌管枢密院事务，不久，又改任中书侍郎平章事，集贤殿大学士，任枢密院使。开运三年（946 年）十二月十日，随军队投降了契丹。后因内部矛盾，被张彦泽所杀，时年四十九岁。后汉高祖登基时，下诏追赠他为尚书令。

115. 太少
——读《旧五代史·外国列传》

"太少。"这条批注写在《旧五代史》卷一百三十七《外国列传》第一第 4 面的天头上。相应的版心文字为："……庄宗率精兵骑蹑其后，每经安巴坚野宿之所，布秸在地，方而环之，虽去，无一茎乱者。庄宗谓左右曰：'蕃人法令如是，岂中国所及！'庄宗至幽州，发二百骑侦之，皆为契丹所获。庄宗乃还。"毛泽东在读该传时，除了在版心文字旁画了圆圈、直线、点等符号之外，还在"发二百骑侦之"六字旁画上了一条粗粗的曲线。打开原著可以清楚地看到，毛泽东批注的"太少"，是指庄宗至幽州"发二百骑侦之"派的人"太少"！

要理解毛泽东批注"太少"二字的意思，需要联系原著中有关的记载来加以进一步说明。

毛泽东的这一条批注，是针对庄宗李存勖在922年与契丹国王耶律阿保机决战的一场战事写下的。921年十一月，阿保机准备进攻李存勖。十二月二十日，契丹军进攻幽州，后又舍弃幽州，围攻涿州，十天攻克。后又进攻定州，李存勖自镇州率亲军五千人北上增援。

922年正月十三日，李存勖抵达新城稍南，此时，契丹军前锋已到新乐，正蹚河南下。李存勖军官兵见状，有些士卒恐惧而想逃跑。将领们也都主张退军回魏州。面对士官畏惧、退兵的种种消极情绪，李存勖对众将领说："帝王兴起，自有天命，如果上天注定，契丹又能把我怎样！我只有几万人就平定山东，今天遇到一小撮蛮族，竟远远躲避，还有什么面目威临四海！"说了之后，乃率铁甲骑兵五千人先进，抵达新城之北，部队才从桑林走出一半，契丹一万余名骑兵看见，大为惊骇，立即撤退，李存勖下令分兵两路追击，奔驰数十华里，俘虏阿保机的儿子。契丹兵大败。当天夜晚，李存勖宿住新乐，耶律阿保机急命全军撤退到望都。

正月十七日，李存勖率军进逼望都，契丹兵迎战。李存勖率一千名亲兵预先攻击，跟奚部落酋长秃馁所率五千名骑兵遭遇，立刻陷入重围，李存勖奋勇冲杀，自中午苦战到下午四时左右，仍不能突围。李嗣昭率骑兵三百人从侧面发动攻击，奚部落军退走，李存勖才得以脱险。李存勖军乘胜发动全面攻击，契丹大败，李存勖军一直向北追到易州。正巧，下了将近十天大雪，平地积雪达数尺，大地白茫茫一片，契丹兵人没有粮食，马没有草料，沿途一个接一个死亡。阿保机举手指天长叹："天不叫我到这里！"即下令北返。李存勖在后紧紧尾随不放，契丹兵前进，李存勖军也前进，契丹军住宿，李存勖军也住宿。李存勖抵达幽州，派骑兵两百人追踪，吩咐说："蛮虏一出边境，你们就回来！"骑兵仗恃自己骁勇善战，出境还追击，全被契丹军俘虏。

毛泽东读到这里，认为李存勖派两百人追踪实在太少，所以他在天头批注"太少"二字。因为兵力派得太少，以致全被契丹俘虏。纵观历史上的战争，胜负的决定因素关键还是在兵力的强弱。就从上述战例，我们也可以清楚地看出这一点，契丹兵攻打李存勖，李存勖率数倍于敌人的大军亲征，使契丹先锋不战而退。兵家认为，即使在乘胜追击过程中，军队也不能数量太少，仅派两百骑深入敌人地盘，实在是兵力太少，所以全被俘虏。

毛泽东这条批注，虽然只有两个字，但是言简意赅，有自己的见地。毛泽东是伟大的军事家，身经百战，调兵用兵，用兵多寡，他都要从当时战争的实际需要出发，兵力调配、战术运用得当，战争胜利才有保证。

这条批注是毛泽东对李存勖用兵失误的一种评论，也是一种批评。两百人的骑兵深入契丹军自己的境地，尽管个个骁勇善战，但也没有摆脱被全部俘虏的结局，其失败李存勖是有一定责任的。

116. 后汉李固之言
——读《新五代史·唐明宗本纪》

"后汉李固之言。"这条批注是毛泽东在读《新五代史》卷六《唐明宗本纪》第 10 面版心文字"呜呼，自古治世少而乱世多！三代之王有天下者，皆数百年，其可道者，数君而已，况于后世邪！况于五代邪！"时，在天头上写下的。在"自古治世少而乱世多"这九个字旁逐一画了圈。版心圈记和天头批注都很醒目。

毛泽东在这里为什么批注"后汉李固之言"？我们从上述引文和圈画中可以看出：毛泽东在这里写的这条批注就是针对本书作者欧阳修的"自古治世少而乱世多"这句话而写的。《后汉书·黄琼传》（《李固与黄琼书》）写道："自生民以来，善政少而乱俗多。"李固的话与欧阳修这里说的话所表达的意思是差不多的，只是文字略有些区别。

黄琼、李固，都是东汉人。据《后汉书·李固传》记载，李固年少时就好学，广泛结交贤才，博览群书，钻研古籍。他为人正直，敢于直谏，在汉质帝时，被任命为宰相。但因为不与奸臣同流合污，而遭到以专权外戚梁冀为首的奸人的猜忌和排挤。

质帝死后，李固提议立清河王刘蒜为嗣，又与梁冀的理想人选相左，于是被罢了官。

黄琼与李固是志同道合的知己，同为忠君报国之士。早在顺帝二年，黄琼应召入京为官的途中，素来仰慕黄琼名声的李固就曾给黄琼写过一封信。在这封信中他写道："'峣峣者易缺、皦皦者易污。'《阳春》之曲，和者必寡；盛名之下，其实难副。"

李固在这封信中，批判了当时的社会上名士恃才傲物，但其实大多是名实不符，所以才招人攻击。他是以此来规劝黄琼引以为戒。后来黄琼做官后，果然刚正不阿，经常规劝顺帝，他所提的批评意见多被采纳。顺帝死后，在同专权外戚梁冀的斗争中，又不畏强暴，坚持谏劝桓帝不要褒崇梁冀，认为"赏必当功，爵不越位"，并举出前汉萧何、霍光等功臣作例。从而使桓帝接受了这个意见。直至临死，黄琼还上书直谏，力劝桓帝要警惕奸人、"竖宦充朝"，时时清醒明察。

毛泽东生前很爱读《后汉书》里的《黄琼传》《李固传》，对这两个人的耿直刚正、舍身直谏的品性欣赏之至。晚年的岁月里，他不仅自己一遍一遍阅读这两个人的传记，1965年，他还把这两个人的传记推介给刘少奇、周恩来、邓小平、彭真、陈毅等党和政府的主要领导同志阅读。当时，许多高级干部听说后，也都纷纷找这两个传阅读。

毛泽东最为欣赏的，就是《后汉书·黄琼传》中的《李固与黄琼书》。

肯卿來秋七月乙未回鶻都督李末來獻白鶻命放之

八月戊申大赦九月戊戌趙延壽罷山南東道節度使

朱弘昭爲樞密使冬十月庚申范延光罷三司使馮贇

爲樞密使壬申幸士和亭得疾書得疾爲從十一月壬

辰泰王從榮以兵入與聖宮不克伏誅兵求立罪當誅

故書伏誅其意以謂帝崩矣懼不得立而舉兵自助非反故不書反乙未侍衞親軍都指

揮使康意誠殺三司使孫岳戊戌皇帝崩于雍和殿六

十七清泰元年葬河南洛陽縣號徽陵

雖得其死而爲賊所葬故亦不書葬

嗚呼自古治世少而亂世多三代之王有天下者皆數

百年其可道者數君而已況於後世邪況於五代邪

毛泽东读《新五代史》卷六《唐明宗本纪》批注：后汉李固之言。

对其中的"人贵有自知之明"这一句，曾多次在多种场合提及。

1966 年 7 月 8 日，给江青的信中写道："人贵有自知之明，……事物总是走向反面的，吹得越高，跌得越重，我是准备跌得粉碎的。"1974 年 11 月 12 日，毛泽东在江青给他的信上批示："……你积怨甚多，要团结多数。至嘱。人贵有自知之明。"过了 8 天，即 11 月 20 日，毛泽东在给江青的短信中，写道："可读李固给黄琼书，就思想文章而论，都是一篇好文章。"这封信对《李固与黄琼书》给予了高度评价，他劝江青阅读，就是再次劝江青应该"有自知之明"。可是，江青此时的"女皇梦"自认为已经即将成真，所以，她对毛泽东的劝说全当是耳旁风了。

毛泽东十分欣赏李固、黄琼这两个历史人物，对《李固与黄琼书》这篇"好文章"中名言、警句更是熟记在心。所以，在读到欧阳修的上述感叹后，即想到了李固在"好文章"中说过的话，因此写下批注："后汉李固之言。"

毛泽东这条批注对我们至少有三点启示：一是要多读好书、"好文章"；二是要熟记好书、"好文章"中的人物名言、警句；三是要向好书、"好文章"中的好人学习，学习他们做好人，做好事。

这条批注是毛泽东联想读书法的具体体现。本来，他是在读《新五代史》卷六《唐明宗本纪》，因为书中的"呜呼，自古治世少而乱世多"，他就即刻想到了《后汉书·黄琼传》写到的"自生民以来，善政少而乱俗多"。这一方面说明毛泽东知识渊博；另一方面说明毛泽东读书记得住，用得上。我们应当学习毛泽东的这种读史方法。

117. 此等书法，不经说明，谁能知之？
——读《新五代史·晋出帝本纪》

"此等书法，不经说明，谁能知之？"这条批注写在《新五代史》卷九《晋出帝本纪》第 7 面的天头上。相应的版心文字为："敬儒，出帝父也，书曰'皇伯'者，何哉？出帝立不以正，而绝其所生也。……方高祖疾病，抱其子重睿，置于冯道怀中而托之，出帝岂得立邪？晋之大臣，既违礼废命而立之，以谓出帝为高祖子则得立，为敬儒子则不得立，于是深讳其所生而绝之，以欺天下为真高祖子也。……故余书曰'追封皇伯敬儒为宋王'者，以见其立不以正，而灭绝天性，臣其父而爵之，以欺天下也。"版心文字亦有圈点。

毛泽东在这里为什么批注："此等书法，不经说明，谁能知之？"要理解毛泽东批注的意思，还得从《晋出帝本纪》有关的记载说起。

后晋王朝，是后唐太原节度使石敬瑭于936年建立的，此人就是后晋高祖。事情还得从头说起。

石敬瑭因为骁勇善战、屡立战功颇得李嗣源的赏识，被招为婿。李嗣源在石敬瑭的帮助下起兵夺取了帝位，他就是历史上的明宗。明宗即位后，石敬瑭以驸马而兼功臣，地位大大提高。不久即任河东节度使，负责抵御契丹。随之，石敬瑭皇帝梦日益膨胀。936年，石敬瑭决定发动叛乱，但他自感实力不足，听从幕僚桑维翰的计策，遣使向辽称臣称子，还许下割地给辽的卖国誓言。耶律德光大喜，亲率五万（号称三十万）骑兵，深入后唐国境解石敬瑭的晋阳之围。

后来石敬瑭日夜哀求，甘愿投靠耶律德光，耶律德光承认石敬瑭作他的儿子，并立他做了"大晋皇帝"。是年石敬瑭四十五岁，耶律德光三十四岁，老子比儿子小十一岁，真是从古未闻的怪事。

石敬瑭在位七年，从始到终媚事辽朝，无所不至，后晋王朝以投降契丹为国策，给政治、经济带来了极其严重的影响。

942年，石敬瑭患重病，久治不愈，临终于病榻前把年幼的儿子石重睿，托付给侍卫亲军都指挥使景延广与宰相冯道，希望二人扶助石重睿。

事情并非像石敬瑭想的那样顺意。宰相冯道和将领景延广却拥立了石敬瑭的侄儿石重贵做了皇帝。这其中的缘由一直是史家的一个谜，欧阳修在《新五代史》卷九《晋出帝本纪》中，也对此提出了"出帝岂得立邪"的质疑。

出帝石重贵的生父是石敬儒，这种立嗣的方式是"违礼废命"的，自然是"立不以正"。所以出帝及冯道等人对此点是讳莫如深的，希望能蒙蔽天下。以致石敬瑭的丧事，"既发表，都人不得偶语"。从此也说明了后晋政权的不得人心，摇摇欲坠。

石敬儒死后，出帝石重贵追封他为"宋王"，史学家欧阳修对此则认为是"灭绝天性，臣其父而爵之，以欺天下"的宫廷内幕。欧阳修主张尊重历史，实事求是。毛泽东对欧阳修这段评论观点是欣赏的。

石重贵非石敬瑭亲生，他做皇帝自然是"违礼废命""立不以正"。石敬儒死后，出帝石重贵又追封他为"宋王"，这种做法也是"违礼废命""立不以正"。出帝及冯道等人对于此点是很清楚的。明知不该、不能这样做，出帝石重贵及冯道等人还坚持这样做，"追封皇伯敬儒为宋王"。祈望能蒙蔽天下。这是自己在欺骗自己。

毛泽东一贯主张实事求是。早在延安时期他为中央党校的题词写的就是"实事求是"这四个字。宋人欧阳修在这里也主张坚持实事求是，这与毛泽东的一贯主张是完全一致的。所以，毛泽东在这里读了欧阳修揭露事实真相的这段话后，很有感触地写下了："此等书法，不经说明，谁能知之？"

由于石重贵昏庸无能，景延广等实际掌握大权的人又只是空言大话，没有任何抗辽准备和行动，加上后晋统治集团内部矛盾斗争倾轧炽烈，终在契丹的大举进攻下，于946年灭亡，出帝被俘。书云："自古亡国之丑者，无如帝之甚也。"当初贵为一国之主的石重贵，最终落得个沦落荒野的可悲下场。

这条批注似也隐含着毛泽东对后晋王朝"违礼废命""立不以正"昏庸无能的蔑视与批评。同时也说明毛泽东读史籍认真细致，句句字字务求理解读懂的求真务实作风。对书中的每句话、每一条注释，毛泽东都能认真细致地读，字字句句都求得理解。这也是毛泽东的一种读书方法。读书囫囵吞枣，一知半解，读得多，记不住，读了好像没读。这种读书方法是不可取的。我们应当学习毛泽东的读书方法。

118. 所谓允明反弑，明是诬词
——读《新五代史·周太祖本纪》

"所谓允明反弑，明是诬词。"这条批注写在《新五代史》卷十一《周太祖本纪》第3面的天头上。相应的版心文字为："（乾祐三年）十一月……庚辰，威至滑州，义成军节度使宋延渥叛于汉来降。壬午，犯封丘。甲辰，及泰宁军节度使慕容彦超战于刘子陂，彦超败，奔于兖州。郭允明反，弑隐帝于赵村。丙戌，威入京师，纵火大掠。"毛泽东亦作了直线、圆圈、点等圈画。

从上述引文中，我们可以看到，郭威大军攻至封丘，与泰宁军节度使刘知远的同母弟弟慕容彦超在刘子陂展开大战，结果，慕容彦超惨败，逃向兖州。郭允明反叛，在赵村杀死了隐帝刘承祐。很显然，这是《新五代史》撰写者宋人欧阳修的看法。

毛泽东读了上述《新五代史》卷十一《周太祖本纪》的这段引文却写下了"所谓允明反弑，明是诬词"。很清楚，毛泽东的看法与宋人欧阳修的看法是不同的。

对郭允明反叛弑君，历史上就有争议。

据《资治通鉴·后汉纪四·隐皇帝下》考异中记载，刘恕就认为，郭允明一直是后汉隐帝所信赖的人，他没有理由弑君叛逆，一定是郭威大军杀死了后汉隐帝，事后诬陷于郭允明，因为郭允明已自杀身亡，归罪于他也是死无对证。

这种意见和《旧五代史》中的有关记载相符合。

《旧五代史》中也记载了郭允明是后汉隐帝刘承祐的亲信宠臣。当初，隐帝决定剪除杨邠、史弘基、郭威等权臣，也是纠集隐帝的舅父李业、近侍聂父进、后匡赞、郭允明等亲信密谋的。

而且，《旧五代史》还记载隐帝是在慕容彦超战败后，逃回汴京

隱帝遣開封尹侯益保大軍節度使張彥超客省使閻
晉卿等率兵拒威又遣內養鸞脫覘威所鄉鸞脫爲威
所得威乃附奏請縛李業等送軍中隱帝得威奏以
示業等業等皆言威反狀已白乃悉誅威家屬于京師
庚辰威至滑州義成軍節度使宋延渥叛于漢來降王
午犯封丘甲申及泰寧軍節度使慕容彥超戰于劉子
陂彥超敗奔于兗州郭允明反弒隱帝于趙村丙戌威
入京師縱火大掠戊子率百官朝太后于明德門請立
嗣君太后下令文武百寮六軍將校議擇賢明以承大
統庚寅威率百官詣明德門請立泰寧軍節度使贇爲

毛泽东读《新五代史》卷十一《周太祖本纪》批注：所谓允明反弑，明是诬词。

城下，因城内将士已向郭威投降，不得入内，才被追来的郭威大军杀死的。

上述的《资治通鉴》《旧五代史》等史籍，都是毛泽东熟读过多遍的。上述记载的关于隐帝之死的情况，毛泽东一定是熟知的。所以，当他又读到《新五代史》卷十一《周太祖本纪》中欧阳修的上述看法时，即挥笔写下了"所谓允明反弑，明是诬词"的批注。

毛泽东博览史籍，熟知中国历史，谙熟中国历史人物，尤其是有争议的历史人物，毛泽东很善于从书籍学海中进行调查研究。在毛泽东晚年读书生活中，他常常围绕一个历史人物、历史事件、历史评论等把不同观点、不同评价的相关史籍都找来放在自己的身边，一种一种地读，对照着读，用马克思主义的立场、观点和方法去分析、去研究，密切联系历史实际，结合诸家看法，研究提出自己独到的意见或看法。这里说到的上述这条批注，就是一个鲜明的例证。

毛泽东读史、评史，始终坚持历史唯物主义观点。他不唯史，不尽信史，不轻信史，总是辩证地对待，从不人云亦云。总是具体问题具体分析。这也是毛泽东一生坚持的一种读书方法。

这条批注是毛泽东针对宋人欧阳修的看法提出的不同看法。毛泽东经过自己在书本上的调查研究认为，"所谓允明反弑，明是诬词"。郭允明一直是隐帝信赖的人，他是隐帝的宠臣和心腹之人，对这样一位忠诚隐帝的大好人，反说他是"反弑"隐帝的人，这不是天大的冤枉吗！？毛泽东这条批注，客观上也起到了为郭允明洗刷污名、恢复清白的作用。

119. 旧史无此
——读《新五代史·周太祖本纪》

"旧史无此。"这条批注是毛泽东在读《新五代史》卷十一《周太祖本纪》第3面版心文字时，在天头上写下的。为了便于理解毛泽东这一条批注，把原著这一段版心文字用现在的语言叙说如下：隐帝与李业等人密谋杀害了史弘肇等人后，又诏令镇宁军节度使李弘义，要他在澶州杀掉侍卫步军指挥使王殷，同时诏令侍卫马军指挥使郭崇，要他在魏州杀掉郭威及宣徽使王峻。诏书先到了澶州，李弘义恐怕事败，反而把诏书交给了王殷，王殷与李弘义又派人告诉了郭威。不久诏令杀掉郭威、王峻的使者也飞马赶至郭威处告密。郭威藏起诏书，把枢密使院史魏仁浦召来，二人在卧室内密谋。魏仁浦劝说郭威反叛，并教他盗用留守大印，改写了诏书，把诏书内容改为命令郭威杀死将士们以激怒他们，结果群情激愤，将士们纷纷宣誓愿意为郭威效命。

这段记载是在前述的欧阳修撰写的《新五代史》卷十一《周太祖本纪》中后汉隐帝刘承祐被郭威大军杀害之前。毛泽东读到这段文字时，发现了与《旧五代史》记载的差异。因此他写了："旧史无此"四个字的批注。

"旧史无此"，即是《旧五代史》中没有上述版心文字这段记载。《新五代史》卷十一《周太祖本纪》中的这一段记述文字，是撰者欧阳修增写的。

毛泽东熟读历史，熟悉历史，熟记历史，尤其是我国几千年的历史，毛泽东读得多、记得多、讲得多、运用得多。毛泽东熟读、熟记中国历史，这是毛泽东的独到之处、过人之处。

这条批注就是毛泽东熟读、熟知中国历史的一个例证。

120. 兵书多坏事，略通可以
——读《新五代史》之《刘郭传》《刘仁赡传》

读《新五代史》卷二十二《刘郭传》，批注："兵书多坏事，少读为佳。"读《新五代史》卷三十二《刘仁赡传》，批注："略通可以，多则无益有害。"毛泽东读《新五代史》写的这两条关于读兵书的批注，基本意思差不多，所以，放在一起来解读。

先说第一条。这条批注是毛泽东在读《新五代史》卷二十二《刘鄩传》第4—5面版心文字时，在第5面的天头上写下的。毛泽东为什么批注"兵书多坏事，少读为佳"？为便于理解毛泽东这条批注的意思，还是先把版心这段文字的大致意思介绍一下。

这段版心文字说的是，后唐庄宗李存勖在魏州时，多次用重兵压向刘军，刘鄩不肯出来迎战，但梁末帝又屡次催促刘鄩出来迎战。庄宗和各位将领商量说："刘鄩学习《六韬》，喜欢机智用兵，本想向我示弱，然后袭击我，现在他被梁末帝逼着，一定想速战速决。"于是扬言要率兵返回太原，命令符存审留守魏州，表面上率兵西归，却悄悄屯兵贝州。刘鄩果然上报梁末帝说："李存勖已经回太原了，魏州没有防备，可以进击了。"于是率领一万多人攻打魏州城东，庄宗随后率兵从贝州返回来袭击他。刘鄩忽然看见庄宗的军队，吃惊地说："怎么会在这里呢！"于是刘鄩带兵撤退。庄宗的军队追到故元城，和符存审两面夹击，刘鄩命令军队摆出圆阵抵御。庄宗的两支部队配合攻击，刘鄩大败，向南逃跑，从黎阳渡过黄河，退守滑州。

我们可以看出，熟读兵书《六韬》的刘鄩号称"一步百计"，喜欢照兵书战法机变用兵，缺少实战经验。庄宗弄清了他的这一弱点之后，就相机用计击败了他。所以，毛泽东读完这段文字之后，即写了"兵书多坏事"的批注。

下面，我们再来看毛泽东的第二条批注。

这一条批注是毛泽东在读《新五代史》卷三十二《刘仁赡传》第4面版心文字"仁赡字守惠，彭城人也。父金，事杨行密，为濠、滁二州刺史，以骁勇知名。仁赡为将，轻财重士，法令严肃，少略通兵书。事南唐，为左监门卫将军、黄袁二州刺史，所至称治"时，在天头上写下的。毛泽东读此传亦作了许多圈画，在"少略通兵书"中"略通"二字旁还画上圆圈。

从《新五代史》卷三十二《刘仁赡传》及这段版心文字中，我们可以清楚看出，刘仁赡是五代南唐的一位将领。他年少时略通兵书，他在南唐先后担任左监门卫将军、黄州和袁州二州刺史，尽忠尽职，他所到任的地方都治理得井井有条。他领军作战有勇有谋，法令严明。南唐征淮时，他更重气节，拼死抵抗，屡建战功。周世宗在颁布的文告中说："即使是以前各代的名臣，也没有几个人比得上他啊！"

刘仁赡虽兵书读得不多，但担任左监门卫将军、黄袁二州刺史等各项工作都做得很好。毛泽东对其行为表现感到满意。所以在此写下批注："略通可以，多则无益有害。"

上述两条批注，不是毛泽东读《刘郭传》《刘仁赡传》的偶感而发，也不是临时激起的思想火花，它是毛泽东对读兵书的一贯主张和看法，也是毛泽东多年革命战争实践的体会和重要总结。

新中国成立以后，毛泽东在多种不同的场合表达了他对读兵书的看法。

他在谈到中国共产党的历史经验时，常说红军、八路军、人民解放军的将领，绝大多数没有上过什么学校，没有读过多少深奥的兵书，但仍然是经常打胜仗，最后打败日本侵略者，打败了蒋介石的几百万军队，取得伟大的抗日战争的胜利。

1961 年 3 月 23 日，在广州中央工作会议上的讲话中，毛泽东曾这样说他过去打仗的体会："那时打仗，形势那么紧张，谁还管得什么孙子兵法，什么战斗条令，统统都忘记了的。打仗的时候要估计敌我形势，很快作出决策，哪个还去记起那些书呢？你们有些人不是学过四大教程吗？每次打仗都是用四大教程吗？如果那样就完全是教条主义嘛！我不是反对理论，马克思主义的原理原则非有不可。"

1965 年 12 月 21 日，在杭州的一次谈话中，他更明白地说："国民党的军官，陆军大学毕业的，都不能打仗。黄埔军校只学几个月，出来的人就能打仗。我们的元帅、将军，没有几个大学毕业的。我本来也没有读过军事书。读过《左传》《资治通鉴》，还有《三国演义》。这些书上都讲过打仗，可是打起仗来，一点印象也没有了。我们打仗，一本书也不带，只是分析敌我斗争形势，分析具体情况。"

毛泽东一生酷爱读书，博览群书。毛泽东一生也重视读"无字之书"即"天下国家万事万物"这本大书。知识、才能从书本中来，从"有字之书"中来；知识、才能也从实践中来，从读"天下国家万事万物"这本"无字之书"中来。生命不息，读"有字之书"不停，读"无字之书"也不停。只有把这两个方面密切地结合起来，既重视读"有字之书"，又重视读"无字之书"，这样方能使自己知识不断地丰富，理论不断地升华，才能不断地提高。这也是毛泽东一生的一条极为重要的体会和人生启示。

这里毛泽东批注的"兵书多坏事，少读为佳"，"略通可以，多则无益有害"。"少读"不是不读，"略通"不是不通。毛泽东不是反对读兵书，而是反对死读兵书，死记兵书战法，不研究、不分析战争双方当时具体的实际情况，不从实际出发，只会照搬照套。

毛泽东一贯主张理论联系实际，用理论指导实际。在实践中学，在实际中运用、丰富和发展理论。这是毛泽东反复强调并且躬身践行的基本观点。刘䎖精通《六韬》，但不能结合实际灵活运用，不会把《六韬》理论运用到实际的战争中去，所以，老打败仗。刘仁赡虽"略通"兵书，但他注重理论结合实际，并能针对具体的实际去加以运用，所以，他老打胜仗。

毛泽东这两条批注，一条是对刘䎖死读兵书，不会运用的教条主义的批评；另一条是对刘仁赡重视理论结合实际，分析实际，研究实际，一切从实际出发的思想作风的肯定和鼓励。

121. 杀降不可，杀俘尤不可
——读《新五代史·王彦章传》

"杀降不可，杀俘尤不可。"这条批语写在《新五代史》卷三十二《王彦章传》第4面的天头上。第3—4面相应的版心文字为："彦章至递坊，以兵少战败，退保中都又败，与其牙兵百余骑死战。……彦章伤重，马

踣，被擒。……彦章武人，不知书。常为俚语谓人曰：'豹死留皮，人死留名。'其于忠义，盖天性也。庄宗爱其骁勇，欲全活之，使人慰谕彦章。彦章谢曰：'臣与陛下血战十余年，今兵败力穷，不死何待！且臣受梁恩，非死不能报，岂有朝事梁而暮事晋，生何面目见天下之人乎？'庄宗又遣明宗往谕之，彦章病创，卧不能起，仰顾明宗，呼其小字曰：'汝非邈佶烈乎？我岂苟活者？'遂见杀，年六十一。晋高祖时，追赠彦章太师。"《王彦章传》版心文字亦有直线、圆圈、点等符号。

从上述这段版心文字记载中可知，王彦章被俘后，尽管唐庄宗爱其骁勇，不想杀他，但王彦章拒绝投降，决心以死效命大梁，终被李存勖所杀。

读了这段文字，毛泽东在天头上写下"杀降不可，杀俘尤不可"。在读其他的史籍中，如读《三国志》关于曹操的批注中，也批注过"杀降"是曹操"不为也"。

反对杀降，反对杀害俘虏，是毛泽东一贯的主张，一贯的观点。在革命战争岁月中，毛泽东一直坚持这样的主张和观点。毛泽东领导、指挥打过很多胜仗，抓住的俘虏很多，毛泽东都善待他们，他们愿意留下的，就教育、改造他们成为自己队伍的成员。愿意回老家的，还发给他们路费，使俘虏们很受感动。

在领导中国革命战争的实际过程中，毛泽东非常重视、关注军队有关俘虏的政策。曾制定过"缴枪不杀""优待俘虏""不准打骂俘虏"等政策，这是我军不断壮大的重要原因之一。把俘虏，把投降者，通过我们细致的工作，化敌为己，化为增强我军战斗力的补充力量，是毛泽东用兵的一大特色。这也是毛泽东军事思想的重要体现。

从这条批注不仅可以看出毛泽东对王彦章忠义、骁勇及宁死不降行为的叹服，也可以看出毛泽东对后唐庄宗李存勖杀害后梁将军王彦章的不满与指摘。

下之人乎。莊宗又遣明宗往論之彦章病創卧不能起
仰顧明宗呼其小字曰汝非逆佶烈乎我豈苟活者遂
見殺年六十一。晉高祖時追贈彦章太師與彦章同時
有裴約者潞州之牙將也莊宗以李嗣昭為昭義軍節
度使約以裨將守澤州嗣昭卒其子繼韜以澤潞叛降
于梁約召其州人泣而諭曰吾事故使二十餘年見其
分財饗士欲報梁仇不幸早世今郎君父喪未葬遽背
君親吾能死于此不能從以歸梁也眾皆感泣梁遣董
璋率兵圍之約與州人拒守求救於莊宗是時莊宗方
與梁人戰河上而已建大號聞繼韜叛降梁頗有憂色

毛泽东读《新五代史》卷三十二《王彦章传》批注：杀降不可，杀俘尤不可。

122. 食谁人之禄?
——读《新五代史·死节传》

"食谁人之禄?"这条批注,是毛泽东在读《新五代史》卷三十二《死节传》第6面版心文字"呜呼,天下恶梁久矣,然士之不幸而生其时者,不为之臣可也。其食人之禄者,必死人之事。如彦章者,可谓得其死哉!"时,在天头上写下的。此传版心文字亦作了圈画。

这段版心文字是《新五代史》作者欧阳修对后梁名将王彦章以死报国行为的感叹。欧阳修在史评中指出:后梁腐败衰退必亡无疑,但王彦章生逢其时,身为后梁的臣子,"食人之禄者,必死人之事",才算死得其所。毛泽东的这条批注就是在读了欧阳修"食人之禄者,必死人之事"这句话之后写下的。

显然,毛泽东不赞成欧阳修的这种观点。他是用反问的语气提出问题的。欧阳修认为:"食人之禄者,必死人之事。"在欧阳修看来,身为后梁的臣子,食后梁末帝之禄,就应当为梁末帝而死。毛泽东不同意欧阳修的这一看法。毛泽东认为,王彦章等将士们食的不是后梁皇帝的禄。也就是说不是后梁皇帝养活众将士,众将士吃的、耗费的都来源于广大的人民即广大的劳苦大众。

毛泽东是伟大的历史唯物主义者。他读史、分析历史,总是坚持马克思主义历史观,坚持用阶级分析的方法去读、去解释和评价历史人物和历史事件及其发展。这也是毛泽东自己常说的"把被统治阶级颠倒的历史颠倒过来"。

毛泽东认为,在中国长达两千多年封建社会历史的长河中,农民和广大的劳动人民都是被压迫、被剥削阶级,当牛做马,受苦受难,国家统治集团即封建地主阶级通过剥削、压迫、奴役广大苦难人民大众来维持其封建统治。这就是封建社会的历史。

王彦章是一名武将,以死报国,其爱国忠贞的民族气节是应当肯定的。但究其本质还是维护封建统治集团的根本利益。他的俸禄不是来自食谁人禄?

日劉仁贍盡忠所事、抗節無虧前代名臣幾人可比子

之南伐得爾爲多乃拜仁贍檢校太尉兼中書令天平

軍節度使仁贍不能受命而卒年五十八世宗遣使弔

祭喪事官給追封彭城郡王以其子崇讓爲懷州刺史

賜莊宅各一區李景聞仁贍卒亦贈太師壽州故治壽

春世宗以其難刻遂徙城下蔡而復其軍曰忠正軍曰

吾以旌仁贍之節也

嗚呼天下惡梁久矣然士之不幸而生其時者不爲之

臣可也其食人之祿者必死人之事如彦章者可謂得

其死哉仁贍既殺其子以自明矣豈有垂死而變節者

毛泽东读《新五代史》卷三十二《死节传》批注：食谁人之禄？

某位君王，而是来自广大人民。对于这一点，宋人欧阳修当时是认识不到的。

毛泽东是伟大的马克思主义者，用历史唯物主义的观点看待历史、解释历史，对作者的看法提出反问，指出其中的问题，是毛泽东读书的一大特色，也是毛泽东读书过程中的一贯做法。

毛泽东的这条批注，是对封建社会国家统治集团本质的揭示，也是对欧阳修观点的否定和纠正。毛泽东用提问的方式把问题提出来，没讲长篇理论，否定又没有批评，纠正又没有责备，这就是毛泽东的过人之处。

123. 何谓伪国？
——读《新五代史·死节传》

"何谓伪国？"这条批注是毛泽东在读《新五代史》卷三十二《死节传》第6面版心文字"自古忠臣义士之难得也！五代之乱，三人者，或出于军卒，或出于伪国之臣，可胜叹哉！可胜叹哉！"时，在天头上写下的。在读此传时亦作了不少的圈画。

欧阳修说到了"或出于伪国之臣"，毛泽东的批注就是针对此写下的。

欧阳修在《新五代史·死节传》中，先后介绍了五代时期三位忠贞爱国、宁死不屈的忠臣义士。

一是后梁的王彦章。前文已经介绍了，他是一位英勇善战的武将，在年过六旬时还壮心不已。兵力仅有百余骑还与敌死战受伤被俘，死不屈服投降，后来被敌杀害。

二是后唐的裴约。923年，后唐庄宗大举伐后梁。在这关键时刻，李嗣召之子李继韬举潞州降后梁。当时为副将的裴约驻守泽州，拒绝投降，在李继韬和后梁军队的夹击下，泽州被后梁攻陷，裴约以死殉国。

三是南唐的刘仁赡。周世宗大举讨伐南唐，南唐各路守将在后周军队的强势攻击下纷纷投降，但刘仁赡却坚守城池拒不投降，甚至连亲儿子想要投降也被他按军法处斩，以明其志，最后病死军中。

欧阳修笔下对这三位大为赞叹，连称"自古忠臣义士之难得也！"但他却写道："三人者，或出于军卒，或出于伪国之臣。"毛泽东在阅读中看到此文字即写了上述的"何谓伪国？"的批注！

欧阳修这里说的这个"伪国"是指南唐。据史籍记载：南唐是吴太尉、中书令、齐王徐知诰于937年建立的，建都金陵，后期以洪州为南都，置南昌府。徐知诰是徐温养子，称帝后改姓名为李昇，冒充唐朝后裔，以便号召。

政治上，南唐的官制、法律、科举、礼乐、衣冠都承唐制；经济上，经过长期的休养生息，农业、手工业和商业都有相当发展；文化上，兴科举、办学校，文艺之盛，为五代各政权冠，产生了许多著名的词人和画家。南唐后主李煜就是一位卓有成就的词人，他的《虞美人·春花秋月何时了》更是传唱千年，被誉为长短句中的佳作。

南唐在中国历史上存在39年，这是一段历史，这是一段客观存在。欧阳修把中国历史上客观存在39年的南唐称为"伪国"，显然，毛泽东不同意欧阳修的这一说法。"伪"一是假的，二是非法的，人民不承认的，如伪政府。南唐在中国历史上存在了39年，而且在政治上、经济上、教育上、文化上等诸多方面都取得了一定的业绩，应当说是得到人民的支持和拥护的。既不是假的，也不是"伪政府"。"何谓伪国？"

毛泽东是马克思主义者。他总是用历史唯物主义的立场和观点分析对待中国历史上的历次农民起义运动。对徐知诰建立的南唐国家政权，宋人欧阳修称之为"伪国"，毛泽东明明不赞成、不同意欧阳修的说法，但他还是从提问的角度对之提出异议，表明自己的看法。这就是毛泽东的风格，这就是毛泽东对待古人和评议历史事件的基本态度和基本方法。

124. "色而已"吗？
——读《新五代史·宦者传》

"'色而已'吗？"这条批注是毛泽东在读《新五代史》卷三十八《宦

者传》第 4 面版心文字"自古宦者乱人之国，其源深于女祸。女，色而已；宦者之害，非一端也"时，在天头上写下的。毛泽东在读此传时不少地方亦作了圈画。

上述引用的这段版心文字，是欧阳修在撰写《新五代史》卷三十八《宦者传》时写下的感叹。欧阳修认为：女人的祸害只是"色而已"，而宦者祸害就多了。对欧阳修的这两句评价，毛泽东只对第一句的评价作了批注："'色而已'吗？"

这里，毛泽东又是用问话的方式表示他对欧阳修女人的祸害只是"色而已"这一评论的不同看法。

毛泽东是博览史籍、熟读史书的人。对于历史上因贪图女色而荒淫误国的史例知道很多。历史上的亡国之君有许多是因为贪恋女色、宠爱美人而荒淫败政，国破身亡的。从这个意义上来说，千百年来，不断有人提出"女人是祸水"的说法，认为美女以姿色献媚、惑乱君主，致使君主荒废政务，嬉戏成性，奢靡放纵，残酷暴虐。女色为万恶之源，万恶淫为首。所以，欧阳修有上述言论感叹，也是不足为奇的。

毛泽东在这里批注反问："'色而已'吗？"这里，毛泽东对千百年把亡国亡身的责任完全归结到妇女身上的世俗命题提出疑义。在毛泽东看来，把一切罪过全归于女人一身，这是极不公道的，也极不符合千百年的社会发展实际。在封建社会里，封建统治阶级总是习惯于把妇女占为己有，视为玩物，这不是妇女自愿的。亡国亡君，不是妇女的"色"带来的祸害，根本上也不是妇女的"色"造成的。封建社会妇女是不能自主的，一日入深宫，一朝被霸占，如同进苦海，终身失自由。君王荒淫无度、荒废政务，这与妇女的"色"没有必然的因果联系。而是千百年封建社会制度造成的。这才是问题的本质。

毛泽东是伟大的无产阶级革命家，他是用马克思主义的立场观点审视历史、分析研究历史。封建社会制度的日益衰落与终结，不是妇女"色而已"。

毛泽东的这条批注，是对古人欧阳修观点、看法的异议与否定。毛泽东这里用的是提问的方式把问题提出来，体现了毛泽东对几千年封建社会广大妇女受压迫、受剥削、受蹂躏、受奴役遭遇的同情与不平。毛泽东对前人关于妇女不公平、不全面的观点和看法没有批评、没有责备，而是用提问的方式加以启发、加以引导、加以纠正，这也是毛泽东阅读史书的一个显著特点。

125. 此人必略知水性
——读《新五代史·华温琪传》

"此人必略知水性。"这条批注写在《新五代史》卷四十七《华温琪传》第 1 面天头上。相应版心文字为："华温琪字德润，宋州下邑人也，世本农家。温琪身长七尺，少从黄巢为盗。巢陷长安，以温琪为供奉官都知。巢败，温琪走滑州。顾其状貌魁伟，惧不自容，乃投白马河，流数十里不死，河上人援而出之。"毛泽东在"流数十里不死"六个字旁还画了一条曲线，在其他的文字旁还画有直线、圆圈、点等多种符号。

从上述这段引文中，我们可以清楚地看出，华温琪身高七尺，年轻的时候，他曾跟从黄巢做盗贼，黄巢攻陷长安后，任命他为供奉官都知。黄巢失败后，华温琪逃往滑州，想到自己状貌魁伟，害怕不能躲藏，于是跳到白马河里要自杀，在河里漂流了几十里，没有死去，最终被河上的人救上来了。因为他在河里漂流了几十里，没有死去，所以，毛泽东在天头上写了"此人必略知水性"的批注。

毛泽东是游泳高手，能在长江里顺流而下。顺着水流而下，只要会游泳，知道点水性，一般是不会沉到水里淹死的。如果不知点水性，不会游泳，见到湍急流动的河水就会害怕，一紧张，手腿动作失调，加上水大流急，要不了几分钟，很快就会沉入水底被淹死。华温琪在河里漂流了几十里，也没有沉进水里，还平安无事，足以说明他会游泳，知道点水性。同时，华温琪世本农家。身长七尺，少从黄巢为盗，会游泳，知道点水性，这也是很自然的。生在农村，靠近水边，没有大河有小河，没有小河有水塘，没有深水有浅水，天热时都会借水消热，大人、小孩一般都会游泳，知道点水性。

毛泽东这条批注，是判断性的批注。主要就是根据华温琪在河里漂流了几十里没有死去的实际情况作出的。与他本人会游泳、爱游泳的感知和实践也有很大的关系。

126. 张桓侯之流
—— 读《新五代史·张廷蕴传》

"张桓侯之流。"这条批注是毛泽东在读《新五代史》卷四十七《张廷蕴传》第 10 面版心文字"廷蕴武人，所识不过数字，而平生重文士。尝从明宗破梁郓州，获判官赵凤，廷蕴谓曰：'吾视汝貌，必儒人，可无隐也。'凤以实对，廷蕴亟荐于明宗"时，在天头上写下的。毛泽东在"所识不过数字""平生重文士"这两句旁分别画上一条曲线，在批注的"张桓侯"三字旁还加画了三个圆圈，在其他的文字旁还画了直线、曲线、圆圈、点等符号，可以看出，本传毛泽东读时通篇都有圈画。

毛泽东此条批注中的"张桓侯"是指三国时期猛将张飞。《三国志·蜀书·张飞传》中记载："飞爱敬君子而不恤小人。……追谥飞曰桓侯。"

毛泽东为什么在读《张廷蕴传》时写下"张桓侯之流"的批注呢？主要是因为张廷蕴与张飞二人有不少的相同相似之处。

张廷蕴虽然是个大字不识几个的粗人，但是他平生很敬重文人学士。他曾经追随明宗李嗣源攻下了大梁的郓州，并俘虏了判官赵凤。他证实赵凤确是他一向敬重的儒士后，不但没有杀他，反而把他举荐给明宗，后来此人贵为宰相。赵凤做宰相后，多次向明宗荐举提升张廷蕴，但明宗因潞州之役和张产生了芥蒂，最终也没采纳。张廷蕴为官廉洁，死后"家无余赀"。

张飞是三国时期蜀国的武将，随刘备征战四方，足迹遍及大半个中国。一生骁勇威猛，在长阪坡勇退曹兵，驻巴西智胜张郃，不愧为"万人之敌，为世虎臣"。攻巴州义释严颜，确有国士之风，但他暴而无恩，"爱敬君子而不恤小人"。刘备曾多次劝诫他说："卿刑杀过分，又常常鞭挞健儿，而且还令他们在自己的左右，此取祸之道，当改之。"张飞置若罔闻，不以为然，结果部将心怀怨恨，寻机将他杀害。这位熊虎大将，未能捐躯沙场，马革裹尸，却在小人刀下，死于非命，令人悲叹。

当毛泽东读到张廷蕴"重文士"、不杀赵凤的记述时，脑海里立即就浮现出与张廷蕴有极多相似之处的虎将张飞的威武形象，即写下批注"张桓侯之流"。

由此想到彼，知此知彼。这是毛泽东晚年一直坚持的一种读书方法。可称之为"联想、联系"读书法。

联想，就是在读书的时候，眼睛一边看书，头脑一边想。读书开始，新的思维开始，读到什么，就去想什么，头脑跟着书上的内容去想，去发散思维。可以正面去想，可以反面去想，边看边想。可以纵向去想，也可以横向去想，可以想今天，也可以想往事、想历史。联系，就是由书上的人和事、情和景等及语言、文字、时代背景、作品主题等，纵向联系到今天的人和事，横向联系到历史上的人和事、著作和言论。这样纵向、横向、古往今来、成功失败、好与坏、善与恶、生与死、肯定与否定等的联想、联系的读书方法，称为"联想、联系"读书法。联想，包含古今纵向、横向的去想；联系，包括古今纵向、横向的联系，包括对立的两个侧面的联系。这是毛泽东读书的一种重要方法。毛泽东读书多，联想、联系多，批注、圈画多，收获多，运用多。翻开毛泽东读过的书，许多书上都写有批注、批语，许多书上都圈画得密密麻麻的。这批注及圈画的种种符号，就是毛泽东读书过程中联想、联系思维活动轨迹的鲜明标志。

毛泽东读马列著作、哲学著作、政治经济学著作爱用这种方法，读中国历史、读古典小说、读古诗词、读鲁迅著作等，也喜爱用这种方法。

这条批注是毛泽东坚持践行"联想、联系"读书方法的具体体现，是毛泽东对张廷蕴为人、作风的肯定和称道，也含有对张飞因刑杀过分不听刘备的劝诫，结果被部将杀害的惋惜与同情。

127. 晋时事
——读《新五代史·皇甫遇传》

"晋时事。"这条批注写在《新五代史》卷四十七《皇甫遇传》第13面的天头上。相应的第12—13面版心文字为："皇甫遇，常山真定人也。为人有勇力，虬髯善射。少从唐明宗征伐，事唐为武胜军节度使。……晋高祖时，历义武、昭义、建雄、河阳四镇，罢为神武统军。……开运二年，契丹寇西山，……南至邢州。……乃遣北面行营都监张从恩会马全节、安审琦及遇等御之。从恩等至相州，阵安阳河南，遣遇与慕容彦超率数千骑前视虏。……为虏所围。……张从恩与诸将怪遇视虏无报，皆谓遇已陷虏矣。已而有驰骑报遇被围，安审琦率兵将赴之，从恩疑报者诈，不欲往。审琦曰：'成败天也，当与公共之，虽虏不南来，吾属失皇甫遇，复何面目见天子？'即引骑渡河，诸军皆从而北，距虏十余里。虏望见救兵来，即解去。遇与审琦等收军而南，契丹亦皆北去。是时契丹兵已深入，人马俱乏。其还也，诸将不能追，而从恩率遇等退保黎阳，虏因得解去。"毛泽东在"契丹兵已深入"这六字旁画了一条曲线，在"人马俱乏""诸将不能追"文字旁都画了两条曲线，其他文字旁亦画了不少符号。

这是一条说明性的批注。说明本传记述的这一段战事是发生在后晋王朝。

晋出帝时，后晋与契丹矛盾激化，契丹于是对后晋大举进犯。面对来犯的契丹大兵，晋出帝任命高行周为北面行营都部署，皇甫遇为军马右厢排阵使。此时驻守青州的杨光远却私通契丹，为契丹通风报信，劝他们乘饥荒的机会发动进攻。辽兵的第一次全面大举南侵，晋廷急派李守贞、皇甫遇等赶去救援。晋军攻下青州，杀死叛徒杨光远，打退辽兵第一次进犯。

皇甫遇因在打退辽兵进犯中表现优秀，功拜义成军节度使，与军都指挥使。

开运二年（945年），契丹进攻西山，派先锋赵延寿包围镇州，杜重威不敢出战。延寿分兵大肆抢掠，攻破栾城、柏乡等九县，南至邢州。当时是除夕，出帝与近臣饮酒过量，得病，不能出征，便派北面行营都监张从恩会合马全节、安审琦及皇甫遇等防御。从恩等军到达相州，设阵安阳河南面，派皇甫遇与慕容彦超率数千骑去看敌阵。渡过漳河，遇敌，与数万敌军转战十余里，到榆林被契丹军围困，皇甫遇的马中箭跌倒，就用他的仆人杜知敏的马继续作战。知敏被契丹所擒，皇甫遇对彦超说："知敏是义士，怎能失掉他！"立即和彦超跃马入敌群，救知敏回来。契丹兵与皇甫遇大战自午时到未时，解围又复合围，更出生力军，其势非常强盛。皇甫遇提醒彦超说："今天的形势是战还是走呢？战或许能生存，走就会死。死战，还能够报国。"张从恩和诸将奇怪皇甫遇为什么去侦察敌情不回来报告，都说皇甫遇已经陷于敌人包围之中了。不久有快马报告皇甫遇等被围，安审琦率兵准备去救，从恩怀疑报告的人有诈，不想去。审琦说："成败在天，我应当与你同患难，就是契丹不南来，我们失了皇甫遇，有啥面目见天子？"随后带领骑兵渡河，各军都相继北进，离契丹军十几里，契丹军看见救兵到了，立即解围而去。遇和审琦等收军而回，契丹军也北去。那时契丹军深入内地，人马都已经困乏，退兵时，诸将都没能追赶，从恩率遇等退守黎阳，契丹因此安然退去。

开运三年（946年）冬，以杜重威为都招讨使，遇为马军右厢都指挥使，屯兵中渡。重威已经秘密投降契丹，伏兵幕中，召所有将领列坐，告诉众将他已经投降契丹了，遇和众将都吃惊得说不出话。重威拿出降表，遇和众将低着头，依次自写姓名，立即率兵解甲出去投降。契丹派遇与张彦泽先入京城，皇甫遇走到平棘，割断咽喉而死。

毛泽东这条"晋时事"的批注，只是根据本传的记述写下的一条说明性的批注。他对历史人物和历史事件等都未作评论。未作评论，不等于毛泽东对此段史事就没有看法。在读《旧五代史·晋书·少帝本纪》三类似的记载文字时，即批注了"事有如此之怪"，表明了他的看法。

毛泽东是历史唯物主义者，对那些无所作为、苟且偷安、无勇无智、贪图钱财、迷恋酒色、生活腐败的人，总是持批评或蔑视的态度，对英勇善战、舍生忘死，以国家、民族利益为重的人，总是持称赞或欣赏的态度。

皇甫遇一贯骁勇善战的一员武将，胜仗打了不少，可是，在后晋昏聩混乱的政局下晚节不保，投降了契丹，虽然"绝吭而死"，但也无法抹去其军旅生涯的污点。对这样的"悲剧"人物，毛泽东心里怎么能没有看法呢？这是"晋时事"，这本身就是毛泽东对后晋社会腐败、君臣各有图谋卑劣行径的一种揭露，也是毛泽东对皇甫遇这类武将因当时社会等诸多条件而变节投敌而"绝吭而死"深感憎恨与可惜的内心矛盾情感的一种流露。

所以，毛泽东在这里仅写了"晋时事"三个字，内心里可能还有想说、欲说的话，可是他没说出来，没写下来。这也是一种"此处无声胜有声"吧！

128. 注意此等事
——读《新五代史·四夷附录》

"注意此等事。"这条批注写在《新五代史》卷七十二《四夷附录》第一第13面的天头上。相应版心文字为："晋亦不复遣使，然数以书招赵延寿。延寿见晋衰而天下乱，尝有意窥中国，而德光亦尝许延寿灭晋而立之。延寿得晋书，伪为好辞报晋，言身陷虏思归，约晋发兵为应。而德光将高牟翰亦诈以瀛州降晋，晋君臣皆喜。（开运）三年七月，遣杜重威、李守贞、张彦泽等出兵，为延寿应。……德光闻晋出兵，乃入寇镇州。重威西屯中渡，与德光夹水而军。德光分兵，并西山出晋军后，……重威等被围粮绝，遂举军降。……晋出帝与太后为降表，自陈过咎。"毛泽东在版心相应的文字旁画有直线、一个圆圈、两个连圈、点等多种符号。亦表明《四夷附录》，毛泽东是全文认真阅读过的。

毛泽东为什么在天头写下批注"注意此等事"呢？要理解毛泽东这条批注的意思，首先要弄清楚毛泽东批注中说的"此等事"是什么意思。我们从上述引用的版心文字中可以看出，"此等事"就是后晋的内奸和外敌相勾结，使后晋国破君亡的这一段史事。后晋王朝的灭亡，是王朝内部赵延寿之流和外敌辽军耶律德光势力相互勾结的结果。

毛泽东读到历史上的这段史事，头脑里立即就想到了今天，想到现实的社会主义新中国。这是毛泽东读史的一个特点，也是他的一条基本读书方法。

毛泽东要我们"注意此等事"，社会主义新中国还很年轻，当时面临着诸多的国际、国内实际问题。早在1957年，美国艾森豪威尔政府就提出了"和平取胜战略"。此后，"和平演变"成为西方敌对势力的重要行动口号和追求。毛泽东对此高度重视。

1957年，毛泽东专门向身边工作人员要杜勒斯有关"和平演变"的一些讲话。毛泽东认为，杜勒斯和平转变战略的实质是"利用渗透、腐蚀、颠覆"种种手段，促进"我们内部起变化"，"转到合乎他的那个意思"。

在美国的策划和鼓动下，当时国际上出现一股不小的反华浪潮。中苏之间也出现了裂痕，国内在实际工作中也出现了一些问题。诸如此类，都是毛泽东批注"注意此等事"的相关因素。

在毛泽东看来，内奸和外敌相勾结致后晋王朝国破君亡的历史，在

趙延壽免焉是時天下旱蝗晉人苦兵乃遣開封府軍
將張暉假供奉官聘于契丹奉表稱臣以修和妖德光
語不遜然契丹亦自厭兵德光母述律嘗謂晉人曰南
朝漢兒爭得一向臥邪自古聞漢來和蕃不聞蕃去和
漢若漢兒實有回心則我亦何惜通好晉亦不復遣使
然數以書招趙延壽延壽見晉衰而天下亂常有意窺
中國而德光亦嘗許延壽滅晉而立之延壽得晉書僞
爲好辭報晉言身陷虜思歸約晉發兵爲應而德光將
高牟翰亦詐以瀛州降晉晉君臣皆喜三年七月遣杜
重威李守貞張彥澤等出兵爲延壽應兵趨瀛州牟翰

毛泽东读《新五代史》卷七十二《四夷附录》第一批注：注意此等事。

社会主义新中国绝不能重演。历史就是一面镜子。毛泽东紧密联系当时国际、国内的实际，于 1964 年前后，作出了防止"和平演变"的战略部署，着重提出了：一是要保证无产阶级革命事业后继有人；二是要防止党和国家各级领导蜕化变质。

毛泽东这条批注，"注意此等事"是要保证社会主义新中国不变色、不变质、不被颠覆思想的具体体现，也是毛泽东防止"和平演变"思想的具体体现。

"注意此等事"，这是在社会主义建设全过程中都要加以注意的一件大事。苏联共产党已经被"和平演变"了。以美国为首的西方敌对势力一时一刻也没有忘记、没有松懈对中国共产党的"西化"即"和平演变"。我们应当遵照毛泽东的批注，在新的历史时期，更要"居安思危"，"注意此等事"。用实际行动、以丰硕成果响应习近平同志的号召，迎接中国共产党和中华人民共和国的两个"百年华诞"。确保我们党和我们伟大的祖国千秋万代永不变色！

129. 分裂则二事皆不能办
—— 读《武英殿本二十三史考证·五代史卷八考证》

"中国统一，为河与外族进攻二事。分裂则二事皆不能办。"这条批注是毛泽东在读《武英殿本二十三史考证·五代史卷八考证》第 2—3 面版心文字"《晋高祖纪》：'六年，河决中都，入于沓河。冬十月，河决滑、濮、郓、澶州。'按《朱子纲目》书河决者十有六，而五代居其九，皆朱梁决河为二，以疏河涨之罪也。然《梁本纪》失载，附记于此"时，在第 2—3 面的天头上写下的。在"书河决者十有六，而五代居其九"这两句文字旁画了曲线。在其他的版心文字旁还画了直线、圆圈和点等符号。就是这些考证的文字，毛泽东也都读得很认真，很细致。这也是毛泽东晚年读书的一个特点。

毛泽东的这条批注，是关于"中国统一"与河、与外族进攻即民族关系的批注。

毛泽东认为，中国的统一，与河和外族的进攻二事是直接相关的。只有国家的统一，才能解决好"决河"与"外族入侵"的问题。只有国家的统一，才能让"河"造福于人民，才能使各民族更加团结。如果国家分裂，不能统一，就会引河成灾，化河为害，借河造孽；就会化友为仇，相互为敌，互动干戈，就会使民族矛盾不断加深，民族纠纷不断增多。致使民族之间战争频发。就是毛泽东批注中指出的"分裂则二事皆不能办"。也就是"分裂"致两方面的重大害处。分裂祸患无穷。

毛泽东此条批注，强调的是统一，称赞的是统一；反对的是分裂，谴责的是分裂。

所以，在社会主义新中国成立之后，毛泽东高度重视维护国家的统一。在全力维护国家统一的同时，一是着力抓好河流的治理和水利水电建设，对长江、黄河、淮河等大河的防洪、防灾，对水资源的综合利用，对南水北调等作了一系列造福人民的指示。二是坚决坚持和维护中华各民族的大团结。先后制定了一系列有利于民族团结、繁荣发展的多种大政方针，确认国内各民族的平等，实行民族区域自治，大力发展民族经济，不断提高各民族人民政治、经济、文化生活水平。中国的统一，使中华民族大家庭各成员和睦相处，相互关系越来越和谐。

毛泽东非常爱读历史，非常注重历史与现实的联系。从历史中汲取智慧和有益的启示，让历史为现实工作、现实需要服务，让历史为人民服务，这就是毛泽东读史、学史的基本意旨，也是我们常说的"古为今用"。

这条批注是毛泽东坚持"中国统一"立场和行动的鲜明体现。毛泽东是"中国统一"的倡导者、追求者、践行者。毛泽东的一生是为"中国统一"追求的一生、奋斗的一生、服务的一生。

这条批注也表达了毛泽东对历史上制造"决河"灾害与勾结"外族入侵"分子的谴责、愤恨与批评。

进攻二事。

分裂则二事不可办。

其九皆朱梁决河为二以疏河涨之罪也然梁本紀

失載附記于此〇

五代史卷九考證 卷十一原無考證

晉出帝紀丁亥追封皇伯敬儒爲宋王〇臣按敬儒卽帝

本生父從唐舊制亦無稱皇伯之禮義見總論內

五代史卷十二考證 卷十三十四原無考證

周世宗紀冬十月甲辰殺左羽林大將軍孟漢瓊〇監

本脱瓊字今增正

三年壬寅南征辛亥侍衞親軍都指揮使李重進及唐

人戰于正陽敗之〇臣按朱子綱目書周主自將伐唐

文淸按二十三巳分登 五代史 一四八三 第五十

毛泽东读《武英殿本二十三史考证·五代史卷八考证》批注:
中国统一,为河与外族进攻二事。分裂则二事皆不能办。

中國統一好
何与分裂

廢帝紀愍帝遣王思同會諸鎮兵討之○思監本訛飯

今從上下文改正○

潞王紀戊子殺康義誠注義誠叛于愍帝罪宜曰誅而

廢帝同惡相殺故書殺○臣文清按朱子綱目大書唐康義

誠伏誅夷其族劉友益書法云從珂書弑矣康義誠

曷爲以伏誅書義誠自從榮之亂反覆觀望今又叛

主求容罪不容于誅矣其義較長

五代史卷八考證

晉高祖紀六年河決中都八于滑河冬十月河決滑濮

鄆澶州○臣文清按朱子綱目且書河決者十有六而五代居

（五）宋、明史

130. 说不杀士大夫，伪也
——读《宋史·太祖本纪》

"说不杀士大夫，伪也。"这条批注，是毛泽东在读《宋史》卷二《太祖本纪》第 3 面版心文字"（乾德四年）五月……甲戌，光禄少卿郭玘坐赃弃市。……八月……庚戌，枢密直学士冯瓒、绫锦副使李美、殿中侍御史李楫，为宰相赵普陷，以赃论死。会赦，流沙门岛，逢恩不还"时，在天头上写下的。本段版心文字，毛泽东在阅读中画了很多的圆圈、竖线、点等符号。在版心文字"诏人臣家不得私养宦者""士庶敢有阉童男者"这些文字旁分别画了圆圈，在这些版心文字相应的天头上连画了三个圆圈。表明他对这些文字的浓厚兴趣。

毛泽东这条批注"说不杀士大夫，伪也"是对封建统治阶级本性的一种揭露，是一条揭露性的批注。

要深刻理解毛泽东这条批注的本意，还是要从《宋史》有关记载说起。宋太祖原为一武将，但喜欢和看重文人，赏识知识分子，因而他规定了"不杀士大夫"一项法令。

宋太祖在世时任用的重臣是宰相赵普。赵普虽善于举荐贤能，但他又嫉贤妒能。在《宋史·太祖本纪》中，记述了赵普陷害枢密直学士冯瓒、绫锦副使李美、殿中侍御史李楫一段史事。赵晋陷害这三个人的实质原因就是妒忌他们的才能。就以枢密直学士、右谏议大夫冯瓒为例，冯瓒招来的杀身之祸是因为他得到了宋太祖的赏识，宋太祖曾在多种场合称赞冯瓒有才，还说他是当代罕见的奇士，当众表示要重用冯瓒。这些话宰相赵普知道后很不高兴。赵普心想，你说冯瓒是古今罕见的奇才，不就是说我赵普才能远不如冯瓒吗？将来冯瓒上去了，哪还有我赵普之位。赵普出于妒能之心，先想办法把冯瓒弄到梓州去做官。后来又耍了些花招，给冯瓒定了"贪赃

門島庚申幸燕國長公主第視疾五月南唐賀文明殿
成進銀萬兩甲戌光祿少卿郭玘坐贓棄市乙亥閩蜀
法物圖書丁丑詔蜀郡敢有不省父母疾者罪之辛巳
潭州火壬午澶州進麥兩岐至六岐者百六十五本辛
卯焚惑犯軒轅六月甲午東阿河溢甲辰河決觀城月
犯心前星丙午澧州刺史白全紹坐縱紀綱規財部內
免官詔人臣家不得私養宦者內侍年三十以上方許
養一子士庶敢有閹童男者不赦己酉果州貢禾一莖
十三穗秋七月丙寅詔蜀官將吏及姻屬疾者所在給
醫藥錢帛戊辰西南夷首領董舄等內附己巳幸造船

毛泽东读《宋史》卷二《太祖本纪》批注：说不杀士大夫，伪也。

枉法"罪，这种罪，该处极刑。另外两个人李美、李楫与冯瓒情况差不多。

但宋太祖坚持不杀冯瓒，因惜其才，也因宋太祖颁布过"不杀士大夫"的法令，最后，将三个人流放到了一个没有人烟的荒岛。并且规定，每逢有什么大事大典，都不得赦免。

毛泽东认为，你既然颁发了"不杀士大夫"的法令，就应当坚决执行法令，而对冯瓒等三人的处罚，看上去没杀三人，而实质上"流沙门岛，逢恩不还"的做法，就是死路一条。对这些文弱书生，流放在这样的荒岛，才能不被用，书也没得读，每天还要与恶劣的天气环境作斗争，这与判了他们死刑有什么不同？所以，毛泽东读了之后，写下了上述的批注。在毛泽东看来，这实在是太虚伪了。

这条批注，既是毛泽东对封建社会残酷统治人民，草菅人命本质的揭露，也是对封建统治阶级"大臣皆我比肩，不得侵凌""不杀士大夫"的虚伪性的揭露。同时也是对赵普之类小人"一切为我""尔虞我诈"本性的揭露与蔑视。

131. 不书病，年五十
——读《宋史·太祖本纪》

"不书病，年五十。"这条批注是毛泽东在读《宋史》卷三《太祖本纪》第11面版心文字"（开宝九年）冬十月……癸丑夕，帝崩于万岁殿，年五十"时，在天头上写下的。在批注文字的旁边还画了一个较大的圆圈。在"万岁殿"三字旁画了一条竖线，在"年五十"三字旁画了圈。在版心其他的文字旁亦画了不少的直线、圆圈、点符号。《宋史》卷三，毛泽东是逐字逐句阅读圈画过的。

这条批注是毛泽东独特的或叫独有的批注。从文字字面的意义是很好理解的。"不书病"就是没写宋太祖是怎么死的，是生什么病死的。"年五十"就是死时是五十岁。但是，字里的意思就不这样简单了。宋太祖是怎么死的？是病死？还是他人杀死？是病死，是什么病？书中只字没提。

对宋太祖的死，野史中的记载是众说纷纭。

有的说是太祖听了一个术士的话，知道自己气数已尽，急召太宗到宫内酌酒对饮，安排后事。当时宦官和宫人都不让在场，只从远处见到烛影之下，太宗有时离开座位，作推辞的样子，后来又看到太祖拿柱斧砍地上的雪，大声对太宗说："好做，好做。"最后，太祖解衣带就寝，太宗当晚也在宫内留宿，到凌晨，太祖就去世了。

有的说是太祖宠爱原后蜀主的花蕊夫人费氏，那天晚上，太祖有病，太宗入宫问候。夜里见太祖睡熟了，乘机调戏费氏，太祖醒来，见状极为生气，大动肝火，以玉斧挥砍太宗，皇后和太子闻声赶到，太祖已奄奄一息。太宗急忙出宫归自己的府邸，第二天清晨，太祖就死了。

对太宗即位的情况，说法也很不一样。

有的说太宗当晚一直留在宫内，太祖一死，就在灵前继位。有的则说，太祖死后，皇后让宦官王继隆召秦王赵德芳入宫，王继隆却直接跑去找当开封府君的晋王赵光义，让赵光义赶快入宫，否则，帝位将为他人所有。太宗入宫时，太祖的皇后大吃一惊，急忙对太宗说："吾母子之命，都托给你了。"太宗回答说："共保富贵，不用担忧。"于是，太宗登上了皇帝宝座。

说法很多，都很离奇，难以使人信服。而真实情况，又无从查考。因而，太祖之死，太宗即位，成了千古之谜。

《宋史》作者是元朝的脱脱，宋与元相邻，时间间隔并不很长。脱脱撰写《宋史》，按照现在文责自负的原则，他对太祖之死、太宗即位之大事不会不作点调查和考证，对上面的种种传闻传说，不会一点不知。可是，他在写太祖去世时，就那么简单的几句，只字未提太祖是怎样死的。看来，他是有意把"斧声烛影"的千年之谜往后传续。

毛泽东是历史唯物主义者。他从脱脱描写宋太祖之死的这少有的文字中，作出自己的判断，他认为宋太祖极有可能是病死的。所以，他写下批注："不书病，年五十。"可是，综观《宋史》，毛泽东也知道宋太祖是一位战将，人们称之为"马上皇帝"。他南征北战，身体健壮，威武有力。他当了皇帝之后也没有发现他生病、用药的记载，当时才五十岁，正当年，是人生的壮年时期，此时突然生病而死可能也不大，所以，毛泽东对宋太祖的死有独家发现：既然宋太祖是无病而死的，而且是死在宫中，年方五十岁，这就有可能是他人加害而死的。这是毛泽东对千年谜团第一次提出疑问。

对毛泽东的这一看法，后面还有更明确的批注。这里先不多说了。

这条批注是毛泽东对没有可信权威解释的史事提出自己独到看法的批注，也是否定之否定的批注。

这条批注是毛泽东读史不唯史、不尽信史的一个具体体现。对千古之谜勇于提出自己的看法，也是毛泽东用心读史、用脑研史的一个具体体现。这也是毛泽东坚持终身的一条很有成效的读书方法。

这条批注也可以看作毛泽东对《宋史》作者脱脱撰写本书，没做深入调查研究，或者回避重要、关键的历史事实的写作态度和写作方法的批评，"不书病"就是一种批评、一种指责、一种不满意。

132. 此人不知兵，非契丹敌手
——读《宋史·太宗本纪》

"此人不知兵，非契丹敌手。尔后屡败，契丹均以诱敌深入、聚而歼之的办法，宋人终不省。"这段批注，是毛泽东在读《宋史》卷四《太宗本纪》时，对北宋太平兴国四年（979 年），宋太宗亲自统率大军讨伐契丹，宋辽间发生的第一次战争的评说。

《宋史·太宗本纪》记载：宋太宗率军北进，沿途所到之易州、涿州、蓟州等地，刺史、节度使等纷纷来降。毛泽东在版心文字对应的天头上批注："此人不知兵，非契丹敌手。"接着，在"帝督诸军与契

宋人終不省
而歼之的辦法
敵深入聚而
契丹均誘
爾後屢敗
此人不知兵非
契丹敵手

喆四面分兵攻城以潘美知幽州行府事契丹鐵林廂
主李札盧存以所部來降癸酉移幸城北督諸將進兵
獲馬三百幽州神武廳直并鄉兵四百人來降乙亥范
陽民以牛酒犒師丁丑帝乘輦督攻城秋七月庚辰契
丹建雄軍節度使知順州劉廷素來降壬午知薊州劉
守恩來降癸未帝督諸軍及契丹大戰于高梁河敗績
甲申班師庚寅命孟玄喆屯定州崔彥進屯關南乙巳
帝至自范陽八月壬子西京留守石守信坐從征失律
貶崇信軍節度使甲寅彰信軍節度使劉遇貶宿州觀
察使癸亥命潘美屯河東三交口甲戌汴水決宋城縣

毛泽东读《宋史》卷四《太宗本纪》批注：此人不知兵，非契丹敌手。尔后屡败，契丹均以诱敌深入、聚而歼之的办法，宋人终不省。

丹大战于高梁河，败绩。甲申，班师"这一段版心文字相对应的天头上，毛泽东批注："尔后屡败，契丹均以诱敌深入、聚而歼之的办法，宋人终不省。"

上述宋太宗在幽州高梁河一战失败，毛泽东之所以批评其"不知兵，非契丹敌手"，是因为宋太宗率领的攻取幽州的部队是一支疲惫之师。宋军已经连续对北汉作战好几个月，将士们体力都已耗费很多，很是疲惫。灭北汉后，宋军个个都等着领功休息，且大多数将领也不愿意在立功未赏时就再度出征。只有个别将领认为应该趁灭北汉的破竹之势直取幽州，不可失掉时机。宋太宗不顾当时大部分将领的厌战情绪，下令全军出师辽国，在酷暑六月盛夏，亲自率军北征。当他的车驾从镇州出发时，随从六军就有的不按时到达，士气不振、军心涣散的状态全显现出来。当时宋太宗又听从一个禁军将领的意见，认为不应在敌未殄灭时诛将士。由于没有严肃处罚，军纪就更加松懈。

兵家大忌：以疲惫之师去攻打蓄精养锐之师，此将必败是无疑的。毛泽东批评宋太宗"不知兵"，这是缘由之一。

还有缘由之二。在宋军于六月十九日进入幽州地区之后，沿途没有遭到辽国兵将的抵抗，长驱直入，一路顺风，多有招降。宋军没费什么力气就在六月二十三日抵达幽州城南。从六月二十五日起，就对幽州进行围攻。

幽州是辽国的南京，也是一个军事重镇，防守坚固。宋军连攻 11天也未能把幽州城攻陷，以惨败告终。

宋兵以一支孤军深入远方作战，久攻幽州不下，大伤元气，又被契丹兵两面夹击，陷于包围之中，结果大败。这是宋太宗不知敌情，指挥不当，误入契丹诱敌深入之计是必然结果。所以，毛泽东写下批注"不知兵，非契丹敌手"。

此后，宋军又与辽军多次大战，但都无功而返，败绩连连。宋人连连失败，还不知道为什么失败，也不去总结失败的原因是什么。毛泽东读过这些，以过人的睿智写下："尔后屡败，契丹均以诱敌深入、聚而歼之的办法，宋人终不省。"这是宋人失败的主要原因。

这段批注是毛泽东对宋辽之战致宋军惨败战事的独家评说，也是毛泽东对宋军惨败原因的探析，含有毛泽东对宋太宗"不知兵""终不省"的蔑视与批评。

133. 契丹善用诱敌深入战
——读《宋史·太宗本纪》

"契丹善用诱敌深入战，让敌人多占地方，然后待机灭敌。"这条批注是毛泽东读《宋史》卷五《太宗本纪》时所写。在读到，太平兴国七年（辽乾亨四年，982年），辽的政局发生重大变化，辽景宗耶律贤病死，立其十二岁的幼子耶律隆绪为皇帝，权力落在其母萧太后及其宠臣韩德让手中，宋太宗再次决定大举进军幽州，宋辽再次交战时，写下了这条对本次战事的评说。

据《宋史·太宗本纪》记载：在太平兴国七年，辽的政局发生重大变化之后，宋朝的一个守边将官就向宋太宗报告说："契丹主少，母后专政，宠幸用事，请趁此机会攻取燕、蓟。"宋太宗接到这个报告，就决定再次大举进军幽州。

雍熙三年（986年）正月，宋太宗派曹彬、田重进、潘美为三个方面军的主帅，分三路出击。三月间，三路宋军都向辽境进发。曹彬一路先攻取固安、新城二县，继而又攻占涿州，并败契丹兵于新城东北，一路过关，很为顺利。潘、田两路也进展顺利。

三路进军，都旗开得胜，形势不错。但东路宋军主力曹彬之部虽占领了涿州，却在幽州城下受阻。宋军孤军深入，没有后继的粮草供援，这是最大缺陷。契丹镇守南京幽州的大将是耶律休哥，此人很会用兵。他因兵少，不与曹彬所率宋军正面交锋。白天他屯兵幽州，坚守不战，却在夜间派轻骑出击，并在林莽间设伏兵断绝宋军粮道。曹彬因此而被迫退师雄州，以补充给养。

　　宋太宗见状，却严厉斥责曹彬，命其急进。曹彬不得已又率军裹带粮草向涿州出发。这时，契丹沿途设下伏兵，宋军遭到耶律休哥派遣的轻骑兵的袭击，一路且走且战。当时正是五月天气炎热之时，大军所至没有水喝，连泥浆都喝干了。在途中走了四天，到达涿州时已是困乏不堪，军粮也快吃完了。

　　这时，契丹主耶律隆绪与萧太后所率应援大军已逼近涿州。曹彬、朱信见形势险恶，又引军撤退，在涿州南的岐沟关被耶律休哥的追兵击败。宋军开始溃散南逃，许多宋兵在渡拒马河时淹死在河中。曹彬、朱信一直退到易州（今河北易县），正在沙河边准备做饭充饥，听说耶律休哥的追兵又到，宋军又立即溃逃，许多人互相践踏而死，沙河中塞满了宋军的尸首，河水为之断流，宋军丢弃的兵器和盔甲堆得像山丘一样。

　　因为曹彬所率的宋军主力遭到惨败，其他两路宋军也被迫后撤，宋太宗这次三路出兵攻辽，又以惨败而终。

　　毛泽东读到此处在相关文字的天头上写下批注："契丹善用诱敌深入战，让敌人多占地方，然后待机灭敌。"在版心相关文字旁还画上了直线、圆圈、点等多种符号。

　　毛泽东在这条批注中，又一次称赞契丹善用的"诱敌深入、聚而歼之"的战术。宋军前后两次大败，都败在契丹"诱敌深入"战术上。一次大败没有吸取教训，又来第二次大败，死者尸首多到"河水为之断流"，悲哉！悲哉！

　　毛泽东的这一条批注，实际上是又一次批评宋太宗"不知兵""终不省"。

　　这一条批注与上一条批注，毛泽东都是从宋军与契丹交战的军事战术的角度所作的评说。字里行间充满着对契丹战术运用得当因而取胜的称赞和欣赏；对宋太宗"不知兵"、"终不省"、不讲战术、不研究战略战术的粗鲁行为的谴责与批评。在两条批注中，毛泽东只用"此人""宋人"，就是不说宋太宗，仅从这一小点上也能说明毛泽东对宋太宗这个历史人物是小视的。

"诱敌深入、聚而歼之"和"诱敌深入""待机灭敌",是历代战争中行之有效的克敌制胜的基本战略战术原则,谁善于运用,谁就能取得战争的胜利。上述宋辽两次大战,契丹善于运用,契丹两次都获大胜。

毛泽东在领导中国革命斗争的岁月里,密切联系中国革命斗争的实际,创造性地运用这一战略战术,取得了一次又一次战斗的胜利。毛泽东是活用、巧用这一战略战术的典范。

上述两次宋辽大战所作的两条批注中,都提到了"诱敌深入"战术,由此可见,毛泽东对这条战略战术原则是多么地重视。

实际上这也是毛泽东十分喜爱、运用娴熟的一条十分有成效的基本战略战术原则。毛泽东思想上是这样认识的,在长年的实际战争中一直也是这样做的。

134. 杨业战死
——读《宋史·太宗本纪》

"杨业战死。"这条批注写在《宋史》卷五《太宗本纪》第 4 面的天头上。相应版心文字为:"……丙子,召曹彬、崔彦进、米信归阙,命田重进屯定州,潘美还代州。徙云、应、寰、朔吏民及吐浑部族,分置河东、京西。会契丹十万众复陷寰州,杨业护送迁民遇之,苦战力尽,为所禽,守节而死。"毛泽东在有关的版心文字旁还画了直线、圆圈、点等符号。

据《宋史·杨业传》记载:杨业原是北汉有名的将领,宋太宗太平兴国四年(979 年)消灭北汉时,归顺北宋,杨业在北汉时原名为刘继业,宋太宗见他解甲投诚,非常高兴,即让他取消北汉的赐姓,恢复杨姓,单名业,给予厚赏,并让他继续领兵屯守边境。杨业入宋后,成了抗辽的名将。

　　杨业自归附宋朝后，一直带兵驰骋在河东的抗辽战场上。自太平兴国五年（980年）三月出奇兵，以数百骑击溃辽十万大军后，契丹人都畏惧杨业的威名，每当同宋军作战时，只要一看到杨业的旗号，就悄然引兵退走。杨业因为英勇善战，屡立战功，而获得了"杨无敌"的称号，也因此遭到了宋将的妒忌。

　　杨业奉命撤退时，是潘美的副将，两人统率西路宋军。当时正把云、应、寰、朔四州吏民及吐浑部族，分置到宋境的河东、京西。途中杨业受到契丹的围攻，而潘美、王侁等宋将却违约，只顾自己保命退兵，不回师去援助杨业。致使杨业在兵力不多的情况下同优势的契丹兵交战，且战且退，自中午一直战斗到天黑。契丹兵又蜂拥而至时，杨业看着身边仅存的一百多个宋军将兵对他们说："你们都各自有父母妻子，如果都同我一起战死，没有益处。"他叫这些将兵各自逃生，回去把这次战斗的情况向宋太宗报告。但是，由于杨业平时很善待部下将士，能与士卒共甘苦，将士们对他很有感情，他们都不愿丢下杨业自己去逃生。就这样，杨业与这些仅有的将士继续奋力抗敌，杨业在战斗中身受数十处伤，在身边士卒几乎全部战死时，还亲自杀死了许多契丹追兵。到最后，终因所骑战马受了重伤不能行动而被契丹兵所俘，部下将官和士兵全部壮烈殉难。杨业后来守节而死。杨延玉也在这次战役中战死。

　　毛泽东在读到上述引文中的"苦战力尽，为所禽，守节而死"时，写下了"杨业战死"四个字的批注。

　　毛泽东的这条批注，是对杨业为国为君而战死的肯定，也是对杨业为转移安置百姓及吐浑部族遭遇强敌，不屈不服，苦战力尽，守节而死的称赞！

　　杨业爱国忠君，守节而死。即使在绝食中，依然在用生命与契丹人抗争。因此，毛泽东认为杨业是战死的。

　　杨业永垂史册！

135. 雍熙三年败于契丹
——读《宋史·太宗本纪》

"雍熙三年败于契丹。"这条批注写在《宋史》卷五《太宗本纪》第5面的天头上。相应版心文字为："（雍熙）四年春正月甲子朔，不受朝，群臣诣阁拜表称贺。己卯，遣使按问西川、岭南、江、浙等路刑狱。丙戌，诏：应行营将士战败溃散者并释不问，缘边城堡备御有劳可纪者所在以闻。瘗暴骸，死事者廪给其家，录死事文武官子孙。蠲河北雍熙三年以前逋租，敌所蹂践者给复三年，军所过二年，余一年。"这段版心文字，毛泽东在阅读时亦作了圈画。

上述版心文字记载的是宋军第二次大败于契丹军八个月之后，宋太宗派遣使者前往四川、岭南、江、浙等地的刑狱审查讯问，并发布了一份诏书。诏书说："在作战失败后溃散的官兵全部释放，不再追究其责，在边关守城防御有功劳可以表彰的上奏朝廷。安葬战死沙场诸将士的尸骨，官府发给为国捐躯战死沙场者的粮食转交给他们家里，发给为国而死的文武官员的子孙俸禄。免除河北雍熙三年以前久拖的租税，为敌人所蹂躏践踏的地方再免三年赋税，军队所经过的地方免二年，其他的免一年。"毛泽东的这条批注就是写在与诏书文字相对应的天头上。很显然，毛泽东的这条批注是针对宋太宗发布的这份诏书写的。

宋太宗的这份诏书，是对参战将士及相关方面的抚恤、照顾。毛泽东的这条批注，与宋太宗的诏书有什么关系呢？应当如何理解毛泽东写的这条批注呢？

宋军第二次大举进攻辽军失败是在雍熙三年（986年）五月初三，曹彬所率之师在岐沟关被契丹兵击溃。八个月二十天之后，太宗发布了上述的诏书。

这条批注至少表明毛泽东对宋太宗写的诏书和在这里的表现行为从思想认识上来说有三个方面不太满意。一是没有一句自责和自我批评。两次宋辽大战，总决策、总指挥都是宋太宗，两次大败几乎都是他决策、指挥不妥与战略战术不当造成的，主要责任在宋太宗本人。可是在八个月二十天之后，在抚恤相关人员的诏书中，既没有承担任何责任，也没有一句自责与自我批评。所以，毛泽东内心里对宋太宗一直有看法，有不满意的情感。二是发布时间有点晚。在第二次大败八个月二十天之后才发布此诏书，时间上有点晚。大战惨败，将士死伤了那么多，损失那么大，将士生活那样苦，百姓负担那样重，面对种种惨败的现状，作为总决策、总指挥的皇上，迟迟没有安抚、慰问将士，关心、帮助、照顾、体恤百姓的心声和行动。所以，毛泽东内心里存有不满之意。三是没有总结出失败的原因与教训。第一次大败不吸取教训，不总结失败的原因，接着又来第二次。因为不讲战术原则，不研究具体的战法战术，只调集大军孤军奋战，长驱直入，所以，一次一次都大败而归。

也有学者认为：毛泽东这条批注中的"败"字也暗含另一层意思。实质上，宋军由此次大败，便再也没有主动地出击过辽国，宋太宗完全丧失了继续对辽作战以夺取幽州的勇气。他命令边疆守将不要再与辽兵争锋，只有在辽兵深入宋境后才予以抗击。这表明，北宋王朝已在气势上输给了辽国，这就是毛泽东点出宋军败于"雍熙三年"的重要意旨。辽宋之间的战争由此发生转折，此后，是辽攻宋守，相互之间形成对峙局面。这是有的学者对毛泽东这条批注中"败"字含义的一种理解。应当说，也是有其道理的。

136. 但无能
——读《宋史·太宗本纪》

"但无能。"这条批注是毛泽东在读《宋史》卷五《太宗本纪》第24面版心文字"赞曰：帝沉谋英断，慨然有削平天下之志"时，在"有削平天下之志"这七个字旁边写下的。在读版心文字时亦作了圈画。

《宋史》卷五《太宗本纪》第24面版心记载的这一段文字，是《宋史·太宗本纪》的作者元朝的脱脱在本节的最后对宋太宗的称赞语。对于元朝史学家脱脱对宋太宗的这种称赞语，毛泽东很不以为然，即写下了"但无能"三个字。

毛泽东说宋太宗"无能"，是在读了《宋史·太宗本纪》及其他关于太宗的史籍记载之后，综合分析研究形成的与众多史家不同的看法。他主要是指宋太宗空有削平天下、统一中国的志向，但在其执政期间，却并没有取得怎样辉煌的能载入史册的战绩。

据《宋史·太宗本纪》记载，宋太宗在位时，除削平了南方吴越的割据势力、灭了北汉之外，在对辽、对西夏的战争中并没有获得过重大的胜利、讨到过多少有利的便宜，而多年的战争又使国内的广大人民群众付出巨大的代价，增加了很大的负担，带来了很多的苦难。因为年年战争，导致阶级矛盾、民族矛盾激化，使北宋建国不久，宋太宗面临的困难和矛盾越来越多，整个国力、兵力越来越弱，与辽国的两次大战，均以惨败而告终。从此，再也无力主动进攻辽国。从此，逐年衰败。

到了最后几年，宋太宗大有陷入四面楚歌之状，北有辽兵的不断入侵和骚扰，西有李继迁加紧进行的反宋武装分裂，西南又有声势浩大的农民起义，宋太宗的日子一天比一天难过。最后只好向辽国屈辱求和。

所以，当史学家脱脱大赞宋太宗时，毛泽东便毫不客气地写下了"但无能"三个字，表示他自己的看法。

毛泽东是历史唯物主义者。他读史不唯史，从不人云亦云，总是根据客观的历史实际，从史籍的海洋中进行调查探究，经过自己深入的分析研究，形成自己的看法。这是毛泽东读史的一个特点，也是毛泽东读史的一条基本方法。

宋太宗"无能"，这是毛泽东对宋太宗的独自看法。这对全面研究评价宋太宗，还历史的本来面目开了个好头。

137. 不择手段，急于登台
——读《宋史·太宗本纪》

"幽州之败"，"不择手段，急于登台"。这两条批注写在《宋史》卷
五《太宗本纪》第 25 面的天头上。相应的第 24—25 面版心文字为："赞
曰……帝以慈俭为宝，服瀚濯之衣，毁奇巧之器，却女乐之献，悟畋游
之非。绝远物，抑符瑞，悯农事，考治功。讲学以求多闻，不罪狂悖以
劝谏士，哀矜恻怛，勤以自励，日晏忘食。至于欲自焚以答天谴，欲尽
除天下之赋以纾民力，卒有五兵不试、禾稼荐登之效。是以青、齐耆耄
之叟，愿率子弟治道请登禅者，接踵而至。君子曰：'得乎丘民而为天
子'，帝之谓乎。故帝之功德，炳焕史牒，号称贤君。若夫太祖之崩不
愈年而改元，涪陵县公之贬死，武功王之自杀，宋后之不成丧，则后世
不能无议焉。""涪陵县公之贬死，武功王之自杀，宋后之不成丧，则后
世不能无议焉"这几句文字旁，毛泽东在阅读中都画上了着重线，其他
文字亦有圈画。

上述引用的这段版心文字，都是元朝人脱脱对宋太宗的称赞语。当
毛泽东读到脱脱不惜笔墨为宋太宗写的"欲自焚以答天谴，欲尽除天下
之赋以纾民力，卒有五兵不试、禾稼荐登之效。是以青、齐耆耄之叟，
愿率子弟治道请登禅者，接踵而至"这段太宗爱护百姓，仁德治国的赞
语时，深表异议，即在相应文字的天头上批注："不择手段，急于登台。"
毛泽东这条批注，根据于《续资治通鉴》卷八注："《长编》因《湘山
野录》存'烛影斧声'之说。""烛影斧声"，指宋太宗害死宋太祖而即
帝位。

上述引文中，元人脱脱还情不自禁地称赞宋太宗"故帝之功德，炳
焕史牒"，毛泽东却指出了太宗皇帝的重要败绩："幽州之败。"

毛泽东对宋太宗的看法，显然与元人脱脱等历史学家的看法是大不
相同的，他有自己独特的看法。毛泽东对宋太宗的看法，不是凭空想出
来的，而是根据种种的实际情况和现象研究分析出来的。

在宋辽两次大战中，两次都是宋军主动进攻的，可是两次都遭大败。第一次大败，是因为宋太宗"不知兵"，不懂得军事上基本的战略战术原则的运用，因而，毛泽东认为他是"无能"之人。他登上皇帝宝座，又有不合情理、让人产生疑问的地方。宋太祖无病无恙，年刚五十岁，好端端的一个人就在宫殿里神不知鬼不觉突然死了，而且不公告什么病，怎么死的。

所以，毛泽东很看不起宋太宗，认为他打仗不行，军事上也没有什么见地，而在政治上又是"不择手段，急于登台"的角色，因此种种，毛泽东对宋太宗的评价与史家的评价不同。

在毛泽东看来，宋太宗在历史上算不上是正派人物，他不过是个爱搞阴谋诡计的人罢了。毛泽东是赞成"烛影斧声"之说的，认为宋太宗是将宋太祖害死之后自己登上皇位的。

当然，宋太宗是不是害死了宋太祖自己登上皇位的，虽无确凿的证据，但确有很多疑点让人不可思议。

疑点一，毛泽东批注"不书病，年五十"，宋太祖死得不明不白，成为千年之谜。对于这一点，前文已有分析。

疑点二，宋太祖之子赵德昭被逼自杀。按照历朝皇位传承的习惯和规定，皇位传子而不传旁系。照此规定，宋太祖的皇位应当由其子赵德昭继承，但宋太祖死后的皇位却莫名其妙地由宋太祖之弟赵光义继承。这本身就是一个谜。

宋太宗上台后，不知出于什么考虑，总想找机会治赵德昭一个罪。幽州兵败逃回之后，有传说，宋太宗已死于乱军之中，欲立太祖之子赵德昭为帝。这本是一个传言。宋太宗听后却火冒三丈，他不仅把幽州兵败的怒气全都撒到赵德昭身上，而且还怀疑赵德昭有异心。所以，当赵德昭提醒他应该对将士出征北汉的战功行赏时，他竟不加掩饰地大声痛斥赵德昭："待你自己做了皇帝时，再行赏未晚。"赵德昭听了这番话，知道宋太宗已怀疑自己要篡位，已经对自己露出杀机了，就回府拔剑自刎而死。

疑点三，宋太宗在幽州兵败后，即将统治的重心转向对内。宋太宗曾对周围的大臣们说："国家若无内患，必有外忧，若无外忧，必有内患。外忧不过是边事，都可以预先防备。只是奸邪难以觉察，若为内患深必可怕，帝王合当用心于此。"

宋太宗这番话说得很明白，他将把防内患当作首要国策。他在这里所说的奸邪，主要是指统治集团内部可能阴谋篡位夺权的人。

宋太宗为何对内部篡位夺权问题如此敏感，他总在时刻担心和提防着有人会觊觎他的皇帝之位，不能不令人怀疑，不能不令人想到他的皇帝之位是怎么得来的。宋太祖的不明之死，以及宋太宗当政时逼死侄子之事，让人心生疑惑。宋太宗害死宋太祖虽无确凿证据留下，但也难以舒解宋太宗害死宋太祖的疑问。

从上述毛泽东的批注中，表明毛泽东认为宋太祖就是宋太宗害死的，宋太宗本是"无能"之辈，又不懂军事战略战术，他要"急于登台"，只有用这种"不择手段"的方法篡取皇权皇位，所以，毛泽东对宋太宗大加贬斥，持否定态度。

138. 此役打了两月余
——读《明史·太祖本纪》

"此役打了两月余。"这条批注是毛泽东在读《明史》卷一《太祖本纪》一第9—10面朱元璋与陈友谅两大势力进行的一场决定性战役（鄱阳湖大战）时，在第10面天头上写下的。在"太祖则悉还所俘""伤者傅以药""友谅中流矢死""九月还应天"等版心文字旁都画了两条着重线，其他很多文字旁画了一条着重线，有的文字旁还画了圆圈、画上点，在天头上连画了三个圆圈。很明显，《明史·太祖本纪》，毛泽东是通篇一字一句阅读过的。

这是一条说明性的批注，就是说元末朱元璋与陈友谅两大势力争夺统治地位的这场决定性战争，相互打了"两月余"。

　　我们来看《明史·太祖本纪》对这一次战役的记载：（至正）二十三年（1363 年）……夏四月二十三日，陈友谅调动大军围攻洪都。……秋七月初六，太祖亲自统兵救洪都。十六日，到达湖口，首先在泾江口以及南湖嘴设下埋伏，阻截陈友谅的归路。陈友谅闻知太祖到洪都，搬兵解围。在鄱阳湖迎战太祖。陈友谅军队号称六十万人，连接大船为战斗阵列，船楼高十余丈，长达数十里，各种旗帜和成堆的兵器，远远望去好像一座山。二十日，双方在康郎山相遇，太祖把他的军队分为十一个队以抗击陈友谅。二十一日，太祖的军队合力作战，徐达出击陈友谅的前锋，俞通海用火炮焚毁陈友谅的战船数十艘，双方死伤大致相当。陈友谅的猛将张定边直接攻打太祖乘坐的战船，太祖坐船搁浅在沙滩上，不能退却，处境十分危险。幸亏常遇春从旁边射中张定边，俞通海再统兵来援，船只赶忙前驶，湖水随着涌过来，太祖的战船才脱离险境。二十二日，陈友谅用所有的大船出战，太祖的各位将领由于船小，仰攻不利，不由得脸呈惧色。太祖亲自指挥，将领仍畏惧不前。于是，太祖当众处死十来个畏敌退缩的人，才使人心惊惧，拼死力战。到午后，东北忽刮大风，太祖命令数十名死士驾驶七只战船，在芦苇中堆满火药，放火焚烧陈友谅的战船。风烈火猛，烟焰满天，把湖水映得一片火红。陈友谅的军队一时之间大乱，各位将领摇旗呐喊乘胜前进，斩杀陈友谅军士两千多人，烧死淹死的难以计数，陈友谅的气焰自此丧尽。二十五日，太祖转移部队控制左蠡，陈友谅也退保渚矶。相持三天，陈友谅的左、右二金吾将军都归降了。陈友谅的势力日渐穷蹙，愤怒异常，竟把所俘获的将士全部杀死。而太祖却将所有的俘虏释放遣还，受伤的用良药给予医治，并且祭奠他们阵亡的亲戚和将领。八月二十六日，陈友谅由于粮尽，转移到南湖嘴，被南湖的驻军拦截攻击，友谅突入湖口。太祖进行阻击，顺流搏战，到达泾江。泾江的守军再拦击他，陈友谅被一支流矢射中头部身亡。陈友谅部将张定边与其子陈理"乘夜以小舟载友谅尸"逃往武昌，此次战役到此结束。

　　本次战役，从七月初陈友谅率部队从洪都来到鄱阳湖迎战朱元璋，到八月二十六日中飞箭身亡。张定边、陈理夜乘小舟载陈友谅尸体逃往武昌，前后时间近两个月。所以毛泽东写下此批注。

139. 不令诸子诸孙统兵作战，失策
——读《明史·太祖本纪》

"不令诸子诸孙统兵作战，失策。"这条批注写在《明史》卷一《太祖本纪》一第 11 面的天头上。相应的版心文字为："（至正）二十四年春正月丙寅朔，李善长等率群臣劝进，不允。固请，乃即吴王位，建百官。以善长为右相国，徐达为左相国，常遇春、俞通海为平章政事。谕之曰：'立国之初，当先正纪纲。元氏暗弱，威福下移，驯至于乱，今宜鉴之。'立子标为世子。二月乙未，复自将征武昌，陈理降，汉、沔、荆、岳皆下。三月乙丑还应天。"毛泽东还在"二月乙未，复自将征武昌，陈理降，汉、沔、荆、岳皆下。三月乙丑还应天"这几句文字旁画上了粗粗的直线，在版心其他的文字旁亦画了不少的圆圈、点等符号。

这条批注是毛泽东对陈友谅的失败及其子丧失汉政权感到有些惋惜与同情。

在元末群雄中，陈友谅是毛泽东颇为欣赏的英雄人物之一。据相关史籍记载，陈友谅出身沔阳渔民家庭，本姓谢，"祖赘于陈，因从其姓"。起初在县里参加了徐寿辉的红巾军，后因机智勇敢，屡立战功，成为领兵一方的元帅。徐寿辉红巾军主要领导人彭莹玉牺牲后，他们建立的天完政权实际上被丞相倪文俊所控制。至正十七年（1357 年）八月，倪文俊想于汉阳谋杀徐寿辉事情败露，就率部分军队逃向自己从前的部将陈友谅驻地黄州，欲寻求庇护。而陈友谅审时度势，趁机杀了倪文俊，"尽领其军，而自称平章"。于是天完政权的大权又转到了陈友谅手中。至正二十年（1360 年），陈友谅挟徐寿辉东下，向朱元璋的统治区发动进攻。闰五月，攻占太平，随即进驻采石矶。这时，陈友谅以为攻占应天指日可待，心满意得，便迫不及待地想当皇帝，派人杀掉徐寿辉，在大

风雨中"以采石五通庙为行殿，即皇帝位，国号汉，改元大义"。随后派人约张士诚夹攻朱元璋。面对强敌压境的形势，朱元璋方面受震动不小，文武各官大多产生怯敌心理，有建议投降的，有建议退守钟山的，形势甚感危机。在此重要时刻刘基及时站出来，阻止这种形势的恶化。一方面派胡大海出兵广信，扰乱陈友谅的后方；另一方面利用康茂才与陈友谅是老朋友的关系，巧设诈降计，诱陈友谅前往重兵设伏的龙湾地区，被打得大败。朱元璋俘获陈友谅军队二万多人，战舰数百艘，并乘胜夺回太平，占领安庆、信州等地。至正二十三年（1363年），陈友谅乘朱元璋出兵安丰援救小明王之机，"空国而来"，杀向朱元璋的地盘。多亏都督朱文正、参政邓愈、元帅赵德胜率领洪都（南昌）军民坚决死守，使陈友谅困于坚城之下八十余日，从而为朱元璋回师救援赢得了时间。在随后发生的鄱阳湖大战中，陈友谅中流矢而死，留下了壮志未酬身先死的遗憾。尽管陈友谅在击杀徐寿辉等人的问题上有缺点，但他坚决反对元朝的反动统治，敢打敢冲、不屈不挠的战斗精神，在毛泽东心中存有好感，留有印象。

陈友谅死后，部将张定边乘夜用小船载友谅尸及其子陈理逃回武昌，随后拥立陈理为帝，改元德寿。史家认为，这时候的汉政权，尽管新受重创，但地盘尚广，如果主政者能够及时调整，还可以与朱元璋抗争一时。无奈陈理不是其父，没有其父的军事、政治才能，只能依靠太尉张定边等固守武昌。不久便在朱元璋的大军进攻之下举国投降，完全没有其父陈友谅那种英勇战斗、顽强抵抗、不屈不挠、无畏无比的精神。本是陈氏天下的汉政权一下子变成了朱元璋旗下设立的湖广行中书省。

陈理举国降服丧失汉政权，在毛泽东看来，一个重要原因就是陈友谅没有早点让自己的子孙统兵作战，让他们在战争中学习战争，在实践中增长才干，砥砺意志，磨炼斗志，致使最后在关键时刻无能力抵抗，走上"举国降服"的败局。对陈友谅的这一"失策"，毛泽东深感遗憾！

古今多少事，教训万万条。往事越千年，都在笑谈中。要想做成

不令諸子
諸孫統兵
作戰失
策

下不難定也壬午自將征陳理是月張士誠自稱吳王

冬十月壬寅圍武昌分徇湖北諸路皆下十二月丙申

還應天常遇春𧮲督諸軍二十四年春正月丙寅朔李

善長等率羣臣勸進不允固請乃卽吳王位建百官以

善長爲右相國徐達爲左相國常遇春兪通海爲平章

政事諭之曰立國之初當先正紀綱元氏闇貌威福下

移馴至於亂令宜鑒之立子標爲世子二月乙未復自

將征武昌陳理降漢沔荆岳皆下三月乙丑還應天丁

卯置起居注庚午罷諸翼元帥府置十七衞親軍指揮

使司命中書省辟文武人材夏四月建祠祀死事丁普

毛泽东读《明史》卷一《太祖本纪》一批注：不令诸子诸孙
统兵作战，失策。

事，还是早计谋。等成了教训，悔恨已晚矣！

毛泽东这条批注，是对陈友谅不注意、不重视在实践中培养教育子孙的惋惜与批评。同时，也深含寓意，即应当怎样对待子孙的问题。古人陈友谅没有做好，最后致儿子陈理举国投降朱元璋。毛泽东深为叹息！由此，我们应当从中吸取怎样的历史教训，怎样对待自己的子孙呢？这是一个很值得研究和探讨的大问题。所以，认真研究和探讨毛泽东这条批注有极其重要的现实意义。

140. 今犹存此弊
——读《明史·宣宗本纪》

"今犹存此弊。"这条批注写在《明史》卷九《宣宗本纪》第 8 面的天头上。相应的版心文字为："（宣德）七年春正月辛酉朔，日有食之，免朝贺。癸酉，大祀天地于南郊。二月甲午，以春和谕法司录囚。三月庚申，下诏行宽恤之政。辛酉，谕礼部曰：'朕以官田赋重，十减其三。乃闻异时蠲租诏下，户部皆不行，甚者戒约有司，不得以诏书为辞。是废格诏令，使泽不下究也。自今令在必行，毋有所遏。'"毛泽东还在"乃闻异时蠲租诏下，户部皆不行，甚者戒约有司，不得以诏书为辞"这几句文字旁画上了着重线，在其他的文字旁亦有画圆圈、点等多种符号。这足以表明毛泽东对这一段文字的重视和浓厚兴趣。

明宣宗宣德七年（1432 年）三月一日下诏行使宽厚抚恤的政策。三月二日降谕礼部说："我因为官田的赋税沉重，减去十分之三。我听说以前减租的命令下来后，户部都不执行，甚至竟告诫约束有司，不能以诏书为借口减免。这是废止诏令，使恩泽不能下到底层。从现在起要令在必行，不能再有所阻拦。"毛泽东就在这段文字旁写下批注"今犹存此弊"。

在毛泽东看来，明宣宗当政时存在的这种有令不行、"泽不下究"的情形，今天仍然存在。毛泽东所说的"今天"，不是现在的"今天"，今犹存此。。。

廿州屯田水利是年占城琉球瓦剌哈密蘇門答剌亦

力把里入貢

七年春正月辛酉朔日有食之免朝賀癸酉大祀天地

於南郊二月甲午以春和諭法司錄囚三月庚申下詔

行寬卹之政辛酉諭禮部曰朕以官田賦重十減其三

乃聞異時蠲租詔下戶部皆不行甚者戒約有司不得

以詔書爲籍是廢格詔令使澤不下究也自今令在必

行毋有所遏夏四月辛丑免山西逋賦壬寅募商中鹽

輸粟入邊六月癸卯錄四癸丑罷中官入番市馬是月

作官箴成凡三十五篇示百官秋八月乙未敕京官三

月巳然乙 本紀九 一八〇

毛泽东读《明史》卷九《宣宗本纪》批注：今犹存此弊。

是指毛泽东阅读批注《明史》的那个时候。毛泽东当时在读的《明史》，是清乾隆武英殿版二十四史中的最后一种史书。这部二十四史，是1952年根据毛泽东读书实际的需要，工作人员从北京琉璃厂中国书店购置的。从1952年到1976年9月，先后二十四年，这部史籍与毛泽东相伴相随。直到1975年8月、9月，毛泽东还在孜孜不倦地读。毛泽东逝世的1976年9月，身旁还放着《晋书》等史书。

所以，毛泽东批注的"今犹存此弊"中的"今"字，大约时间是在20世纪50年代后期和60年代这十多年的时间内。自从读了《明史·宣宗本纪》之后，毛泽东对克服和解决"此弊"的问题就更加关注和重视。1959年3月29日，毛泽东在党内通讯中，批评中层干部说：上面的指示不合他们胃口的，他们即阳奉阴违，或者简直置之不理。下情不能上达，上情不能下达，危险之至。因此，需要经常开会，上层基层，夹攻中层，中层干部的错误观点才能改正。这或是有道理，因为"此弊"已达"危险之至"。毛泽东针对当时的实际，研究制定了一系列的政策、措施。直到后来在全国开展的社会主义教育运动，应当说与解决"此弊"，排除其"危险"是有一定关系的。

这条批注是毛泽东联系实际读史的又一具体体现。从读史中寻求启示，让历史为今天所用，也就是"古为今用"。由古想今，借古说今，给人以启迪，给人以智慧，给人以方法，这是毛泽东读史的一大特点，也是他读史的一种基本方法。

141. 靡不有初
——读《明史·杨爵传》

"靡不有初。"这条批注写在《明史》卷二百〇九《杨爵传》第10面的天头上。相应的版心文字为："杨爵，字伯珍，富平人。……（嘉靖）二十年元日微雪，大学士夏言、尚书严嵩等作颂称贺。爵抚膺太息，中宵不能寐。逾月，乃上书极谏曰：'……陛下即位之初，励精有为，尝以《敬一箴》颁示天下矣。乃数年以来，朝御希简，经筵旷废。大小臣庶，朝参辞谢，未得一睹圣容，敷陈复逆，未得一聆天语。恐人心日益怠媮，中外日益涣散，非隆古君臣都俞吁咈、协恭图治之气象也。'"版心文字《杨爵传》全文都有圈画。

据《杨爵传》记载，杨爵在起复监察御史一职后上书极力劝谏嘉靖皇帝。他在上书中除了针对当时社会中种种弊端，指出了足以使民心失去而导致天下危乱的五个原因之外，仍然期望嘉靖皇帝能"念祖宗创业之艰难，思今日守成之不易，览臣所奏，赐之施行"。嘉靖看到杨爵的上疏后却勃然大怒，将其逮捕入狱，打得"血肉狼藉"，昏死一夜后才渐渐醒来。

毛泽东上述的"靡不有初"四个字的批注就是在读到这个地方的时候写下的。"靡不有初"，语出《诗经·大雅·荡》，是召穆公斥责昏庸无道的周厉王的一段话："荡荡上帝，下民之辟。疾威上帝，其命多辟。天生烝民，其命匪谌。靡不有初，鲜克有终。"意思是：上天生下这么多百姓，他们的命运谁来管？当政者制定的法令，虽然开始多是好的，但不断地变来变去，大多有始无终。所办的事情，往往都是有一个良好的开端，却很少有能够坚持到底、善始善终的。

毛泽东在这里批注的"靡不有初"，意在用此典说明历代封建帝王很少能始终如一、励精图治这一具有普遍性的历史现象，也体现了毛泽东评价历史人物、评价历史事件始终坚持的历史唯物主义思想。

国内有的学者把毛泽东这条"靡不有初"的批注蕴含的深刻见解和历史思考，概括成以下两个方面：

其一是表明他对嘉靖皇帝个人的批评。嘉靖皇帝前期虽能勤政，但后期却荒废朝政，祸国殃民。毛泽东曾说他"炼丹修道，昏庸老朽，坐了四十几年天下，就是不办事"。"靡不有初"正是对嘉靖一生行事的评判。

其二是表明他对整个明王朝的评判。明朝是在朱元璋率领农民起义军东征西伐、浴血奋战的艰辛中建立的，前期在朱元璋、朱棣父子的励精图治下，尽管政治上也有过不少失误，但还是出现了新的蓬勃气象。

靡不有初

使稔惡肆毒羣狁趨赴善類退處此任用匪人足以失
人心而致危亂者一也臣巡視南城一月中凍餒死八
十八五城共計未知有幾魩非陛下赤子欲延須與之
生而不能而土木之功十年未止工部屬官增設至數
十員又遣官遠修雷壇以一方士之故朘民膏血而不
知恤是豈不可以已乎況今北寇跳梁內盜竊發加以
頻年災沴上下交空尚可勞民麋費結怨天下哉此興
作未已足以失人心而致危亂者二也陛下卽位之初
勵精有爲嘗以敬一箴頒示天下矣乃數年以來朝御
希簡經筵曠廢大小臣庶朝參辭謝未得一睹聖容敷

月巳卷三百乙 列傳九十七　十　二八九

毛泽东读《明史》卷二百〇九《杨爵传》批注：靡不有初。

可是到了嘉靖当政的几十年间，明朝统治就开始江河日下了。对此，毛泽东曾说："明朝除了明太祖（朱元璋）、明成祖（朱棣）不识字的两个皇帝搞得比较好，明武宗、明英宗还稍好些以外，其余的都不好，尽做坏事。"这些坏事的积累过程，就决定了明王朝"鲜克有终"的归宿。[①]

这样的概括是很有见地的。毛泽东读史是为了古为今用，评点历史是为了以史为鉴，意在思考和面对现实。怎样使中国的革命和建设事业避免陷入"靡不有初，鲜克有终"的覆辙，做到善始善终，这是毛泽东曾经思考了很多很多的一个重大现实问题。

1944年3月，郭沫若发表了论李自成的史论著作《甲申三百年祭》。毛泽东对这篇文章十分重视，曾专门将它印成文件在党内下发，意在使"同志们引为鉴戒，不要重犯胜利时骄傲的错误"。

1949年3月23日，在开完七届二中全会，准备离开西柏坡进驻北平时，毛泽东对周围的人说：我们就要进北平了。我们进北平，可不是李自成进北平，他们进了北平就变了。我们共产党人进北平，是要继续革命，建设社会主义，直到实现共产主义。临行前夜，毛泽东兴奋地对周恩来说："今天是进京的日子，不睡觉也高兴啊。今天是进京'赶考'嘛，进京'赶考'去，精神不好怎么行呀？"周恩来接过话题说："我们应当都能考试及格，不要退回来。"毛泽东说："退回来就失败了。我们决不当李自成，我们都希望考个好成绩！"3月24日，毛泽东在路过保定时又说：胜利冲昏头脑，李自成进北京没多久，就被吴三桂赶出来了。李自成是农民领袖，揭竿领兵，前仆后继，好不容易取得了胜利，一骄傲就失败了，连他自己的性命都没有保住，我们可不要当李自成呀！

只有始终保持谦虚谨慎、不骄不躁，才能保住革命的胜利果实，才能保证国家的长治久安。对此有着深刻认识的毛泽东，在新中国成立后仍然一直强调这个重大问题。1956年4月4日他在修改《关于无产阶

---

①　樊宪雷：《靡不有初，鲜克有终——从毛泽东评点〈明史·杨爵传〉说开去》，《党的文献》2007年第6期。

级专政的历史经验》时指出："共产党和社会主义国家的各种领导人物的责任是要尽量减少错误……而要达到这种目的，就要求每个领导者都十分谨慎和谦逊，密切地联系群众，遇事和群众商量，反复地调查研究实际的情况，经常进行适合情况的、恰如其分的批评和自我批评。"1964年9月30日，他在修改彭真在国庆15周年典礼上的讲话稿时又指出："我们的同志和人民，永远不要骄傲，不要固步自封，不要自以为是，永远要谦虚谨慎，实事求是。"

"靡不有初，鲜克有终。"我们中国共产党人不同于历朝历代封建统治者，我们是全心全意为全中国人民服务的。我们应当认真吸取历史教训，牢记毛泽东两个"务必"的谆谆教导，认真学习、领会习近平新时代中国特色社会主义思想，增强忧患意识，永远不忘初心，坚定不移地把中国特色社会主义伟大事业不断推向前进。

142. 今有新保安，此是旧保安
——读《明史·沈炼传》

"今有新保安，此是旧保安，在张家口、怀来县之间。"这段批注写在《明史》卷二百〇九《沈炼传》第19面的天头上。相应的第18—19面版心文字为："沈炼，字纯甫，会稽人。嘉靖十七年进士。除溧阳知县。……会俺答犯京师，致书乞贡，多嫚语。下廷臣博议，司业赵贞吉请勿许。廷臣无敢是贞吉者，独炼是之。吏部尚书夏邦谟曰：'若何官？'炼曰：'锦衣卫经历沈炼也。大臣不言，故小吏言之。'遂罢议。炼愤国无人，致寇猖狂，……遂上疏言：'……今大学士嵩，贪婪之性疾入膏肓……'因并论邦谟谄谀黩货状。请均罢斥，以谢天下。帝大怒，榜之数十，谪佃保安。既至，未有馆舍。贾人某询知其得罪故，徙家舍之。"毛泽东在"谪佃保安"四字中的"保安"二字旁画了两条着重线，在其他的文字旁亦画了直线、圆圈、点等多种符号。从圈画的情形来看，《沈炼传》全文，毛泽东是一字一句阅读过的。

从毛泽东读《沈炼传》上述批画的情况来看，这条批注就是针对上述版心文字中"保安"二字写下的。这是一条对历史地理说明性或者说是注释性的批注。

《明史·沈炼传》记载的保安即是保安州，元代属上都路顺宁府，洪武初年曾被撤销建置，明成祖永乐二年（1404 年）置保安卫，十三年复置保安州，沿至明末，辖属京师。辖区东至东八里堡、良田屯堡、麻谷口堡，西至宁川、桑干河，治所东南距京师三百里。毛泽东批注中说在张家口、怀来之间，这是准确的。

这条批注充分说明毛泽东对中国历史地理沿革知识的渊博，除了新保安，他还记住了历史上的旧保安。这仅是一个地名而已，这是我们一般的读书人不关注的。这条批注同时也说明毛泽东读史书是多么地认真细致、多么地用心用脑。这种读书精神是很值得我们学习的。

143. 白莲教史
——读《明史·赵彦传》

"白莲教史。"这条批注，是毛泽东在读《明史》卷二百五十七《赵彦传》第 5—6 面版心文字时，在第 5 面的天头上写下的。在版心文字"闻香教主""大小传头""会主""石佛庄"等文字旁都画上了一条着重线，版心其他的文字旁亦画有直线、圆圈、点等多种符号。在天头批注的文字旁还连画了三个较大些的圆圈。

这条批注是一条说明性的批注，指出版心相关文字记述的是白莲教史。据《赵彦传》记载：在这之前，蓟州人王森因自称得到了妖狐身上的异香，倡导白莲教，自称闻香教主。他的徒众有大小传头以及会主等名号，其势力蔓延到京师一带及山东、山西、河南、陕西、四川。王森居住在滦州石佛庄，其徒党向他输送金钱，称作朝贡；用竹筹飞报机密事宜，一日能行几百里路。万历二十三年（1595 年），官府逮捕收押了王森，论罪应该判处死刑，因行贿得以释放。王森于是进入京师，结纳外

二年廣寧復失彦以山東南北咽喉列上八事詔多允
行先是薊州人王森得妖狐異香倡白蓮教自稱聞香
教主其徒有大小傳頭及會主諸號蔓延畿輔山東山
西河南陝西四川森居灤州石佛莊徒黨輸金錢稱朝
貢飛竹籌報機事一旦數百里萬曆二十三年有司捕
繫森論死用賄得釋乃入京師結外戚中官行教自如。
後森徒李國用別立教用符呪召鬼兩教相仇事盡露
四十二年森復爲有司所攝越五歲斃於獄其子好賢
及鉅野徐鴻儒武邑于弘志輩踵其教徒黨益眾至是
好賢見遼東盡失四方奸民思逞與鴻儒等約是年中

毛泽东读《明史》卷二百五十七《赵彦传》批注：白莲教史。

戚、宦官，照样传教。后来王森的徒弟李国用别立教派，用符咒招来鬼魂。两个教派之间互相仇视，其内情因此都暴露了。万历四十二年（1614年），王森又被官府逮捕。五年以后，王森死于狱中。王森的儿子王好贤以及钜野人徐鸿儒、武邑人于弘志等人继承了他的教派，徒众发展得更多了。至此，王好贤看见辽东全部失陷，四方奸民也想动乱，于是跟徐鸿儒等约定当年中秋节一起起兵。适逢其阴谋泄露，徐鸿儒于是先期造反，自称中兴福烈帝，改当年为大成兴胜元年，用红巾作为标识。当年五月戊申日攻陷郓城，不久又攻陷邹县、滕县、峄县，兵力达到几万人。

毛泽东的这条批注"白莲教史"，指的就是王森创立闻香教的这段发展历史。

据史载，闻香教仅是白莲教的分支教种。

明朝建立后，太祖朱元璋深知白莲教等在发动元末农民起义中的巨大力量，特在《大明律》中设"禁师巫邪术"条，禁止民间传习白莲教等所谓"邪术"，凡师巫假降邪神、书符咒水、扶鸾祷圣，自号端公太保师婆，及妄称弥勒佛、白莲社、明尊教、白云宗等会，一应左道乱正之术，或隐藏图像，烧香集众，夜聚晓散，佯修善事，煽惑人民，为首者绞，为从者各杖一百，流三千里！但明代并没能将其禁绝。如洪武三十年（1397年）陕西就发生过田九成利用白莲教起义的事件。类似的还有永乐十六年（1418年）刘化在河北、山西发动的起义等，可谓连续不断，禁而不绝。但由于统治阶级的残酷镇压，白莲教本身也在发生变化，出现了更多的支流或一派多名，而白莲教的本名则往往弃而不用。

据说，王森及其子王好贤及徒弟徐鸿儒等先后战败牺牲后，王氏子孙继续传教事业，前后十多代共二百多年。

144. 不负责任
——读《明史·陈新甲传》

"不负责任。"这条批注写在《明史》卷二百五十七《陈新甲传》第

23 面天头上。相应的第 20—23 面版心文字为："陈新甲，长寿人。……帝既以和议委新甲，手诏往返者数十，皆戒以勿泄。外廷渐知之，故屡疏争，然不得左验。一日，所遣职方郎马绍愉以密语报，新甲视之，置几上。其家僮误以为塘报也，付之抄传，于是言路哗然。给事中方士亮首论之，帝愠甚，留疏不下。已降严旨，切责新甲，令自陈。新甲不引罪，反自诩其功，帝益怒。至七月，给事中马嘉植复劾之，遂下狱。新甲从狱中上书乞宥，不许。……遂弃新甲于市。新甲为杨嗣昌引用，其才品心术相似，军书旁午，裁答无滞。帝初甚倚之，晚特恶其泄机事，且彰主过，故杀之不疑。"毛泽东在上述引文中"彰主"二字旁分别画上叉，在其他文字旁亦画有直线、圆圈、点等符号。由此可见，《陈新甲传》全文，毛泽东是逐字逐句阅读过的。

毛泽东这条批注，主要是批评明朝崇祯皇帝"不负责任"。要理解毛泽东这条批注，说清楚事情的原委，还是要从此事的源头说起。

据有关史籍记载，自从明万历四十六年（1618 年），明政府与崛起的后金（1636 年，改国号为清）势力围绕东北地区的统治权爆发战争以来，明政府向来不屑与清议和。但到崇祯十五年（1642 年）初松山决战后，由于政府消耗太大，已精疲力竭，朝廷众臣中已有人主张与清议和，不愿再奋力激战下去。当时大学士谢升和陈新甲都有这个意愿，陈新甲还曾派辽东宁前道副使石凤台给清方将领写过信，做过试探。正月初，崇祯帝在谢升和陈新甲的劝说下同意与清人讲和，并将此事交与陈新甲负责办理，秘密进行。正月初七，兵部职方郎中马绍愉带领参将李御兰、周维墉离京，前往宁远与清统帅济尔哈朗联系，但济尔哈朗借口无崇祯的敕谕不予接待，马绍愉只好派人前往京师请示。三月中旬，马绍愉等人来到锦州，向清将阿济格送上崇祯"谕兵部陈新甲"的一道敕谕，内容是同意清方提出的议和意见，要陈新甲便宜行事。清方对明政府的议和态度非常清楚，但当皇太极读到崇祯敕谕后，仍指责明政府实无讲和之真心，因为既然是写给他的信，为何谕陈新甲？既然是写给陈新甲的信，又为何用皇帝的印章？并说和好是自己的夙愿，尽管自己所向披靡。马绍愉便回塔山待命，向朝廷请示下一步的行动。四月间，陈新甲得到崇祯密令，同意遣使往沈阳讲和。五月中旬，马绍愉一行人来到沈阳，与清方讨论双方建立友好关系的诸项条件。六月初，马绍愉携带清方提出的和好条件返回关内：两国通使，双方皇帝应予接待，直接通报双方想法；吉凶大事交相庆吊；每年明向清赠金万两、银百万两，清向明赠人参千斤、貂皮千张；清方满、汉及朝鲜人逃至明境应予遣还，明方有叛逃清方者也予遣归，双方以宁远划定国界，两国之人不得妄行出界；双方要亲誓天地，正式建立盟好。

然而就在和议有望达成之时，一场围绕和议展开的纷争在明朝内部发生了。

原来，大学士谢升为防止言官阻止议和，特地要言官知道是皇上有意主和。不料言官们听后反而慷慨陈词，力言和议之非。崇祯无奈，只好将谢升罢斥，而陈新甲主持和谈的事尚未完全暴露。不久，马绍愉自沈阳返回北京，送给陈新甲一份和谈的绝密材料。陈新甲看后放在书桌上，忘记收藏起来，他的家童误以为是军情塘报，照例拿出去抄写传布。材料传开后，舆论大哗，纷纷指责陈新甲擅主议和，给事中方士亮等要求将陈新甲治罪。崇祯本意也是赞成议和的，但最怕事情未成而泄露出去，引起纷争，有失皇帝威严，故严令陈新甲保密。不料此事偏偏传扬出去，自然十分恼火，尽管没有将方士亮的奏疏下发，却下了一道严旨，强烈谴责陈新甲，要他对此事作出说明。而陈新甲不但不认罪，反而自诩有功，崇祯更为不满。七月，给事中马嘉植再劾陈新甲，崇祯无别的办法，只能逮捕陈新甲，以了结此事。陈新甲入狱后给崇祯上疏，请求赦免，崇祯也断然拒绝。大学士周延儒等也极力营救，崇祯仍予拒绝。他无法容忍陈新甲泄露机密的过错，更不能容忍暴露自己的内心思想。七月二十二日，在刑部署部事右侍郎徐石麒等人的坚持下，陈新甲终被斩首处死，成为这场纷争中崇祯的替罪羊。明清之间的和议也终归成为一纸空谈。

至此，我们可以明白，毛泽东的这条"不负责任"的四字批注，无

不負責任

內外給事中廖國遴楊枝起等營救於刑部侍郎徐石
麒拒不聽大學士周延儒陳演亦於帝前力救且曰國
法敵兵不薄城不殺大司馬帝曰他且勿論戮辱我親
藩七不甚於薄城耶遂棄新甲於市新甲為楊嗣昌引
用其才品心術相似軍書旁午裁答無滯帝初甚倚之
晚特惡其洩機事且彰主過故殺之不疑厥後給事中
沈迅力詆其失帝曰令爾作新甲恐更不如迅憊而退
新甲初自陽和入都門黃霧四塞識者以為不祥及是
果應

焉元飈字爾發慈谿人父若愚南京太僕少卿天啓元

毛泽东读《明史》卷二百五十七《陈新甲传》批注：不负责任。

疑是对崇祯皇帝在此事中所作所为的批评与指责。议和是你同意的，就应当公开地、周密地去安排这件事。当问题出现后更应当主动承担责任，说出事情的真相。谢升、陈新甲是奉命行事，是执行者，应当及时予以保护。然而，崇祯帝一直将自己隐在事后，好像此事与己无关，一句真话也不说，一句同情、保护的话也没有。最后，置陈新甲于死地。这对一个皇帝来说确实是不负责任。毛泽东的批评与指责是完全应当的。

然而，陈新甲在此事中也应当有点责任。明清议和一事，既然崇祯帝一直让你秘密办理，你就应当非常谨慎行事。特别是在谢升已经泄露议和一事后，朝廷言官们已经在慷慨陈词时，你还不小心从事，竟把马绍愉所呈报的密件粗心大意放在书桌上，没有妥善收存起来，致使书童误为传播。从而助长了言官们的攻击，为反对议和者提供新的佐证。这同样也是"不负责任"的一种表现。

毛泽东的这条"不负责任"四字批注，主要是对崇祯皇帝的批评与指责，也是对崇祯皇帝在此事中所作所为的不满与蔑视。

谢升、陈新甲因工作过程中不谨慎行事，致使提前泄露议和秘密的行为也是不妥的。他们也应有一定的责任。

三、二十四史批注的主要启示

一部二十四史，毛泽东连续读了二十四年。在疾病缠身的最后几年，还夜以继日地读二十四史，还用颤抖的手写了很多的批注文字。纵观毛泽东阅读、批注二十四史的实际，结合我们服务工作中的所见所闻、所记所录，有以下几点启示。

（一）读二十四史要长期坚持不懈下苦功夫

一部二十四史，从 1952 年到 1976 年，毛泽东前后相继读了二十四年。

从图书服务工作中，我们知道他老人家读二十四史是非常感人的，是令人难忘的。他老人家晚年居住、生活的地方，会客室里、办公桌旁、会客的沙发上、卧室的床上、游泳池旁、吃饭桌旁、浴室、卫生间等处都放着二十四史和其他书籍，随手翻开就可以阅读。

在他老人家生命的最后几年，每天还手不释卷，不分昼夜，无休止地读二十四史和其他书籍。无论在北京中南海游泳池住地，还是去杭州、武汉等地，毛泽东日常生活的地方都放有二十四史等书籍。去外地，他睡觉的木板床上也要同北京一样，总是大半边放满了从北京带过去的书，只留下一个人睡觉的空地方。

毛泽东一生的最大爱好是读书、谈书、评书，也是毛泽东晚年岁月中每天不可缺少的。读书充实了毛泽东的晚年生活，丰富了毛泽东的头脑，读书给毛泽东消除了寂寞和孤独，带来了生活的乐趣，带来了精神的快乐，带来了安宁和睡眠。

正如毛泽东四十六岁在延安时说过的那样："年老的也要学习，我如果再过十年死了，那么就要学九年零三百五十九天。"（是按阴历一年为三百六十天计算的）毛泽东是这样说的，一生也是这样做的。我们知道，几乎是在他的心脏快要停止跳动的那一刻，才结束了他一生中从未间断过的读书生活。

（二）读二十四史要有选择、有重点地读

从全书全部的文字内容来看，二十四史是以纪传为主线，贯穿历史事件，辅以表、志等内容，比较系统地全面地反映了中国历史的全貌。全书记载的人物，包括帝王、贵族、官吏、政治家、军事家、文学家、说客、谋士、游侠、商贾、医卜等，非常之多；记载的社会生活，包括政治、军事、经济、法律、典章、外交、文学、科技、财税、天文、地理、风水及宗教、民族、民俗等，非常之全。

我们知道，二十四史全书全部文字毛泽东至少都通读过一遍。他读得最多的是《史记》《汉书》《后汉书》《三国志》《旧唐书》《新唐书》《晋书》《旧五代史》《明史》等。这些书中的许多人物传记，如《后汉书》卷一《光武帝纪》、卷七十五《袁安传》、卷一百〇一《皇甫嵩传》，《晋书》卷五十《郭象传》《庾纯传》、卷五十五《潘尼传》、卷八十《王羲之传》，《宋书》卷五十一《宗室刘道怜传》、卷七十五《王僧达传》，《隋书》卷二《高祖本纪》，《南史》卷一《宋高祖本纪》、卷六《梁高祖本

纪》、卷十六《王镇恶传》、卷十八《臧质传》、卷二十一《王弘传》、卷二十六《袁粲传》,《北史》卷九《周本纪》、卷十一《隋本纪》、卷二十《王建传》《罗结传》《楼伏连传》,《旧唐书》卷一《高祖本纪》、卷五《高宗本纪》、卷五十八《平阳公主传》、卷六十四《李元昌传》、卷六十九《盛彦师传》《刘世让传》《李君羡传》、卷七十四《马周传》《崔仁师传》,《新唐书》卷七十八《李汉传》、卷八十《李恪传》、卷一百二十四《姚崇传》、卷一百二十六《韩休传》、卷一百四十五《窦参传》《吴通玄传》、卷一百四十八《康承训传》《田弘正传》,《旧五代史》卷一《梁书·太祖本纪》、卷三《梁书·太祖本纪》、卷二十七《唐书·庄宗本纪》、卷六十《唐书·李袭吉传》、卷八十九《晋书·桑维翰传》,等等;许多著名战役,如宋襄公的宋楚之战、楚汉成皋之战、曹袁官渡之战、孙刘曹赤壁之战、孙刘彝陵之战、晋秦淝水之战,以及城濮之战、井陉之战,等等;著名的农民起义,如陈胜、吴广、项羽、刘邦、张鲁、李密、窦建德、王仙芝、黄巢、朱元璋、张献忠、李自成,等等;皇帝、将相、大臣的御批、高论、奏章,等等;还有许多其他方面的内容和描写,都是毛泽东选择的重点。对这些重点的内容,都反复读过二遍、三遍、四遍、五遍……翻开毛泽东生前读了二十四年的这部二十四史,我们可以清楚地看到,许多册的封面、封底和其他的一些地方都磨破了,纸张断裂了,有的分册装订的丝线也断了,还有许多册上留有毛泽东当年阅读时的种种痕迹。

1975 年 8 月上旬,毛主席有一只眼睛做了白内障摘除手术。视力稍有好转,他老人家就自己读二十四史了,一边读,一边用颤抖的手提笔在《晋书》三个分册的封面上分别写了"一九七五,八",在五个分册的封面上分别写了"一九七五,八月再阅""一九七五,九月再阅"。这些字虽然写的字迹笔画有些歪斜无力,但它是毛泽东晚年读二十四史最有力、最真实的证明。

实际告诉我们,毛泽东读二十四史是有选择、有重点地读的。从毛泽东读二十四史的实际情况来看,"选择"的部分,一般都是他有兴趣的、爱读的、对自己有启发和教育作用的。"选择"读书是重要的，"重点"读书更重要。没有"选择"，就没有"重点"。"选择"读书和"重点"读书，二者是相互联系又有区别的，是两个不同的读书层次。"选择"读书是读书的一般层次，"重点"读书就进入了读书的更高层次了。

我们知道，毛泽东读二十四史的过程，就是一个有"选择"的读和有"重点"的读的有机结合的过程，贯穿毛泽东读书的全过程。这是毛泽东读书的一个显著特点。

（三）读二十四史不能尽信书，不能书上怎么写、怎么说，自己就怎么信、怎么说

毛泽东读二十四史不尽信书，不是书上怎么写他就怎么信。对于纷繁复杂的历史现象，他从不给以简单的论断，而是谨慎地从当时的历史条件出发，具体地加以剖析，用唯物论、用辩证法进行思考和分析。对史书上所写的人和事、思想活动、人物言论及所阐述的道理，所记述的史实、史迹、史例、史故、史论、史评等，毛泽东从不人云亦云，不是书上怎么写、怎么说，自己就怎么信、怎么说。他用马克思主义的辩证分析方法去思考、去分析、去研究，是什么就是什么，不赞成就是不赞成，有什么看法就表明什么看法。

毛泽东认为："一个共产党人必须具备对于成绩与缺点、真理与错误这个两分法的马克思主义辩证思想。事物（经济、政治、思想、文化、军事、党务等等）总是作为过程而向前发展的。而任何一个过程，都是由矛盾着的两个侧面互相联系又互相斗争而得到发展的。这应当是马克思主义者的普通常识。"① 毛泽东在读二十四史过程中也一直践行这

① 《毛泽东文集》第 8 卷，人民出版社 1999 年版，第 348 页。

样的思想观点。

为了说明毛泽东读史不尽信史，这里向读者介绍毛泽东读《古文辞类纂》有关的一点情况。

《古文辞类纂》论辨类，苏明允《明论》篇的开头原书文字是这样写的："天下有大知，有小知；人之智虑有所及，有所不及。圣人以其大知而兼其小知之功，贤人以其所及而济其所不及。愚者不知大知，而以其所不及丧其所及。故圣人之治天下也以常，而贤人之治天下也以时，既不能常，又不能时，悲夫殆哉！"毛泽东读了这段话在开头的文字旁写的批注文字是："认识论"；"言物可认识，但不能全知"。毛泽东的批语首先肯定这段话是谈认识论的，所以先写了"认识论"三个字。针对后面的文字，圣人也好，贤人也好，愚者也好，毛泽东认为：对于世界上客观存在的万事万物，是可以逐步认识的，"但不能全知"。这是毛泽东的辩证唯物论的认识论。

本书论辨类，苏明允《谏论》下的一段文字是这样写的："今有三人焉，一人勇，一人勇怯半，一人怯。有与之临乎渊谷者，且告之曰：'能跳而越此谓之勇，不然为怯。'彼勇者耻怯，必跳而越焉。其勇怯半者与怯者，则不能也。又告之曰：'跳而越者与千金，不然则否。'彼勇怯半者奔利，必跳而越焉，其怯者犹未能也。须臾，顾见猛虎暴然向逼，则怯者不待告，跳而越之，如康庄矣。然则人岂有勇怯哉？"读了这段文字，毛泽东写的批注文字是："看何等渊谷。若大河深溪，虽有勇者，如不善水，无由跳越。此等皆书生欺人之谈。"毛泽东的短短批语充满唯物论，对客观的"渊谷"要作分析，能不能跳越，不是决定于"勇"和"怯"，而是要"看何等渊谷"。毛泽东认为，如果是"大河深溪，虽有勇者，如不善水，无由跳越"。决定跳越的不光是"勇""怯"的问题，而是首先要看是不是"大河深溪"，第二要看"勇者"善不善水。如果是"大河深溪"，勇者又"不善水"，毛泽东认为，"勇者"就没有理由跳越。

毛泽东的这段批注，字字句句都体现唯物论、辩证法，这是毛泽东用唯物辩证分析方法读史书。

本书书说类，韩退之《与崔群书》一篇原书上的文字："自古贤者少，不肖者多。自省事已来，又见贤者恒不遇，不贤者比肩青紫。贤者恒无以自存，不贤者志满气得。贤者虽得卑位，则旋而死。不贤者或至眉寿。不知造物者意竟如何！无乃所好恶与人异心哉！又不知无乃都不省记，任其死生寿夭邪？未可知也。"毛泽东读完了这段文字，在这段文字开头写的批注是："就劳动者言，自古贤者多，不肖者少。"贤者，有德行、有才能的人；不肖者，品行不好的人。书上有的"自古贤者少，不肖者多"，显然是笼统而言未作具体分析。毛泽东不赞成书上的话，他在做了具体分析之后写下了批语。劳动者，是创造历史的主人，就劳动者来说，自古以来有德行、有才能的人是很多的，很多的人间奇迹都是有德行、有才能的人创造的，这是毛泽东"人民创造历史"的一贯的历史唯物主义的思想。劳动者当中，当然也有品行不好的人，但这些人是很少的，就是毛泽东批语中说的"就劳动者言，自古贤者多，不肖者少"。

以上三例毛泽东读《古文辞类纂》一书的批注，足以看到，毛泽东读史书，从不唯史书，从不死读史书，从不尽信史书。总是历史地、唯物地、辩证地、具体地进行分析。这是毛泽东读二十四史等史书留给我们的一个重要启示。

（四）读二十四史要做到"不动笔墨不看书"

毛泽东读二十四史时旁边、手边总习惯放着一些削好的铅笔。边读、边想，边批、边画，人、书、笔，是毛泽东读二十四史"三要件"，三件一件不能缺少。

"不动笔墨不看书"，源自徐特立老师的教诲。徐老师不管读什么书，都是要做笔记的。他认为"绩学之士，读书必有剳记，以记所得著所疑。记所得则要领明矣，著所疑则启他日读书参证之途矣"①。徐老师做笔记的形式是多种多样的。他强调说："好脑筋不如乱笔头。"

毛泽东在湖南第一师范求学时，和蔡和森等同学常常去徐特立家，向老师求教。徐特立总是告诫他们："我认为读书要守一个'少'字诀，不怕书看得少，但必须看懂，看透。要通过自己的思考来估量书籍的价值，要用笔标记书中要点，要在书眉上写出自己的意见和感想，要用一个本子抄摘书中精彩的地方。总之，我是坚持不动笔墨不看书的。这样的读书虽然进程慢一点，但读一句算一句，读一本算一本，不但能记牢，而且懂得透彻，可以达到学以致用的目的，效果自然比贪多图快好。"② 这些教导的话，是老师的治学经验之谈。毛泽东牢牢地记在心里，一直保持践行到人生的最后岁月。

在众多的封建帝王中，唐太宗李世民是毛泽东很是欣赏的一代雄主。在建立唐王朝和统一天下的过程中，李世民军事思想和才能得以淋漓尽致地发挥。

二十四史记载：李世民在军事决策上，首先做到了综观全局，深谋远虑。绕过河东，先取长安；巩固关中，再伐关东；大胜刘武周；抢占虎牢，一举克双……一次次正确的战略决策充分体现了李世民能够从全局出发，不以暂时的优劣决定进退的思想，而且一旦决策，就能果断执行，贯彻始终。

在战术运用上，敌强我弱时李世民善于打持久战。休兵秣马，坚壁挫锐，而一旦时机成熟，又兼具连续作战精神。穷追猛打，不给敌军喘息之机。

李世民对骑兵的运用十分精妙。相持阶段，他善于分遣骑兵抄袭敌军后路或切断敌军粮道；决战阶段，他又经常率骑兵迂回到敌后或侧翼，攻其不备；敌军溃败时，他也常运用精骑的高速度追击敌军，扩大

---

① 《徐特立文集》，湖南人民出版社 1980 年版，第 3 页。
② 《徐特立传》，湖南人民出版社 1984 年版，第 45 页。

战果。

李世民经常深入战略要地，勘察敌情。多次遭遇伏击，但他都临危不乱，镇静应对，化险为夷。战役中，他经常率军冲锋，与士兵同场杀敌。这是李世民用兵的又一可贵之处。对史书上的这些记述，毛泽东读得很细，字字句句，入脑入心。

毛泽东称赞李世民是自古以来最能打仗的人，确实是言之有据。

毛泽东欣赏李世民，称赞李世民，爱读李世民。不仅对二十四史中关于李世民的记述，一一阅读，一遍又一遍阅读，而且其他史籍如《智囊》等，有关李世民的记述他也读得很细，批注、圈画满书。读书，读二十四史，手中不能没有笔。"不动笔墨不看书"，这是毛泽东读二十四史的实践留给我们的一条重要启示。

（五）读二十四史、学习历史，最主要目的是"古为今用"，让历史为今天实际需要服务

毛泽东读二十四史，读古籍（包括经、史、子、集等），从浩瀚的史籍书山学海中汲取其精华，汲取其有益的治国、治军的良策、经验和智慧，汲取其有启示和教育意义的历史人物的言论、思想、高见，汲取其有益的有用的科学文化知识等，学习的根本目的是为今天的现实斗争、现实生活、现实的经济建设等服务。简言之，就是通过读史、读古籍把昨天与今天紧密地联系起来，让昨天的历史典籍、人物言论、思想哲理等为今天所用，为今天服务。毛泽东读历史、学历史的目的，就是"古为今用"。

毛泽东是"古为今用"的大师。他博览古籍，熟悉古籍，运用自如，信手拈来，以典说理，贴切无比。例如，在战士张思德追悼会上的讲话："中国古时候有个文学家叫做司马迁的说过：'人固有一死，或重于泰山，或轻于鸿飞。'为人民利益而死，就比泰山还重；替法西斯卖力，

替剥削人民和压迫人民的人去死，就比鸿飞还轻。"①生死道理，经引用司马迁的一句话，加上他本人的解释，成了人们熟记的千古名言。还有《愚公移山》的故事、《三国演义》的故事、《西游记》的故事、《水浒传》的故事、《聊斋志异》的故事，《封神演义》的故事，等等。经毛泽东"古为今用"，皆深入浅出，妙趣横生，生动活泼，恰到好处。

毛泽东博览历史，熟读历史，爱从历史中汲取精华，寻求启示，寻求智慧，寻求办法，寻求经验。对于这一点，我们从一版再版的《毛泽东选集》中、毛泽东著作各种读本中可以看到，毛泽东引用古籍娴熟自如，对史籍中的人物、著作、诗句、故事等都熟记于心，随时随地随需而用。需要什么，轻轻一点就会如意呈现在你的眼前。

例如，"实事求是""兼听则明，偏听则暗""知无不言，言无不尽；言者无罪，闻者足戒""任人唯贤""举贤不避亲""精兵简政""阳春白雪""下里巴人""天不变，道亦不变""文武之道，一张一弛""欲速则不达""行成于思""横眉冷对千夫指，俯首甘为孺子牛""没有调查，没有发言权""知彼知己，百战不殆""多谋善断"等，这些二十四史等古籍里的至理名言，被毛泽东汲取过来，为我所用，普及于群众，在党内外、在各级领导干部中，在各种场所广泛传用，很有成效地为我们今天的工作、生产、生活服务。

例如，1959 年 6 月，在"大跃进"造成国民经济比例严重失调的时候，毛泽东发现后，在一次个人谈话中说，我们过去八年的经济建设都是平衡的，就是去年下半年刮了七八个月的"共产风"，没有注意综合平衡，因此产生经济失调的现象。说到这里，为了把问题说得更加明白，他接着引用唐朝医学大师孙思邈的话"胆欲大而心欲小，智欲圆而行欲方"，又引用曹操批评袁绍的话"志大而智小，色厉而胆薄，忌克而少威，兵多而分画不明，将骄而政令不一，土地虽广，粮食虽丰，适足以为吾奉也"。毛泽东在这里引用古人的这两段话是要说明，做经济

---

① 《毛泽东选集》第 3 卷，人民出版社 1991 年版，第 1004 页。

工作的同志应当保持清醒的头脑，胆子大心要细，要多思慎行，统筹全局，责任分明，不然，就会造成损失。

读古想今，引古说今，用古喻今，借古启今，用历史来说明深刻的道理，阐述一个思想原则，论证一个策略思想，给人以启迪、给人以教育、给人以智慧、给人以信心、给人以力量，这是毛泽东读二十四史留给我们的又一大启示。

（六）读二十四史要学会用历史唯物主义思想观点在史籍学海中进行"调查研究"

调查研究是毛泽东生前大力倡导，并终身躬行的一条行之有效的工作方法。这里说的调查研究，不是深入实际，深入农村，深入工厂、学校，深入街道、社区去调查研究，而是要多读书、广读书，在史籍学海中进行"调查研究"。毛泽东在读二十四史过程中，对书中的历史人物和历史事件的记载、纪事、纪实、评论、评说、评价等，习惯把载有相同内容的书都找出来，一种一种地读。前人写的，后人写的，前人的注释、评论，后人的考证、评说等，相关的书都找来读。在书山学海中进行调查，用历史唯物主义和辩证唯物主义的立场、观点和方法，去分析，去研究。这是毛泽东在读二十四史等史籍过程中一直坚持的一种独特的读书方法，也是毛泽东一直践行到晚年的一种读书习惯。在书山学海中"调查研究"，这种读史、学史方法是毛泽东独特之处，是很值得我们学习的。

毛泽东生前对身边工作人员说过："一部二十四史大半是假的，所谓实录之类也大半是假的。但是，如果因为大半是假的就不读了，那就是形而上学。不读，靠什么来了解历史呢？反过来，一切信以为真，书上的每句话，都被当作证实的信条，那就是历史唯心论了。正确的态度是用马克思主义的立场、观点和方法，分析它，批判它。把颠倒的历史颠倒过来。"①

就二十四史大半是假的问题，毛泽东曾举出了如下的理由和例证，加以说明。他曾对芦荻老师说过：一部二十四史，写符瑞、迷信的文字，就占了不少，各朝各代的史书里都有。像《史记·高祖本纪》和《汉书·高帝纪》里，都写了刘邦斩白蛇的故事，又写了刘邦藏身的地方，上面常有云气，这一切都是骗人的鬼话。而每一部史书，都是由继承的新王朝的臣子奉命修撰的，凡关系到本朝统治者不光彩的地方，自然不能写，也不敢写。如宋太祖赵匡胤本是后周的臣子，奉命北征，走到陈桥驿，竟发动兵变，篡夺了周的政权。《旧五代史》里却说，他黄袍加身，是受将士们"擐甲将刃""拥迫南行"被迫的结果，并把这次政变解释成"知其数而顺乎人"的正义行为。同时，封建社会有一条"为尊者讳"的伦理道德标准，凡皇帝或父亲的恶行，或是隐而不书，或是把责任推给臣下或他人。譬如，宋高宗和秦桧主和投降，实际上，主和的责任不全在秦桧，起决定作用的是幕后的高宗赵构，这在《宋史·奸臣传》的《秦桧传》里，是多少有所反映的。②

毛泽东认为，洋洋4000多万言的二十四史，写的差不多都是帝王将相，人民群众的生活情形、生产情形，大多是只字不提，有的写了些，也是笼统地一笔带过，目的是谈如何加强统治的问题，有的更被歪曲地写了进去，如农民反压迫、反剥削的斗争，一律被骂成十恶不赦的"匪""贼""逆"。毛泽东认为，这是最不符合历史真实的假话。毛泽东这样说，这样看，这样认为，是在做了大量的调查研究之后，也就是在读了全部二十四史、《资治通鉴》、《续资治通鉴》、《纲鉴易知录》、各朝纪事本末、《续通鉴纪事本末》等之后得出来的一个重要结论。他说过：看完《元史》，再看《通鉴纪事本末》，而后读《续通鉴纪事本末》。除了读这些大部头的史籍之外，他还读了大量的稗官野史、各种历史通

---

① 芦荻：《毛泽东读二十四史》，《光明日报》1993年12月20日。
② 芦荻：《毛泽东读二十四史》，《光明日报》1993年12月20日。

俗演义、笔记小说、札记、随笔等才形成了这样独有的看法。毛泽东在书籍、知识的宝库里"调查研究"很广泛、很勤奋、很下功夫，几十年里，他一直这样做。毛泽东曾说过：历史书籍要多读，多读一本，就多了一份"调查研究"。他生前还对身边的工作人员说过，一定要好好地读历史，要认真地读《资治通鉴》、二十四史，但要用马克思主义的立场、观点和方法读，否则就读不好，弄不清历史发展的头绪。他认为，书读得多了，又有正确的立场和观点，进行分析、判断和推理，就会少失误、少上当、少受骗；就会尊重历史、维护历史，把被颠倒的历史重新颠倒过来，恢复历史的本来面目。

四、二十四史批注的重要意义

毛泽东读二十四史写下的批注文字，内容极为广泛，包括哲学、政治、经济、军事、思想、文化、科学、教育以及社会生产、生活、天文、地理、民族、民俗等，是毛泽东留给今人和后人的一份极其珍贵的思想文化遗产，具有深远的历史意义和极其重要的现实意义。

（一）批注的历史意义

毛泽东读二十四史写下的批注文字，是毛泽东二十四年读二十四史过程中思考、思维、心理活动和思想认识、观点、看法等全面的、客观的反映和真实的记录，是毛泽东在特定的历史时期和在特定的社会历史背景中写下的，具有极其重要的历史意义。

读二十四史批注的文字是历史的记录，随着时间的推移也将成为历史。从1952年到1976年正是以毛泽东为代表的党中央领导全国各族人民进行社会主义改造和建设的二十四年，其间有成就、有发展、有进步、有经验，也有问题、有曲折、有错误、有教训。这一社会历史时期无论在社会主义道路探索过程中，还是在政治建设、经济建设、国防建设、科学文化教育建设等具体工作中都充满着矛盾和斗争，面临着很多的困难和种种实际问题。在此特定的历史背景下，毛泽东手不释卷地读二十四史，其中一个重要目的，就是让"历史"为"今天"服务，就是"古为今用"。拟从二十四史中得到治国理政、强国富民的智慧、韬略、启示、借鉴等有益的、有利的、有用的政治元素、思想元素、文化元素。毛泽东在二十四年读书过程中写下的批注文字，是他这一时期头脑里所思所想的历史记录和真实反映。眼读、脑想、手写（或叫"手记"）三者互为一体，历史和现实相互联系，古人和今人相互联系，思想、认识和历史事件、历史人物相互联系。在相互联系中，进行理性思维，形成写下了批注的文字。批注文字是毛泽东在二十四年读书过程中陆续写下的，批注文字与这一特定的历史时期、社会实际是紧密联系的，与毛泽东本人的思想实际是紧密联系的。批注的文字是历史的记录，随着时间的推移也将成为历史。批注文字重要的社会历史意义随着时间的推移将会越来越昭示后人。

读二十四史批注的文字是为百科全书增添的新篇佳作。如果说毛泽东一生是一部百科全书，读二十四史的批注就是百科全书中增添的新篇佳作。它定会在这部百科全书里熠熠生辉，在中国各族人民和世界人民心中芬芳飘香。同样，毛泽东读二十四史的批注定会在熠熠生辉的百科全书中越来越受人们的青睐。特别是毛泽东研究者、毛泽东思想研究者、毛泽东读书研究者、毛泽东书法艺术研究者、毛泽东军事思想研究者等，定会如获至宝，倍加重视，爱不释手，珍藏心中！

毛泽东读二十四史写的批注文字几乎都是用硬铅笔书写的，写的是读书批注，呈现的是硬笔书法作品。许多批注文字写的行草遒劲质朴、笔力千钧。他所批注的二十四史为世人留下了不可再得的珍贵手迹，极富个性，也很值得书法艺术研究者和书法爱好者研究和学习。

专家评说，毛泽东读二十四史的批注线装影印版本是完全按照毛泽东生前阅读、批注的原书影印的，真实地再现了毛泽东批注圈点的原貌，是极具权威、极为珍贵、极具收藏价值的版本。我们知道，毛泽东批注的二十四史原书是清乾隆武英殿版大字线装木刻本。该版本为清乾隆年代官方刻本，刻印精美，存世很少，极为珍贵。再加上毛泽东二十四年写下的举世独此一份的批注文字，就显得更为珍贵，更有历史价值。

读二十四史写的批注是一份珍贵的祖国文化遗产，定会在今人和后人中千古流传。据有关影印出版方面的介绍，毛泽东读二十四史批注、圈画线装影印本，共80函，850册，大16开型线装，封面、封底用优质真丝蓝色绫面精制，正文用玉版宣纸精印，每套书配80个具有传统民族工艺特色古朴典雅的蓝色绢面平函套和精美的镜面框装编号藏书证。这部线装影印本真实地再现了毛泽东批注圈画的原貌。据有关记载，2000年6月13日，在中国国家图书馆举行了这部线装影印版本公开销毁版仪式，本书成为绝版限量发行。使该部影印杰作成为高档次、高价格、高品位版本，极具文献收藏价值和巨大的增值潜力。这部巨著的面世，具有极大的学术、文献和版本价值以及特殊的历史意义。

毛泽东读二十四史批注影印版本出版之后，当时国家领导人作为国礼赠送一部给美国哈佛大学，成为中国人民和美国人民友好史上的一段佳话。二十四史是记载中国四千多年历史的一部鸿篇巨制，毛泽东读二十四史批注、圈画影印出版是毛泽东二十四年读史的实录。毛泽东在书上写下的批注文字，留下的种种圈画、圈点的符号，成了中华民族一份宝贵的文化遗产，定会在今人和后人中千古流传。

随着中国二十四史和中国各族人民伟大领袖毛泽东阅读批注二十四史在大洋彼岸的传播，在中国人民和美国人民的友谊和友好往来的史册上必将谱写出新的佳话，必将结出新的硕果。

（二）批注的现实意义

毛泽东读二十四史写下的批注文字，对推进毛泽东研究、推进毛泽东晚年思想研究、推进毛泽东晚年读书研究，对进一步宣传毛泽东、学习毛泽东、弘扬毛泽东勤奋读书、刻苦读书、生命不息读书不止的求知治学精神，对在全社会营造读书学习氛围等都具有非常重要的意义。

毛泽东读二十四史写的批注文字，对推进毛泽东研究、推进毛泽东晚年思想研究、推进毛泽东晚年读书研究等诸多方面将会产生重要作用。批注文字是毛泽东在他生命最后二十四年岁月中，在各种不同的情境下，在不同的时间、空间里陆续写成的。批注文字是毛泽东晚年思想的重要组成部分，是毛泽东晚年读书生活实际的重要组成部分。我们知道，毛泽东在晚年的岁月里，因年老、体弱、多病，读书就成为他主要的生活内容。读二十四史下功夫、用时间最多，批注文字最多。批注文字是毛泽东读二十四史过程中的所思、所想，欲说、要说的话，就是他的思想、观点、看法及感言、感想等的汇集。批注文字是他晚年思想、观点、主张的重要体现。这些批注文字公开出版，全面、准确、真实公布于世。给毛泽东晚年各项研究工作都增加了新的资料、新的信息、新的思路、新的元素，如同在毛泽东研究园地增添了一大批含苞待放的鲜花，必将推动毛泽东晚年各项研究工作深入开展。毛泽东晚年研究园地定将异彩纷呈，百花齐放，芬芳飘香，令人兴奋，令人欢欣。

毛泽东读二十四史写的批注文字，对弘扬毛泽东勤奋读书、刻苦读书、生命不息读书不止的求知治学精神将产生广泛深远的影响。

我们知道，毛泽东晚年读二十四史是非常感人的，是令人难忘的。病重期间，医生建议他少读书或不读书，可是他还天天带病坚持读书。有一次，他病情加重，发烧到39℃，还要看书。医务人员曾给他规定每天只能看15—30分钟的文件或书，而实际上他每天看书的时间远远超过了这个规定。直到他心脏停止跳动的前几个小时，已经无力说话了，还示意工作人员给他读书。真是感人至深，让人心疼，令人敬佩。

毛泽东出生在湖南韶山一个农民家庭，自幼生长在农村。从小读过私塾，上过师范。后来走上了革命道路，成为中国新民主主义革命和社会主义建设的卓越领导者。毛泽东没有上过大学，也没有走出国门留过学。他渊博的知识和伟大的领导才能重要的一条是来源于读书。毛泽东活到老，学到老，生命不息，读书、求知不止的精神是非常值得人们学习的，是非常值得广大党员和领导干部学习的。

纵观毛泽东几十年的人生生活和实践，他从一个普通农民的儿子成为全中国人民的伟大领袖，这当中值得总结的因素是很多方面的，其中重要的一条是生命不息，读书、求知不止加上丰富的社会实践，这是无疑义的。缅怀毛泽东的革命实践，学习毛泽东勤奋刻苦读书精神和读书求知方法，对进一步增强我们读书求知的意识无疑是很有益处的。

随着毛泽东读二十四史批注的公开出版，随着毛泽东读书求知生活实际的广泛宣传，毛泽东勤奋刻苦求知读书的精神会越来越深入人心，会有力地促进读书成为越来越多人们的自觉行动。

毛泽东读二十四史写的批注文字，对在全社会营造读书学习氛围、对建设马克思主义学习型政党等都具有积极的推进作用。一部二十四史与毛泽东朝夕相伴二十四年。阅读之刻苦，阅读遍数之多，批注文字之长，思考之深，理解之透，是古今中外很少有人能够与他相比的。翻开毛泽东阅读、批注过的这部史籍，感想很多，感慨很多。无论从读书的勤奋和刻苦，从读书的深度和广度，从读书的批注和圈画，从读书的习惯和具体的方法，还是从读书的精神和毅力，毛泽东都是独树一帜的，有他的独到之处。他有很多值得我们去学习，值得我们去思考，值得我们去研究，值得我们去弘扬的地方。

纵观毛泽东读二十四史这部巨著的实际和他在书上所作的批注等标志，他经年累月，坚持不懈，总是抓紧一切时间、利用一切可以利用的时间，始终不渝地在读书学习上下功夫。直到1976年再度病危，在医护人员实施抢救并加强监护的时候，他上下肢插着静脉输液导管，胸部安有心电监护导线，鼻子里插着饲管，在这种状态下，他每天还以惊人的毅力坚持看文件看书。据当时有关的记录：在9月8日晨即临终前一天的5时50分，毛泽东还坚持读了七分钟的书。毛泽东这种活到老、学到老，生命不息、读书学习不止的精神，值得我们永远学习。

毛泽东读二十四史批注的公开出版，对学习毛泽东、弘扬毛泽东，在全社会大力营造读书学习氛围是很有引导意义的。这是社会前进发展之需要，这是各行各业深化改革、开创新局面的需要。在读书学习中求进步，在读书学习中谋发展，在全社会大兴读书学习之风，把读书学习变成越来越多人的自愿行为、自觉行动，这是建设马克思主义学习型政党、学习型政府的必然要求。读书学习人人有责，读书学习人人需要。如果全党全国全社会都能像毛泽东那样自愿、自觉读书学习，活到老，学到老，那么，全党全国全社会读书学习及相关的各项工作定将呈现新的氛围、新的局面、新的喜人景象。

毛泽东圈画二十四史解读

一、二十四史圈画情况

圈画、圈点是毛泽东读书生活几十年一直坚持的一种读书习惯和读书实践，是"不动笔墨不看书"的又一种表现。

翻开毛泽东生前连续读了二十四年的这部二十四史，各类人物传记，毛泽东都反复读过多遍，全部文字几乎都有圈画、圈点。圈画、圈点较多的是《汉书》《后汉书》《三国志集解》《晋书》《南史》《北史》《旧唐书》《新唐书》《旧五代史》《新五代史》《宋史》《明史》等 12 种史，批注文字多，圈画、圈点符号也多。统观全部圈画、圈点符号，归纳起来主要有以下 8 种情形。

（一）画圆圈

简单说就是画圈，也叫圈画。画圈是毛泽东读二十四史过程中圈画、圈点的主体符号，也是圈画、圈点最多的一种符号。

画的圆圈基本上有大、中、小、很小四种。

最大者，直径约 12mm，如读《南史》卷十八《臧质传》时在天头批注"此是欲战法，激之使战"文字旁画的一个圆圈就是如此。最小者，即与一般书上的句号差不多，直径 0.8—1.2mm，如读《旧五代史》卷二十九《唐书·庄宗本纪》三第 10 面第 1 行"泽潞不虞别有事生"八字旁画的小圆圈。中者即比大圈小，比小圈大，大、小也不完全一样。稍大者，直径有 3—4mm，如读《新唐书》卷一百七十三《裴度传》第 11 面天头上画的三个圆圈；稍小者，直径一般为 2—3mm。如读《新唐书》卷九十八《马周传》第 8 面正文文字旁画的许多圆圈和天头上画的三个圆圈，都属于这类稍小又不太大的圆圈。

画圆圈的数量。

有的在原书天头批注的文字旁只画一个圆圈，也有的画三个圆圈，一般这种圆圈画得就较大或稍大些；有的在原书文字旁连续画四个到多个圆圈，一般这类圆圈画的是中圆圈或稍小的圆圈。

画圆圈的位置（或叫地方）基本有四种。

有的画在原书封面上，有的画在天头上，大部分画在原书版心的文字旁边，有的画在原书天头或批注的文字旁边。

画圆圈的形式。

有的就画一个圆圈，这种圆圈一般画在封面上，也有的画在天头上；有的连续画两个圆圈或三个圆圈、四个圆圈，这类圆圈一般画在原书的天头上或天头批注的文字旁边；还有的是画三个以上四个、五个直至很多个圆圈，这种圆圈画得稍小一些，大都画在正文版心的文字旁边。例如，读《南史》卷五十八《韦睿传》时，第 3 面版心文字旁就画了 89 个圆圈，天头批注文字旁还画了四个圆圈，本面一共画了 93 个圆圈。还有是小圆圈外边套大圆圈即圈套圈，如读《新唐书》卷九十八《马周传》在正文"节俭于身恩加于人"八字旁画的圆圈。还有画的是圈连圈即上下两个圆圈连在一起。这两种圆圈画得较少，只在原书正文文字旁的圈画中才偶得一二。

馬周字賓王博州茌平人少孤家襃狹嗜學善詩春秋
資曠邁鄉人以無細謹薄之武德中補州助教不治事
刺史達奚恕數咎讓周乃去客密州趙仁本高其才厚
以裝使入關留客汴為浚儀令崔賢所辱遂感激而西
舍新豐逆旅主人不之顧周命酒一斗八升悠然獨酌
眾異之至長安舍中郎將常何家貞觀五年詔百官言
得失何武人不涉學周為條二十餘事皆當世所切太
宗怪問何何日此非臣所能家客馬周教臣言之客忠
孝人也帝卽召之間未至道使者四輩敦趣及謁見與

唐書卷九十八 列傳二十三

毛泽东读《新唐书》卷九十八《马周传》第 8 面画了不少圆
圈、直线和曲线，并批注：饮酒过量，使不永年。

（二）画直线

画直线也是比较多的，从总体数量上来说，仅次于画的圆圈。

大多画一条直线，一条直线有长有短，长短不一。最短的直线是在原书版心一个字旁边画的，约 5mm。长的有画十四个字的，一般在两个字旁、三个字旁画的直线居多。

也有画两条直线的，也是长短不一。有画在两个字旁边、三个字旁边的。长的两条直线有画在十来字旁边的，比较少。

（三）画曲线

画曲线比画直线的少，有画一条曲线的，也有画两条曲线的，曲线也是有长有短的。短的是在两个字、三个字旁边画的，长的也有在四五个字、八九十来个字旁边画的。总体来说，在读二十四史过程中画曲线是比较少的。

（四）画曲线加直线

有画一条曲线，曲线旁边又画一条直线；也有画两条曲线旁边又画一条直线。曲线一般画在原书版心两三个字或五六个字旁边，曲线是一段一段的。曲线旁边画的直线有的就画得长一些，上下有十个字长。例如，读《晋书》卷八十第 4 面 "自非圣人" 四字旁画一条曲线，"外宁必有内忧" 六字旁又画一条曲线，上下十字旁曲线边又画一条直线。在原书文字画两条曲线，两条曲线旁又画一条直线，见《旧五代史》卷六十第 2 面 "陈事止于堪笑" 六个字旁就是画两条曲线，又画一条直线。从圈画总体的情形来看，在原书文字旁画一条曲线或者画两条曲线之后，又画直线的地方是很少的。

至衆懼不敵請表益兵叡曰賊已至城下方復求軍且
吾求濟師彼亦徵衆師克在和古人之義也因戰破之
軍人少安初肥水堰立使軍主王懷靜築城於岸守之
魏攻陷城乘勝至叡城下軍監潘靈祐勸叡退還巢湖
諸將又請走保三丈叡怒曰將軍死緩有前無却因令
取徽扇麾幢樹之堤下示無動志叡素贏每戰不嘗騎
馬以板輿自載督厲衆軍魏兵鑿堤叡親與爭魏軍却
因築壘於堤以自固起闕艦高與合肥城等四面臨之
城潰俘獲萬餘所獲軍實無所私焉初胡景略與前軍
趙祖悅同軍交惡志相陷害景略一怒自齧其齒齒皆

列傳四十八　三一　二八

毛泽东读《南史》卷五十八《韦睿传》画了许多圆圈、直线和点，并作了批注。

（五）画点

就是一般的点，画点仅次于画圆圈、画直线，是圈画的又一种较多符号。画的点一般都是在版心有关的两个字之间右边，有的画圆圈，有的画点。

（六）画三角

就是在版心有关的文字旁边画上△符号。例如，在读《唐书》卷一百十三第7面第7行"命系庖厨"四个字旁画上了四个△。在整个圈画符号中，画三角符号也是比较少的。

（七）画叉

就是在版心有关的文字旁边画上 × 符号。例如，在读《唐书》卷八十第3面正数第6行"晋王仁厚"，在"仁厚"两字旁就分别画上 ×。总体来说，画叉的符号也比较少，总共也只有两三处。

（八）画问号

在读二十四史过程中，除随着批注的文字有几处画问号外，在版心文字旁尚未看到单独画问号的。在读其他书籍时常有画问号的情形。

二、二十四史圈画的主要特点

（一）圈画的符号多

毛泽东在阅读二十四史过程中，对书中的各种人物传记几乎都作了圈画、圈点，直线、曲线，圈、点、三角、叉、两条直线、两条曲线、直线加曲线、曲线加直线等多种符号画得密密麻麻，比比皆是。例如，《晋书》卷五十《郭象传》《庚纯传》、卷八十《王羲之传》，《南史》卷一《宋高祖本纪》、卷六《梁高祖本纪》、卷十八《臧质传》等篇章都批画、圈点满书。不同的符号，是毛泽东当年读书时不同的思维活动的外在显现和记录。从这些不同的符号中，我们也能约略看出毛泽东当年读二十四史时是下了很多很多功夫的，头脑里涌现的想法也是很多很多的。圈画、圈点的符号也是毛泽东留给我们的历史文化遗产之一。

（二）各类人物传记部分圈画多

二十四史，毛泽东二十四年读而不倦，学而不厌，全书全部文字他至少都读了一遍。各种人物传记部分他最爱读，读得多，批注多，圈画、圈点多。

例如,《史记》《汉书》《后汉书》《三国志》《旧唐书》《新唐书》《晋书》《旧五代史》《明史》等。这些书中的人物传记有:《后汉书》卷一《光武帝纪》、卷七十五《袁安传》、卷一百〇一《皇甫嵩传》,《晋书》卷五十《郭象传》《庚纯传》、卷五十五《潘尼传》、卷八十《王羲之传》,《宋书》卷五十一《宗室刘道怜传》、卷七十五《王僧达传》,《隋书》卷二《高祖本纪》,《南史》卷一《宋高祖本纪》、卷六《梁高祖本纪》、卷十六《王镇恶传》、卷十八《臧质传》、卷二十一《王弘传》、卷二十六《袁粲传》,《北史》卷九《周本纪》、卷十一《隋本纪》等。

（三）圈画符号大部分都是画在版心相关的文字旁边,也有些符号是画在天头或天头批注的文字旁边

在读《前汉书》卷六十九列传三十九第 16 面时,天头写了 1 条 7 个字的批注,批注文字的两旁分别画上了 3 个较大的圆圈。版心文字旁画上了 62 个圆圈,点上了 20 个点,画上了 11 条直线。

（四）批注文字多的地方一般圈画的符号也多

各种人物传记批注的文字多,圈画的种种符号也多。在读《南史》卷五十八列传四十八第 5 面时,天头写了两条 22 个字的批注,地脚写了 6 个字的批注。版心文字旁画小圆圈 73 个、点 19 个,画一条直线 16 处,画两条直线 2 处。从整个版面来看,天头、地脚都写了批注文字,版心文字旁画了许多的圆圈、点、直线、双直线。批注文字旁有圈画的符号,圈画、圈点的符号旁有批注的文字。批注的文字和圈画的符号交织在一起,相融相映,绘出精美的毛泽东读书画卷。

（五）圈画符号大都用黑铅笔，很少用红铅笔

在读《晋书·谢安传》时的圈画，就是用红色铅笔圈画的。除在版心处有关文字旁用红铅笔圈画外，还用红铅笔在这一分册封面上写下了"谢安""谢玄""谢琰"六个字的批注。

三、二十四史圈画符号解读

　　毛泽东读二十四史，写了很多的批注文字，为二十四史这部中国历史宝典增添了许多耀眼的光泽。除写批注文字之外，圈画、圈点也是毛泽东在读书过程中为我们留下的珍贵的记录。圈点、圈画符号，固然没有批注文字那样鲜明、那样直白表明读者的思想、观点、主张、看法等，但它也是读者读书时的心理倾向、思维活动的真实记录，是正确全面理解批注文字的重要辅助参考资料。圈画、圈点是符号，是画在原书文字旁边或者在天头空白处读书人写下的批注文字旁边的符号。显然，这些符号，就不是一般意义上的符号，是与原书文字或者读书批注文字密切相关的。正确理解这些圈画、圈点的符号，有利于帮助我们正确理解原书上的文字和读书人在书上写下的文字。符号是画在文字旁边的，研究文字就不能不研究符号。文字、符号二者是相互联系的，研究毛泽东读二十四史的批注文字，也应当研究圈画在文字旁边的种种符号。

　　毛泽东读二十四史圈画、圈点的符号，画得最多的是圈即圆圈，次之为直线、曲线（或叫浪线），再次为点、三角、叉，共六种。下面，着重研究、解读这六种圈画符号。

（一）关于画圆圈的解读

画圆圈，就是一般说的圈画，是毛泽东读二十四史过程中特有的一种读书实践行为。

下面就将毛泽东在读二十四史过程中所画的种种圆圈按数量从少到多逐一进行具体的解读和阐明。

1. 画一个圆圈

一个圆圈基本画在三个地方：一是画在原书相应文字天头空白处；二是画在天头批注的文字旁；三是画在分册的封面上。这一个圆圈一般画得都比较大一些。最大圆圈直径约 10mm，如读《南史·臧质传》时在天头批注"此是欲战法，激之使战"文字旁画的一个圆圈就是如此。毛泽东的这条批注是针对北魏太武帝"辅国将军"臧质与南朝宋文帝刘义隆部队大战中，臧质坚守盱眙时所采用的战术批写的。毛泽东的批注对臧质运用的战术有赞赏之意，又在批语旁边画了一个如此大的圆圈，就进一步表明对历史人物臧质战术运用确当的赞赏。联系批注的这段文字，这个大圆圈至少有这样三层意思：一是表明《臧质传》很值得一读。二是参照读其他书籍画大圆圈的意思，也表明本传他已经读过一遍。三是表明对臧质战术运用有赞赏之意。

在读《新唐书·李叔明传》时，在原著一段文字天头处画了一个比上面的圆圈稍微小一点的圆圈，直径有 7—8mm。为了便于理解画这个圆圈的意思，先把原著这段关于中原华夏礼仪习俗传说文字大概意思抄录于下："'女子十四岁就能为人妻母，而四十九岁就能自然不再生育；男人十六岁就为人父，六十四岁才不能生育。'臣请僧人道士都限定六十四岁以上，尼姑、女道士限定在四十九岁以上。准许他们终身在庙观之中，其余都编入户籍。官府为他们计算人口授给土地。收寺观作为房舍。"原著这段文字，毛泽东阅读中作了圈画。在这段文字上方的天头空白处画了一个稍大的圆圈。毛泽东在此处画的这个圆圈至少有这样两层意思：一是这段文字我读过了一遍，感到有点意思；二是这段文字记载了当时中原华夏礼仪一种习俗，这对研究中国传统礼仪习俗有一定参考价值，值得一读。

在读《南史》卷三十三至卷三十五《范晔传》《刘湛传》时，在这一册封面上批写："范蔚宗""刘湛"，在两人的名字下面还写了一段批注："好反而不好胜，古今一轨。"在批语和上述两人名字右上方画上了一个稍大些的圆圈（直径约6mm）。这个稍大的圆圈是画在封面上的。这是画一个圆圈的一种新形式。这个圆圈表明的第一层意思是：这一册里范蔚宗（蔚宗是范晔的字）、刘湛这两个人的传，毛泽东都读过了。毛泽东认为这两个人都是"好反而不好胜"，都没有"好胜"之心。谋反者既无谋反实力，又无谋反经验，更缺少严密组织和周密的谋划安排，所以，只能以失败而告终。对这样没有"好胜"心的谋反，从批注中可以看到，对这样的谋反，毛泽东是不称赞、不欣赏的。第二层意思是：谋反是失败了，教训是应当记取的。从学习了解历史，研究和吸取历史教训的角度来说，范晔、刘湛这两人的传还是可以一读的。应当说这也是画圆圈的一层之意。

还有几处在原著天头上只画了一个小一些的或者比较小一些的圆圈。圆圈画得有大有小，无论大和小，画一个圆圈至少表达这样几层意思：一是这一面相关的文字他读过了，有点意思，可以读，值得读；二是这相关的文字记载的史事、史实、史观等及其相关的做法、行动等引起了他的重视、好感、兴趣；三是表明对相关的文字记载的史事、史实、史观等及其相关的做法、行动等引起了他的称赞、赞赏、赞同；四是对相关的文字记载的史事、史实、史观等及其相关的言论、做法、行动等不称赞、不赞成、没好感，或者要吸取教训、加以研究。

因为一个圆圈是画在不同的地方，针对不同的内容，在不同的空间、时间里圈画的。所以，对所画的一个圆圈还要具体分析，不能一概而论，也不能全部套用上面的四层意思。

2. 画两个圆圈

毛泽东阅读批画过的二十四史，画两个圆圈，共有两种情形：第一种是套圈，即小圆圈外边又画一个圆圈；第二种是连圈，即两个小圆圈上下圈圈相连画在一处。

画套圈的地方不多，只有很少几处。一处是在读《新唐书》卷一百十三《徐有功传》第 7 面左侧第 1 行武后（则天）说：赐给他们再生的机会"可乎"？毛泽东在"乎"字旁画了两个圆圈，不同的是小圆圈外边又画一个小圆圈，即小圆圈外又套一个小圆圈。另一处还是《徐有功传》第 7 面左侧第 9 行，徐有功又被武则天任用后，天下的人听说徐有功又出来做官了，都很惊愕，纷纷来道贺。毛泽东在"贺"字旁又画了两个小圆圈，这两个小圆圈也是圆圈外边又画一个小圆圈，即小圆圈外又套一个小圆圈。这两处画的两个小圆圈，虽然书上记载的史事、事实不一样，但它表明毛泽东读书时对这两种不同史事、不同结果的心理情境是基本相同的，即"赐给他们再生的机会"是可以接受的，天下的人"听说徐有功又出来做官纷纷来道贺"是很自然的。对徐有功不计较个人得失，能够秉公执法，不畏权贵的行为是称赞的。

画连圈的地方也不多，也只有几处。在读《新五代史》卷七十二《四夷附录》第一第 13 面第 9 行"高牟翰亦诈以瀛州降晋"，在"晋"字旁，上下画了两个小连圈，在"晋君臣皆喜"的"喜"字旁又画了两个小连圈。这两处的两个小连圈，毛泽东要表达什么心理呢？要说明白此时毛泽东要表达的心理倾向，我们先看他在版心相应文字的天头上批注的文字："注意此等事。""此等事"是史书记载的这件事，即契丹耶律德光利用晋王的腐败无能，指使赵延寿和瀛州刺史诈降后晋，暗送假情报来骗诱后晋朝廷。后晋朝廷君臣以假当真，君臣都很高兴。由于后晋君臣昏聩，误国殃民，晋朝在内奸和外敌相勾结下，国破君亡。这就是"此等事"的大概意思。

毛泽东由读"此等事"的史事又联系到 20 世纪 50 年代后期西方政

界要人有关"和平演变"的言论等实际，提醒人们要注意"此等事"，注意西方敌对势力"利用渗透、腐蚀、颠覆"种种手段，推进"我们内部起变化"，"转到合乎他的那个意思"。

由历史连想现实，这就是毛泽东"注意此等事"的真正用意。历史上有"此等事"，现实中也可能会有类似的"此等事"，所以，毛泽东要我们"注意此等事"，所以，这里画的几处连圈要我们加以"注意"。既要注意历史上的"此等事"，也要注意现实中的类似的"此等事"。

《新唐书》卷一百四十八《康承训传》第9面"武宁兵七百戍桂州，六岁不得代"，在"代"字旁下边亦画了两个小连圈。这个小连圈是什么意思呢？要说明白毛泽东画连圈要表达的心理意思，还是得先弄清楚史书上的这件事：咸通年间，由武宁戍守桂州的七百士兵，在桂州戍守了六年，朝廷仍不派兵替换。按当时规定，戍卒每年要轮换。可是朝廷军备荒废，规定如同虚设，那七百戍卒六年不得替换，不能返家，自然要产生怨恨之心。而朝廷官员又不善于安抚，致使士兵疑惧，铤而走险，终于造成大乱。毛泽东读完这段史事在天头上批注："徐州兵七百戍桂州，六岁不得代。"在"六岁不得代"五字天头上画了三个较大圆圈，版心每字旁边画了较小的圆圈，"代"字旁边画了一个小的连圈。

毛泽东在这里画的大圆圈、小圆圈、小的连圈，连系他写的批语，一方面表明毛泽东内心深处对"七百戍卒""六岁不得代"怨愤不平、起义造反的同情与理解。另一方面也表明毛泽东对朝廷规定如同虚设，对士兵合理要求不顾不理不安抚等不合理现象的不满意、不可思议的心理倾向。

3. 画三个圆圈

画三个圆圈的地方比较多，大都画在天头批注的文字旁边或天头空白处。有的先写批注文字，后在批注文字旁竖画三个圆圈，有的先画三个圆圈后在圆圈旁再批写文字，有的在天头上竖行画多个三个小一些的圆圈。从批注、圈画的具体情形来看，有的人物传记是读过多次的。下面，我们就画"三个圆圈"一种一种来作具体的分析和研究。

例一，毛泽东读《前汉书》卷六十九《赵充国传》第 16 面，在本书天头上画了两个"三个圆圈"：第一个"三个圆圈"是在"初是充国计者什三，中什五，最后什八。有诏诘前言不便者，皆顿首服"这一段文字的上方圈画的，这一段文字旁逐字画了小圆圈。在天头第一个"三个圆圈"旁还批注文字"说服力强之效"六个字。紧接着，在"今听将军，将军计善"这八个字旁又逐字画上小圆圈，在这八个字的天头上又画上了第二个"三个圆圈"。这些圈画和批注的文字充分说明毛泽东对赵充国主张的赞同。毛泽东认为，赵充国这个人很能坚持真理，坚持正确的主张。我们知道，毛泽东读《赵充国传》，对赵充国这个人的军事才能也极为赞赏。其传全文除了上述两处画了三个圆圈外，还有十七处天头上画有"三个圆圈"，对赵充国给予充分的肯定。

例二，毛泽东读《后汉书》卷九十二《陈寔传》第 14 面时，在"视君状貌，不似恶人，宜深克己反善"这行字的天头上画了三个圆圈，在"不似恶人，克己反善"八字旁分别画上小圆圈。联系毛泽东对此传的批注"人在一定条件下是可以改造的"，也可以清楚地看出，毛泽东在天头上画的"三个圆圈"，是对陈寔做法、说法的肯定，是对陈寔为人的赞赏。

例三，毛泽东读《南史》卷五十五《曹景宗传》第 4 面在景宗"退无怨言"这四个字旁分别画了小圆圈，在这行字的天头又画了稍大点的"三个圆圈"。这是什么意思呢？本书记载，建武四年（497 年），游击将军曹景宗随太尉陈显达往北围攻马圈城，用两千奇兵击破北魏援军中山王元英的四万人马。攻克马圈城之后，陈显达论功行赏，把曹景宗排到了后面。景宗退居一旁而无怨言。这就是"退无怨言"这四个字的意思。毛泽东读后即在天头上画了"三个圆圈"。联系毛泽东读此传时对景宗的批注"景宗亦豪杰哉"等，足以表明毛泽东对曹景宗骁勇善战、屡立战功、"退无怨言"做人的欣赏和称赞。

例四，毛泽东在读《旧唐书》卷七十二《李百药传》第12面"心切忧劳，迹绝游幸，每旦视朝，听受无倦，智周于万物，道济于天下。罢朝之后，引进名臣，讨论是非，备尽肝膈，唯及政事，更无异辞"两行字的天头上画了较大的"三个圆圈"。在紧接后面文字的天头上又在这"三个圆圈"的左边写下"李（世）民的工作方法有四"的批注文字。这里画的较大的"三个圆圈"要表达毛泽东的什么意思呢？从原文的文字中，我们可以知道，贞观二年（628年），李百药被任命为礼部侍郎，朝廷讨论是否封建诸侯，李百药上《封建论》一篇，在有关段落文字中谈到了李世民的政绩、为人处事的实际行为，以及待人处事的原则。原著相关文字的大意是："您不希求万古的英名，而愿留存现在有成就的事实。心里急切而忧劳，从不出游，每天早上临朝，接受群臣的意见而不疲倦。心中考虑到万物，德行达到天下。罢朝之后，引进名臣入见，讨论事情的是非，内心完全在这上面，只谈论政事，更是没有别的言辞。刚刚日头偏西，就传召才学之士，让他们随意地闲谈，尽意谈论典籍，间杂以写作文章和吟咏词及玄妙的谈论。到了二更时分忘记了疲倦，半夜都不睡觉。这四种做法超越了过去，有人类以来，只有一个人而已。……"从原文中，我们可以看到，毛泽东在读这段文字过程中，在许多的文字旁边都画上了小些的圆圈。联系毛泽东对李世民的这条批注文字，联系毛泽东在原著上所画的小些的圆圈，清楚表明毛泽东对《李百药传》非常重视，非常爱读。本传天头上画的较大的三个圆圈，表明毛泽东对李世民治国理政的实践经验、工作方法很重视、很有兴趣。李百药关于李世民的这段文字很值一读。

例五，毛泽东读《旧唐书》卷九十《杨再思传》第10面，在本传的天头上，毛泽东写下批注"杨再思佞人"五个字，紧接着，在批注文字左边又画了较大的三个圆圈。要知道毛泽东批注和画较大的三个圆圈的意思，需要先简略地了解一下本传有关的文字记述。杨再思，郑州原武人。年少时即举为明经，授官玄武尉。有一次作为使者来到京师，住一客舍，遇到小偷偷他的行李，正巧被杨再思遇见，小偷伏地请罪，杨再思对他说："足下当苦贫匮，至此无行。速去勿作声，恐为他人所擒。幸留公文，余财尽以相遗。"小偷携带财物离去，杨再思始终不说这件事……后屡屡升迁，从弘农县男累封至郑国公。"再思自历事三主，知政十余年，未尝有所荐达。为人巧佞邪媚，能得人主微旨，主意所不欲，必因而毁之，主意所欲，必因而誉之。然恭慎畏忌，未尝忤物。或谓再思曰：'公名高位重，何为屈折如此？'"再思说："世上的事很艰难，正直者常遭祸害。假如不这样，怎么能保住自己的功名呢！"

毛泽东读了上述文字，在"足下当苦贫匮，至此无行。速去勿作声，恐为他人所擒。幸留公文，余财尽以相遗"等文字旁分别画了小些的圆圈。杨再思的"为官之道"，与毛泽东做人、做官、做事的一贯主张是相悖的，所以，毛泽东在批语"杨再思佞人"后又画了较大的三个圆圈。批语表明了毛泽东对杨再思这类口是心非，阳奉阴违，揣测，巴结，不分是非，阿谀逢迎，巧佞邪媚的"佞人"的鲜明态度，画的较大的三个圆圈是对上述批语的进一步注释，也是对杨再思丑恶行为的鄙视。

例六，毛泽东读《新唐书》卷九十八《马周传》第8面在天头上画了较大的三个圆圈，之后，紧接着写了一句批注："饮酒过量，使不永年。"为了便于阐述在天头上画较大三个圆圈的本来意思，我们可以先看一下毛泽东在读《马周传》有关文字旁的圈画：为"浚仪令崔贤所辱遂感激而西"这十二个字旁都画了较小的圆圈，在"舍新丰，逆旅主人不之顾，周命酒一斗八升悠然独酌，众异之"这段文字中的"主人不之顾，周命酒一斗八升悠然独酌，众异之"文字旁也几乎都画了较小的圆圈。联系毛泽东上述的批注文字和在原文字旁画的较小的圆圈，我们可以明白，马周"饮酒过量"，是因为"留客汴"受到"浚仪令崔贤所辱"遂"感激而西"，"舍新丰"，又"逆旅主人不之顾"。此时的马周，一是受了浚仪县令崔贤侮辱，心中悲愤不已，又向西行；二是西行途中住新丰时，旅店的主人又不好好接待照顾他。无奈，他只好自己要了一斗八升酒，悠闲地自斟自饮。因为有此两方面原因，所以，此时马周才饮酒过量。由此，毛泽东在《马周传》天头上画了较大的"三个圆圈"，一方面是要读者注意马周"饮酒过量"是有具体原因的。他既不赞成"饮酒过量"，因为"饮酒过量"，对人有害，使人不能长寿。又认为马周这里的"饮酒过量"又有点客观原因，内心里似乎又有点同情之意。另一方面表明毛泽东爱才惜才之意，因"饮酒过量"，致使马周英年早逝，不能为社会、为国家多作贡献，毛泽东又实在感到惋惜。

不赞成、不主张、不欣赏"饮酒过量"，又同情、又惋惜、又遗憾像马周这样的英才因"饮酒过量"而不能长久地造福于社会、国家和人民。这大概就是毛泽东在此《马周传》天头上画较大的"三个圆圈"的全部心理活动。

4. 画四个圆圈

毛泽东读二十四史过程中，画四个圆圈地方比画三个圆圈的地方少多了。为什么要画四个圆圈？画四个圆圈是什么意思？以下逐一加以分析和研究。

例一，毛泽东读《南史》卷五十八《韦睿传》第 2 面在天头批注的"调查研究"四字旁分别画了一个小圆圈，这是在批注的文字旁画的第一个"四个圆圈"。笔者理解，毛泽东画的这四个圆圈是对调查研究的重视和肯定，也是一种重视和强调。"调查研究"是针对原书"案行山川"四字批注的。谁"案行山川"？是韦睿"案行山川"，也就是韦睿亲临战场实地调查研究。毛泽东批注之后，似乎觉得分量、程度强调得还不够，在"调查研究"四字前面又添加了"躬身"两个字的批注，在"躬身"两个字旁分别又画了一个"套圈"（即一个小圆圈外边又画了一个大一点的圆圈）。"躬身"两个字强调的是韦睿亲自、亲身调查研究。韦睿是在"右军司马胡景略至合肥，久未能下"的情况下，"躬身""案行山川"实地进行"调查研究"。由此可知，毛泽东从内心里对韦睿的行动和做法是很肯定、很为称赞的。深入实际，调查研究，是我们党的优良作风之一，也是毛泽东躬身实践、一直坚持、大力提倡、竭力弘扬的。在战争过程中，韦睿能"躬自""案行山川"，临危不惧，遇强敌不畏，胆识超人，亲自调查研究，这是很值得称道的。

例二，毛泽东读《南史》卷五十八《韦睿传》第3面在天头批注的"以少击众"四字旁分别画了一个圆圈，这是在批注的文字旁画的第二个"四个圆圈"。毛泽东画的这四个圆圈即"以少击众"，是指韦睿以少量兵力击败北魏杨灵胤率领的五万援军的战斗。当时，面临敌方五万援军，众将都认为不能抵挡，要求韦睿上表请援兵。韦睿说："敌军已到城下，即使请兵也来不及了。古人说：'军队取胜主要在于内部同心协力，互相配合，而不在于兵力多少。'大家不要过分害怕。"结果打败了魏军，取得了胜利。还有一次，魏军乘胜进逼到韦睿驻守的堤坝之下，面对来势汹汹的敌军梁军军监潘灵祐劝韦睿退兵，手下的诸将领请求撤到三义去防守。韦睿大怒，说："作为军人，后退当死！我只会前进，不会后退一步！"他把自己的旗号立在堤坝上，表示决不撤退。结果守住了堤坝，并破了合肥城，"俘获万余"。毛泽东对韦睿这两次作战的文字浓墨圈点，两次批注"以少击众"，第二次还在"以少击众"四字旁画上圆圈。毛泽东的这两条批注和在第二次批注文字旁画的四个圆圈，是毛泽东对韦睿战争谋略和不畏不屈、英勇战斗精神、战斗行为的欣赏和称赞，也是他本人对韦睿的所作所为从内心里感到欣慰、赞赏的一种外在表现。

例三，毛泽东读《南史》卷六十一《陈庆之传》第5面在天头批写"陈庆之传"四个字，在"陈庆之传"右边画了四个圆圈。这里画的四个圆圈与前面例一、例二画的四个圆圈是有些不同的。联系他批写的"陈庆之传"四个字，联系他在原书版心"陈庆之"三个字旁画的两条直线，四个圆圈、四个字批注、两条直线，三个因素都与陈庆之这个历史人物有关。再联系近旁另一条批注"再读此传，为之神往。一九六九年六月三日在武昌"，从书写的笔迹和风格来看，两条批注不是在同一个时间里写的。前面的"陈庆之传"四个字的批注和所画的四个圆圈应当是在同一个时间里。毛泽东在初读《陈庆之传》时，当读到陈庆之名字时，即在名字三个字旁画了两条直线，这两条直线显然是在刚读此传时画的。这是毛泽东读书的一种习惯。他在读书时，特别是在读二十四史时，习惯在人名、地名旁画一条线或两条线（对于这一点后面还有文字阐述），使之更为突出一些。一条线偏多，两条线较少。这里在"陈庆之"名字旁画两条线，表明毛泽东对《陈庆之传》更为重视。翻开《陈庆之传》，可以看到本传许多文字，毛泽东是又圈又点，又画线。在本册封面上，毛泽东还用粗黑铅笔画了两个大圈表明他已读过两遍。"再读此传，为之神往"的批注，很可能就是在武昌第二次读《陈庆之传》时写下的。在天头上画的四个圆圈和写的"陈庆之传"，应当是在第一次读完《陈庆之传》之后写的、画的。画的四个圆圈，表明毛泽东对本传格外重视、很欣赏。他本人一读再读，说明本传毛泽东很爱读，很有兴趣，读了一遍，还想再读一遍。同时也说明毛泽东很欣赏、很认可陈庆之的为人忠厚、生活俭朴，及其自入魏以来"十四旬平三十二城，四十七战，所向无前"的有胆有识、骁勇善战、临敌不惧等非凡的军事才能和精神。受到陈庆之的为人和非凡的军事才华的感动、感染等，这也应当说是画四个圆圈的内在倾向。

画四个圆圈的地方虽然不是很多，但它也是毛泽东阅读二十四史过程中特有的一种圈画形式。画"四个圆圈"是画"三个圆圈"的进一步延伸，是在情感上的进一步加深，兴趣上进一步加浓，程度上进一步加重，分量上进一步加多。只是画四个圆圈的基本都是从重视、赞成、欣赏、感兴趣，或者重视、肯定、称道等正面的、积极的意义的进一步延伸，目前尚未看到从上述相反的意境方面要表达意思的画四个圆圈的地方。

5. 画四个以上圆圈

画四个以上圆圈，是指在版心部分文字或大部分文字旁画的圆圈。画这种圆圈有两个显著特点：一个是多。一面上画八九十来个或十几个，多则有几十个、近百个，有的版心几乎每个文字旁都画有圆圈。另一个是小。在版心文字旁画的圆圈，因为画的数量比较多，行距又比较小，所以，这里画的圆圈与上述论及的画一个、两个、三个、四个圆圈相比，画得就比较小。例如，在《后汉书》卷七十五第 2 面版心"非朝廷之"四字旁、"何尤而深"四字旁画的圆圈都比较小，如同断句时画的"句号"那么小。

毛泽东在版心文字旁画的比较多的圆圈有什么特殊的意义吗？这里还是先举几个例子来进一步加以说明。

例一，读《南史》卷五十八《韦睿传》第 3 面，在本面版心文字旁共画了 89 个圆圈，联系在本面批注的文字，可以很清楚地看出，旁边画上圆圈的文字，都是对韦睿行为、为人的肯定、称道、欣赏。画圆圈越多，表明他肯定、称道、欣赏的心理越浓厚。

例二，读《旧唐书》卷七十四《马周传》第 10 面，在本面版心"今百姓承丧乱之后，比于隋时才十分之一，而供官徭役，道路相继，兄去弟还，首尾不绝，远者往来五六千里，春秋冬夏，略无休时"这段文字旁边几乎逐字画了圆圈，数了一数共画 29 个圆圈。联系到在本段话天头批注的"不确，比于隋时，大约五分之一"批语，可以看出，这里画的 29 个圆圈，表明他不同意或者不赞成书上的说法。他心里认为书上的"比于隋时才十分之一"写得不确切，他的看法是"大约五分之一"。同样画的是圆圈，要表达的对史实的看法或想法是不一样的。

例三，读《新唐书》卷一百二十四《姚崇传》第 14 面，在版心姚崇"以十事要说天子，而后辅政，顾不伟哉"这 15 字旁画了 11 个圆圈。这里画的 11 个圆圈，还是表明毛泽东对姚崇向皇帝提出的十条治国政治高见被皇帝采纳并帮助皇帝言行的称道、赞赏。

例四，读《新五代史》卷六《唐明宗本纪》第 10 面，在版心"自古治世少而乱世多"9 个字旁画了 9 个圆圈。毛泽东在这句话的天头上批注"后汉李固之言"6 个字。显然，这里画的 9 个圆圈，有对李固之言心里赞同之意。不能说完全赞同，因为毛泽东本人没有明确表示。但也不能说完全不赞同，因为毛泽东本人也没有明确表示。没有完全赞同，也没有完全不赞同。所以，这里画的 9 个圆圈，对李固这一句名言有赞同或赞成之心理。

从以上四个例子及其毛泽东圈画的全书，我们来看毛泽东在读二十四史过程中在版心文字旁画的许多圆圈主要要表达的意思。

第一，是表示赞同、赞成或者是认为书上说得有道理、很深刻，或者是很称道、很欣赏，属于好的、正面的、重要的文字。例如，类似例一这一类画的许多的圆圈。应当说很多画圆圈的地方是这种意思。

第二，是表示不赞同、不赞成或者是不同意，不符合历史实际，或者是另有看法、想法的，属于观点看法相左、相反的这一类文字，对这一类文字旁边，他往往也会画上许多的圆圈。例如，类似例二这一类情形画的较多的圆圈。这类情形与第一类相比要少得多。

第三，有赞同、赞成、赞赏的心理倾向或者是认为比较重要、写得比较好的、有真知灼见的思想、观点、看法等。例如，例三、例四，对于这一类文字，毛泽东也习惯画上较多或很多的圆圈。这一类画很多圆圈的地方也是比较多的。

第四，关于历史名人、名臣传记，关于用智谋指挥取胜的，关于亲临战场、深入战地、调查研究的，关于治国、治军良策、良言的，这类文字旁，他在阅读过程中也习惯画上密密麻麻的圆圈。

总之，画圆圈较多的地方，都是他生前爱读和读了又读、读过多遍的地方。画圆圈较多的地方，往往也是批注文字较多的地方。也是最值得后人学习研究的地方。

（二）关于画直线的解读

关于画直线，就是一般说的竖线、横线，是毛泽东读二十四史过程中特有的又一种读书圈画的实际情形。直线画的数量有一条、两条；直线大都画在版心有关文字旁边，也有画在天头批注的文字旁边，也有很少画在封面批注的文字下方。

下面就将毛泽东在读二十四史过程中所画的种种直线按数量从一条到两条逐一进行具体的解读和阐发。

1. 画一条直线

毛泽东读二十四史过程中在版心有关的文字旁画的一条直线，都是随着原文竖画的。基本有两种情形：一种是在人名、地名旁边画直线，这种直线画得比较短，一般为两三个字长，个别人名也有复姓四个字的，直线也有四个字长。例如，读《南史》卷一《宋高祖本纪》第9面上画的12条直线都比较短。其中"王谧""刘敬宣""谯纵""敬宣""慕容超""孟昶""公孙五楼""超"8处人名旁画了8条短直线，名字有一个字、两个字、三个字、四个字的，直线画得都不长；"淮北""下邳""琅邪""大岘"4处地名旁画了4条直线，也都不长。这里画的12条直线，有什么特别的意义吗？这是毛泽东的一种读书习惯，在人名、地名旁画上直线，除了把人名、地名突出来，便于读书人前后思维、思考的连贯性之外，好像也没什么特别的启示等意义。类似这样的在人名、地名旁画得短的直线还很多，就不一一介绍了。

除了在人名、地名旁画的短直线之外，还有另外一种情形，就是在版心有关的其他文字旁画得比较长一些的直线，这一种直线就要另当别论了。

例一，毛泽东读《史记》卷四十八《陈涉世家》第8面，原书版心有关文字是"客愚无知，颛妄言，轻威。陈王斩之"，毛泽东阅读中用铅笔在前九个字画了一条长一些的直线，在"陈王斩之"四字旁又画一条短些的直线。在这一长一短的画了直线的文字上方天头上，毛泽东还批写"一误"两个字。把批注与这一长一短的直线联系起来看，这一长一短的直线就有了特别意义了。有什么特别意义呢？原文画一长一短直线的十三个字，大意是：陈胜称王后，家乡原与他生活在一起的穷友来到陈县王都看望他，这位穷友跟陈胜身边的人讲了陈胜原来在家穷困的旧事。身边的人就把这位穷友说的话告诉陈胜。并对陈胜说："来人愚昧无知，这样胡说八道，会有损您的威信。"陈胜认为在别人面前说他的旧事是丢了他的脸，就把这位穷友杀了。这纯属听信谗言，是一场误会。所以，毛泽东批注"一误"，并用粗红铅笔画上了一长一短的直线。这一长一短的直线，就是对"一误"批注的说明，也是毛泽东读《史记》时真实的想法和看法。也是毛泽东画一长一短直线的真正意思。

紧接着，毛泽东在读《史记》卷四十八《陈涉世家》第9面原书版心有关文字旁又画了9条直线，并在天头上方又批注了"二误"两个字。"二误"误在哪里呢？《史记》记载，陈王杀了家乡来的旧友之后，其他与他共过患难的旧友全部自行离开了他。从此没有亲近陈王的人了。陈王所任用的人，既无才能，又不正直。他任用朱房做中正，就是管人事的；用胡武做司过，就是管监察的。整个文武官员的考绩升迁黜退刑杀大权都掌握在这两个人手里。这两个人对自己不喜欢的人就任意加以罪名，不送法官处审理，擅自审判处置。各路将领攻城略地，回来后，不听从他们的命令，便逮捕问罪，把苛刻的严察看作忠诚。这样，陈王派出去的将领就不敢再亲附他，自己有了地盘和实力就各自独立，陈胜的势力就越来越孤弱。所以，陈王最终失败。这就是陈王的"二误"。毛泽东在这里画的9条直线，就是对"二误"的注释和说明。也是毛泽东画9条直线的真正意义。

这样联系批注文字来看毛泽东所画的一条又一条直线，我们就可以清楚地看出，所画直线与批注文字是密切联系的，也表明毛泽东很赞成、很关注、很重视《史记》作者司马迁的观点。司马迁对陈王最终失败总结的两大方面的原因，毛泽东是赞成的。对书中记载的具体文字，毛泽东是关注、重视的，是充满兴趣的。

例二，读《南史》卷二十七《孔靖传》第3面，在版心"十岁便能为盗，长大何所不为"12字旁画了一条粗直线，同时在天头写下批注："此种推论，今犹有之。如曰一人小过勿治，众人皆将效尤。""十岁便能为盗，长大何所不为"这句话是当时吴郡县令孔琇之说的。一个十岁的小孩偷割了邻居家的一捆稻子，孔琇之将这个小孩押在衙狱治罪。有人劝阻他，孔琇之反驳说了这句话。毛泽东在这十二个字旁画粗直线，又写批语。很显然，毛泽东不同意这种论断。在毛泽东看来，事物都是发展变化的，看问题要辩证地看。人的一生随着生活环境等诸多条件的变化在各个方面都会发生相应的变化。对一个年仅十岁的孩童偷割了一捆稻子批评教育一下就可以了，不能这样"衙狱治罪"简单从事，这是形而上学，不符合辩证法。所以，他不同意孔琇之的论断和做法。

这样画的一条粗直线，加上批注文字，我们就看得很清楚关于粗直线所表示的意思了。有的画的直线，虽然没有批注文字，也约能看出毛泽东不同意、不赞成的心理倾向，这是毛泽东画的又一类直线所表示的意思。

例三，读《旧五代史》卷二十七《唐书·庄宗本纪》一第4面，在版心"帝召德威军归晋阳。汴人既见班师，知我国祸……潞州……援军无俟再举"这些文字旁画了粗直线，同时在天头批注"先退后进"四个字。毛泽东批注和画粗直线这一段文字主要说的是李存勖继王位不久亲率大军大破朱温的一场战斗。从毛泽东的批注和画的粗直线，表明他很欣赏李存勖打这一仗所运用的战略战术。毛泽东批注的"先退"是指周德威听说李克用死，率领救援潞州的军队回到晋阳（就是现在的太原），"后进"指的是李存勖出其不意地亲率大军救援潞州。"先退后进"的高处就是在于"后进"的出其不意战术的运用，这是毛泽东对李存勖欣赏、佩服的主要之点。正因为李存勖出其不意战术运用得当，打得敌军措手不及，大败逃回开封。

毛泽东在这里画的粗直线，联系"先退后进"的批语，不难看出毛泽东对李存勖战略战术运用的肯定。粗直线和"先退后进"的批注也是毛泽东内心里对李存勖战略战术运用确当的欣赏、赞同的表示。"先退后进"是毛泽东的概括和总结，也是毛泽东军事生涯中常用的战术之一，也是毛泽东克敌取胜内心深处的一条重要体会和经验。

例四，读《旧五代史》卷五十八《唐书·李琪传》第 10 面，在版心"败契丹之凶党，破真定之逆城""契丹即为凶党，真定不是逆城"这四句文字旁分别画了粗直线，同时在天头上批注："此种诏书好笑，冤论李琪。"毛泽东画直线的这四句话，前两句"败契丹之凶党，破真定之逆城"是李琪为李嗣源撰写诏书中的话，后两句"契丹即为凶党，真定不是逆城"是李嗣源说的两句话，其义大不一样。李琪是当时有名的才子，以文章辞赋闻名于世。朱温爱惜人才，将李琪擢为宰相。唐庄宗李存勖也对他委以重任，让他担任吏部尚书。李嗣源皇袍加身后，仍令其为相。天成末年，李嗣源因到洛阳，李琪为他撰写诏书，其中有两句"败契丹之凶党，破真定之逆城"，其大意是指李嗣源的军队刚刚打败契丹耶律氏的进攻，刚刚镇压了叛乱的真定城。可李嗣源是非不清乱下结论，他说："契丹即为凶党，真定不是逆城，李琪罚一月俸。"完全曲解了李琪的原意，李琪还被罚"一月俸"。毛泽东在这里写的批语和画的粗直线，是对李嗣源不学无术的嘲笑、蔑视，对李琪被冤枉的不平、同情。

例五，在读《明史》卷一《太祖本纪》一第 11 面时，在版心这些文字"二月乙未，复自将征武昌，陈理降，汉、沔、荆、岳皆下。三月乙丑，还应天"旁画了较长较粗直线。同时在与画较长较粗直线相对应的天头上批注："不令诸子诸孙统兵作战，失策。"毛泽东批注和画较长较粗直线的这段文字，记载的是鄱阳湖大战爆发后的次年春天发生的一段战事。据本书记载，鄱阳湖大战结束后，朱元璋担心张士诚乘虚来袭，只派部将常遇春前往武昌攻打陈友谅儿子陈理，自己率大部回归应天。次年（1364 年）春正月初一，朱元璋在李善长等人的"屡次劝进"下即吴王位，建百司官属，置中书省左、右相国，以徐达、李善长分别任之。二月，朱元璋以武昌久攻不下，亲自前往督师进攻武昌，不久，陈理遂率太尉张定边等举国投降。读了这段历史后，毛泽东认为，陈理之所以率部举国投降，除其没有军事的或政治的领导才能、才干之外，一个主要原因就是陈友谅没有让自己的子孙统兵作战，在实践中增长才干，磨炼精神意志，以致在关键时刻无力对敌，只能举手投降。

毛泽东在这里画的较长较粗的直线，联系他在此批注的文字，我们约略可以看出，毛泽东对陈友谅的最终失败及其汉政权的丧失内心里是有点惋惜、有点同情的，对陈友谅坚决反对元朝的反动统治，在战争中敢打敢拼、英勇善战、不屈不挠的精神品格，在他的内心里还是有好感的。故在此又画直线，又写批语。

例六，在读《宋史》卷五本纪《太宗》二第 25 面时，在版心相关文字"若夫太祖之崩不逾年而改元，涪陵县公之贬死，武功王之自杀，宋后之不成丧"旁画了粗粗的直线，同时，在对应的天头上写了批注："幽州之败"，"不择手段，急于登台"。

这两条批注文字和在相应的文字旁画的粗粗的直线，表明毛泽东与原书作者不同的观点和看法。

我们知道《宋史》毛泽东读了又读、读得很细、理解很深透，本书许多文字都作了浓墨批注和圈画。书中记述的文字许多都是对宋太宗的称颂和唱赞歌。毛泽东通读《宋史》，不尽信书，对书中"帝之功德炳焕史牒，号称贤君"颂歌赞语，不以为然。毛泽东直言不讳点出宋太宗的败绩："幽州之败。"在毛泽东看来，"幽州之败"主要是宋太宗"不知兵"，不懂、不会运用战略战术。一个无能之辈，当年能当上皇帝极不合乎情理。当时宋太祖无病无恙，一个好端端的人突然就死了，对这不合常理的情况，毛泽东有自己的独到看法，所以在"若夫太祖之崩不逾年而改元，涪陵县公之贬死，武功王之自杀，宋后之不成丧"旁画了粗粗的直线。如果说画的粗粗的直线还不能清楚表明他的看法，那么，他在天头上又写了批注："不择手段，急于登台。"毛泽东认为，宋太宗"急于登台"，是"不择手段"的。书中关于宋太祖之死有"烛影斧声"一说，是谁害死宋太祖？宋太宗"急于登台"，宋太宗能登上皇帝宝座，害死宋太祖的人定与宋太宗有关。所以，毛泽东批注认为宋太宗登上皇位是"不择手段"的。

毛泽东在这里的批注和画的直线就是表明他的独特看法和想法。这是与原书作者观点、看法截然相反的。

从上述六例或者统观毛泽东读二十四史过程中画的全部的一条直线的实际情况，可以看出，画一条直线所表达的意思或心理倾向主要有以下三种情形：

第一，画的一条直线是着重线，是表明毛泽东赞成、赞同，或者肯定、欣赏书中的看法和观点。如例一读《史记》卷四十八《陈涉世家》第9面在原书版心有关文字旁画的9条直线。例三读《旧五代史》卷二十七《唐书·庄宗本纪》一第4面，在版心"帝召德威军归晋阳，汴人既见班师，知我国祸……潞州……援军无俟再举"文字旁画的粗直线。

第二，画的一条直线是着重线，是表明毛泽东不赞成、不赞同、不欣赏，或者与原书中的看法和观点截然相反。如例二读《南史》卷二十七《孔靖传》第3面，在版心"十岁便能为盗，长大何所不为"十二字旁画的一条粗直线。例六读《宋史》卷五本纪《太宗》二第25面时，画的直线。

第三，画一条直线是表明自己内心里有点想法，有点同情的，或者是内心里有好感的。既不同于例一、例三的赞成、赞赏，又不同于例二、例四、例六不赞成、不赞同、不欣赏，或者与原书中的看法和观点截然相反的。如例五在读《明史》卷一《太祖本纪》一第11面时，在版心文字"二月乙未，复自将征武昌，陈理降，汉、沔、荆、岳皆下。三月乙丑，还应天"旁画的较长较粗直线。

2. 画两条直线

毛泽东在读二十四史过程中，与画圆圈、画一条直线等符号相比，画两条直线的地方不多。通览毛泽东读二十四史圈画实际，画两条直线基本有三种情形：一是在版心文字人名、地名旁画两条直线，这种情形很少。大部分人名、地名旁画的是一条直线。画两条直线与画一条直线意思差不多，这是毛泽东的一种读书习惯。二是在天头批注的重要历史人物人名旁画两条直线。例如，在《新唐书》卷一百二十四《姚崇传》

第1面天头批注的"姚崇"二字旁画了两条粗粗的直线；在《旧唐书》卷九十《朱敬则传》第4面天头批注的"朱敬则"三字旁也画了两条粗粗的直线。这两处批注的人名旁画的这两条粗粗的直线，一是强调这两个人物传记可读或者值得一读。二是表明他对这两个历史人物有称赞、称道之意。三是与版心相关文字旁画的粗粗的两条直线相呼应。这种情形也不多。有什么特别的意义？下面逐一进行分析和研究。

例一，在读《南史》卷三十五《刘湛传》第4面，在版心有关的十六个字"伏甲于室以待上临吊，谋又泄，竟弗之幸"旁画了粗粗的两条直线。同时在相应文字天头上又写下批注："殷景仁与文帝密谋。"这里，先说一下画两条粗直线的这十六个字的大意：埋伏好军队在室内，等待皇上的到来。计划又泄露了，竟然不知这是一种幸运。这段文字中说到了皇帝，并没有说到殷景仁，也没有提及文帝与殷景仁密谋之事。这是怎么回事呢？毛泽东读前面的，《南史》卷二十七《袁湛传》中附有《殷景仁传》，有关文字说到了刘湛准备谋反时文帝与殷景仁也在紧锣密鼓，秘密商讨抓刘湛之事。毛泽东在这里读《刘湛传》，就批注了"殷景仁与文帝密谋"这八个字。意在说明在同一件事情当时也是同时存在两方面不同的情况的：一方面刘湛在准备谋反，另一方面殷景仁与文帝也在紧锣密鼓准备抓刘湛。

由此可知，毛泽东在这里画的两条粗直线与批注的文字，意在告诉人们同一件事情存在不同的两个方面的情况。

例二，读《晋书》卷八十《王羲之传》第4面，在版心文字"自非圣人，外宁必有内忧"旁画了两条粗粗直线，同时在相应文字的天头写了批注："虽圣人亦如此，况无圣人耶！"这里画的两条粗直线和批语，意思是说：即使是圣人，也照样免不了外患内忧之事，况且根本就不存在圣人。毛泽东早就认为：矛盾无处不在、无时不有，再伟大的人物来治理国家，也避免不了有外患内忧之事。"况无圣人耶！"这是毛泽东一贯坚持主张的唯物主义历史观，就是人民群众才是历史的创造者。

毛泽东读二十四史过程中在版心文字旁画两条直线的地方很少。仅从上述两例中可以看出，毛泽东画两条直线有其独特的意思。与画一条直线是显然不同的。这是需要加以注意的。

（三）关于画曲线的解读

画曲线，是毛泽东读二十四史画圆圈、画直线之后的又一种特有的形式。有画一条曲线的，也有画两条曲线的，还有画两条曲线旁边又加画了一条直线的。从画的地方来看，有三种情况：一是画在版心文字旁边的，二是画在天头批注文字旁边的，三是画在封面批注文字下面的。下面就逐一进行分析和解读。

1. 画一条曲线

毛泽东读二十四史过程中，画一条曲线是什么意思？先来说版心有关文字旁画的一条曲线，我们还是举例来一一进行分析和研究。

例一，读《史记》卷八《高祖本纪》，中华书局 1959 年第 1 版第 357 面，在版心文字" '……今诚得长者往，毋侵暴，宜可下。今项羽僄悍，今不可遣。独沛公素宽大长者，可遣。'卒不许项羽，而遣沛公西略地，收陈王、项梁散卒"旁画上曲线。在这段文字的天头上还写了一段批注。联系这条批注，再看看毛泽东画上曲线的这段文字，画曲线的意思就很清楚了。毛泽东的批注，是对项羽的否定，是对刘邦的肯定。认为刘邦是"一位高明的政治家"。毛泽东在这里的批注，与原文中毛泽东画曲线的意思是一致的。这里画的曲线，是毛泽东对原文记述的赞同，也是一种提示，要引起人们关注、重视阅读这一段文字。

例二，读《后汉书》卷一百○一《皇甫嵩传》第 2 面，在版心注释文字"凡战者以正合，以奇胜者也。故善出奇，无穷如天地，无竭如江海"旁画了曲线。同时在文字对应的天头上写了批注："正，原则性。奇，灵活性。"毛泽东这里的批注是对原文注释文字中"正""奇"二字的注释。画的曲线是对原注释赞同的表示，批注是对原注释的进一步补充与完善。又画曲线，又写批注，看得出，毛泽东对原文这段注释的浓厚兴趣。"正""奇"的注释和看法，是毛泽东实践的经验总结，也是毛泽东在实际战争中的具体运用。四渡赤水，转战陕北，打败日寇，毛泽东用兵真如神，许多胜利的取得都是"奇"字的具体运用和生动体现。毛泽东是实践和运用"正""奇"军事思想的典范。

例三，读《南史》卷二十一《王弘传》第1面，在版心文字"而未遣九锡，弘衔使还都，讽朝廷。时刘穆之掌留任，而旨乃从北来，穆之愧惧，发病遂卒"旁画上曲线。并在相对应文字天头批注"略似荀彧"四字。这里先说一下版心画曲线这一段文字的大致意思。文中的"九锡"是古代帝王赐给有功大臣或权势的诸侯大臣的九种物品。刘裕为中外大都督，掌握军权。刘穆之为尚书左仆射，内总朝政，外供军旅。416年，刘裕再次率兵北伐，刘穆之留守建康。不久，刘裕大胜，以为朝廷会以九锡嘉奖他，但朝廷并没有及时送来九锡。朝廷之事是由刘穆之做主的。刘裕未见到这九件东西，就派王弘回到建康，要求这九件东西。朝廷立刻封刘裕为宋公，加九锡。可是刘裕却偏偏又推辞不受。致使留守建康的刘穆之心惧胆寒，最终因"旨从北来，愧惧发病"而亡。刘穆之本为刘裕推心置腹之人，但刘裕随势力、野心不断增大，又无人能控制时，他对自己的心腹也不信任、不放心了。

毛泽东读到这里，脑海里又呈现了三国时期曹操的心腹之人荀彧，曹操因为对他不放心、不相信，故派人"赠食品给荀彧，荀彧打开罐子发现里边是空的"，后"忧惧而亡"。刘穆之、荀彧二人经历、命运和结局非常相似，最后均因"惧"而病亡。所以在画了曲线之后，又批注了"略似荀彧"四个字。

这里画的曲线和批注是毛泽东对政治斗争如此残酷的一种感慨，也是毛泽东内心世界对现实中人与人之间这样不信任、不放心的不悦、不快情感的外在表现，是对刘裕、对曹操的一种不满和对刘穆之、荀彧二人的同情、惋惜的心理情感的综合显现。

例四，读《北史》卷十一《隋本纪》上第 26 面，在版心"私造大船"四字旁画了曲线。在船长"三丈以上"四字旁批注"此不可能"四字。很清楚，曲线加上批注文字，表明毛泽东不同意书上的说法。船长三丈以上，毛泽东认为是"不可能的"，"私造大船"也存有疑义。

例五，在《新唐书》卷九十八《马周传》第 8 面天头上用粗黑铅笔写了"马周"二字，在"马周"二字旁又画了粗粗的一条曲线。在天头批注文字人名旁画曲线，不多见。这里画的曲线是着重线，是强调线。从版心文字旁画的其他符号和批注的文字，可以清楚地看出《马周传》是毛泽东生前很爱读的、充满兴趣的，而且是批注文字较多和批画符号较多的人物传记之一。这里画的曲线，有没有《马周传》很值得一读的意向呢？或者这曲线是一种"情趣线"或者是一种"称赞线"呢？这是一种特别的情形，很值得读者发散一下思维。

例六，读《宋史》卷五本纪《太宗》第 24 面，在版心文字"在位二十二年"六字旁画了一条曲线。毛泽东画这条曲线是什么意思呢？可能就是突出一下，或者强调一下，宋太宗皇帝"在位二十二年"。毛泽东认为宋太宗是一位"无能"的皇帝，皇位的谋得也是"不择手段"的。因此，这里的曲线还有没有隐含毛泽东本人内心对宋太宗不满的情绪呢？

综览以上六例和毛泽东在书上画一条曲线的全部情形，除在版心人名、地名旁画的曲线（或直线）是为了把人名、地名突出来，便于读书人前后思维、思考的连贯之外，还有以下几个方面的意思。

第一，是对原著或原作者观点、看法等文字记述、描写的赞同、赞成的一种心理倾向，如例一。

第二，是对原著或原作者观点、看法及记述、描写等不同意、不赞成的一种心理意向，如例四。

第三，是一种感慨，也是对忠良、好人不能得到好报、好的结果的同情、惋惜等心理情感的一种显现，如例三。

第四，是对原著注释或注解等辅助文字看法、观点等赞同基础上的进一步补充和完善。画的这一种曲线亦可以称为补充线或完善线，如例二。

第五，是一种着重线、强调线，或者说是一种他本人很有兴趣、很爱读的一种情趣线，意在引起、引导人们重视，如例五。

第六，是上述五种情形包含不了的，既不是赞同，又不是反对，疑有表达心中不满、没好感的心理意向，如例六。

2. 画两条曲线

毛泽东读二十四史过程中画两条曲线的地方比画一条曲线的要少得多。画两条曲线的地方一共有两种情况：一种是画在版心有关文字旁边，另一种是画在原著有关分册封面上批注文字的下面。画两条曲线是什么意思呢？下面我们就逐一进行分析和解读。

例一，读《新五代史》卷四十七《皇甫遇传》第13面时，在版心文字"人马俱乏""诸将不能追"这九字旁画了两条曲线。在相应文字的天头，毛泽东还批注了"晋时事"三个字。这里画两条曲线相关文字大致意思是：皇甫遇被敌军围困，安审琦率兵将来援救。敌军望见皇甫遇的救兵来到，就收兵而去了。此时敌军契丹兵已经深入内地了，人马都很困乏，他们退军的时候，诸将不能追击他们，而张从恩率领皇甫遇等人退回黎阳，敌军因而从容退军北去。这段战事是发生在历史上的后晋时期。所以，毛泽东在天头上批注"晋时事"三字。这说明毛泽东熟读历史、熟知历史。

对皇甫遇这个历史人物，毛泽东在此虽未做评论，但联系到晋朝的这段历史，他的内心里还是有想法的。画的两条曲线就是其内心情感、想法、看法的显现。"人马俱乏"，是契丹兵的人马俱乏。"诸将不能追"也是敌军诸将不能追杀。在敌军"人马俱乏""诸将不能追"，在我方援军将至极为有利的情况之下，没有乘胜追杀，而让敌军从容撤退。显然，毛泽东对这样的做法是有自己的想法和看法的，所以，才在两处画了两条曲线。

皇甫遇本是一位骁勇善战的武将，后来在晋朝昏聩混乱的政局下也晚节不保，投降于契丹，虽然后来"割断了自己的咽喉"而死，也无法挽回其人生中的一大污点。对皇甫遇这样有污点的历史人物，毛泽东内心里不会没有评说。然而，血已流，人已去，内心的想法、看法只能从"晋时事"三字中去慢慢品味了。是对"晋时"皇甫遇他们没有抓住战机、乘势追击，反而调兵回营的做法内心里"很感不妥"呢？还是"不赞成""不满意"呢？反正毛泽东内心深处对此是有看法、有想法的。

例二，读《三国志集解》卷五十七《吴书·骆统传》第33面，在版心骆统给孙权一道上书中"少复以恩惠为治"七个字旁画了两条曲线，同时在天头上批注了"振古如斯"四个字。联系原文中"少复以恩惠为治"这句话前后文字，大致意思是："……因为国家的祸福是由百姓来决定的，所以君主要和百姓共兴衰，就要通过观察民情来制定政策。当今地方官员，是亲近百姓的职务，只能任用干练，并且能取消目前的苛政，然后再把恩惠作为治理的手段，符合陛下像上天覆盖大地那样的仁义、勤苦体恤民情的恩德的人。官员的政务，百姓的习俗，一天天败坏，逐渐衰败，这种形势不能长久下去。凡治病要在病情恶化之前，除祸患要在祸患尚未蔓延之际，希望陛下在日理万机的繁忙中，占用一点闲暇时间，注意思索省察……这样，我们的事业就可与日月同辉，与天地共存。"毛泽东读到此处把心中想说的话概括为"振古如斯"（"振"，自也。自古以来都是这样）四个字，表达他对几千年来封建社会的本质的认识。

毛泽东读骆统给孙权一道上书中的这段话，在"少复以恩惠为治"这七字旁画两条曲线，一方面表明毛泽东内心里对骆统上书中有见地的见解、观点和主张有赞同、肯定之倾向；另一方面也表达毛泽东对广大劳动人民长期遭受剥削和压迫的苦难从内心深处的同情和愤愤不平的情感。在毛泽东看来，封建社会"地主阶级这样残酷的剥削和压迫所造成的农民的极端的穷苦和落后，就是中国社会几千年在经济上和社会生活上停滞不前的基本原因"。

例三，毛泽东在《后汉书》卷九十一至卷九十四第 21 册封面上批写"《陈寔传》《黄琼传》《李固传》"。在"《陈寔传》"和"《李固传》"下面各画一条直线。而在"《黄琼传》"三字下面画的是两条曲线。这是又一种画两条曲线的情形。

这里画的两条曲线是什么意思呢？联系下面毛泽东批写的"送刘、周、邓、彭一阅"，可以认为毛泽东是要把这三个人物传记送给刘少奇、周恩来、邓小平、彭真四位领导同志一阅。画一条直线的"《陈寔传》""《李固传》"，表明这两个人的传记很值得一阅。"《黄琼传》"下面画的两条曲线，就是《黄琼传》更要重视、更值得一阅的意思。画一条直线是一种强调、是一种提示，也是一种推荐的意思。画两条曲线，推荐、提示、强调的程度更浓烈一些！

毛泽东为什么让刘少奇、周恩来等中央领导同志读《陈寔传》《李固传》，特别是读《黄琼传》呢？前面已作了专题解读，这里就不再赘述了。

画两条曲线的地方不多。这里只列举以上三种情形。从这三种情形，我们约略可以看出：画两条曲线的地方，与画一条曲线的地方有相同的地方如赞成、肯定、同情等心理倾向，也有不同的地方，这里画两条曲线着重在于提示、强调，以引起注意和足够的重视。

（四）关于画点的解读

毛泽东读二十四史过程中，画点的地方较多。点一般都是画在版心文字右下方。例如，读《新唐书》卷八十《李恪传》第 4 面时，一共画了 31 个点。从画点的全部情形来看，这里画的点，就如同是在一般读物上的标点的"点"，因为毛泽东读的这部二十四史是乾隆武英殿木刻版没有标点符号，这里画的点，就是毛泽东在阅读过程中自然断句的一种独特的符号。我们看到，毛泽东在读没有标点符号的古籍过程中，几乎都会画上这种独特的符号，你说是逗号，又不像逗号，也不完全是逗号的意思。所以，我称其为"断句的一种独特的符号"。除了起到断句的作用外，其他也看不出还有什么特定的意思或者特定的作用。

（五）关于画三角的解读

画三角是毛泽东读二十四史过程中圈画的一种独特的符号，画三角符号的地方仅有几处。画的三角符号，一般也都是画在版心相关的文字旁边，具体是什么意思？下面，就一处一处来分析，逐一加以解读。

例一，在读《新唐书》卷一百七十三《裴度传》第 2 面，在版心"议者欲罢度，安二镇反侧"这 10 个字旁画了 5 个三角符号，在这 10 个字相应的天头上又画了 3 个三角符号。这里一共画了 8 个三角符号。

为了说清楚毛泽东画 8 个三角符号的意思，还是先说一下原文上有关的记述：在中央政府军讨伐叛乱的蔡州行动中，裴度得到了皇帝进一步的信任和重用。王承宗、李师道想缓解蔡州的形势，就派遣强盗潜入京师刺杀当政的大臣，在刺死宰相武元衡之后，又刺杀裴度，裴度被砍了三刀，靴子被砍掉，背上又挨了一刀，头部也受了伤，裴度用毛毡裹头，因此没被砍死。街道上的人都害怕地伏在地上，不敢抬头看，只有随从驸人王义抓住贼人的手高喊，贼人就砍断了随从的手，这时裴度滚到路边的脏沟里，贼人估计他已死，就逃跑了。此时，朝廷上有的官员就提请皇帝罢免裴度以安王、李二人之心。皇帝愤怒地说："裴度幸而未死，这正是天意所为。如果罢免了他，就正中了贼人奸计。朕有裴度一人，就可破三贼之兵。"

从上述记载中，我们可以清楚看到，皇帝没听朝廷贼人"奸计"罢免裴度，反而越来越信任倚仗他。

联系到这一段文字记载，毛泽东画三角符号的意思可以这样理解：一是好人有好报。裴度是效忠皇帝的好人，所以皇帝对他也越来越信任和重用；二是对皇帝没听贼人"奸计"罢免裴度内心里有赞同、称赞之意；三是内心深处对朝廷贼人不择手段、谋害忠良的不满、愤恨情感、情绪。

例二，读《新唐书》卷一百十三《徐有功传》第7面，在版心"臣闻鹿走山林而命系庖厨者，势固自然"16个字旁画了10个三角。"陛下以法官用臣，臣守正行法，必坐此死矣。"在"坐此死"3个字旁又画了3个三角。这里一共画了13个三角。

要弄清楚和理解毛泽东画的这13个三角的本来意思，我们还是先来看看原文这段话的大概意思。徐有功在这里对武则天皇帝说的这段话，是徐有功在一次被弹劾罢官又被起用时给武则天写的一个奏折里的一段话。这段话的大概意思：我听说鹿在山林中奔跑，可是命运却系在厨师手里，这是势的缘故，本来就应该这样。陛下您以执法的官来任用我，我坚持正直行法，一定会因此而死的。在这里，徐有功以鹿自喻，预见到自己必然为守法护法死于非命的悲惨命运。前面已经介绍过，毛泽东针对徐有功的这段话还专门写了一条批注。联系毛泽东的批注，联系毛泽东对这段文字的多种圈画，我们可以清楚看出，毛泽东不同意徐有功"命系庖厨"的说法。在毛泽东看来，若为公正执法而死，以身殉志，那是很伟大的。

现在，我们再回过头来看看毛泽东在这里画的13个三角是什么意思。

一是不同意、不赞成徐有功的说法和看法。"鹿走山林"并非一定"命系庖厨"，也并非一定"势固自然"，"守正行法"也并非一定是"必坐此死"。这仅是徐有功本人多次入狱的经验之谈，也是封建社会里秉公执法的执法人员大多数难以逃脱的悲剧命运的写照。但如果认为绝对如此、人人如此、个个如此、处处如此，就有些绝对化了，就不符合辩证法了。

二是由此想到了历史上的岳飞、文天祥、曾静、方志敏、邓演达、杨虎城、闻一多等古今的许多人，这些人"以身殉志"的伟大气节和崇高精神深得毛泽东的赞扬，并且经常以此教育我们的干部队伍。

三是内心深处也应有对徐有功一生耿直敢谏之品格及执法不徇私情，不计较个人得失，不畏权贵、守法护法，不惜为法献身的精神的看重、欣慰、赞赏之意，内心深处也应有对徐有功屡遭冤屈、三次遭受杀头死刑等不公正处置的同情之意。

总之，这里画的三角符号，也是他本人内心想法、看法、情感的外在的特别显示，是毛泽东深刻读二十四史的一种显著标志。

（六）关于画叉的解读

画叉也是毛泽东读二十四史过程中圈画的一种特有的符号。画叉也是表达内心想法、看法及情感的一种独特的符号。画叉也不多，主要是画在版心文字旁边。画叉着重是表达什么意思呢？下面具体进行分析和解读。

读《新唐书》卷八十《李恪传》第3面，在版心文字晋王"仁厚"两字旁、"守文之良"四字旁、"举棋不定"中"不定"两字旁都画上了叉。毛泽东在这里画叉，意思很清楚，就是不同意、不赞成长孙无忌主张立晋王李治为太子。李恪、李治是唐太宗李世民的两个儿子。李恪善于骑马射箭，能文善武，他的母亲就是隋炀帝的女儿，宫廷内外都很有威望。在母亲的教育影响下，李恪成长进步很快。唐太宗对李恪也格外器重，并有意加以扶持、培养。李治是太宗第九子，长孙无忌外甥。为人柔弱，少雄才大略且思虑不清。对他们兄弟二人才略抱负高低大小，其父唐太宗自然是很清楚的。因此他有立李恪为太子的想法，但大臣长孙无忌坚决反对。唐太宗说："你莫不是因为李恪不是你的外甥的原因而反对吧？况且恪儿英武果断，很像我，如果保护舅氏家族，也说不定会依靠他。"长孙无忌根本听不进唐太宗的话，为此他对李恪也产生了忌恨之心。他说："晋王仁厚，是守成、文治的良主。并且如果诸事举棋不定终会失败，更何况立太子这样的大事呢？"唐太宗因此也不再坚持。长孙无忌为了达到自己的卑鄙目的，于永徽年间，趁房遗爱谋反，因此把李恪杀了，以断天下人的念头。以致酿成了后来危及王朝命运的大祸。唐太宗"聪明一世，懵懂一时"，一人选错、用错，造成大错。

因此，毛泽东读《李恪传》之后写下批注文字："李恪英物，李治朽物，知子莫若父。然卒听长孙无忌之言，可谓聪明一世，懵懂一时。"

把毛泽东的批注文字与画的叉联系起来看，可以看出在这里画的几个叉，既是他选人用人上的明确看法和态度，同时也表明毛泽东对唐太宗一次选人用人失误的批评与不满。

其他画叉的地方，也清楚表明毛泽东不赞成、不同意原文中的记述或者看法、做法或者观点。这里就不再多说了。

四、二十四史圈画的主要启示

（一）读二十四史从不同的视角去读，就会越读越有兴趣，越读圈画就越多

二十四史是一部浩瀚的史书，从历史的角度去读是很自然的。毛泽东读二十四史与众不同之处，是他不仅把它当作史籍来读，而且还从政治的视角去读，从政策和策略的视角去读，从战略和战术的视角去读，从外交的视角去读，从组织工作选人用人的视角去读，从生产生活的视角去读，从民族统一和民族团结的视角去读，等等。因为毛泽东读二十四史的视角多，所以，他常读常新，越读越有兴趣，越读越爱读，越读越舍不得释手。书是同一部书，人是同一个人，地方是同一个地方，时间是同一个时间，从不同的视角去读，不同的目的，不同的思维，就会有不同的认识，不同的理解，不同的效果，就会画下不同的符号。

在读书过程中，特别是读历史方面的著作，常变换变换视角，常换换方法，这样读起来新颖，读起来有新意，读起来有新的理解，读起来有新的收获，就会越读越爱读，越读越有兴趣，越读越有劲头。这就是毛泽东读二十四史的实践给我们的一个重要启示。毛泽东晚年整天

读书，特别是读历史方面的大作，当然是很累的。怎么办？毛泽东就用这种办法来加以调节。这是毛泽东晚年独特的一种读书方法。也是毛泽东晚年一直坚持的一种读书习惯。我们知道，毛泽东晚年读《红楼梦》《水浒传》《三国演义》《西游记》《聊斋志异》等古典小说的时候，也常常这样做。例如，从历史的视角读《红楼梦》，从政治的视角读《水浒传》，从作者创作和作品形成的社会背景的视角读《三国演义》，从政策和策略的视角读《西游记》，从战略和战术的视角读《聊斋志异》，等等。就拿读《聊斋志异》来说，毛泽东阅读《聊斋志异》，他不仅看故事，而且看与妖、狐、鬼作斗争的战略和战术。他在阅读过程中，还紧密结合国际、国内政治斗争和思想斗争的实际，从与妖、狐、鬼作斗争的战略和战术，联想到当时的政治、经济、思想、文化等现实斗争的战略战术，既联想到世界上的各式各样的妖魔鬼怪，又联想到中国国内的种种魔鬼残余。他把《聊斋志异》中一个个与妖、狐、鬼作斗争的故事，"作为政治斗争和思想斗争的工具"。因为他读得多，圈画就多。这不能不说是毛泽东读书的一个独到之处。

（二）读二十四史，重点的部分要反反复复地读

毛泽东读二十四史有选择、有重点。对重点的部分、重点的篇章，他都一遍又一遍反反复复地读。

我们知道，毛泽东读得最多的是《史记》《汉书》《后汉书》《三国志》《旧唐书》《新唐书》《晋书》《旧五代史》《南史》《宋史》《明史》等。这些书中的许多重要篇章，许多人物传记，许多著名的战争战役，许多著名的农民起义等篇章，他都反反复复读过好多次。

二十四史中的重点重要文字，毛泽东读得多，记得住，用得上。许多人物故事熟记于心，许多至理名言随时引用，随意运用。读二十四史，谙熟二十四史，运用二十四史，毛泽东亦为楷模。

（三）读二十四史要用"对照、对比、研究"方法读

在图书服务工作中，我们知道，毛泽东晚年读二十四史，常用"对照、对比、研究"这种读书方法。例如，把《前汉书》和《后汉书》放在一起读。看了《前汉书》，又看《后汉书》，读读《前汉书》，又读《后汉书》，把这两种书对照看，对比着读。对《前汉书》中记载的西汉一朝史籍、史实、人物、评价等内容、文字与《后汉书》中记载的东汉一朝的史籍、史实、人物、评价等内容、文字，在阅读中进行比较。反复读了这两种书反复研究之后，毛泽东或者写下批注文字，或者圈画标志密密麻麻。

《后汉书》与《前汉书》相比，不仅在编纂方面做了一些改进，并且在思想观点等方面也胜于《前汉书》。毛泽东批注的《左（雄）周（举）黄（琼）列传》《荀（淑）韩（韶）钟（皓）陈（寔）列传》《李（固）杜（乔）列传》，记载的是能够纠正朝政缺失、注意民生疾苦的良臣，或品德高尚、爱抚百姓的贤臣，或敢于同外戚势力作斗争的直臣。这些列传的传文和论、赞中体现出作者对所传人物的称颂，并且可以看出东汉王朝走向衰亡的原因。

毛泽东还用"对照、对比、研究"方法读《南史》和《北史》，他把《南史》和《北史》对照看，对比着读。他说："《南史》和《北史》的作者李延寿，就是倾向统一的，他的父亲李大师也是搞历史的，也是这种观点。这父子俩的观点，在李延寿写的《序传》中说得十分明白。"① 毛泽东还把《南史》和《北史》与《旧唐书》相比较。他说："《南史》、《北史》的作者李延寿有倾向统一的思想，比《旧唐书》更好些。"②

读了《宋史》和《明史》，毛泽东对这两种史是不满意的。他认为：这两种史写得芜杂。读了《旧唐书》和《新唐书》，毛泽东认为：《旧唐

---

① 芦荻：《毛泽东读二十四史》，《光明日报》1993 年 12 月 20 日。
② 引自王子今：《毛泽东与中国史学》，中共中央党校出版社 1993 年版，第 233 页。

书》比《新唐书》好，《旧唐书》简单而材料多确切，《黄巢传》和《新唐书》也有不同。①

（四）读二十四史要善于"联想"和"联系"

毛泽东历史知识丰富，想象丰富。他在读二十四史过程中关于战争、战役及其战略、战术内容所写下的批语、所作的圈画符号不少都是由"此"想到"彼"，由"过去"想到"现在"，联想丰富、自然。毛泽东读了《南史》卷二十二《王僧虔传》第 17 面"又宋世光禄大夫刘镇之，年三十许，病笃，已办凶具，既而疾愈，因畜棺以为寿，九十余乃亡，此器方用。因此而言，天道未易知也"后写的批语是："盈缩之期，不尽在天。养怡之福，可以永年。"这两句批语，是曹操《龟虽寿》诗中的诗句。毛泽东生前很爱读曹操《龟虽寿》和《观沧海》两首诗，多次圈点，多次凝神静气手书全诗，手中写，口中背。《龟虽寿》中的"盈缩之期，不独在天。养怡之福，可得永年"两句，毛泽东很欣赏。1961年 8 月 25 日，他回信给胡乔木同志，他在信中写道："你须长期休养，不计时日，以愈为度。曹操诗云：盈缩之期，不尽在天。养怡之福，可以永年。此诗宜读。"毛泽东生前在和他的儿女谈话时多次说过："曹操的文章诗词，极为本色，直抒胸臆，豁达通脱，应当学习。"他还说过："我还是喜欢曹操的诗。气魄雄伟，慷慨悲凉，是真男子，大手笔。"

又如，《三国志集解》卷五十八《吴书·陆逊传》第 6 面："（陆逊）乃敕各持一把茅，以火攻拔之。一尔势成，通率诸军同时俱攻。斩张南、冯习及胡王沙摩柯等首，破其四十余营。钱振锽曰：'陆逊破先主，无他奇策，只令军士各持一把茅耳。意先主连营，皆伐山木为之，故易火；若土石为之，逊其如之何？'"毛泽东读了这段文字后，提笔写了这样一段批注："土石为

---

① 芦荻：《毛泽东读二十四史》，《光明日报》1993 年 12 月 20 日。

之，亦不能久，粮不足也。宜出澧水流域，直出湘水以西，因粮于敌，打运动战，使敌分散，应接不暇，可以各个击破。"

孙权出动抵御刘备的军队数量虽少，但由于具有卓越军事才能的陆逊指挥有方，在对敌我双方进行较为切合实际的分析和判断的基础上，采取了避其锋锐、击其怠惰的方针，诱敌深入，后发制人，以积极地防御，寻找有利时机，变被动为主动，抓住和利用对方的弱点，一举破敌，取得胜利。

清代学者钱振锽曾评论吴蜀彝陵之战，认为陆逊击败刘备，没有什么奇策，不过是采用火攻。如果刘备不用山上树木扎营，而是以土石垒营，陆逊又有什么办法攻破蜀军呢？毛泽东不同意钱振锽的这个评论，他认为如果刘备以土石垒营，虽然可以避免火攻厄运，但由于大军深入敌境五六百里，战线又过长，并且长时间地与对方相持，造成军粮供给困难，将士斗志涣散，也不可能保障刘备持久进攻并取得胜利。

毛泽东针对钱振锽的评论，指出刘备取胜之道应该是"打运动战"，从陆逊防守较弱的彝陵南面的澧水流域发动进攻，以分散对方的兵力，使其应接不暇，然后可以各个击破。

从这段批注文字和种种圈画符号中，我们可以看到，毛泽东在读史过程中的联想是多么丰富。

毛泽东读二十四史过程联想很多很多，批注也是很多很多，圈画也是很多很多。如读《三国志·吕蒙传》和《明史·朱升传》。

一天，毛泽东正在火车上阅读《三国志》，张治中和罗瑞卿进来。在闲谈中，毛泽东很有兴致说起吕蒙发奋读书的故事。

孙权手下的吕蒙，十五岁就当兵打仗，以骁勇著称。有一天，孙权对他说：你也算是管事的人了，应该读书长点学问。吕蒙回答说：军机事务都穷于应付，哪有时间读书？孙权一听不高兴了，就说：我难道是让你皓首穷经去当博士吗？只是要懂点历史罢了。要说事多，你比我还多吗？我自统领江东以来，读了历史和诸家兵书，大有收获。你很聪明，难道可以不读？吕蒙听了孙权的话，从此发奋读书。几年后，议起事来，他的上司、读书人出身的鲁肃，有时也得让他几分，并赞扬道：你已不是昔日的"吴下阿蒙"，而当刮目相看了！

讲完故事后，毛泽东说："吕蒙是行伍出身，没有文化，很感不便，后来孙权劝他读书，他接受了劝告，勤读苦读，以后当了东吴的统帅。现在我们的高级军官中，百分之八九十都是行伍出身，参加革命后才学文化的，他们不可不读《三国志》中的《吕蒙传》。"

毛泽东读《明史·朱升传》。《朱升传》里记载这样一则故事：明朝建国以后，朱元璋召见一位叫朱升的知识分子，问他明朝刚刚立国时的方略。朱升说："高筑墙，广积粮，缓称王。"朱元璋采纳了他的意见，取得了胜利。这个历史故事深深地留在毛泽东的记忆里。1972年毛泽东针对当时国内外大好形势，又一次指出："各级领导同志要谦虚谨慎，不要因为胜利就忘乎所以。"毛泽东向大家讲完了《明史·朱升传》的这则历史故事后，根据我们当时所处的国内大好形势和我们所坚守的社会主义制度和无产阶级立场，他说：我们要"深挖洞，广积粮，不称霸"。毛泽东读史后说的这一席话，使当时国内"备战、备荒、为人民"的伟大战略方针更加具体化了。[①]

（五）要学会用"逆向思维"方法读二十四史

什么叫逆向思维？就是从矛盾的对立或相反的方向去进行思考、进行理解。毛泽东读二十四史，不仅非常认真地读那些所谓"正面"的材料，同时也非常认真地读那些"反面"的材料。无论是"正面"的记述，还是"反面"的记述，他都会逆向思维，从对立相反的方向、方面去思考、去阅读、去圈画。他以历史史实为本，用马克思主义的唯物辩证

---

① 中共中央转发国务院关于粮食问题的批语，1972年12月10日。载逄先知、金冲及主编：《毛泽东传（1893—1976）》（六），中央文献出版社2011年版，第2592页。

的观点和方法去分析，参照其他多方面的史籍、史料，力求在丰实的史料基础上，剖析史实，评说人物。在读二十四史过程中，举凡奸臣、佞臣、叛臣等人的传记，像《新唐书》《旧唐书》里的安禄山、史思明等人的传，《宋史》里的《奸臣传》（秦桧、蔡京），《明史》里的《奸臣传》（胡惟庸、严嵩）等，他在阅读过程中都在封面上用黑铅笔专门标出卷、册、姓名，有的还在名字前面画了圈。在阅读过程中，他始终坚持，一要看看他们的奸法和坏法，二要和其他传记参照看，弄清楚每项历史事件的原委，分清主要的责任和次要的责任，不能只听一面之词。

例如，在读《三国志》中，毛泽东对书中的曹操记述、评注进行逆向思维，从相反的方向评价曹操。毛泽东在读裴松之注、卢弼集解的《三国志集解》中，对《魏书·武帝纪》《魏书·文帝纪》《魏书·刘表传》有关曹操的记述作了许多的圈画和批注。从他的批注中可以清楚看出毛泽东是不赞成书上对曹操的评价的。在《魏书·武帝纪》中，毛泽东圈画批注得比较多的，除曹操的身世、经历和战绩外，主要是曹操所采取的政策。

建安元年（196年），曹操采用枣祗、韩浩等人的建议，实行了屯田政策，由典农官募民耕种，得谷百万斛，后推广到各州郡。它对恢复战乱中被破坏了的农业，对支持战争，都起到积极作用，为晋统一全国打下了物质基础。毛泽东对此很重视。《魏书·武帝纪》中有关这方面的记载，以及卢弼、裴松之有关这方面的注释，他都圈点断句，多处画了着重线，有的地方，天头上还画着三个大圈。特别对曹操所说："夫定国之术，在于强兵足食，秦人以急农兼天下，孝武以屯田定西域，此先代之良式也。"毛泽东逐句都画有着重线，天头上还画上圈。

毛泽东对曹操"不杀降"的政策很为赞同。《魏书·刘表传》第80—82面，有一段裴松之的注，说刘表初到荆州时，江南有些刘姓宗室据兵谋反，刘表"遣人诱宗贼，至者五十五人，皆斩之"。毛泽东在"皆斩之"三字旁画着曲线，在天头上写的批注是："杀降不祥，孟德所不为也。"

　　孟德是曹操的字。曹操对待俘虏表现出的豁达大度，确实为一般人所不及，这对他取得全局的胜利起到很大作用。建安三年（198 年），曹操在兖州，任用毕谌，后张邈叛，将毕谌的母、弟、妻和孩子劫去，曹操对他说："卿老母在彼，可去。"毕谌去后就没有回来。及至讨平张邈，毕谌被捉，大家都为他的性命担心。曹操说："夫人孝于其亲者，岂不亦忠于君乎？吾所求也。"不仅没有杀毕谌，反任为鲁相。魏种本是曹操推荐的孝廉，张邈攻陷兖州时，曹操说"唯魏种且不弃孤也"，岂料魏种却投降了。及至打败了张邈，魏种被擒，曹操并没杀他，说"唯其才也"，"释其缚而用之"。这仅是曹操"不杀降"的两例。因此他蔑视刘表的做法，认为"杀降"，是像曹操这样有远大政治眼光的政治家所不会做的。

　　毛泽东逆史籍对曹操的记述来读史评说曹操，这就是毛泽东逆向思维的读书方法，也是唯物辩证的读书方法。

　　用"逆向思维"方法阅读、批注、圈画二十四史，是毛泽东读二十四史的实践留给我们的又一个重要启示。

五、二十四史圈画的重要意义

圈画、圈点是阅读的标志，是毛泽东读二十四史时心脑手活动的标志。圈画符号，固然没有批注文字那样直白表达读书人的思想观点、心理情感，但也是毛泽东读二十四史留给我们的不可再得的最真实的历史资料。随着时间的推移和批注文字的广泛传播，其重要的历史研究价值会日益显现。批注文字在推进毛泽东研究中定将产生重要的历史作用和深远影响，圈画也会随着毛泽东研究的深入而产生固有的历史作用和社会影响。

（一）圈画的历史意义

毛泽东读二十四史圈画、圈点，是毛泽东留给我们的一份厚重的历史文化遗产，至少有以下两方面的历史意义。

1. 圈画表示毛泽东阅读过，是其心理、思维活动的外在表现，有重要的学术历史研究价值

圈画是阅读的标志，是阅读过程中，毛泽东思绪、情感、心理、思

维等发生、发展、变化的外在表现。符号或是单一，或是两种或是多种，都是毛泽东在特定的历史时期、特定的社会历史条件下读书时的思维活动、心理活动的真实记录。都具有特定的历史性、时空性。有此记录和无此记录是大不一样的。因为毫无根据，毫无可供参考的材料，研究就无从入手。有了圈画的标志，再加上批注的文字，把它们联系起来，就可以从不同的目的、不同的视角，不同的需要去进行研究，研究工作就可以自然展开，深入展开。

毛泽东是研究不尽的伟大的历史人物，毛泽东读书圈画也是研究不尽的历史资料。由圈画联系到相关的批注文字，就可以使历史研究工作思路更广阔，研究更贴近事物本意。圈画研究工作与批注研究工作一样永无止境。今人可以研究，后人也可以研究；中国人可以研究，外国人也可以研究；专业人员可以研究，非专业人员也可以研究。毛泽东读二十四史圈画也是一份具有历史研究价值的历史文献资料。

圈画是特定时间、特定空间毛泽东读书时心脑手并用的产物。特定时间、特定空间圈画与特定的政治、特定的经济、特定的教育文化科学实际，特定的个人情感、特定的思想工作实际等密切相关。从这个意义上来说，各种圈画符号也是特定的主体认知、思维、情感等内在元素外在的反映，认真对待、认真研究这些圈画的种种符号对研究晚年毛泽东和研究晚年毛泽东读书生活都有重要参考价值。

2. 圈画是研究毛泽东批注文字的重要参考资料

圈画与批注文字是密切联系的，批注文字越多的地方、圈画的符号就越多。圈画可以作为研究批注文字的参考资料。圈画符号有益于对批注文字的认识和理解，研究批注文字不能忽视圈画符号。有些批注文字旁边就画有一定的符号，如圆圈、竖线、曲线等，圈画符号和批注文字是相互交织在一起的，这种圈画符号就更显重要，更值得我们去研究和思考。批注文字毫无疑义是重要的，但是，这种圈画符号也不能小视，应当把二者紧密地结合起来，这样才能相得益彰，更好理解圈画符号的本意，使圈画研究更贴近读书人的本意。

（二）圈画的现实意义

圈画、圈点的符号，是读书者用心用脑的具体体现。除了具有上述说到的重要历史意义之外，还有重要的现实意义。

1. 圈画是"不动笔墨不看书"的一种呈现方式，有现实实践和导向意义

几十年里，毛泽东每阅读一本书、一篇文章，都要在重要的地方画上竖线、横线、曲线、斜线、三角、方框和圈、点、勾、叉等多种符号，在书眉和空白的地方写上许多批注文字。二十四史中的各种人物传记他反复读过多次，每读一次就用一种颜色的笔在上面加一次圈点、勾画，写一次批语。中南海毛泽东故居收存的毛泽东生前阅读过的书籍中，就有许多是他圈画过的，其中许多书上都是朱墨纷呈，圈画、圈点满书。圈画的种种符号是毛泽东读书时用心、用脑及其积极的思维活动的显著标志。

这些符号往往反映毛泽东在读书过程中的某种意图和倾向，他对某个观念的怀疑与反对，深思与不解。这些独特的符号是很重要的，它是毛泽东读书过程中最真实的思维活动、思想情感和理性思考的记录。毛泽东一直坚持读书用笔圈圈画画，这种读书方法，读一句算一句，读一本算一本，记得住，用得上。这样做可以达到学以致用的目的。这种学习方法有重要的实践意义和导向意义。

2. 圈画是用心读书的一种外在表现，有利于加深记忆和理解

圈画是读书过程中的圈画，圈画的种种符号是用心读书的一种外在表现。画出的是符号，表达的是读书人心理的倾向。圈画的符号越多，说明读书的人越用心、越认真，与原书作者情感、认知、看法、观点等互动与交流就越贴近、越多。这是真读书，读真书，读进书。毛泽东读二十四史，为什么读得多、记得住、用得上？读书用笔圈圈画画，这是其中的一个重要原因。用心读书，读书用笔，边读边思，边思边读，边读边画，这样读书对提高读书效果有重要意义，值得大力提倡，大力效仿。

3. 读书关键在于多动脑，发挥大脑的作用

读书眼、脑、手即笔并用，能提高读书的质量和效果。圈画、圈点是读书时读书人眼、脑、手即笔三者共同运动，结果形成了圈画的种种符号或批注的文字。手即笔是听大脑指挥的，就读书而言，大脑的相关活动是在眼睛看了书之后才开始的。活动的结果传到手即笔上就出现了圈画或批注的文字。这眼、脑、手即笔相互配合、相互支持、相互作用的过程，就是读书的过程，就是圈画、批注的过程，就是理解、记忆的过程。眼睛看得多，头脑想得多，手即笔才能圈画、批注得多。由此说明，读书重要的是眼睛要多看，大脑要多动，手中的笔在大脑的作用下才能多批、多画。要想多读书，眼睛就要多看书；眼睛多看书，大脑就要多想书。只有这样连续动作，大脑才能指挥手中的笔画出新的符号，批写出新的文字。眼睛人人有，大脑个个长，为什么读书的实际会有很大的差别？其中一个最重要的原因，就是大脑动得少，或者根本就没动脑。读书时，大脑不好好地、不积极主动地工作发挥作用，不仅眼睛和大脑无法相互作用和配合，而且不能自愿地、更多地去读书，手即笔就会停止不动。所以，读书关键在于动脑。大脑动起来，眼睛、手即笔才

能连续动起来，圈画新的一页，批注新的文字。所以，读书关键在于多动脑，在于充分调动大脑的积极性，充分发挥大脑的作用。大脑的作用充分发挥出来了，眼睛会看得更多，手即笔会圈画、批注文字更多。充分调动每个人大脑的积极性，充分发挥每个人大脑的作用，这样才能多读书，多圈画、多批注，这样才能多收获，多增知识，多长见识。毛泽东读二十四史一直是这样做的，一直没变。我们应当学习毛泽东，读书用眼用脑用笔。多用脑，多用笔，多读书，这对一个人的成长、进步都是至关重要的。

后 记

撰写《毛泽东批注圈画二十四史解读》是我久有的愿望，今天终于如愿搁笔了，心中自然是很快慰的。

自从得知毛泽东生前连续读了二十四年的清乾隆武英殿大字线装木刻版原版全套二十四史正式影印出版的消息之后，就有撰写本书的愿望。后来又听说这部全套线装影印出版的二十四史即《毛泽东评点二十四史》，当时的国家领导人又作为国礼送给美国哈佛大学。我的这种欲望就更加急切、更加浓烈了。主要原因是：毛泽东是中国当代最伟大的历史人物。二十四史是我国历史上很为珍贵很为独特的一部历史大作。毛泽东爱读这部历史大作，朝夕相伴，连续读了二十四年，并亲笔在书上写了近四千字的批注，作了大量的圈画，使这部历史大作更加具有极其重要的学术研究价值和历史研究价值。毛泽东的重要批注和所作的重要圈画是第一次照原样向国人和世人全面公开公布，为毛泽东研究注入大量的全新的第一手资料。必然会引起国内外毛泽东研究者的极大兴趣，必将推动毛泽东研究、毛泽东读书研究的深入发展。对毛泽东批注圈画二十四史进行解读，据我所知，国内至目前尚未有权威机构、专门人员较为系统、较为全面准确地将研究成果公布于世。如果能在这种情况下就向世界和盘托出，全面公开公布，国外毛泽东研究者、中国政治或历史研究者等有关研究专家、学者就会如获至宝，深入研究。这样就不会出现国外毛泽东研究者学术研究成果先于国内的研究成果的情况。学术研究，百家争鸣，本无可非议，但是由于研究者的政治立场、学识素养、研究视角、研究目的、研究方式方法等都有不同，都有差异，这样形成的研究成果就会众说纷纭，莫衷一是。如果是出于善意的研究成果及其观点、看法等不同还可以商讨。如果是出于恶意的研究成果及其观点、言论，在没有正面出版读物的情况下就会导致不良后果，产生负面作用和负面社会影响。如果能在外国专家、学者及其相关人员包括不能全面、正确评价毛泽东的人员之前，撰写出《毛泽东批注圈画二十四史解读》，读者读了此书之后，再读其他人撰写的同类作品就有可资比较的读物。孰是孰非，读者自然可以自己辨别。我2005年春从领导工作岗位上退下来之后，在先后撰写出版了《毛泽东晚年读书纪实》《毛泽东是怎样读二十四史的》《毛泽东读书十法》三本书，受到有关方面的好评和广大读者的欢迎。这些激励我继续撰写《毛泽东批注圈画二十四史解读》这本更为重要、更有意义、更有学术研究价值的新作。

尽管自己才疏学浅，历史知识有限，撰写本书困难很多，但我相信：办法总比困难多。有志者，事竟成。只要功夫到，想做的事就能做到。撰写本书，是我自己的愿望，是我本人的选择与追求。只要自己下定决心，坚持不懈，脚踏实地，一日一日努力，一条一条研究，一篇一篇草拟，是一定有希望的。从此，我就把撰写本书作为我退休之后的重要人生追求，作为我每天每日的最重要的实际工作。除了江苏中远助学帮老基金会"圆梦班"模式助学的日常慈善工作，我必须顾及并身体力行之外，其他再没有能引起我兴趣的事项。白天、黑夜、节日、假日，能利用的时间都利用起来，能挤出的时间都挤出来。长年累月，全力以赴，专心致志，倾心撰写。经过近十个春夏秋冬，我的努力与追求终于有了成果。

辛劳的人只要能看到自己的成果，苦、累就已成为过去，成果就会给你带来愉悦和慰藉。对一个已经退休的老同志来说，什么叫快乐，什么叫心情舒畅？做自己想做愿做、感兴趣的事，跨进门，钻进去，坚持下去，努力把它做好，做出特色，做出成果，做出品牌，这就是快乐！这就会让你心情舒畅。当我看到撰写的著作一本本出版，当我看到江苏中远助学帮老基金会"圆梦班"模式助学慈善工作取得的丰硕成果，我总是豪情满怀，总是心情舒畅度过每一天而充满希望地奔向新的一天。撰写新作，用之所得全部用于"圆梦班"模式助学新的实践，开拓新时期助困助学慈善工作之新实践，书写一个共产党员退休之后人生追求新征程，这就是我退休之后人生的新选择和新追求，这就是我的最爱。新选择，新追求，新生活，新实践，新成果，身在其中，融在其中，忙在其中，苦在其中，累在其中，其乐融融，美哉！美哉！人的生命是有限的。共产党员为人民服务永远在路上。在有限的时间里，用自己的实际行动，用自己的智慧和才能多做善事，多做为人民服务的好事、实事，这是一个共产党员的情怀。我愿意为此而努力与奋斗，用自己心中的墨，用自己手中的笔，用退休之后的新实践、新生活为纸，书写一个共产党员为人民服务永远在路上的新篇章。

　　本书是以批注解读、圈画解读为主，重点在批注解读。例如，毛泽东为什么二十四年手不释卷批注阅读二十四史？为什么读《史记·高祖本纪》批注说汉高祖刘邦是"一位高明的政治家"？为什么读《新唐书·姚崇传》批注说姚崇是"大政治家、唯物论者"？为什么读《南史·韦睿传》批注强调"我党干部应学韦睿作风"？读《南史·梁高祖本纪》批注"时来天地皆同力，运去英雄不自由"？为什么要刘少奇、周恩来、邓小平、彭真等中央领导同志读《后汉书》中的《黄琼传》《李固传》《陈寔传》？为什么读《新唐书·张说传》批注"大政治家大军事家张说"？……毛泽东批注二十四史有什么主要特点？有什么主要启示？为什么圈画圈点？为什么圈画一个圈、两个圈、三个圈？圈画有什么主要特点？有什么主要启示？批注、圈画有什么重要的历史意义和现实意义？……在本书中皆可以找到答案。读者对毛泽东晚年读二十四史的相关疑问在此书中可以迎刃而解。尽管这些观点、看法、想法等仅是一人之言，其研究成果不尽全面、不尽科学、不尽妥当，但此书是一位曾为毛泽东晚年做过图书服务工作的中国人自己撰写的第一本解读性著作。有了自己"生产制造"的著作，再见到国外专家、学者的"进口"的著作，广大读者就可以有相互比较的参考读物了。这是我的愿望，也是我一直的追求。

在《毛泽东批注圈画二十四史解读》一书即将付梓之际，我要感谢我的家人的深情理解和大力支持。特别要感谢我的爱人马芯兰老师，是她给了我大量的时间和空间，是她的关心和鼓励使我增添了信心和力量。她现在也已年过古稀，因工作需要仍然在教育工作一线，每天在倾心做好学校繁忙的工作之后，还要料理本来由我承担的家务琐事。星期六、星期日、节假日也不能很好地休息。对身体本来就不是很好的她来说，就更加不易，真是太为难她了！在此，对马老师给我的理解和全力支持表示深深的感谢！还要感谢我的孩子们对我的理解和支持，还要感谢江苏中远助学帮老基金会的同仁给予我的理解和大力支持，真挚地谢谢你们！

本书的撰写，是与我的助理和团队共同努力完成的。江苏中远助学帮老基金会办公室的同志帮助做了许多的整理工作。

本书的出版得到了当代中国出版社领导和同志们的大力支持，他们一致同意将本书列入纪念毛泽东127周年诞辰重点书目。责任编辑袁又文同志为本书的编辑出版，做了很多扎实有成效的工作。本书撰写过程中参考、引用了国内一些毛泽东研究专家学者的研究成果和曾在毛泽东身边工作服务过的同志的回忆文章，在此一并表示感谢！

本书是我撰写的第一本解读性的著作，也是本人下功夫最多的一本新作。但是，由于本人历史知识、研究水平、分析能力的局限，其解读、分析、观点、看法、想法等定有不妥不当之处，恳请各位专家学者、广大读者批评指正。

徐中远

2018年8月29日